Faszination Harz
Von der Bode bis zum Brocken

Jürgen Pätzold · Uwe Kraus

ISBN 978-3-86037-340-8

1. Auflage

©2008 Edition Limosa
Agrimedia GmbH
Lüchower Str. 13a
29459 Clenze

Telefon (0 58 44) 97 11 63-0
Telefax (0 58 44) 97 11 63-9
mail@limosa.de
www.limosa.de

Satz und Layout: Jana Mengel, Zdenko Baticeli, Heiko Niemüller
Herausgeber: Jürgen Pätzold
Redaktion: Uwe Kraus

Gedruckt in Deutschland.
Der Inhalt dieses Buches ist auf säurefreiem, alterungsbeständigem Papier gedruckt,
hergestellt aus chlorfrei gebleichtem Zellstoff aus FSC-zertifiziertem Holz.

Alle in diesem Buch enthaltenen Angaben, Daten, Ergebnisse usw. wurden nach bestem Wissen erstellt und mit größtmöglicher Sorgfalt überprüft. Dennoch sind inhaltliche Fehler nicht völlig auszuschließen. Daher erfolgen die Angaben und Hinweise ohne jegliche Verpflichtung oder Garantie des Verlages, des Herausgebers oder der Autoren. Diese übernehmen deshalb keinerlei Verantwortung für etwa vorhandene Unrichtigkeiten.

Das Werk einschließlich aller seine Teile ist urheberrechtlich geschützt. Jede Verwertung außerhalb der engen Grenzen des Urheberrechtsgesetzes ist ohne Zustimmung des Verlages unzulässig und strafbar. Das gilt besonderes für Vervielfältigungen, Übersetzungen, Mikroverfilmungen und Einspeicherung und Verarbeitung in elektronischen Systemen.

Faszination HARZ

Von der Bode bis zum Brocken

Jürgen Pätzold · Uwe Kraus

Grußwort

Liebe Leserinnen und Leser,

der Harz hat es gut, denn die Bürgerinnen und Bürger im Südwesten Sachsen-Anhalts können sich doppelt freuen.

Einerseits gehört der Brocken, der höchste Berg Norddeutschlands mit seinen 1141 Metern, seit Ende 2007 wieder allen Harzern. Genauer gesagt:

Die Brocken-Spitze gelangte durch einen Verkauf wieder fest in öffentliche Hand. Damit bleibt der geografische Gipfelpunkt Norddeutschlands auch künftig allen Besuchern und Gästen zugänglich. Der Brocken ist eben doch mehr als nur ein beliebtes Ausflugsziel für Wanderfreudige. Er ist ein ganz besonderer Gipfel. Als einst Goethe und Heine von diesem Berg aus in die Ferne blickten und begeistert von der Schönheit der Landschaft berichteten, war einer der faszinierendsten Orte Deutschlands literarisch entdeckt worden. Bis heute hält diese Faszination an. Viele Tausend Touristen aus Deutschland und Europa strömen Jahr für Jahr hierher. Denn ein Brocken-Aufstieg gehört zu den unvergesslichen Erlebnissen eines Harz-Aufenthalts.

Andererseits – und das ist der zweite erfreuliche Umstand – erarbeiteten sich die Harzer ihren eigenen Aufstieg im Landesmaßstab. Ein wichtiger Baustein hierbei war im vergangenen Jahr eine zielgenaue und effektiv umgesetzte Landkreisfusion. Die Landkreise Halberstadt, Quedlinburg, Wernigerode und die Stadt Falkenstein schlossen sich zum neuen Landkreis Harz zusammen. Der Standort Harz stellt nun eine Wirtschafts- und Kulturgröße dar, von der positive Impulse zu erwarten sind. Die Entwicklungskurve bewegt sich aufwärts. Hier werden künftig starke wirtschaftliche, wissenschaftliche, touristische und kulturelle Potenziale gebündelt. Aktuell gehört der Landkreis Harz mit seiner neuen Kreisstadt Halberstadt neben den Ballungszentren Magdeburg und Halle zu den einwohnerstärksten und wirtschaftlich potentesten Standorten in Sachsen-Anhalt. Die Region geht gestärkt aus der Landkreisfusion hervor und ist gut für die kommenden Herausforderungen aufgestellt.

Ich bin sicher, dass die engagierten Bürgerinnen und Bürger im neu entstandenen Landkreis Harz es gemeinsam schaffen werden, den Standort wirtschaftlich weiterhin dynamisch zu entwickeln, die touristische und kulturelle Vielfalt zu bewahren und gleichzeitig innovative Lösungen im industrienahen Forschungsbereich zu finden.

Allen Harzern im neuen Landkreis wünsche ich dabei viel Erfolg und den Gästen aus nah und fern unvergessliche Stunden und Tage in einem der schönsten Naturparadiese und einer der geschichtsträchtigsten Regionen Deutschlands.

Prof. Dr. Wolfgang Böhmer
Ministerpräsident des Landes Sachsen-Anhalt

Ein harzliches Willkommen

Was macht die Nordharzregion so besonders? Einheimische werden das gefragt und Touristen überlegen, warum sie sich auf die Landschaft und ihre Menschen einlassen sollen. Das Buch »Faszination Harz – Von der Bode bis zum Brocken« möchte auf ganz eigene Art und Weise Antworten suchen.

Seit die den Harz teilende Grenze 1989 fiel und die Menschen auf den Brocken strömten, wuchs die historische Kultur- und Naturlandschaft wieder zusammen. Die drei Altkreise Halberstadt, Quedlinburg und Wernigerode sowie die Stadt Falkenstein vereinigten sich 2007 zum Landkreis Harz, der für die Nordharzregion neue Entwicklungschancen bietet. Jede Ecke des neuen Großkreises versprüht ihre besonderen Reize. Halberstadt, das politische Zentrum des Kreises, punktet mit dem wiedererstandenen Stadtzentrum, dem in der Welt einmaligen Domschatz, dessen Textilsammlung nur vom Vatikan an Bedeutung übertroffen wird, mit seiner Theatertradition und dem Cage-Orgel-Projekt, das Besucher von allen Kontinenten in das Burchardikloster zieht. Quedlinburg erlebte die Aufnahme in den illustren Kreis der UNESCO-Weltkulturerbestädte, gilt als bedeutendes Zentrum der Fachwerkwelt und des baulichen Denkmalschutzes. Nicht umsonst nennt man die Jüngste des Alt-Kreisstadt-Dreiers »Bunte Stadt am Harz«. Attraktive Fachwerkhäuser, das über der Stadt thronende Schloss und das historische Rathaus, Altstadt-Flair und modernste Wirtschaftsunternehmen bestimmen das Bild am Fuße des Harzes.

Der Landstrich zwischen der Burg Falkenstein, wo Eike von Repgow den »Sachsenspiegel« schrieb, dem Bodetal voller landschaftlicher Reize und dem Hexentanzplatz, zwischen Rose-, Wester- sowie Huysburg und dem Brocken bietet für jeden Gast der Region etwas: Selketalbahnfahrten für die Eisenbahnenthusiasten, technische und bergbauliche Denkmale in Elbingerode und Straßberg, Bergtheater in Thale und erstklassige Chormusik aus Wernigeröder Kehlen.

Viele Fotografen und Textautoren, deren Herzen für den Harz schlagen, wirkten mit, dass das liebevoll und aufwändig gestaltete Buch »Faszination Harz – Von der Bode bis zum Brocken« jedem seiner Leser und Betrachter etwas von der dem Nordharz innewohnenden Faszination vermittelt. Der Band entbietet Gästen wie Bewohnern ein herzliches Willkommen im neuen Harzkreis. Mögen alle das Buch genießen und ihre Freude daran weitertragen und teilen.

Uwe Kraus

Inhalt

Grußwort	4
Ein harzliches Willkommen	5
Zwischen Brocken und Domschatz	8

Halberstadt – Das Tor zum Harz

Heimatliebende Blicke auf die Türme
Stadtgeschichte der Kreisstadt im Harz ... 11

»Angenehm, Roland«
Seit 1433 in Halberstadts Mitte… ... 13

Hebräisch, Latkes und ein alter Leuchter
Zeugnisse jüdischer Kultur und Lebensweise ... 14

Meisterwerk der Gotik
859 erste Bischofskirche ... 19

Domschatz zu Halberstadt in neuem Glanz
Reliquienschatz ist Kern der Ausstellung ... 20

Das Theater im Harz
Dreispartentheater mit Tradition ... 21

Naherholung, wo einst Schafe grasten
Spiegelsberge seit 1771 für Bürger offen ... 25

Ein Riesenweinfass aufgemacht
Selbst Könige lobten Fassbauer ... 26

Grotten unterhalb des Jagdschlosses ... 27

Turmreiche Stadtsilhouette
Ein gezähnter Rundgang durch die Domstadt ... 32

Es tönt über 639 Jahre
Das längste Musikstück der Welt erklingt in Halberstadt ... 36

Erste Bahnen zogen Pferde ... 39

Älter als alle Goethehäuser
Erster Museumsneubau in den neuen Bundesländern nach der Wende ... 40

Eine Marke feiert Jubiläum
Dosenwürstchen waren vor über 110 Jahren eine Weltneuheit aus Halberstadt ... 42

Schau ins Vorland

Landurlaub gewinnt an Attraktivität
Filzen und Spinnen neben dem Stall – Tiere füttern, Backen und Wandern ... 47

Privates Tierarztmuseum und Klostergeschichten
Zwischen Daneilshöhle, Mühlendreieck und Gletschertöpfen ... 48

Auf dem Huy-Kamm thront das Kloster
Baukunst zwischen Früh- und Hochromanik ... 51

Schachspielen in der Schule
Alles in Ströbeck dreht sich um das königliche Spiel ... 54

Von Liebe im Pfarrgarten und einem Toten im Huy ... 56

Wo Zar Peter I. ein Nachtlager fand
Osterwieck – einzige Stadt im Harzkreis mit einer Autobahnanbindung ... 60

Westlichster Ort des Landes liegt im Harzkreis
Aus Dreirode wurden wieder drei Orte ... 64

UNESCO-Welterbe Quedlinburg

Höhlen unterm Berg
»Randgruppen« richteten sich häuslich ein ... 69

Roland schlummerte im Ratskeller
Rathaus von der Göttin des Wohlstandes gekrönt ... 70

Wandeln durch das Lustwäldchen der Damen
Gartenträume: Das denkmalpflegerisch-touristische Netzwerk ... 71

Reizvoller Kontrast zur Altstadt
Weltberühmte Sammlung zu sehen ... 74

Reichstag auf der Quitilingaburg
Ein Netz aus Pfalzen, Reichsburgen, Kirchen, Stiften und Klöstern ... 75

Eine wahre Fundgrube an Fachwerk aller Schattierungen
Quedlinburg – Welterbe der UNESCO am Harz ... 77

Schätze aus Goldfiligran und Edelsteinen
Nach langer Odyssee wieder daheim ... 78

Roland wurde vom Sockel geholt
Äbtissin Hedwig rief ihre Brüder ... 79

Zwischen Stiege und UNESCO-Welterbe
222 Stempel für den Wanderkaiser ... 90

Singend zur Vereinsgründung
Wiege der deutschen Ingenieurszunft steht im Harz ... 97

Nicht nur mit Speck fängt man Mäuse
Kuriositäten aus 25 Jahren Sammlerleidenschaft ... 98

Wohlklingende Orgelmusik und bunte Fenster
Bonifatiuskirche zu Ditfurt dominiert den Ortskern ... 103

Mimen auf dem Berg und in der Höhle
Keine Schocker, aber lebendiges Theater ... 108

Ein Rathaus ohne Treppen
Ur-Mutter des Hauses Oranien stammt aus dem Harz ... 109

Briefmarken werben für UNESCO-Weltkulturerbe
Bedeutende Quedlinburger auf kleinen Kunstwerken ... 110

Bunte Stadt am Harz – Wernigerode

Wernigerode – die bunte Stadt am Fuße des Brockens
Vom Marktflecken zur aufstrebenden Wirtschaftsregion ... 117

Bunte Stadt als Juwel der Fachwerkbaukunst
Rathaus als gezähntes Aushängeschild ... 166

Vor den Toren der Stadt

Mit Pferd, Säge und Holzvollerntern
Die Gemeinde Drübeck und ihr Wald ... 175

Auf dem Berg der Berge

Der deutscheste aller deutschen Berge
1989: Ansturm auf den »Hausberg der Halberstädter« 211
»Größte unter den Kleinen«
Mit den Schmalspurbahnen philatelistisch durch den Harz 226

Harz erleben

Ein Bollwerk gegen Überschwemmungen
Keine Staumauer in Deutschland ist höher 229
Grenzerfahrungen – Zwischen Libellen und ehemaligem Todesstreifen
Naturschutzgroßprojekt hilft Naturerbe zu bewahren 230
Naturwunder, Kirchen, Burgen, Schlösser und technische Bauten
Brocken auf Briefmarken verewigt 232
Erkundungen unter der Erde
Faszinierende Tropfsteinwelt macht Rübeland zu einem Mekka für Höhlenfreunde 238
Die Pracht der Frühlingsblumen
Eine bunte und vielfältige Harzer Pflanzenwelt 240
Markante Steingebilde in bizarrer Schönheit
Die Region ist eine steinreiche Gegend 242
Auerhahn nur auf dem Bierfass
Vogelwelt reicht von Buchfink bis Rotmilan 244
Von Quellwasser gespeiste Idylle
Reges Vereinsleben und dampfende Lok 245
Wo Heinrich der Löwe sich ein Bein brach
Die Sage von der Trogfurter Brücke 247
Außergewöhnliche »Fenster in die Erdgeschichte«
Kristallationspunkte seit Jahrmillionen da 250
Harzwälder als Arbeitsplatz und Naturidyll
Wald, Forstwirtschaft und Jagd im Landkreis Harz 252
Rechtsgeschichte und Falkenflug
Sachsenspiegel wirkt bis heute 256
Hüttenwerke nur noch Geschichte
Sorge – idyllisch von Wäldern und Wiesen eingebetteter Erholungsort 257
Von Alvelingeroth bis Elbingerode
Pingen weisen auf vergangene bergmännische Aktivitäten hin 258
Ortsgeschichte im liebevoll sanierten Kohlenschuppen
1600 Stunden Eigenleistungen für die Heimatstube 260
Diakonissen-Mutterhaus – Zuhause der evangelischen Schwesternschaft 261

Blütenstadt im Harz

Blankenburg (Harz) – Stadt mit markanter Topographie
Touristen und reisende Handwerker sind hier gerne zu Gast 263
»Stadt unter der Burg«
Einst ein Stapelplatz für Harzerzeugnisse 266
Fasanenfedern aus Stahl
Gartenensemble der Superlative 268

Burg und Festung Regenstein – »Ein Gibraltar des Harzes«
Ein einzigartiges Naturdenkmal 269
Wechsel, Sassen und die Vorräte der Eichhörnchen
Jugendwaldheim praktiziert Umweltbildung im besten Sinne 274
Naturerlebnisse entlang der Harzer Schmalspurbahnen
An jeder Station ein Stück Natur 277

Register 279
Bildquellennachweis 280

Bei den Beiträgen mit orangen Überschriften handelt es sich um (Selbst-)Darstellungen der Protagonisten dieses Buches.
Die mit grünen Überschriften versehenen Beiträge sind redaktionelle Darstellungen zu verschiedenen Themen.
Bei mit Namen ausgezeichneten Beiträgen stammen alle Bilder ohne separate Angabe von den Autoren.
Kartenmaterial: Auszug aus den Geobasisdaten der Niedersächsischen Vermessungs- und Katasterverwaltung/LGN – Landesvermessung + Geobasisinformation Niedersachsen

Zwischen Brocken und Domschatz

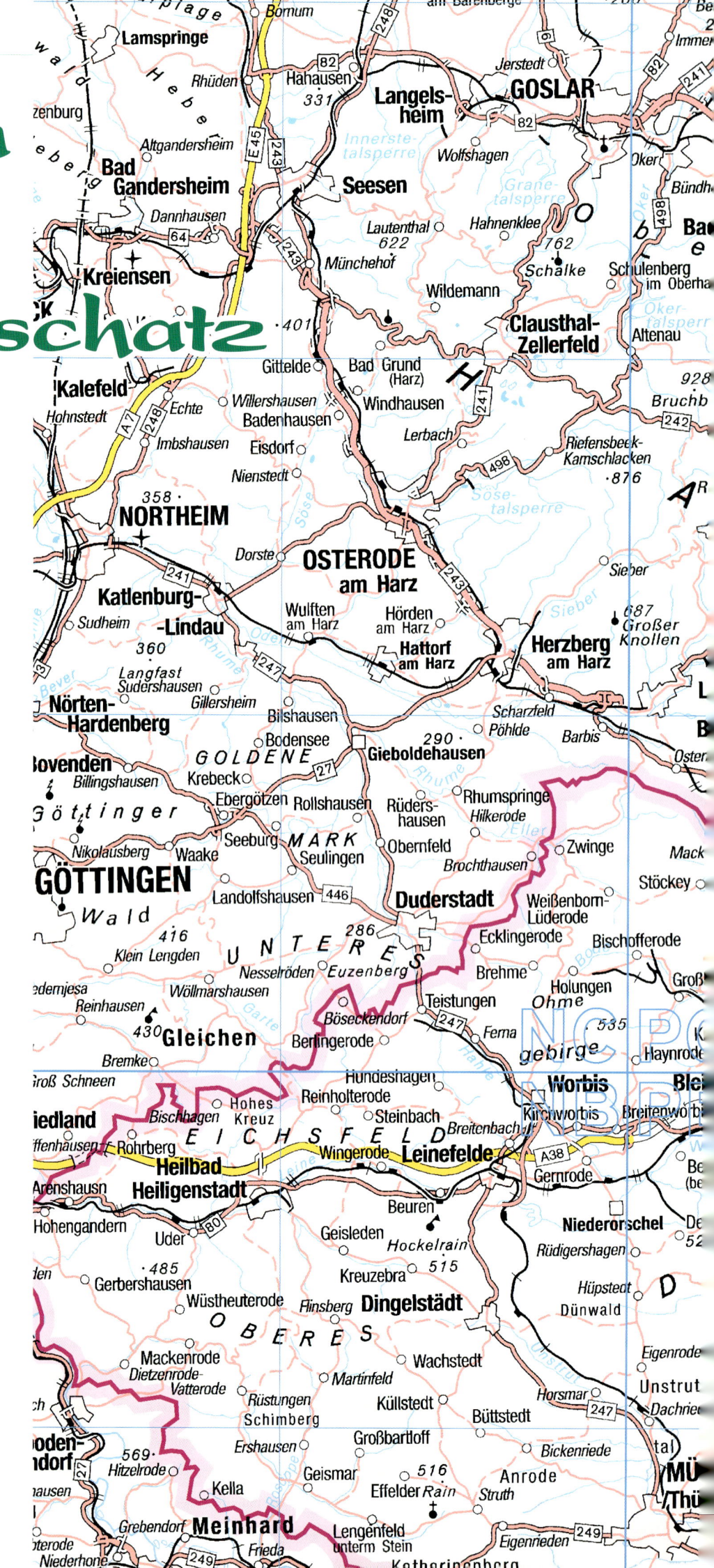

Bestens präparierte Wanderwege und Skiposten locken Erholungssuchende und Wintersportler rund ums Jahr in den Harz. Doch auch das Vorland mit seinen weltberühmten Kunstschätzen braucht sich nicht zu verstecken. Zwischen Brocken, Huy und Hakel ist der Besucher gut aufgehoben.

Ob direkt an den Ufern von Halberstädter See, Talsperren, Holtemme und Bode, in der Welterbestadt Quedlinburg oder auf dem Hexentanzplatz: Im Landkreis Harz liegen unzählige Ausflugsziele und Attraktionen dicht beieinander. Mit Ski, Kanu oder Fahrrad auf großer Tour, auf Entdeckungsreise nach historischen Kleinoden wie dem weltberühmten Halberstädter Domschatz, auf den vielen Theaterbühnen oder in den einladenden Innenstädten kommen Besucher und Einwohner auf ihre Kosten.

Der Harzkreis ist mehr als einen Blick und einen Besuch wert. Und wer einmal hier war, wird gerne wiederkommen.

So gelangen Sie in den Harz

Mit dem eigenen Auto
B 6n, Abfahrt
Ilsenburg/Wernigerode/Thale/Quedlinburg

Mit Bus und Bahn
Von Berlin nach Wernigerode/Thale
über Halberstadt/Quedlinburg per HEX

Von Magdeburg/Halle per HEX und DB nach
Wernigerode/Thale über Halberstadt/Quedlinburg

Von Quedlinburg/Wernigerode per HSB durch das
Selketal, nach Nordhausen und zum Brocken

Halberstadt – Das Tor zum Harz

Holzmarkt mit Rathaus, Roland und Holzmarktbrunnen

Stadtgeschichte der Kreisstadt im Harz

Heimatliebende Blicke auf die Türme

»Wenn ich die Domtürme sehe, fühle ich mich wieder zu Hause.« Ein Satz, den Zugezogene sagen und Halberstädter Urgesteine. Der Sakralbau mit seiner ausgeprägten Gotik bildet die eine Ecke des städtischen Wohnzimmers am Domplatz, die 1000-jährige Liebfrauenkirche in ihrer vollendeten Romanik liegt ihm genau gegenüber. Umrundet der Einheimische mit seinen Gästen den Platz, wandert er durch die Historie. Die Archäologen belegten mit zahlreichen Funden, dass hier einst die Mauern der Domburg verliefen. In der Spiegelschen Kurie wohnte der Mann, der die nach ihm benannten Berge wieder bewaldete, gleich nebenan Dichtervater Johann Wilhelm Ludwig Gleim, dem heute eines der ältesten deutschen Literaturmuseen gewidmet ist. Im Dom mit sei-

Kirchturmsilhouette von Halberstadt.

11

Liebevoll sanierte Häuser in der Halberstädter Altstadt

Das Vogelkundemuseum »Heineanum« zieht Kinder und Erwachsene gleichermaßen in seinen Bann.

Blick in den Salon des Schraubemuseums – bürgerliche Wohnkultur im 18. Jahrhundert

ner nur vom Vatikan übertroffenen sakralen Kleidersammlung heiratete der berühmte Architekturmaler Carl Georg Adolf Hasenpflug, in der Liebfrauenkirche erhielten berühmte Menschen ihre Taufe. Eine der vier musealen Einrichtungen, die sich auf einer Wegstrecke von 80 Metern um den Dom St. Stephanus fädeln, trägt den Namen von Ferdinand Heine. Im Heineanum entstand 1850 die größte ornithologische Privatsammlung Deutschlands.

In unmittelbarer Nachbarschaft – ebenfalls am Domplatz – befindet sich seit 1905 in der ehemaligen spiegelschen Kurie das Städtische Museum. Es zeigt Ausstellungen zur Stadt- und Bistumsgeschichte sowie vielseitige Sonderausstellungen. Dem Städtischen Museum angeschlossen ist das »Schraubemuseum – Wohnkultur um 1900« in der Voigtei 48. Hier ist eine komplett erhaltene, gutbürgerliche Wohneinrichtung der Gründerzeit zu sehen.

Auch Liebhaber moderner Kunst kommen in der Voigtei 48 auf ihre Kosten, denn hier findet man auch die Galerie im Kunsthof und Ateliers junger Künstler.

Ein Tipp für Bücherfreunde: Die moderne Stadtbibliothek »Heinrich Heine« in der historischen Peterskapelle am Domplatz ist im Jahr 2000 in Deutschland mit dem Titel »Bibliothek des Jahres« ausgezeichnet worden.

Die trotz Flächenabriss und Verfall 1989 noch immer vorhandene historische Bausubstanz erfuhr durch das Engagement vieler Bürger und die Kunst von Handwerkern und Architekten eine neue Blüte. Sie paart sich mit dem nach dem verheerenden Bombardement am 8. April 1945 und der viereinhalb Jahrzehnte folgenden Leere wiedererstandenen Stadtzentrum, das viele Zitate der Historie aufgenommen hat. Der Roland von 1433, der über Jahrzehnte Asyl an der Westwand der Martinikirche fand, schaut nun wieder stolz vor der Westfassade des Rathauses dem Stadtgeschehen zu.

Halberstadt, wo Karl der Große schon vor 1200 Jahren anno 804 ein Bistum gründete, entwickelte sich dank des Domsekretärs und Dichtermäzens Gleim in der zweiten Hälfte des 18. Jahrhunderts zu einem geistigen Zentrum in Deutschland. Wenig später folgte im Zeitalter der Industrialisierung auch der wirtschaftliche Aufschwung. Landwirtschaftliche Maschinen und Flugzeuge, Eisenbahnwaggons und die Würstchen aus der Fabrik von Friedrich Heine trugen den Ruhm der Stadt in die Wirtschaftswelt.

Kreisstadt schrieb deutschlandweit Geschichte

Halberstadt als Tor zum Harz nennen die Verwaltungsfachleute Mittelzentrum mit Teilfunktion eines Oberzentrums. Theaterliebhaber schätzen das Nordharzer Städtebundtheater mit seinem Großen Haus und der Kammerbühne wegen des anspruchsvollen Spielplanes, Musikfreunde loben die »Stunde der Musik« und Fans scheinbar verrückter Ideen schauen mit Spannung auf das Jahrhunderte währende John-Cage-Orgel-Projekt in der Burchardikirche. Die Stadt schrieb und schreibt Geschichte. Namen wie Bischof Buko und der Lange Matz, der Komponist Andreas Werckmeister und der berühmte Gallenoperateur Prof. Dr. Hans Kehr, die Kaufmannsfamilie Klamroth standen dafür. Heute sind es Ereignisse wie der spektakuläre Glockenguss der Domina auf dem Domplatz 1999, mit dem man in die Annalen der Stadt eingeht.

Doch Halberstadts Geschichtsbuch zieren nicht nur Ruhmesseiten. 800 Jahre lebten jüdische und nicht jüdische Mitbürger in der Domstadt miteinander. Die jüdische Gemeinde Halberstadts zählte zu den größten in Mitteldeutschland. Der Hofjude August des Starken, Berend Lehmann, die Metallfirma von Aron Hirsch, Warenhäuser und Bankhäuser prägten die Stadt nicht unwesentlich. 1942 wurden die letzten Halberstädter Juden in die Vernichtungslager geschickt. Ein Gedenkstein mit ihren Namen, gestaltet vom Halberstädter Künstler Daniel Priese, mahnt und erinnert daran seit 1992 ebenso wie das Mahnzeichen am Dom, das 1982 errichtet wurde.

Die Orte rund um die Harzkreisstadt beweisen aber auch, dass das nördliche Harzvorland mit dem Blick auf den majestätischen Brocken und der Huy mit seiner historischen Burg voller landschaftlicher Reize und historischer Denkmale stecken. Diese zu erhalten, haben sich viele Enthusiasten auf die Fahnen geschrieben.

Mehr als Zahlenkolonnen und Hochglanzfotos es je verdeutlichen könnten, sind es die Einwohner der Städte und Dörfer, die der Stadt Halberstadt und ihrer Umgebung ihren Stempel aufdrücken. Ihr Engagement und ihre Ideen halfen, den über Tausend Jahre alten Gemeinden eine wahre Verjüngungskur angedeihen zu lassen. Der Modellstadtstatus bei der Städtebauförderung und die Aktivitäten in der Dorferneuerung oder der Dorfwettbewerb »Unser Dorf soll schöner werden – unser Dorf hat Zukunft«, aber auch privat finanzierte Projekte trugen dazu bei, die Region Halberstadt noch lebenswerter für ihre Einwohner und noch erlebenswerter für seine Besucher zu präsentieren.

Weitere Informationen: www.halberstadt.de,
halberstadt-info@halberstadt.de,
Halberstadt Information, Tel. (0 39 41) 55 18 15

Halberstadt – Das Tor zum Harz

»Angenehm, Roland«

Seit 1433 in Halberstadts Mitte...

Der Harz ist reich an Rolandfiguren. Die erste Erwähnung eines Rolands in Nordhausen am Südharz findet sich in einem Auszug eines Erbzinsbuches aus dem Jahre 1411: »von dem Eckhuse an dem Steinwege gein Rulande«. Der heute noch erhaltene Roland des Flecken Neustadt am Südharz wurde, wie die Jahreszahl auf dem Gürtel ausweist, im Jahre 1730 aufgestellt. Der Roland in Questenberg gilt als der jüngste aller Rolande. Der Halberstädter Roland ist die älteste original erhaltene Figur dieser Art. Der Bremer Roland ist älter, wurde jedoch im Laufe der Jahrhunderte verändert. Die erste Erwähnung des Halberstädter Rolands stammt aus dem Jahr 1381. Der aus Halberstädter Sandstein hergestellte Roland der Domstadt wurde 1433 beim Rathaus aufgestellt, das 1945 bei einem Bombenangriff total zerstört wurde. Wie durch ein Wunder überdauerte der Roland eingemauert das Inferno. Ab 1951 fand er dann Asyl am Südturm der Martinikirche, dem Wahrzeichen der Stadt. Nach dem Wiederaufbau des Stadtzentrums steht er nun seit 1997 wieder an der historischen Fassade des Rathauses.

Zur Person: 1433 wurde ich in Sandstein gehauen und an der Westfassade des Rathauses aufgestellt. Ich stehe für das Markt-, Münz- und Zollrecht, das der Stadt bereits 989 durch Otto III. verliehen wurde. Halberstadt wurde 1367 Mitglied der Hanse, somit stand ich als Roland auch für die Freiheit des Handels durch das Bürgertum.

Erscheinung: Ich bin der zweitälteste, deutsche Roland nach Bremen. Ähnlichkeiten mit dem Bremer und Zerbster Roland sagt man mir nach. Sie wurden von Steinmetzen aus Parlau in Böhmen geschaffen. Meinen Schild ziert ein doppelköpfiger Reichsadler. In der rechten Hand halte ich mein zweischneidiges Schwert »Durendal«. Mein Prunkgürtel »Düsing« ist mit Schriftzeichen und einer Jahreszahl versehen. Über der Rüstung trage ich einen Mantel, einen Helm habe ich nicht auf dem Kopf.

Bedeutung: Man sagt mir nach, dass ich als Roland mit Blick auf den Holzmarkt neben dem Dom und der Martinikirche das Wahrzeichen der Stadt Halberstadt sei.

Der Halberstädter Roland wacht über das Geschehen in der Stadt.

Kurioses: Ich war ein »entmilitarisierter« Roland. Ich habe die Zerstörung der Stadt im 2. Weltkrieg unbeschadet überstanden. Der Befehl Nr. 1 der russischen Besatzungsmacht lautete alle Waffen abzugeben. Da ich als Roland nicht reagierte, wurde mir das Schwert aus der Hand gebrochen und eingezogen.

Halberstadt – Das Tor zum Harz

Gräber auf dem ältesten der drei jüdischen Friedhöfe in Halberstadt

Zeugnisse jüdischer Kultur und Lebensweise

Hebräisch, Latkes und ein alter Leuchter

Die Spuren jüdischen Lebens sind in Halberstadt allgegenwärtig. Halberstadt bildete neben Frankfurt am Main das Zentrum der jüdischen Orthodoxie in Deutschland. Die ersten Niederlassungen von Juden datieren aus dem 13. Jahrhundert, und seitdem waren sie ein wesentliches Element des bischöflichen Halberstadt wie später des brandenburgisch-preußischen und des der Weimarer Republik.

Sachsen-Anhalts Ministerpräsident Wolfgang Böhmer beschreibt das Engagement der Moses Mendelssohn Akademie in Halberstadt: »Es ist gelungen, wichtige Zeugnisse jüdischer Kultur und Lebensweise in eindrucksvoller Weise für die Öffentlichkeit zu erschließen«. Jutta Dick baute diese Einrichtung an der Seite von Gründungsdirektor Prof. Dr. Julius Schoeps (Potsdam) auf. Der steht heute der Moses Mendelssohn Stiftung vor. Die Erträge dieser Stiftung sollen, so Schoeps, »in guter Familientradition Bildung, Erziehung und Wissenschaft auf dem Feld der jüdischen Geschichte und Kultur fördern. Den Schwerpunkt legen wir dabei auf Projekte der Moses Mendelssohn Akademie im Halberstädter Rosenwinkel und des Moses Mendelssohn Zentrums Potsdam.«

Die heutige Direktorin der Moses Mendelssohn Akademie und des Berend Lehmann Museums für jüdische Geschichte und Kultur erinnert sich noch genau an ihren Wechsel in die geschichtsträchtige Vorharzstadt: »Wenn ich damals gewusst hätte, wie schwierig es in Halberstadt werden würde, ich hätte mich nicht getraut, hier anzutreten.« Als sie im Dezember 1994 zum ersten Mal nach Halberstadt fahren wollte, schaute sie vorher auf der Karte nach, wo die Stadt überhaupt liegt. Am 1. März 1995 begann sie ihre Arbeit als Geschäftsführerin der Moses Mendelssohn Akademie. Eine Heimstatt gab ihr die Stadt in der Liebfrauenkirche, denn die Gebäude der Moses Mendelssohn Akademie – die Klaussynagoge im Rosenwinkel, das Kantorhaus in der Bakenstraße, das Mikwenhaus in der Judenstraße sowie das Grundstück der zerstörten Gemeindesynagoge mussten erst angekauft und restauriert werden. »Am 9. November 1998 konnten wir die Klaussynagoge als erstes restauriertes Gebäude einweihen,« berichtet Jutta Dick.

Halberstadt – Das Tor zum Harz

Regelmäßig finden Führungen für Schüler und Touristen auf dem jüdischen Friedhof am Roten Strumpf statt.

Historische Gemeindegebäude sinnvoll genutzt

Die Idee, eine jüdische Akademie aufzubauen, die sich vor allem an ein interessiertes Laienpublikum wendet, stammte schon aus ihrer Ruhrgebietszeit am Salomon-Steinheim-Institut für deutsch-jüdische Geschichte an der Universität Duisburg, dessen damaliger Direktor Prof. Dr. Julius H. Schoeps war. »Als in Halberstadt nach einer sinnvollen Nutzung für die historischen Gebäude der ehemaligen jüdischen Gemeinde gesucht wurde, konnten wir diese Idee aus der Schublade holen. Es gestaltete sich zum Glücksfall, die Moses Mendelssohn Akademie an einem für die jüdische Geschichte in Deutschland so traditionsreichen Ort realisieren zu können.« Für Jutta Dick bot sich die große Chance, die Restaurierung der oben genannten historischen Gebäude zu entwickeln und zu begleiten. »Ich genoss die Freiräume, konnte entsprechend den finanziellen Möglichkeiten nach eigenen Vorstellungen Strukturen schaffen und dem Gebäude wie der Arbeit ein eigenes Gesicht geben. Das hat trotz der Mühen Spaß gemacht. Heute spüre ich, das Wirken trägt Früchte.«

Die Moses Mendelssohn Akademie mit dem Berend Lehmann Museum für jüdische Geschichte und Kultur ist mehr als eine Gedenkstätte für eine von den Nazis zerstörte jüdische Gemeinde. »Das Museum war anfangs nicht geplant, es hat sich aus unserer Arbeit hier gewissermaßen von selbst entwickelt. Es dokumentiert die wechselvolle Geschichte der Juden im deutschen Raum am Beispiel der Geschichte des Absolutismus und der preußischen Toleranzpolitik.«

Die Moses Mendelssohn Akademie wuchs zu einem Zentrum für Fortbildung, Vorträge, Ausstellungen und Konzerte. Jutta Dick und ihre Mitstreiter wollen damit »Angebote schaffen, statt den Ereignissen hinterherzulaufen.« Dazu zählt das Schnupperwochenende Hebräisch ebenso wie Fortbildungen für Lehrer oder Kunstausstellungen. Gäste aus Israel, Frankreich, den USA, den Niederlanden, Spanien, Russland und der Ukraine kamen in den vergangenen Jahren in die Akademie und ins MuseumsKaffee Hirsch. Hier hat Elena Kossarewa ihr Reich. Kulinarische Spezialitäten der ostjüdisch geprägten Küche stehen hier auf der Speisekarte: Latkes, Pelmeni, Knisches und Lekach.

Erstes Lichterfest nach 63 Jahren

Das MuseumsKaffee und die Akademie wurden zum Treffpunkt für jüdische Zuwanderer aus Litauen, der Ukraine und Belorussland. Im Dezember 2004 fanden sich viele von ihnen dort zusammen, um Chanukka zu feiern. »Das erste Mal seit 1941 wird dieses Lichterfest wieder gefeiert«, erinnerte Pfarrer i. R. Dr. Martin Gabriel, der schon zu DDR-Zeiten enge Kontakte zu ehemaligen Halberstädter Einwohnern jüdischen Glaubens in Israel hielt. Am Weißen Sonntag 1942 mussten sich die letzten jüdischen Halberstädter zur Deportation am Passamt auf dem Domplatz einfinden. Am 12. April 1963 predigte Pfarrer i. R. Dr. Martin Gabriel in der Halberstädter Liebfrauenkirche Lukas 23, 33–48. Im Vers 35 heißt es: »Und das Volk stand und sah zu.« Dabei erinnerte er sich an die Schilderung einer Halberstädterin über die Ereignisse auf den Tag genau 21 Jahre zuvor, als in einer beispiellosen Aktion die letzten jüdischen Mitbürger auf dem Domplatz zusammengetrieben wurden. Wenige Jahre später begann ein regelmäßiger Briefwechsel seiner reformierten Gemeinde mit in Israel lebenden ehemaligen Halberstädter Juden. »Gerade der Kontakt zur Familie des letzten Halberstädter Rabbiners Auerbach ließ die Idee reifen, in der Kirche eine Gedenktafel anzubringen. Am 1. November 1978 beschloss darüber das Presbyterium von Liebfrauen«, erinnert sich Dr. Martin Gabriel. Unterdessen wurden Fotos von jenem 12. April 1942 bekannt und man entschloss sich, die Tafel am Dom, vor dessen Toren die Juden für den Abtransport in die Vernichtungslager versammelt wurden, anzubringen. »Wir wollten dort ein deutliches Zeichen setzen, wo das Unrecht geschah. Der Magdeburger Synagogenvorsteher Abraham Glanz stimmte dem zu.« Der Ökumenische Arbeitskreis Halberstadt machte sich diese Idee zu eigen. Viele Christen, ihre Pfarrer und Priester hatten bereis im Herbst 1978 und Frühling 1979 tatkräftig mit angepackt, um einen jüdischen Friedhof zu pflegen. Nachdem die DDR-Staatsmacht die Anbringung der Tafel 1981 abgesegnet hatte, schuf der Halberstädter Metallgestalter und Ehrenbürger Johann-Peter Hinz (gestorben 2007) Entwürfe für ein Mahnzeichen. So entstand der ausgebrannte, siebenarmige Leuchter, der mit einer Steinplatte verbunden wurde, die Steinmetz Horst Zimmer bearbeitet hatte. »Der Allmächtige beugt das Recht nicht«, steht in Deutsch und Hebräisch dort zu lesen.

In der Klaussynagoge hat die Moses Mendelssohn Akademie ihren Sitz.

Halberstadt – Das Tor zum Harz

Durch das Fenster des Berend Lehmann Museums sind nur noch die Reste der Synagoge zu sehen.

»Die Enthüllung des Mahnzeichens entwickelte sich zur DDR-typischen Posse«, berichten Zeitzeugen wie Gebhard von Biela und Dr. Martin Gabriel. »Der damalige Bürgermeister gab dem staatlichen Missvergnügen Ausdruck. Doch als dann das ZDF eine Drehlizenz bekommen hatte und zur Berichterstattung anrückte, konnte er nicht mehr viel sagen.« So wohnten neben Bischof Dr. Werner Krusche an jenem 8. April 1982 nicht nur zahlreiche Christen der Enthüllung des Mahnzeichens bei. Zehn Jahre später folgte dann unter ganz neuen gesellschaftlichen Umständen wenige Meter vom Mahnzeichen entfernt die Übergabe der Steine der Erinnerung und Mahnung, die alle Namen der Halberstädter Juden verzeichnen.

Synagoge wurde abgetragen

Die Akademiedirektorin Jutta Dick spürt, dass ihre Einrichtung an Stellenwert in der Stadt gewonnen hat. »Es wird für viele Menschen interessant und wichtig, zu uns zu kommen.« So folgt sie mit Halberstädtern wie Gästen der Stadt den Jahrhunderte alten Spuren jüdischen Lebens. Führt sie zur Mikwe, dem rituellen Tauchbad in der Judenstraße, oder zum Portal des Hauses von Berend Lehmann, dem Hofjuden August des Starken. Sarah Barr, eine Studentin des St. Mary's College aus Maryland (USA), hob im Januar nach solch einer Führung hervor: »Halberstadt ist eine schöne Stadt, deren Geschichte aber dunkle Flecken hat. Ich denke, die Historie der jüdischen Kultur in dieser alten Stadt gehört mit all ihren guten und schlechten Augenblicken zur Stadtgeschichte.«

Wenig erinnert an die einstige Synagoge von Halberstadt. 1938 war der Barockbau unmittelbar nach der Pogromnacht vom 9. November bis auf die Grundmauern abgerissen worden. Er stand mitten in der Altstadt mit ihren leicht brennbaren Fachwerkhäusern. Deshalb hatten die Nationalsozialisten ihn nicht angezündet, wie Jutta Dick, Direktorin der Stiftung Moses Mendelssohn Akademie, sagt.

Wenige Tage später stellte deshalb ein Gutachten fest, dass »das Gebäude in seinem heutigen Zustand eine Gefahr für die öffentliche Ordnung und Sicherheit bedeutet«. Innerhalb weniger Tage wurde die Synagoge abgetragen. Von ihr blieben lediglich Wände der Vorhalle erhalten.

Hermann Schwab gehörte einst zu den regelmäßigen Besuchern der Synagoge. Mit 26 Jahren verfasste der 1879 in Frankfurt am Main Geborene auf Drängen des Halberstädter Stadtrates einen literarisch-kulturellen Halberstädter Reiseführer, der es damals auf eine Auflage von 30 000 Exemplaren brachte. »Glücklich das Halberstadt, das solchen Führer hat«, hieß es in einer im heutigen Literaturmuseum Gleimhaus vorgetragenen Laudatio auf Hermann Schwabs Werk, das heute auf Antiquariatsauktionen stolze Preise erzielt. Die Neuartigkeit dieser Form von Städtewer-

Das Mahnzeichen von 1982 am Dom

Im Berend Lehmann Museum: Bildwand mit Fotos ehemaliger Halberstädter jüdischen Glaubens

Daniel Priese gestaltete 1992 die Steine der Erinnerung und Mahnung auf dem Halberstädter Domplatz.

Halberstadt – Das Tor zum Harz

bung ist für heutige Leser kaum noch nachvollziehbar. Er ergänzte die schwülstigen Etüden der Stadtwerber um historische und kulturgeschichtliche Betrachtungen. Somit schuf er einen lesenswerten stadtarchitektonischen Wegweiser für die Domstadt. Wie die Halberstädter Fremdenverkehrs-Oberen später mit dem jüdischen Lokalpatrioten umgingen, verbitterte ihn auch noch im Exil.

Spiegelstraße 55 eine der ersten deutschen Medien-Adressen

»Im Journalismus fand er seine innere Berufung«, urteilt Prof. Dr. Guy Stern von der Wayne State University Detroit über den orthodoxen Juden und liberalen Publizisten Hermann Schwab, einen fast vergessenen Vertreter des Berufsstandes im heutigen Sachsen-Anhalt. Dabei zählte in den Zwanziger- und Dreißigerjahren die Halberstädter Spiegelstraße 55 zu den ersten deutschen Medien-Adressen. Schwab gilt als Gründer der Mitteldeutschen Presse- und Photoagentur. »Zweimal baute sich der 1879 in Frankfurt am Main Geborene eine aussichtsreiche Pressekorrespondenz bzw. einen Bilderdienst aus kleinsten Anfängen auf, erst zerstörte ihm Hitlers Machtergreifung, dann Englands Eintritt in den Zweiten Weltkrieg das mühsam Aufgebaute«, erklärt Guy Stern, der als Günther Stern 16-jährig aus Hildesheim in die USA emigrieren musste. Er ist Mitglied des Wissenschaftlichen Beirats des Moses Mendelssohn Zentrums in Potsdam, hatte Lehraufträge an den Universitäten Columbia, Denison, Cincinnati und Maryland. Seit 1978 ist der anerkannte Experte auf dem Gebiet der Exilliteraturforschung Distinguished Professor for German Studies an der Detroiter Wayne State University. Und was für Sachsen-Anhalt nicht weniger bedeutsam ist, Generalsekretär der Kurt-Weill-Foundation.

Raketenhafter Aufstieg

Erst im reiferen Alter von 46 Jahren begann Hermann Schwab seine Karriere im Journalismus. Auslöser war die wirtschaftlich bedingte Verlegung der Halberstädter Metallhandelsfirma »Aron Hirsch & Söhne«, wo er Kaufmann und Prokurist war, nach Berlin. Hermann Schwab blieb.

Da er schon als Lehrling in Eberswalde sehr kulturinteressiert war und sich während seiner Tätigkeit bei der Firma Hirsch bereits kurz nach der Gründung des Halberstädter Stadttheaters als Theaterrezensent u. a. für die renommierte »Frankfurter Zeitung« betätigte, wagte er die Gründung des Mitteldeutschen Presse- und Bilderdienstes. Er sattelte so mit Unterstützung seiner Gattin und seiner beiden Töchter auf sein bisheriges Steckenpferd um. »Ich wollte das tun, was ich schon seit einem Vierteljahrhundert tat: Schreiben«, liest man in seiner unveröffentlichten Autobiographie. Bald nach seiner Gründung erhielt Schwabs Pressedienst einen buchstäblich raketenhaften Auftrieb. In der Nähe von Blankenburg sollte das erste Raketenauto vorgeführt werden. Spektakulär durchlief das Vehikel seine Schienenbahn, explodierte aber dann und löste sich in seine Bestandteile auf. Schwab eilte zur Post und berichtete telefonisch an die Hauptorgane des deutschen Blätterwaldes. Als er sich einige Wochen später bei den führenden Zeitungsverlegern in Berlin vorstellte und man in ihm den »Raketenautor« erkannte, wurden sowohl Scherl und der Ullstein-Verlag als auch Rudolf Mosse und Hugenbergs Telegraphen-Union Abnehmer seines Pressedienstes. Der lief so erfolgreich, dass er seine Rezensionen mehrfach umschreiben musste, um alle Wünsche erfüllen zu können. Er verstärkte seine Verbindungen zur Auslandspresse, etwa zu AP in Berlin, zu Reuters sowie zu Schweizer und Londoner Blättern.

Im Januar 1934 erhielt Hermann Schwab, der auch Vorsitzender des Repräsentanten-Kollegiums der jüdischen Gemeinde von Halberstadt war, Berufsverbot, im März reiste er nach London aus. Dort im Exil verfasste er ein »Tagebuch«, in dem er rückblickend seine Erfahrungen im Jahr 1933 in Halberstadt schilderte. »Geschehnisse in einer deutschen Stadt, die sich in Tausend Städten wiederholten«, schrieb er.

Im englischen Exil führte Schwab seine journalistische Tätigkeit fort und begann gleich wieder mit dem Aufbau eines Pressedienstes. Es gelang ihm, 58 Zeitungen und Zeitschriften als Abnehmer zu gewinnen, vom Londoner »Daily Telegraph« bis zu Fachzeitschriften. Allerdings musste sich Schwab in der Regel mit kleineren Aufträgen begnügen. Die journalistische Arbeit begleitete Schwab bis ins hohe Alter. Ihm verdankt man auch eine knappe und von tiefer Trauer geprägte Schilderung der Zerstörung der Synagoge in der Bakenstraße. Dem Enthusiasmus und der Freude, mit denen Schwab über seine Wahlheimat Halberstadt und den Harz berichtet hatte, waren in England einem angemessenen Ernst und einer Wertschätzung seines Asyllandes gewichen. Von dort aus prangerte der 1962 gestorbene Hermann Schwab das Versagen der deutschen Presse vor und während der Hitlerzeit an.

In Stein gehauen: die Namen der deportierten Halberstädter Juden

Halberstadt – Das Tor zum Harz

Die Halberstädter Martinikirche mit ihren ungleichen Türmen ist das Wahrzeichen der Stadt und gilt als Bürgerkirche.

859 erste Bischofskirche

Meisterwerk der Gotik

Das heutige Sachsen-Anhalt ist ein sehr altes Kulturland, eine Landschaft, die in der deutschen Geschichte einen besonderen Platz hat. Fragt man nach den geschichtlichen Traditionen und Vorläufern unseres Landes, so steht das alte Bistum Halberstadt am Anfang. Die Erhebung Halberstadts zum Bistum im Jahre 804 geht auf Karl den Großen zurück. Somit ist es auch das älteste Bistum in Mitteldeutschland. An der Halberstädter Domkirche ist seit dem Mittelalter einer der bedeutendsten europäischen Kirchenschätze erhalten geblieben.

Der Dom St. Stephanus und Sixtus ist ein Meisterwerk gotischer Baukunst. Er hatte Vorgängerbauten, von denen der erste bereits 859 als Bischofskirche geweiht wurde.

Kunstvolle Glasfenster und grüner Marmor

Es folgte eine 992 geweihte ottonische Kathedrale. Der heutige Dom entstand zwischen 1239 und 1491. Durch die 250-jährige Bauzeit finden sich in ihm Charakteristika aller Phasen der Gotik. Im östlichsten Punkt des Chorumgangs liegt die 1362 geweihte Marienkapelle. Die mittelalterlichen Glasmalereien der Fenster von Chorumgang und Marienkapelle sind außerordentlich kunstvoll. Die ältesten Fenster entstanden bereits in der ersten Hälfte des 14. Jahrhunderts. Das Querhaus wurde zwischen 1437 und 1458 in spätgotischem Stil errichtet. Im westlichen Mittelschiff steht ein großer romanischer Taufstein aus grünem Marmor (Ende 12. Jahrhunderts). Im Osten wird das Langhaus durch einen spätgotischen Lettner (um 1510), der mit besonders feingliedrigem Maßwerk reich geschmückt ist, vom Chor getrennt. Über dem Lettner befindet sich eine monumentale Triumphkreuzgruppe. Sie wurde um 1220 gefertigt und stammt noch aus dem romanischen Vorgängerbau des heutigen Domes.

Unter den zahlreichen Steinskulpturen sind viele von hervorragender künstlerischer Qualität. Die zwölf Apostel an den Pfeilern des hohen Chores entstanden in der Mitte des 15. Jahrhunderts.

Halberstädter Dom – Meisterwerk der Gotik

Weihbrotschale, 11. Jahrhundert, das bedeutendste der byzantinischen Kunstwerke des Domschatzes

Halberstadt – Das Tor zum Harz

Reliquienschatz ist Kern der Ausstellung

Domschatz zu Halberstadt in neuem Glanz

Chorkonzerte höchster Qualität erfreuen sich größter Beliebtheit.

Der über viele Jahrhunderte zusammengetragene »Domschatz« enthält einzigartige Stücke mittelalterlicher Kunst und zählt weltweit zu den wertvollsten Sammlungen dieser Art. Die Sammlung liturgischer Gewänder, deren prachtvolle Stücke bis auf das 10. Jahrhundert zurückgehen, ist ebenso einmalig wie die kostbaren romanischen Wirkteppiche aus der Mitte des 12. Jahrhunderts.

Der Halberstädter Domschatz gilt als einer der umfangreichsten mittelalterlichen Kirchenschätze, der am Ort seiner ursprünglichen Nutzung erhalten geblieben ist. Über 650 Kunstwerke aus der Zeit vom 5. bis zum 18. Jahrhundert erzählen vom Gottesdienst an einer großen Kathedrale. Der Domschatz, das ist das Ensemble beweglicher Ausstattungsstücke, die über Jahrhunderte hinweg für die Halberstädter Bischofskirche gestiftet worden sind.

Den Kern des Domschatzes bildet das Heiltum, der Reliquienschatz des Domes. Als »Reliquien« (lateinisch »Überreste«) bezeichnet man Körperartikel von Heiligen oder Dinge, die mit Heiligen in Berührung gekommen sind. Etwas von der spirituellen Kraft des Heiligen hat sich, so hoffte man, auf diese Dinge übertragen und bleibt in ihnen wirksam. Die ersten Reliquien wurden gleich nach der Bistumsgründung im frühen 9. Jahrhundert an die neue Bischofskirche übertragen. Großen Zuwachs erhielt das Heiltum dann in der Folge des 4. Kreuzzuges. Bischof Konrad von Krosigk hatte an diesem Kreuzzug teilgenommen, erlebte 1204 die Plünderung von Konstantinopel mit und kehrte 1205 mit reichem Beutegut nach Halberstadt zurück. Für die würdige Aufbewahrung der Reliquien wurden Gefäße aus kostbarsten Materialien geschaffen, die noch heute im Domschatz zu bewundern sind.

Innenansicht mit Blick auf Lettner und Triumphkreuzgruppe

Mehr Gewänder nur im Vatikan

Neben diesen Reliquiaren sind heute Handschriften, Altarbilder und Altargerät Bestandteil des Domschatzes. Von besonderer Bedeutung sind zahlreiche mittelalterliche Textilien. Mit mehr als 300 Stücken zählt der Halberstädter Textilschatz zu den umfangreichsten weltweit. Unter den Bildteppichen ragen zwei monumentale Wandteppiche aus dem 12. Jahrhundert hervor, die ältesten erhaltenen Bildwirkereien des Mittelalters. Für die Gewänder, die im Gottesdienst getragen worden sind, wurden brillante Seidenstoffe aus dem Nahen Osten, aus Italien und aus Spanien bezogen. Nach umfangreichen Sanierungsarbeiten wurde am 13. April 2008 eine neue Dauerausstellung des Domschatzes eröffnet. Präsentiert wird der Domschatz in den historischen Innenräumen der Halberstädter Domklausur. Gemeinsam mit der Stiftung Dome und Schlösser in Sachsen-Anhalt haben die Europäische Union, das Land Sachsen-Anhalt, die Kirchenprovinz Sachsen und die Stadt Halberstadt beste Bedingungen geschaffen, um den Glanz des Mittelalters am Harz erlebbar zu machen.

Christusteppich, um 1170, einer von zwei romanischen Bildwirkereien, die der Halberstädter Domschatz birgt.

Das Theater im Harz

Dreispartentheater mit Tradition

Theater in Halberstadt hat eine lange Tradition und geht auf das Wirken des berühmten Bischofs und späteren Herzogs Heinrich Julius (1564-1613) zurück. 1812 erhielt Halberstadt sein erstes Stadttheater als ständige Spielstätte für gastierende Truppen. Am 1905 neuerbauten Stadttheater spielten viele bis heute berühmte Schauspieler wie Gustav Gründgens und Theo Lingen. Nach der Zerstörung 1945 wurde ein neues Volkstheater gebaut.
Getragen vom Land und den am Theaterzweckverband beteiligten Landkreisen und Städten wurden 1992 die zuvor eigenständigen Theater Quedlinburg (Schauspiel) und Halberstadt (Musiktheater und Ballett) zu einem gemeinsamen Dreispartentheater unter einer künstlerischen und betriebswirtschaftlichen Leitung vereint.
Seitdem bietet das Nordharzer Städtebundtheater ein attraktives Kulturangebot für den Landkreis Harz sowie angrenzende Regionen.

Das Nordharzer Städtebundtheater

Das Nordharzer Städtebundtheater hat sich den Ruf erarbeitet, erfrischend durchdachte Inszenierungen mit Musiktheater, Ballett, Schauspiel, Märchen und Konzert aufzuführen. Die traditionsreichen Stadttheater Halberstadt und Quedlinburg sind mit 500 Vorstellungen im Jahr ein wichtiger Kulturträger in der gesamten Harzregion und erreichten jährlich mehr als 100 000 Zuschauer. Sie arbeiten seit 15 Jahren mit über 50 Gastspielhäusern in Deutschland zusammen.
Im Sommer bespielt das Nordharzer Städtebundtheater traditionell das Harzer Bergtheater Thale sowie die Waldbühne Altenbrak und präsentiert darüber hinaus Freilichtinszenierungen auf dem Schlossberg in Quedlinburg, im Schlosshof Wolfenbüttel und im Wasserschloss Westerburg. Gemeinsam mit der Domkantorei gestaltet das Theater die jährlichen Domfestspiele als markanten kulturellen Höhepunkt in der Stadt.

Schauspiel, Oper, Operette und Musical in allen Spielstätten das ganze Jahr

Sinfonie-, Weihnachts- und Sonntagskonzerte auf höchstem Niveau

Besonderer Publikumsliebling ist das Ballettensemble.

An historisch interessanten Orten gibt es Sommertheater für die ganze Familie.

Karten und Informationen:
Tel. (0 39 41) 69 65 65
www.nordharzer-staedtebundtheater.de

Halberstadt – Das Tor zum Harz

Tätige Nächstenliebe

Liebe Gottes für Menschen erfahrbar machen

Aus Aufmerksamkeit für gesellschaftliche Entwicklung und Probleme der Zeit ist diakonisches Handeln erwachsen. So hat auch das Diakonissen-Mutterhaus CECILIENSTIFT Halberstadt seine Entwicklung genommen. Am Anfang stand die Arbeit mit Kindern, daraus hat sich eine Vielfalt an Bildungs-, Pflege- und Betreuungsarbeit entwickelt.

1873 ist mit der Ausbildung von »Kleinkinderlehrerinnen« begonnen worden. Die ausgebildeten Frauen waren befähigt, Kinder in Kleinkinderschulen – wir würden sie heute Kindertagesstätten nennen – zu betreuen. Eine Diakonissenschwesternschaft Kaiserswerther Prägung hat sich sehr bald etabliert. Nach der Ausbildung arbeiteten die Schwestern überall in Deutschland in Kleinkinderschulen, die vorwiegend von Kirchengemeinden unterhalten wurden.

1888 kamen die Ausbildungsfelder Gemeinde-, Kranken- und Säuglingspflege hinzu. 1911 z. B. betreuten 198 Kinderschwestern insgesamt 12 658 Kinder und 96 Gemeindeschwestern hatten in diesem Jahr 151 375 Pflegebesuche bei 14 450 Armen und Kranken geleistet.

1917 wurde aus der Bildungsanstalt für Kleinkinderlehrerinnen ein Seminar für Kindergärtnerinnen und Hortnerinnen; das war erforderlich, um die Ausbildung den staatlichen Richtlinien anzupassen.

1948/1949 übernam das CECILIENSTIFT drei Kindergärten in Halberstadt vom Kleinkinderschulverein, weil dieser nicht mehr die finanzielle Kraft zur Erhaltung der Einrichtungen besaß. Der Kindergarten Huystraße wurde später aufgegeben, die Gröperstraße besteht noch heute. Der Kindergarten im Gemeindehaus der Paulskirche hat eine wechselvolle Geschichte: Er wurde 1934 vom Kleinkinderschulverein gegründet und 1948 vom CECILIENSTIFT übernommen. 1970 beschloss die Stadt den Abriss des Gemeindehauses, doch aufgrund massiver Intervention der Elternschaft erhielt das CECILI-

Eingang zum Mutterhaus

ENSTIFT als Ausgleich das Pfortenhaus, in dem der Kindergarten bis 1991 untergebracht war. Als die Stadt für die Erweiterung des Gymnasiums Martineum Teile des Geländes des Pfortenhauses benötigte, erhielt das CECILIENSTIFT die »Marie-Hauptmann-Stiftung«, die mittlerweile vollständig saniert wurde und in der etwa 100 Kinder betreut werden.

Ein Haus für Feierabend-Schwestern

Mit den Jahren wuchs die Zahl der Schwestern im Ruhestand, deshalb wurde für sie eine Wohnmöglichkeit gesucht. 1888 wurde das Haus Gröperstraße 61 als erstes Feierabendhaus für die

Seniorenzentrum Nord

Schwesternschaft erworben. 1924 kaufte das CECILIENSTIFT das Sophienheim in Emersleben und 1931 das Sternenhaus in Halberstadt für die Betreuung sowohl von Feierabendschwestern als auch alleinstehender, pflegebedürftiger Frauen. Bis heute werden im Bereich Altenhilfe alte und pflegebedürftige Menschen gepflegt und betreut. Mit der Eröffnung des Neubaus »Hephata« wurde 1927 ein entscheidender Schritt getan. In diesem Haus begann die Arbeit für behinderte Menschen.

In das Haus zogen 60 gehörlose Kinder, wurden liebevoll betreut und gefördert, bis die DDR 1956 die Umsiedlung der Kinder in staatliche Einrichtungen anordnete. Von da an wurden im »Wohnheim Hephata« geistig behinderte Kinder und Jugendliche aufgenommen, und das ist bis heute so geblieben. Mit der Eröffnung der Tagesförderstätte kam 1972 eine Einrichtung hinzu, in der geistig behinderte Kinder im Vorschulalter betreut wurden. Heute befinden sich in der integrativen Kindertagesstätte »Rappelkiste«, die das CECILIENSTIFT 1994 von der Stadt Halberstadt übernommen hatte, unter einem Dach die Kindergartengruppen und die Frühförderung behinderter bzw. von Behinderung bedrohter Kinder.

1993 begann das CECILIENSTIFT mit der Übernahme vom »Wohnheim vor der Klus« die Arbeit für hörsehbehinderte Kinder und Jugendliche. Seit 1998 haben auch hörsehbehinderte Erwachsene ein Zuhause im Haus Wernigeröder Straße 4. 2004 ist im Sophienheim in Emersleben eine Wohneinrichtung für taubblinde/hörsehbehinderte sowie sinnes- und mehrfachbehinderte Menschen entstanden.

1993 wurde ein weiterer neuer Arbeitszweig mit der Einrichtung des »Cochlear-Implant-Rehabilitationszentrums« in Angriff genommen. Hier erhalten Patienten nach dem operativen Einsatz des Cochlea Implantats therapeutische Unterstützung, die ihnen den Weg zum Erlernen des Hörens und des Sprechens ebnet.

Anna-Mannsfeld-Heim – Wohneinrichtung für geistig behinderte Menschen

Das CECILIENSTIFT ist eine große soziale Einrichtung. Mit 200 Plätzen bilden drei Kindertagesstätten den gleichnamigen Bereich.

Ein ambulanter Pflegedienst (Sozialstation), 32 Wohnungen im altersgerechten Wohnen sowie zwei Senioreneinrichtungen mit 113 Pflegeplätzen, 10 Plätzen für Kurzzeitbetreuung sowie 10 Plätzen in der Tagesbetreuung gehören zum Bereich Altenhilfe. In neun unterschiedlich großen Einrichtungen und mehreren Wohnungen bietet der Bereich Behindertenhilfe Wohn- und Lebensbedingungen für 186 Menschen jeden Alters mit unterschiedlichen Behinderungen. Menschen mit geistiger, geistig-körperlicher Behinderung oder Sinnesbehinderungen finden hier ein Zuhause. Das Cochlear-Implant-Rehabilitationszentrum zählt zu eben diesem Bereich.

Die vielfältige Arbeit in allen Einrichtungen an 16 Standorten in Halberstadt leisten derzeit 320 Mitarbeiterinnen und Mitarbeiter, Honorarkräfte, Auszubildende und Zivildienstleistende. Damit wird das Engagement auf sozialem Gebiet deutlich.

Gemeinsam mit der Lebenshilfe e. V. verantwortet das CECILIENSTIFT die Diakonie Werkstätten Halberstadt gGmbH im Gewerbegebiet Sülzegraben. Dort arbeiten 350 behinderte Frauen und Männer in unterschiedlichen Arbeitsbereichen. Sie werden von 50 Mitarbeiterinnen und Mitarbeitern fachlich und sozialpädagogisch betreut.

Die unterschiedlichen Arbeitsbereiche des CECILIENSTIFTs haben eine Gemeinsamkeit: Bei dem, was sie leisten, orientieren sie sich am Bedarf des einzelnen Menschen. Ob in den Kindertagesstätten, im Bereich Behindertenhilfe oder im Altenhilfebereich – Menschen soll würdevolle, ihrer Persönlichkeit entsprechende Lebensgestaltung ermöglicht werden. Wo dies geschieht – Individualität in Geborgenheit – wird die Liebe Gottes für Menschen erfahrbar. Das Zeichen des Kreuzes ist das Zeichen dieser Liebe. Diakonie gelingt, wenn Liebe im Handeln spürbar wird. Deshalb lassen die zusammengefügten Elemente des Logos ein Kreuz erkennen.

Kindertagesstätte Marie-Hauptmann-Stiftung

Diakonissen-Mutterhaus
CECILIENSTIFT Halberstadt
Am Cecilienstift 1 · 38820 Halberstadt
Tel. (03 94 1) 6 81 40 · Fax (0 39 41) 68 14 40
zentrale@cecilienstift.de · www.cecilienstift.de

Halberstadt – Das Tor zum Harz

Das Jagdschloss und die Spiegelsberge

Fabelhafte Gastronomie in romatischer Umgebung

Ernst Ludwig Christoph Spiegel Freiherr zum Diesenberg (1711–1785) entstammt einem bis ins 13. Jahrhundert zurückreichenden Adelsgeschlecht. Spiegel gehörte zum Kreis der Halberstädter Aufklärer um den Domsekretär und Dichter Johann Wilhelm Ludwig Gleim (1719–1803).

1761 erwarb Spiegel die kahlen Kattfussberge und ließ sie in einen Park umwandeln. Der Park wurde nach englischem Vorbild mit barockem Einfluss errichtet. Mittlerweile gehört der Landschaftspark zu den Gartenträumen von Sachsen-Anhalt. Zu den bedeutendsten erhaltenen Gebäuden zählen das Jagdschloss, das Belvedere und das Mausoleum. Das Jagdschloss wurde aus einer Mischung aus Renaissance und Barock gebaut und wurde 1782 eingeweiht.

Ein Jahr nach der Einweihung gab Spiegel zu Ehren der auf der Durchreise befindlichen Herzogin-Mutter Anna Amalia von Sachsen-Weimar auf den Spiegelsbergen ein Fest.

In ihrem Gefolge befand sich auch Johann Wolfgang von Goethe, der bei dieser Gelegenheit wahrscheinlich mit Gleim zusammentraf.

Außerdem befindet sich im Keller ein handwerklicher Schatz, das älteste, größte, einzige original erhaltene Riesenweinfass der Welt. Es wurde 1594 erbaut und hat ein Fassungsvermögen von 144 000 Litern, das macht 192 000 Flaschen Wein. In Auftrag gegeben hat es Heinrich Julius (1564–1613), Herzog von Braunschweig, für sein Gröninger Schloss, wo es bis 1781 stand. Anlässlich des Besuches von Christoph IV. König von Norwegen-Dänemark in Gröningen wurde es sogar gefüllt.

Gebaut hat es der berühmte Fassbaumeister Michael Werner aus Landau. Solche Riesenfässer waren zur Zeit der Renaissance und des Barock vor allem Prunk und Repräsentationsobjekte. Herr Spiegel erwarb das Riesenweinfass um 1781 und ließ es im Schlosskeller aufbauen.

Die gastronomische Seite des »Jagdschlosses«

Bei einem traumhaften Blick über die Stadt Halberstadt können Sie exzellentes Essen, hausgemachte Kuchen und Geschichte zu Anfassen erleben.

Durch unsere langjährige Erfahrung auf nationaler und internationaler Bühne machen wir aus Ihrem Besuch bei uns etwas Besonderes.

Natürlich können Sie bei uns auch jegliche Art von Veranstaltung durchführen.

Außerdem können Sie sich vor dem legendären Riesenweinfass trauen lassen und sich das Jawort geben.

Des Weiteren besteht die Möglichkeit, in einem unserer 4 romantisch eingerichteten Zimmer die Nacht zu verbringen, die Seele baumeln zu lassen.

In den Sommermonaten können Sie sich in unserem Biergarten unterhalb des Jagdschlosses kulinarisch verwöhnen lassen oder sich bei einem frisch gezapften Bier entspannen.

Der Biergarten auf der unteren Terrasse wird im Laufe des Jahres außerdem für viele kulturelle Veranstaltungen genutzt.

Restaurant »Jagdschloss« · Chris Schöne
In den Spiegelsbergen 6 · 38820 Halberstadt
Tel. (0 39 41) 58 39 95 · Fax (0 39 41) 58 44 17
jagdschloss_hbs@web.de · www.jagdschloss-halberstadt.de

Halberstadt – Das Tor zum Harz

Spiegelsberge seit 1771 für Bürger offen

Naherholung, wo einst Schafe grasten

Kernpunkt der am Südrand der Stadt Halberstadt beginnenden Hügellandschaft ist eine historische Gartenanlage aus der Mitte des 18. Jahrhunderts. Der Begründer der Halberstädter Spiegelsberge, E. L. Christoph Spiegel zum Diesenberg, Domdechant zu Halberstadt, erwarb 1761 auf Anraten des Dichters Gleim die zur Schafhaltung genutzten Hügel und gestaltete sie mit Gartenstaffagen und Gebäudekomplexen zu einem Landschaftspark mit besonderem Flair. Dieser wurde bereits 1771 im Sinne der Aufklärung für die Bevölkerung geöffnet.

Garten(t)räume erleben

Heute gehört der Landschaftspark »Spiegelsberge« zu den 40 bedeutendsten Gärten des Landesprojektes »Gartenträume – Historische Parks in Sachsen-Anhalt«. Das im Park gelegene Hotelrestaurant »Jagdschloss« mit seinem Treppenportal und zwei Grotten, die Eremitage und das Belvedere weisen barocke Züge auf.

Das ehemalige Pächterhaus am Eingang des Parks und der sich daran anschließende Garten am Aufstieg zum Schlösschen heben sich aus der Gesamtanlage als noch barockes Element heraus. Gut ausgebaute Wege mit Schutzhütten und Sitzplätzen erschließen dem Spaziergänger und Wanderer die Naturschönheiten.

Der Landschaftspark Spiegelsberge ist ganzjährig frei zugänglich. Empfehlenswert ist ein Besuch des Tiergartens, der sich am Eingang des Landschaftsparkes befindet. Als erster Tiergarten in Deutschland wurde ihm 1999 der Titel »Ausgezeichneter Park der Deutschen Tierpark - Gesellschaft« verliehen. Familienfreundlichkeit, Spiel und Spaß, Erkennen und Begreifen in abwechselnder Folge lässt den Besuch zum Erlebnis werden. Parkmöglichkeiten für PKW und Busse befinden sich direkt am Park. Zudem bieten sich beste Jogging- und Reitmöglichkeiten im weiträumigen Gelände.

Spiegelmausoleum

Eremitage

Halberstadt – Das Tor zum Harz

Selbst Könige lobten Fassbauer

Ein Riesenweinfass aufgemacht

Wer ein besonders interessantes, über 400 Jahre altes Zeugnis handwerklicher Kunst und kulturgeschichtlicher Bedeutung besichtigen und bestaunen möchte, der sollte es nicht versäumen, in den tiefen, teils in den Sandsteinfels gehauenen Keller des Jagdschlosses zu schauen. In diesem Keller befindet sich das älteste, größte und einzige im Original erhaltene Riesenweinfass Deutschlands.

Es wurde 1594 erbaut und hat ein Fassungsvermögen von 144 000 Litern, das macht 192 000 Flaschen Wein à 0,75 Liter, wiegt 636 Zentner und 99 Pfund, hat eine Länge von 9,40 Metern und einen lichte Höhe von 5,70 Metern. Zusammengesetzt ist es aus 93 Eichendauben.

Die Kosten für das Fass beliefen sich damals auf 6000 Taler ohne Einberechnung des Holzes. Das größere, aber jüngere Fass befindet sich in Heidelberg und fasst 200 124 Liter. Das Fass in Heidelberg wurde 1751 nach Plänen des Gröninger Fasses erbaut.

Wer hat dieses Fass wann gebaut und wer war der Auftraggeber? Nun, es war der berühmte Fassbaumeister Michael Werner aus Landau. Solche Riesenfässer waren zur Zeit der Renaissance und des Barock vor allem Prunk- und Repräsentationsobjekte. In Auftrag gegeben hat es Heinrich Julius (1564–1613), Herzog von Braunschweig und Administrator des Halberstädter Bistums.
Er wollte als »typischer« Renaissancefürst, der großen Wert auf Repräsentation, Essen und Trinken legte, in seinem Gröninger Schloss auch solch ein Fass besitzen.
Anlässlich der zweiten Hochzeit von Heinrich Julius, mit einer dänischen Prinzessin, wurde das Fass am 16. Oktober 1595 mit 4500 Weinfässern á 30 Liter gefüllt.
Laut einer dänischen Reisebeschreibung war Christian IV., Königliche Majestät zu Dänemark und Norwegen, vom 10.–16. Oktober 1595 zu Gast in Gröningen, um seinen Schwager Heinrich Julius, zu besuchen. Dokumentiert ist der Satz:

Nach Besichtigung des Riesenweinfasses lohnt sich ein Besuch im nachbarschaftlichen Tiergarten. Der Tiergarten Halberstadt in den Spiegelsbergen bietet neben ca. 400 Tieren in 82 Arten lustige Tiershows, die besonders bei den Kindern sehr beliebt sind.

Das Riesenweinfass ist nicht nur für Kinder eine Attraktion.

»Darselbst war auch ein Weinfass mit Wein zu sehen/ so dreißig Fuß in der länge/ und 18 Fuß in der circum ferentz«.

Riesenfass für Schäfers Wahrheit

Aussagekräftig über die Lebenslust und Trinkfreudigkeit unsere Vorfahren vor über 400 Jahren sind sie allemal. Aber mehr zu bewundern ist die handwerkliche Kunst unserer Vorfahren. Und natürlich ranken sich um solche, nicht alltäglichen Relikte Legenden und Geschichten. So ist auch über die Entstehung dieses Fasses eine hier kurz gefasste Episode überliefert:
Mit einem hohen Gast unterhielt sich Heinrich Julius in seinem Schloss über Treue und Redlichkeit unter den Menschen. Sein Gast, wahrschein-

Halberstadt – Das Tor zum Harz

lich ein Bischof aus dem Rheinland, behauptete, dass es nur noch Lüge und Betrug in der Welt gäbe. Dem widersprach Heinrich Julius und führte als Beispiel seinen treuen Schäfer an. Daraufhin schlug ihm der Bischof eine Wette vor: Wenn der Schäfer bei einer Lüge ertappt wird, soll ihm Heinrich Julius ein Riesenweinfass schenken! Anderenfalls wolle er ihm ein Fass für das Gröninger Schloss bauen lassen. Der nahm die Wette an, weil er von der Treue seiner Untertanen überzeugt war. Sein Schäfer aber hatte eine Braut, die er nur heiraten konnte, wenn er ein kleines Häuschen besaß. Das erfuhr der Gast, und es gelang ihm tatsächlich, ihm für gutes Geld seine Schafe abzukaufen. Am nächsten Morgen forderte er Heinrich Julius auf, den Schäfer zu fragen, warum die Schafe fehlen. In der Gewissheit, der Schäfer würde ihm eine Lügengeschichte erzählen. Aber weit gefehlt – der Schäfer berichtete die Wahrheit und der Gast musste für Heinrich Julius das Rieseweinfass bauen lassen.

Das Gröninger Schloss wurde 1606 von seinen Bewohnern verlassen und das Riesenweinfass geriet in Vergessenheit. Erst Ernst Ludwig Spiegel Freiherr zum Diesenberg (1711–1785) entdeckte das Riesenweinfass, erwarb es 1781 aus dem schon damals verfallenen Schloss zu Gröningen vom preußischen Fiskus in Absprache mit Friedrich dem Großen, ließ es in Einzelteilen zum Jagdschloss nach Halberstadt transportieren und hier wieder aufbauen. Gleichzeitig nahm er auch die noch erhaltenen Teile des Portals mit und ließ sie als Eingang zum Fasskeller wieder aufrichten.

Grotten unterhalb des Jagdschlosses

Zu den bedeutendsten, erhaltenen Gebäuden in dem nach englischem Vorbild gestalteten Landschaftspark Spiegelsberge zählen das Jagdschloss, das Belvedere und das Mausoleum.
Das Jagdschloss enthält Elemente aus Renaissance und Barock und wurde 1782 eingeweiht. Aber schon 1769 legte Spiegel die Salernsche und 1776 die Rochowsche Grotte unterhalb des heutigen Jagdschlosses an. Die Namengeber der Grotten waren verdienstvolle Bürger von Halberstadt. Freiherr Friedrich von Saldern ließ 1702 auf eigene Kosten eine Wasserkunst erbauen, die die Brunnen von Halberstadt mit Wasser belieferten. Der Domherr Friedrich Eberhard von Rochow auf Rekahn hat sich große Dienste um das Bildungswesen erworben. Vor allem lag ihm eine bessere Bildung der Landjugend am Herzen.

Selbst Goethe kam zum Fest

Ein Jahr nach der Einweihung gab Spiegel zu Ehren der sich auf der Durchreise befindlichen Herzogin Anna Amalia von Sachsen-Weimar auf den Spiegelsbergen ein Fest. In ihrem Gefolge befand sich auch Johann Wolfgang von Goethe, der bei dieser Gelegenheit mit Gleim zusammentraf.

Da Spiegel zum Kreis der Halberstädter Aufklärer gehörte, ließ er den Park auch für die Halberstädter Bevölkerung öffnen und veranstaltete zahlreiche Volksfeste und ließ zum Tanz aufspielen. Diedrich Ernst Spiegel zu Peckelsheim, ein entfernter Verwandter von Spiegel, ließ für Spiegel neben dem Schlösschen eine Gedenksäule mit folgender Inschrift errichten:
»Wer schuf zu einem Tusculum, sich diese wilde Gegend um, wer gab euch Berge, die Gestalt, euch ödem Felsen Wald, wer baute mit segensvoller Hand, diese starre unfruchtbare Land, wer trieb aus diesem kalten Schoß, die goldenen Äpfel, voller Trauben, wer wölbte dem Wanderer aus Moos, den sanften Sitz, die schattenreichen Lauben?
Sag´s der Nachwelt an, du Stein! Schallt es ins ferne Tal ihr Hügel, die Wildnis bildete zu Hain, ein Menschenfreund – ein Spiegel.«

Saldernsche Grotte (rechts) und Rochowsche Grotte unterhalb des Jagdschlosses

Halberstadt – Das Tor zum Harz

Spaß, Gesundheit, Entspannung, Erholung

Das Freizeit- und Sportzentrum »Am Sommerbad«

Das Freizeit- und Sportzentrum »Am Sommerbad« in Halberstadt mit seinen vielfältigen Angeboten bietet der ganzen Familie Sport, Spaß, Gesundheit und Erholung.

In Halberstadt

Ein Erlebnisbecken mit Strömungskanal und Wasserattraktionen, ein Kinderbecken mit Wasserfontäne und eine Black-Hole-Rutsche garantieren den Besuchern des Sea Land Badespaß vom Feinsten. Zu den Highlights gehören die zahlreichen Ferienattraktionen im Sea Land, denn die laden zum Ausprobieren und Mitmachen ein. Das Außenbecken ist ganzjährig beheizt und lädt auch an kühleren Tagen zu einem Bad im Freien ein. Entspannung findet man im Hot-Whirlpool. Für aktives Schwimmen steht ein 25 Meter langes Sportbecken mit 6 Bahnen und einer Wassertemperatur von 28 °C zur Verfügung. Ein 3-m-Sprungturm und ein 1-m-Sprungbrett sind ebenfalls vorhanden. Zudem halten wir für Sie zahlreiche weitere Angebote bereit: So erfreuen sich Kurse der Wassergymnastik großer Beliebtheit und auch das Babyschwimmen wird gern angenommen. Dies wird ermöglicht durch das Fitness- und Gesundheitsbecken mit Hubboden.

Abseits vom Alltagstrubel finden Sie in der 780 m² umfassenden Saunalandschaft Ruhe und Erholung. Wählen Sie zwischen einer Finnischen Sauna, einem Römischen Dampfbad, einer Blockhaussauna oder der Biosauna. Für Abkühlung sorgen ein Kaltwasserbecken und eine Duschstraße. Entspannung garantieren der sprudelnde Whirlpool, der Saunagarten und ein Ruheraum. Als besonderes Highlight bieten wir für unsere kleinsten Besucher eine Babysauna an. Hier lernt gemeinsam mit den Eltern bereits unser Nachwuchs im Alter zwischen fünf Monaten und zwei Jahren das richtige Saunieren. In den kalten Jahreszeiten werden auch regelmäßig unsere beliebten Saunanächte angeboten. Wir laden Sie ein, bei Kerzenschein in einem außergewöhnlichen Ambiente mit tollen aromatisch duftenden Aufgüssen zu saunieren. Natürlich ist zu den Saunanächten auch textilfreies Schwimmen angesagt.

Jede Menge Spaß auf dem Tennis-Courts

Betreutes Training an den Fitnessgeräten

Halberstadt – Das Tor zum Harz

Badespaß für Groß und Klein im Sea Land

Schwitzen und Relaxen in der Sauna

Ihre sommerliche Bräune können Sie sich in den verschiedenen Solarien bewahren.

In gemütlicher Atmosphäre können Sie sich im Beauty Land von Kopf bis Fuß verwöhnen lassen. Das Angebot umfasst u. a. Einzelbehandlungen wie Körperpeeling und Körperpackungen bzw. verschiedene Massagen (Hot Stone, Rollen- und Bandmassage, Kräuterstempelmassage, Hawaiianische Massage), aber auch Kosmetik, Nagelmodelage u. v. m..

Im Friseur-Studio erwarten Sie aktuelle Looks sowie Trendfrisuren und Sie haben die Möglichkeit, Ihr Haar mittels Ultraschall verlängern zu lassen. Natürlich können Sie sich auch Ihr individuelles Wellness- und Beautyprogramm zusammenstellen und auf diese Weise für 1 Stunde bis zu 5 Tagen dem Alltag entfliehen.

Das Sport Land bietet auf einer Fläche von 7100 m² vielfältige Möglichkeiten zur aktiven Erholung. Neben einer Drei-Feld-Tennishalle, in der alle Altersklassen, auf Wunsch auch mit Tennislehrer, trainieren können, sind eine Zwei-Feld-Badminton-, eine Multisporthalle, 2 Squash-Courts und ein Kletter-Court vorhanden.

Im Sport- und Gesundheitsstudio finden Freizeit-, Gesundheits- und Leistungssportler auf 1000 m² klimatisierter Trainingsfläche optimale Bedingungen, immer unter Anleitung und Betreuung qualifizierter Mitarbeiter. Darüber hinaus werden Trendsport- und Fitnesskurse als auch Gesundheits- und Präventionskurse angeboten.

Also, lassen Sie sich überraschen und verbringen Sie eine erlebnisreiche Zeit in angenehmer Atmosphäre in unserer Freizeitanlage mit ihrer Vielzahl an Angeboten.

Sie sind unsere Nr. 1 –
Wir freuen uns auf Ihren Besuch!

Öffnungszeiten

Sea Land
Mo.–Fr. 7.30–22.00 Uhr,
Sa.–So. 10.00–22.00 Uhr,
feiertags 10.00–22.00 Uhr
Tel. (0 39 41) 68 78 0

Sport Land/Rückschlagsportarten
Mo.–Fr. 8.00–22.00 Uhr,
Sa.–So. 10.00–22.00 Uhr,
Tel. (0 39 41) 68 78 50

Sport- und Gesundheitsstudio
Mo. 8.00–22.00 Uhr, Di.–Do. 9.00–22.00 Uhr,
Fr. 8.00–22.00 Uhr, Sa. 10.00–18.00 Uhr,
So. 10.00–16.00 Uhr
Tel. (0 39 41) 68 78 54

**Beauty Land
Kosmetik**
Mo.–Fr. 8.00–19.00 Uhr,
Sa. nach Vereinbarung
Tel. (0 39 41) 68 78 88

Friseur
Mo.–Fr. 8.00–19.00 Uhr,
Sa. nach Vereinbarung
Tel. (0 39 41) 68 78 86

Freizeit- und Sportzentrum Halberstadt
Gebrüder-Rehse-Straße 12 · 38820 Halberstadt
www.fsz-halberstadt.de

Entspannung für Seele und Geist im Beauty Land

Jede Menge Fun und Action im Sea Land

Halberstadt – Das Tor zum Harz

Die Geburtsstunde der NOSA GmbH am 31. Oktober 1996

Um kommunale Entwicklungsinteressen und Ziele optimal mit den Unternehmenszielen der städtischen Tochterunternehmen verbinden zu können, wurde im Jahr 1996 eine Holding gegründet, in die alle städtischen Mehrheitsbeteiligungen einflossen. Die durch die Stadt gehaltene Nordharzer Stahl- und Apparatebau GmbH wurde am 30. Oktober 1996 durch einen Stadtratsbeschluss von einer städtischen Gesellschaft in die städtische Holding-Gesellschaft NOSA GmbH – Holding der Stadt Halberstadt umgewandelt und somit zur »Mutter« aller städtischen Tochtergesellschaften entwickelt. In der Absicht, das Freizeitangebot der Stadt attraktiver zu gestalten bzw. einen Beitrag für das soziale und gesundheitliche Wohl der Halberstädter Bürger zu leisten, war es die erste Aufgabe, eine multifunktionale Freizeitanlage zu errichten. Das Holdingkonzept bot dafür die finanziellen Möglichkeiten. In diesem Sinne erhielt die Holding zeitgleich mit ihrer Gründung per Stadtratsbeschluss vom 30. Oktober 1996 den Auftrag, ein städtisches Bad zu planen und zu bauen. Seitdem verbinden die Bürgerinnen und Bürger Halberstadts mit der NOSA GmbH vor allem ein modernes Dienstleistungsunternehmen, das im Sinne der Stadt zum Wohle der Allgemeinheit beiträgt und Investitionen in Infrastrukturvorhaben realisiert.

Ziele der Holding
- einheitliches Erscheinungsbild der städtischen Gesellschaften
- gemeinsame Ausrichtung und Verfolgung städtischer Interessen in den Einzelgesellschaften
- mit der Stadt Halberstadt abgestimmtes Stadtmarketing
- bessere Koordinierung der Stadtentwicklung und Wirtschaftsförderung
- Verbesserung der städtischen Aktivitäten im kommunalwirtschaftlichen Bereich
- Erhöhung der Attraktivität des Standorts Halberstadt

NOSA GmbH
Holding der Stadt Halberstadt
Unter den Weiden 11/12
38820 Halberstadt
Tel. (0 39 41) 57 30 80
Fax (0 39 41) 5 73 08 33

Halberstadt mit der historischen Straßenbahn erfahren

Nehmen Sie Platz in einem der historischen Straßenbahnbetriebswagen und entdecken Sie ein Stück Stadtgeschichte während einer Rundfahrt durch die mehr als 1200-jährige, ehemalige Bischofsstadt. Halberstadt Information und Halberstädter Verkehrs-GmbH organisieren dieses Erlebnis gemeinsam für Sie. Ein geprüfter Stadtführer erklärt Ihnen während der etwa 1-stündigen Fahrt viel Interessantes und Wissenswertes über Halberstadt. Er zeigt Ihnen historische Ensembles und moderne Bauten, entführt Sie in die Geschichte der Stadt und macht neugierig auf mehr. Entsprechend Ihren Wünschen können Sie Abfahrt- und Endhaltestelle sowie die Fahrstrecke unter Berücksichtigung der betrieblichen Erfordernisse selbst bestimmen. Steigen Sie ein – Herzlich willkommen!

HaKiBa – die HalberstädterKinderBahn
Mit HaKiBa, einer Straßenbahn für Kinder, hat die HVG ein nicht alltägliches Angebot geschaffen. Ihr buntes Outfit lässt sie schon von Weitem erkennen. Auch innen geht es farbenfroh zu, es sind Tische vorhanden und je nach Anlass kann dekoriert und die Mikrofonanlage genutzt werden. Selbstverständlich können auch Essen und Getränke mit an Bord genommen werden.

Ob für Kindergeburtstage, Kinderstadtrundfahrten, zur Gestaltung abwechslungsreicher Unterrichtsstunden oder Verkehrserziehung – die Kinderstraßenbahn HaKiBa steht dafür zu günstigen Konditionen zur Verfügung. Abfahrthaltestelle und Fahrtroute können unter Berücksichtigung der betrieblichen Erfordernisse vom Kunden festgelegt werden.

Halberstadt entdecken ...
mit der historischen Straßenbahn
Erleben Sie auf einer Stadtrundfahrt das alte und neue Halberstadt. Seit nunmehr 110 Jahren prägt die Straßenbahn das Stadtbild, ab 1887 als Pferdebahn und seit 1903 als »Elektrische«. Für Rundfahrten und besondere Anlässe stehen Ihnen zwei historische Triebwagen mit Stadtführer zur Verfügung.

Dauer: 1 Stunde · Preis: ab 95,00 EUR
Teilnehmer: bis 25 Personen
Sitzplätze insg.: 40 Sitzplätze, mit Tischen: 28

HVG Halberstädter Verkehrs-GmbH
Gröperstraße 83 · 38820 Halberstadt
Tel. (0 39 41) 5 66 15
Fax (0 39 41) 56 61 63
hvg@stadtverkehr-halberstadt.de

100 Jahre Abwasserreinigung in Halberstadt

Seit 1872 nahm man sich in Halberstadt verstärkt des Problems der Abwasserentsorgung an. Man beachtete es bei der Pflasterung wichtiger Straßen, veränderte Gossen, versah einzelne mit kleinen Kanälen. Ab 1887 ging man daran, für die vielen Neubauten und Straßen entsprechende Vorfluter zur Entwässerung zu planen. Mit den Bauarbeiten zur allgemeinen Kanalisation der Stadt wurde dann 1894 begonnen. Mit dem Bau der ersten Kläranlage der Stadt wurde 1904 begonnen und im Jahr 1906 ging diese in ihren vollen Betrieb über.

100 Jahre Halberstädter Abwasserbehandlung – ein Jahrhundert der Veränderung und Entwicklung, in dem alles getan wurde, um eine rationelle und vor allem eine umweltfreundliche Abwasserreinigung zu erreichen. Ein neues Kapitel begann nach der Deutschen Wiedervereinigung.

Nach nur kurzer Bauzeit wurde die neue Kläranlage der Stadt am 6. Juli 2000 offiziell in Betrieb genommen. Der Besucher der Kläranlage wird erstaunt sein über das viele Grün, über angelegte Biotope, über die Sauberkeit der Anlage, über blinkendes Stahlgeländer, helle Farbanstriche an Gebäuden und an Anlagenteilen.

Nicht zuletzt ist die Wirtschaftlichkeit der Abwassergesellschaft Halberstadt GmbH hervorzuheben, welche im Land Sachsen-Anhalt diesbezüglich eine Spitzenposition einnimmt.

Abwassergesellschaft Halberstadt GmbH
Gröperstraße 88 · 38820 Halberstadt
Tel. (0 39 41) 55 18 81
Fax (0 39 41) 57 91 33 80
kontakt@awh.halberstadt.de

Die Halberstadtwerke

Die HALBERSTADTWERKE versorgen als Dienstleistungsunternehmen ihre Kunden mit Strom, Erdgas, Wärme und Wasser. Das gesamte Versorgungsgebiet umfasst Städte und Gemeinden im nördlichen Landkreis Harz. Unser Hauptaugenmerk liegt dabei auf einer sicheren und umweltgerechten Energiedienstleistung zu fairen Preisen.

Über hochmoderne Kraft-Wärme-Kopplungsanlagen werden umweltschonend Wärme und ca. 30 Prozent des Strombedarfs von den HALBERSTADTWERKEN selbst produziert. Allein dadurch konnte der CO_2-Ausstoß in Halberstadt deutlich gesenkt werden.

Zusätzlich bieten wir unseren Kunden Erdgas als Kraftstoff an, wodurch, im Vergleich zu den herkömmlichen Kraftstoffen Benzin und Diesel, eine umweltschonende Fahrweise kombiniert wird mit einem sparsamen Verbrauch. Das dafür notwendige Erdgastankstellennetz mit drei eigenen Tankstellen im Harzkreis ist flächendeckend vorhanden.

Die Verbundenheit der HALBERSTADTWERKE mit der Stadt und der Region äußert sich in vielen karitativen und bildenden Projekten. Vor allem die Kinder und Jugendlichen aus dem nördlichen Harzkreis werden gezielt einbezogen und

HALBERSTADTWERKE GmbH
Wehrstedter Straße 48 · 38820 Halberstadt
Tel. (0 39 41) 57 91 00
Fax (0 39 41) 57 91 31 00
www.halberstadtwerke.de
info@halberstadtwerke.de

unterstützt. Ein Höhepunkt des kulturellen Engagements der HALBERSTADTWERKE bildet das Konzert im Halberstädter Dom, wo weltberühmte Knabenchöre zu einem Gastspiel eingeladen werden. Ein kompetentes Serviceteam steht allen Bürgern und Ansprechpartnern im Kundenzentrum in der Wehrstedter Straße gern zur Verfügung.

Wohnen in Halberstadt

Die Halberstädter Wohnungsgesellschaft mbH wurde am 9. Juni 1992 gegründet und ist aus dem ehemaligen kommunalen Eigenbetrieb der Stadt – Gebäudewirtschaft – entstanden. Eigentümer der HaWoGe ist zu 20% die Stadt Halberstadt und zu 80% die NOSA – Holding der Stadt Halberstadt.
Die Gesellschaft verwaltet per 31.12.2007
– 4418 eigene Wohnungen,
– 110 eigene Gewerbeeinheiten,
– 261 private Wohnungen,
– 7 private Gewerbe,
– 903 eigene Garagen- und
– 858 Pkw-Stellplätze.

Kerngeschäft der HaWoGe ist die Vermietung und Verwaltung des eigenen Wohnungsbestandes, der in den vergangenen Jahren in großem Umfang modernisiert wurde. Zum Bestand der HaWoGe gehören neben Wohnungen in konventioneller Bauweise auch Wohnungen in Großplattenbauweise in guten Wohnlagen. Seit 1992 sind in die Modernisierung und Instandhaltung des Wohnungsbestandes der Gesellschaft insgesamt ca. 150 Mio. Euro geflossen.

HaWoGe
Halberstädter Wohnungsgesellschaft mbH
Unter den Weiden 11/12 · 38820 Halberstadt
Tel. (0 39 41) 66 50

Damit gehört die HaWoGe am Standort Halberstadt zu den wichtigsten Auftraggebern für das ortsansässige Handwerk und stellt mit dem vorgenannten Auftragsvolumen einen nicht unbedeutenden Wirtschaftsfaktor dar.

Halberstadt – Das Tor zum Harz

Ein gezähnter Rundgang durch die Domstadt

Turmreiche Stadtsilhouette

Von Dietrich Ecklebe, Vorsitzender des Landesverbandes der Philatelisten in Sachsen-Anhalt e. V.

Als am 1. Juli 2007 aus den Landkreisen Halberstadt, Quedlinburg und Wernigerode der neue Harzkreis gebildet wurde, fiel die Wahl der Kreisstadt auf Halberstadt, der bevölkerungsreichsten und ältesten der drei Städte. Einst galt Halberstadt als Perle der Fachwerkstädte, aber davon blieb nur ein kleiner Teil erhalten, denn am 8. April 1945 fiel die Stadt den angloamerikanischen Luftangriffen zum Opfer und versank in Schutt und Asche. Halberstadt gehörte zu den deutschen Städten mit den größten Kriegsschäden. In den Jahren der DDR wurden zwar Dom und Liebfrauenkirche restauriert, aber die Altstadt mit den noch verbliebenen Fachwerkhäusern zerfiel immer mehr. Die Fachwerkhäuser wurden teilweise abgerissen und durch eintönige Plattenbauten ersetzt. Erst nach der Einigung Deutschlands ging es wieder aufwärts, Halberstadt wurde Modellstadt und das Stadtzentrum wurde in Anlehnung an den historischen Fischmarkt neu gestaltet. Von diesen Dingen kann vieles philatelistisch belegt werden, nicht nur durch Briefmarken, sondern in erster Linie durch Stempel und Ganzsachen.

Kaiser Karl der Große gründete 804 das Bistum Halberstadt als ein wichtiges Missionsbistum. Wahrscheinlich geht der Name auf eine »Stätte oder Siedlung am geteilten Bach« zurück. Als Halberstadt wird der Ort erstmals im Jahre 989 bei der Verleihung des Münz-, Markt- und Zollrechtes durch König Otto III. bezeichnet. 1184 übernahm man das Goslarer Stadtrecht. Die Menschen hatten die Möglichkeit, auf königlichem oder bischöflichem Land zu siedeln.

Das Wahrzeichen Halberstadts ist die Martinikirche, deren ungleichmäßig hohe Türme an Holz- und Fischmarkt in den Himmel ragen. Es

Roland

Martinikirche

1200 Jahre Bistum

Die turmreiche Stadtsilhouette

Halberstadt – Das Tor zum Harz

Karte mit historischen Ansichten des Domplatzes und der Briefmarke und dem Sonderstempel »1000 Jahre Domplatz«

Gleimhaus

J. G. Herder, Gemälde aus dem Gleimhaus

Domplatz

1000 Jahre Dom

Domschatz Halberstadt, Byzantinische Weihbrotschale

war die Kirche der Bürgerschaft, deren heutiger Bau zwischen 1250 und 1350 entstanden ist. Das neue Stadtzentrum wurde ab 1996 errichtet. Man gestaltete auch das Rathaus nach dem zerstörten Original unter Einbeziehung geretteter Architekturteile. Hier fand auch der Roland wieder seinen Standort. Das Sinnbild der eigenen Gerichtsbarkeit gehört zu den kleineren Rolanden, ist aber der älteste original erhaltene. Er hatte seit 1433 am Rathaus seinen Standort.

Wenn man den Domplatz betritt, begibt man sich in das Zentrum der klerikalen Macht im Mittelalter. Eingerahmt wird der Platz von der romanischen Liebfrauenkirche und dem gotischen Dom St. Stephanus und Sixtus. Die 1996 erschienene Briefmarke zeigt einen Blick über den Domplatz. Im Vordergrund sind die niedrigen Türme der Liebfrauenkirche, dahinter die spitzen Domtürme und hinten die Türme der Martinikirche zu sehen.

Der heutige Dom zu Halberstadt ist der dritte Kirchenbau an dieser Stelle. Er entstand zwischen 1236 und 1491, für einen mittelalterlichen Dombau eine sehr kurze Zeitspanne. Die Baupläne sind nie geändert worden und so entstand einer der stilreinsten gotischen Dome. Im Inneren findet man hochwertige Kunstschätze und einen nahezu einmaligen Bestand an mittelalterlichen Farbglasfenstern. Der Domschatz gilt als einer der weltweit wertvollsten. Er beinhaltet eine einmalige Sammlung von sakralen Gewändern, die ältesten Knüpfteppiche und zahlreiche Reliquiare. Die byzantinische Weihbrotschale ist ein früher Fall von Beutekunst, denn sie wurde vom Bischof 1204 während der Plünderung Konstantinopels im 4. Kreuzzug geraubt.

Repräsentative Bauten rund um den Dom

Um den Domplatz erheben sich repräsentative Bauten der Domherren. Im Norden des Domes befindet sich die Spiegelsche Kurie. In dem Barockgebäude hat heute das Städtische Museum sein Domizil. Angeschlossen ist das Heineanum, eine der größten Sammlungen von Vogelpräparaten. Besonders beeindruckend sind die Halberstädter Saurier. Am Domchor erhebt sich ein hübsches Fachwerkhaus. Der schöne Bau beherbergt ein bedeutendes Literaturmuseum, denn es war das Haus des Domsekretärs Johann Wilhelm Gleim, der als Dichter nicht zu den bedeutendsten seiner Zeit zählte, der aber durch die Einrichtung seines Freundschaftstempels ein literarisches Zentrum von ausgezeichnetem Ruf schuf und mit den bedeutendsten Dichtern korrespondierte. Die über 120 Bilder, die er sich von allen schicken ließ, bilden heute eine einmalige Gemäldesammlung der Dichter aus dem Zeitalter der Aufklärung.

Halberstadt – Das Tor zum Harz

Wirtschaft und Technik: von Nanotechnologie bis WLAN

Branchenmix mit wichtigem Medizintechnikstandort

Zentral und gut erreichbar – in der Mitte Deutschlands gelegen – ist Halberstadt der ideale Standort für Industrie- und Gewerbeansiedlungen. Besonders hervorzuhebende Vorzüge sind hoch motivierte und qualifizierte Arbeitskräfte, optimal erschlossene Gewerbe- und Industrieflächen, eine attraktive Förderkulisse, marktfähige Ver- und Entsorgungskonditionen, Hochschulkompetenzen vor Ort, eine engagierte wirtschaftsorientierte Verwaltung sowie vorteilhafte Anbindungen an das überregionale Verkehrsnetz.

Kaum ein anderer Wirtschaftsstandort in der Region bietet einen so großen Branchenmix wie Halberstadt. Schwerpunkte bilden das verarbeitende Gewerbe, Dienstleistungen sowie der Handel. Im Maschinenbau, in der Holzverarbeitung, der Lebensmittelindustrie mit dem Flaggschiff »Halberstädter Würstchen- und Konservenfabrik mbH« oder der Kunststoff- und Medizintechnik – in allen Bereichen haben sich Unternehmen mit weltweiter Ausstrahlung in Halberstadt angesiedelt. Insbesondere die Unternehmen der Kunststoff- und Medizintechnik mit mittlerweile 15 Firmen verzeichnen eine außerordentlich positive Entwicklung. Weltweit anerkannte Produkte von Neutralelektroden bis zum Thoraxkatheter verweisen auf »Made in Halberstadt«. Unterschiedlichste Forschungs- und Entwicklungsvorhaben, mehr als 6500 Quadratmeter Reinräume und die Nähe zu Universitäten sind Garanten für die weitere Entwicklung der Medizintechnik. Besonders hervorzuheben ist, dass sich in Halberstadt die modernste Gassterilisationsanlage Europas befindet.

Auch Unternehmen der Hochtechnologie insbesondere der Nanotechnologie nutzen die Vorzüge des Wirtschaftsstandortes Halberstadt. Mit der Herstellung von keramischen Nanofiltern und Nanobeschichtungen mit verschiedenen Eigenschaften wird hier an der Zukunft gearbeitet und die Grundlagen für weitere innovative Anwendungen geschaffen. Für eine optimale Entwicklung der Unternehmen initiierte die Stadt ein eigenes Funknetz zur Datenübertragung. Durch die Vernetzung aller Gewerbe- und Industriegebiete sowie der Unternehmen eröffnet sich eine von Leitungen unabhängige Datenautobahn als spezieller Standort- und Wettbewerbsvorteil.

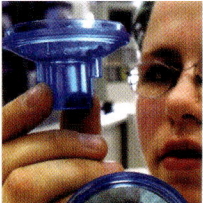

Branchenvielfalt am Wirtschaftsstandort Halberstadt

Gewerbegebiet Am Sülzegraben

Platz für Ideen und Investitionen

Für zukünftige Ideen und Innovationen bietet Halberstadt in seinen Gewerbe- und Industriegebieten optimale Ansiedlungsbedingungen zu marktfähigen Preisen. Durch die Verschiedenartigkeit der Gebiete ist Halberstadt in der Lage, unternehmensspezifischen Anforderungen und Wünschen gerecht zu werden. Direktanbindungen an die umliegenden Bundesstraßen B 79/ B 81 und zur neuen vierspurigen B 6n in etwa sieben Kilometer Entfernung gewährleisten eine optimale verkehrstechnische Erreichbarkeit. Mehr als 160 Unternehmen haben die Vorteile in den Gewerbegebieten erkannt, sich dort angesiedelt und mittlerweile über 3500 Arbeitsplätze geschaffen.

Maschinenbau hat Tradition – in Halberstadt erstellte Gassterilisationsanlage.

Stadtverwaltung Halberstadt · Postfach 1537 · 38805 Halberstadt
Tel. (0 39 41) 5 50 · Fax (0 39 41) 55 10 90
halberstadt@halberstadt.de · www.halberstadt.de

Halberstadt – Das Tor zum Harz

Bequem unterwegs mit den modernen LINT-Triebwagen...   *...auch auf der Straße im freundlichen weiß-blau-gelb*

Vom roten Tuch zum blauen Zug

Freundlich unterwegs mit dem HarzElbeExpress und SalzlandBus

Menschen, für die Eisenbahn bisher ein »rotes Tuch« war, müssen jetzt umlernen: Seit Dezember 2005 fahren auf dem von Halberstadt ausgehenden Streckennetz die weiß-blau-gelben Triebwagen des »HarzElbeExpress« (HEX). Mit Fahrkartenverkauf im Zug, freundlichen Servicemitarbeitern, niederflurigem Einstieg und Klimatisierung hat das junge Unternehmen schon viele neue Freunde für den öffentlichen Nahverkehr gewonnen und trägt somit täglich für eine lebenswerte Umwelt bei.

Der HEX verkehrt ab Halberstadt täglich und nahezu stündlich in Richtung Magdeburg und Quedlinburg/Thale, Blankenburg sowie im Takt wechselnd mit der DB AG nach Halle (Saale) und Wernigerode/Vienenburg. Es gelten alle Tarifangebote der Deutschen Bahn AG. Spontanfahrer können ihre Tickets ganz bequem am Automaten im Zug kaufen.

Dem HEX zur Seite steht der Schwesterbetrieb SalzlandBus in Egeln, der mit zwölf Bussen Linien- und Charterverkehre anbietet. Hauptsächlich bedient SalzlandBus verschiedene Nahverkehrslinien im Raum Magdeburg-Egeln-Staßfurt, aber auch im Reiseverkehr sind diese Busse unterwegs – ganz individuell für Gruppenreisen, Klassenfahrten und Vereinsausflüge.

HEX und SalzlandBus gehören beide zu dem privaten Verkehrsunternehmen Veolia Verkehr Sachsen-Anhalt (ehemals Connex), das insgesamt 150 Mitarbeiter an den Standorten Halberstadt und Egeln beschäftigt.

> HEX HarzElbeExpress/SalzlandBus
> Veolia Verkehr Sachsen-Anhalt GmbH
> Magdeburger Straße 29 · 38820 Halberstadt
> Tel. (0 39 41) 67 83 33 · Fax (0 39 41) 67 83 99
> info@hex-online.de
> www.hex-online.de · www.salzlandbus.de

Es tönt über 639 Jahre

Das längste Musikstück der Welt erklingt in Halberstadt

Im Jahr 1361 wird in Halberstadt die erste Großorgel der Welt, eine Blockwerksorgel, gebaut. Diese Orgel stand im Dom und hatte zum ersten Mal eine 12-tönige Klaviatur, eine Revolution in der Musikgeschichte. Noch heute wird das Schema dieser Klaviatur auf unseren Tasteninstrumenten gebraucht. Die Wiege der modernen Musik stand damit in Halberstadt. Im Jahr 2000, 639 Jahre sind seit dem »fatalen Tag von Halberstadt« (Harry Partch) vergangen, 639 Jahre soll das Stück von John Cage ORGAN 2/ASLSP »So langsam wie möglich« aufgeführt werden. John Cage, 1912 in Los Angeles geboren und 1992 in New York gestorben, war Schüler von Henry Cowell und Arnold Schönberg. Es gibt nach Schönberg in der Geschichte der neuen Musik nur wenige Komponisten mit einer ähnlichen Bedeutung, nicht nur für die Entwicklung eines neuen Verständnisses in der Musik, sondern auch über den Rahmen des eigentlichen musikalischen Schaffens hinaus. 1985 entstand

Musikdirektor Johannes Reiger probt »A Flower« von John Cage.

Halberstadt – Das Tor zum Harz

Diese Orgel in der Burchardikirche bringt das längste Musikstück der Welt zum Klingen.

Kerstin Pettersson und Timo Bartels interpretieren John Cage.

ORGAN 2/ASLSP (AS SLOW AS POSSIBLE – so langsam wie möglich) in einer Fassung für Klavier, 1987 bearbeitete John Cage das Stück auf Anregung des Organisten Gerd Zacher für Orgel.

Wie langsam ist »So langsam wie möglich«?

Die Frage der Realisierung des Werkes führt zu dem Ergebnis, dass man »as slow as possible« potentiell unendlich denken und spielen kann – zumindest so lange, wie die Lebensdauer einer Orgel ist und so lange, wie es Frieden und Kreativität in künftigen Generationen gibt. Aus dieser spieltechnischen und ästhetischen Frage entwickelte sich im Jahr 2000 ein Projekt, das inzwischen weltweites Aufsehen erregt hat. Der Aufführungsort ist die Burchardikirche, eine der ältesten Kirchen der Stadt Halberstadt. Um 1050 von Burchard von Nahburg gebaut, diente sie über 600 Jahre als Zisterzienserkloster. Im Dreißigjährigen Krieg wurde sie teilweise zerstört, 1711 wieder aufgebaut und 1810 von Jérome säkularisiert. 190 Jahre war die Kirche Scheune, Lagerschuppen, Schnapsbrennerei und Schweinestall. Von dem Halberstädter Künstler Johann-Peter Hinz (gestorben 2007), wurde die romanische Kirche für dieses außergewöhnliche Vorhaben, das die Faszination vieler Menschen in der Welt weckt, neu entdeckt.

Versuch einer Entschleunigung

Mit Unterstützung der Stadt Halberstadt und der Hilfe privater Hände wurde St. Burchardi durch ein neues Dach vor Regen geschützt, Fenster wurden eingesetzt und der Bau in der Substanz soweit gesichert, dass mit dem Bau einer Orgel nach dem Vorbild der ersten Faber-Orgel begonnen werden konnte. Angesichts unserer schnelllebigen Zeit ist dieses Vorhaben eine Form der versuchten Entschleunigung, der »Entdeckung der Langsamkeit« und das Pflanzen eines »musikalischen Apfelbäumchens«, verstanden als Symbol des Vertrauens in die Zukunft.

Die Burchardikirche kann Dienstag bis Sonntag (Mai bis Oktober 12 bis 16 Uhr und November bis April 11 bis 17 Uhr) besichtigt werden. Verfolgt werden kann das Projekt weltweit unter www.john-cage.halberstadt.de.

Das Nordharzer Städebuntheater mit dem Tanztheater »...und frei, in stiller Selbstgewalt« mit Musik von Johann Sebastian Bach und John Cage

Halberstadt – Das Tor zum Harz

Präzisionsteile für Windräder in Serie

Millimeterarbeit bei Riesenrotoren

Wenn sich irgendwo moderne Windräder drehen, könnten wichtige Teile des Getriebes eine Halberstadt-Geschichte flüstern. Schließlich wurden sie in der MWA Mechanische Werkstätten Anhalt GmbH am Rande der Domstadt gefertigt. Drehen, Fräsen und Bohren, in der riesigen Werkhalle werden Rotornaben bearbeitet, jene Teile, an denen die Flügel befestigt sind. Stunde um Stunde, Tag um Tag, 365 Tage im Jahr, rund um die Uhr. Die moderne Technik in den CNC-gesteuerten Dreh- und Fräsbearbeitungszentren ist so teuer, dass sie voll ausgelastet werden muss. Und der Bedarf so groß, dass es sich nicht anders lösen lässt, wenn man weiter ein zuverlässiger Zulieferer für die namhaftesten Getriebebauer in Deutschland bleiben will. Schließlich verzeichnen Windkraftanlagen bei der alternativen Energiegewinnung eine zunehmende wirtschaftliche Bedeutung.

24-Tonner liefern die Rohgussteile an, die später millimetergenau bearbeitet werden. Schließlich messen die Windradbauer bei der Montage an den fertigen Bauteilen nichts mehr nach. Es muss passen! Darum hat die MWA GmbH in den Fertigungsfluss eine in ihrer Bauart größte Messmaschine integriert, die eine permanente Qualitätsüberwachung garantiert. Abstandsmaße, Durchmesser und Länge werden hier akribisch erfasst. Und aus diesem Grunde arbeitet das Unternehmen in klimatisierten Produktionshallen. Geringe Temperaturschwankungen könnten schon verheerende Auswirkungen auf den Durchmesser der Monsterteile haben.

Hochpräzises braucht Hochqualifizierte

Die MWA Mechanische Werkstätten Anhalt GmbH gehört seit Oktober 2005 als 22. Mitglied zur Neuenhauser Gruppe. Deren Geschäftsführung schätzt, dass inzwischen für jede dritte der 7000 Windenergieanlagen, die 2006 in Deutschland gebaut wurde, Bauteile verwendet werden, die einen Betrieb der Neuenhauser Gruppe verließen. In der Neuenhauser Gruppe profitiert vom Boom der Windenergiebranche bereits jeder sechste, bei der MWA GmbH jeder Mitarbeiter. Derzeit beschäftigt der Halberstädter Betrieb mit seinem markanten Standort im Industriegebiet 64 Mitarbeiter. Dass darunter fünf Auszubildende zum Zerspanungsfacharbeiter sind, ist für die Firmenleitung Ehrensache. Nicht nur, dass hochpräzise Technik gut qualifizierte Bediener benötigt, zehn Mitarbeiter stehen pro Schicht an den Maschinen, sondern wer in der Domstadt lebt, soll hier anspruchsvolle Arbeit finden können. Und weil MWA weiterhin in Maschinen und das Gebäude investiert, stehen dafür alle Zeichen auf Grün.

MWA Mechanische Werkstätten Anhalt GmbH
Luther-Augustin-Straße 7 · 38820 Halberstadt
Tel. (0 39 41) 5 84 90 · Fax (0 39 41) 58 49 11
info@mwa-hbs.de

Halberstadt – Das Tor zum Harz

Erste Bahnen zogen Pferde

Die Anfänge des Straßenbahnbetriebes in Halberstadt reichen zurück bis in das Jahr 1887. Am 28. Juni 1887 eröffnete die private »Halberstädter Straßenbahn-Aktien-Gesellschaft« den Betrieb einer Pferdestraßenbahn. Nach der Übernahme dieser Gesellschaft in städtischen Besitz am 1. Juli 1902 begannen die Bauarbeiten für das neue elektrische Straßenbahnnetz.

Innerhalb eines knappen Jahres entstanden in der Gröperstraße 82/83 ein Elektrizitätswerk und das noch heute genutzte Straßenbahndepot. Das Gleisnetz wuchs von 3,6 auf 10 Kilometer Länge, Fahrleitungen wurden installiert und neue Fahrzeuge angeschafft.

Nach einer feierlichen Eröffnung fuhren am 2. Mai 1903 erstmals elektrisch angetriebene Straßenbahnen in Halberstadt und prägen seitdem das Stadtbild.

Kleiner, aber feiner Straßenbahnbetrieb

Das heutige, umfangreich erneuerte und modernisierte Gleisnetz hat eine Länge von 16,7 km, auf denen 3 Linien mit 23 Haltestellen betrieben werden. Halberstadt besitzt damit einen der kleinsten städtischen Straßenbahnbetriebe in Deutschland. Damit dies auch in Zukunft so bleibt, sind seit 2007 neue, moderne Niederflurtriebwagen auf den Schienen in Halberstadt unterwegs.

Stadtrundfahrt mit der historischen Straßenbahn

Blick in den Freundschaftstempel (Foto: Ulrich Schrader)

Erster Museumsneubau in den neuen
Bundesländern nach der Wende

Älter als alle Goethehäuser

Johann Wilhelm Ludwig Gleim wurde der Arbeit wegen aus dem kulturellen Leben Berlins gerissen und kam nach Halberstadt. Sein Haus am Halberstädter Domplatz ist heute weit mehr als eine museale Stätte zur Zeit der Aufklärung. Hier wird gesammelt und geforscht. Nicht nur von den Mitarbeitern des Hauses selbst, sondern von Wissenschaftlern aus der ganzen Welt. Es vergeht kein Jahr, in dem nicht mindestens eine bedeutsame Tagung hochkarätige Fachleute in Gleims alter Wirkungsstätte vereint.

Gleim wollte seine Freunde am neuen Orte bei sich haben, als er 1747 in die Domstadt kam; durch Bilder, Bücher, Briefe und Besuche. Er richtete Freundschaftszimmer ein, um Bildnissammlung, Bibliothek und Archiv auch der Nachwelt zugänglich und für eine »Schule der Humanität« nutzbar zu machen. Die Idee, die Schule der 1781 gegründeten Familienstiftung anzuschließen, zerschlug sich. Die Sammlung blieb. Als Gleims Dienstwohnung verkauft wurde, zogen die zusammengetragenen Schätze ins Barockhaus von Wilhelm Körte, das heutige Gebäude Domplatz 48 am anderen Ende des historischen Platzes. Dort hat Johann Wolfgang von Goethe begeistert Gleims Bücher, Handschriften und Bilder betrachtet und von Körte einige wertvolle Briefe geschenkt bekommen, die heute im Weimarer Goethe-Schiller-Archiv aufbewahrt werden. Gleims umfangreiche Sammlung zog weiter. 1846 war sie im Domgymnasium deponiert.

Geschlossenster deutscher Dichternachlass des 18. Jahrhunderts am historischen Ort

Seit 1862, als die Gleimsche Familienstiftung das Gebäude zurückkaufte, ist sie im Hause Gleim wieder für die Öffentlichkeit zugänglich. So gilt das Gleimhaus als eines der ältesten Literaturmuseen – älter als alle Goethehäuser – und ist Beherbergungsstätte »des geschlossensten deutschen Dichternachlasses am historischen Ort«, wie Museumsdirektorin Dr. Ute Pott betont. Ihre Aussage, dass damit auch das erste deutsche Literaturarchiv in Halberstadt stand, hat die Fachwelt bislang nicht widerlegt.

Vater Gleim, dessen 200. Todestages im Jahre 2003 mit einem vielfältigen Programm gedacht wurde, hat alles gesammelt, was er kriegen konnte, um es der Nachwelt zum öffentlichen Gebrauch zur Verfügung zu stellen. Seit 1862, als die Sammlung erschlossen wurde, gesellten sich weitere Porträts, Handschriften und Bücher hinzu. Als 1898 die Familienstiftung nicht mehr so gut bei Kasse war, hat die öffentliche Hand zugegriffen und das Museum übernommen. Leider sind diese Zeiten heute vorbei. Seit 1995 hat der Förderkreis Gleimhaus e. V. nun die Trägerschaft übernommen.

Carl Becker, der Konservator des Gleimhauses, hat am Ende des 2. Weltkrieges die Sammlung evakuiert und versteckt. Dr. Horst Scholke, der jahrzehntelang dem Haus vorstand, hat zu DDR-Zeiten die Sammlung zusammen gehalten. Was gar nicht so selbstverständlich war, gab es doch, was Kulturgut betraf, immer wieder Begehrlichkeiten von staatlicher Seite. Zum Vervollständigen der Sammlung mit historischen Objekten und moderner Forschungsliteratur westlicher Herkunft fehlten dem Museum die Devisen. Man war auf Schenkungen angewiesen.

Lesesaal nur im Herbst und Frühjahr

Das Fachwerkhaus am Domplatz bewahrte sich seinen Ruf als Forschungsstätte zur deutschen Aufklärung. Immer wieder kamen Forscher ins Gleimhaus. Da es keinen Lesesaal gab, wurde im 19. Jahrhundert eine Kammer im Dachgeschoss eingerichtet, in der die Forscher jedoch lediglich im Frühjahr und Herbst über Büchern und Handschriften saßen. Im Sommer war es dort zu heiß, im Winter fehlte die Heizung. Schon zu DDR-Zeiten platzte das Haus fast aus den Nähten. Der VEB Werkstätten für Denkmalpflege Quedlinburg legte in Absprache mit der Leitung des Gleimhauses den Entwurf eines Anbaus vor. Doch es sollte noch bis 1994 dauern, bis Museum und Forschungsstätte erweitert wurden. An das historische Haus schließt sich ein fast futuristisch anmutendes Gebäude an, der erste Museumsneubau in den neuen Bundesländern nach der Wende. Damit entstand nicht nur Raum für die Forschung und für Sonderausstellungen, sondern auch eine Heimstatt für die Vorträge, Konzerte und Kinderaktionen. Im Museum erlebt man die historische Inszenierung hautnah. Es bleibt ein Ort der bildungsbürgerlichen Alltagswirklichkeit. Schon Gleim und Lessing haben hier schließlich ihren Wein getrunken.

Johann Wilhelm Ludwig Gleim (Foto: Ulrich Schrader)

Dem historischen Gebäude des Gleimhauses fügte man einen modernen Anbau hinzu. (Foto: Ulrich Schrader)

Halberstadt – Das Tor zum Harz

Dosenwürstchen waren vor über 110 Jahren eine Weltneuheit aus Halberstadt

Eine Marke feiert Jubiläum

Halberstädter Würstchen haben vier Gesellschaftsordnungen, zwei Weltkriege, drei deutsche Währungen überlebt – und sind im Aufwind: Im Bereich konservierte Würstchen im Naturdarm/Saitling behaupten sie Platz zwei im gesamtdeutschen Markt, in Ostdeutschland Platz eins seit mehr als zehn Jahren.

Die ersten Halberstädter Würstchen produzierte der Firmengründer Friedrich Heine 1883. Zehn Jahre nach der Gründung der Halberstädter Würstchenfabrik beschäftigte Firmengründer Friedrich Heine fünf Mitarbeiter. Mehr als 1000 Paar Würstchen wurden pro Tag verkauft, was einem Umsatz von 300 Mark entsprach. Um jedoch mehr produzieren zu können, war es unerlässlich, die Würstchen haltbar zu machen. Von 1894 an versuchte Friedrich Heine die Würstchen zu konservieren, jedoch vorerst ohne Erfolg. Auf der Gewerbeausstellung in Elbingerode im Jahr 1895 waren alle Würstchen verdorben. Ein Großauftrag veranlasste Heine, die Konservierungsversuche wieder aufzunehmen: Im Juni 1896 sollte das Kyffhäuser-Denkmal eingeweiht werden. Kaiser Wilhelm II., Könige, Fürsten und viele Tausend Zuschauer wurden erwartet. Bei der Halberstädter Würstchenfabrik wurden 40 000 Paar Würstchen bestellt. Nach unzähligen Versuchen gelang die Konservierung. Ob die Würstchen wirklich haltbar waren, sollte sich jedoch erst später herausstellen.

Unwetter vermasselte vorerst den Erfolg

Am Tag der Kyffhäuser-Denkmaleinweihung hielten 18 Verkäufer 30 000 Paar konservierte und 10 000 Paar frisch geräucherte Würstchen bereit. Doch nur wenige waren verkauft, als ein Unwetter hereinbrach, das die Versammelten in alle Richtungen auseinanderlaufen ließ. Heine meinte, der Verlust würde ihn seine Existenz kosten. Was er jedoch kaum zu hoffen wagte: Die Würstchen waren haltbar. Zur Kochkunstausstellung in Wiesbaden vom 15. Juli bis 1. September 1896 präsentierte das kleine Unternehmen aus Halberstadt als Weltneuheit Würstchen in Dosen. So gelang ihm weltweit erstmals deren Konservierung – Voraussetzung für den Export, für die Lagerfähigkeit über Wochen und Monate. Um der Nachfrage gerecht zu werden, weihte Heine 1913 die damals größte Fleischverarbeitungsfabrik Europas in Halberstadt

Halberstadt – Das Tor zum Harz

ein, dieselbe, in der noch heute die knackigen Halberstädter produziert werden.

Würstchen im Medaillenregen

Berühmt für Geschmack und Qualität sind die Konservenspezialitäten seit der Jahrhundertwende im nicht versiegenden Medaillenregen: zu DDR-Zeiten Messe- und Agrargold, Grand Prix in Antwerpen, Lüttich, St. Louis USA, Gold und Großen Preis der DLG, der Deutschen Landwirtschaftsgesellschaft. Und jährlich kommen neue

Würtschenkarussell

Auszeichnungen für Produkte aus dem mittlerweile mehr als 80 Erzeugnisse umfassenden Sortiment hinzu.

Seit der Privatisierung im April 1992 wurden im Gesamtunternehmen ca. 30 Millionen Euro in den baulichen Erhalt der historischen Fabrik, in moderne Fertigungsstrecken, in den Fuhrpark, die Erneuerung der Sanitär- und Belegschaftsräume sowie Hotel-, Brauhaus- und Wellnesseinrichtungen investiert. Die EU-Zulassung erfolgte bereits 1994. Mit handwerklichem Können werden die »Halberstädter« heute nach fast gleichem Herstellungsverfahren und althergebrachtem Rezept wie vor 125 Jahren produziert – traditionell und doch zeitgemäß. Im Unternehmen sind gegenwärtig rund 300 Mitarbeiter beschäftigt.

Einmalige Reife

Europaweit Einmaliges macht das Halberstädter Würstchen bis heute unnachahmlich: So werden die Würstchen in der Kaminrauchanlage geräuchert, die der Firmengründer 1913 aus seiner alten Fabrik in die neue umsetzte, um Geschmack und Aroma beizubehalten – die heute einzige Anlage ihrer Art auf dem Kontinent.

24 bis 36 Stunden reifen die Würstchen nach dem Räuchern in Räumen mit spezieller Luftfeuchte und Temperatur. Wichtige Geschmackskomponenten können sich hier entwickeln. Das Buchenholzaroma verleiht so dem Halberstädter Würstchen seinen einzigartigen Geschmack.

Historisches Werbeplakat

Halberstadt – Das Tor zum Harz

Nicht daheim und doch zu Hause

Halberstädter Hotel verkörpert Weltspitze

Bei der weltweiten Abstimmung des Reiseveranstalters TUI 2007 unter insgesamt 500 000 Urlaubern wurde das Halberstädter Hotel »Villa Heine« unter 12 000 Häusern in aller Welt auf Platz 5 gewählt. Besser als das Halberstädter Hotel schnitt in Deutschland niemand ab. Bewertet werden jährlich Freundlichkeit, Kreativität, Service und Management. Die Würstchenfirmengründer-Familie Heine selbst wohnte noch bis 1948 in der Villa. Jetzt ist das direkt an der Halberstädter Würstchen- und Konservenfabrik befindliche Haus als Vier-Sterne-S-Hotel jedermann zugänglich. »Wir restaurierten dieses historische Bauwerk, ohne seinen ursprünglichen Charakter zu verändern. Mit viel Liebe zum Detail und Engagement wird unseren Gästen der Aufenthalt so angenehm wie möglich gestaltet. Unser Ziel ist, in einer heimischen Atmosphäre das Gefühl zu vermitteln, ›nicht daheim aber doch zu Hause‹ zu sein«, so Inhaber Ulrich Nitsch.

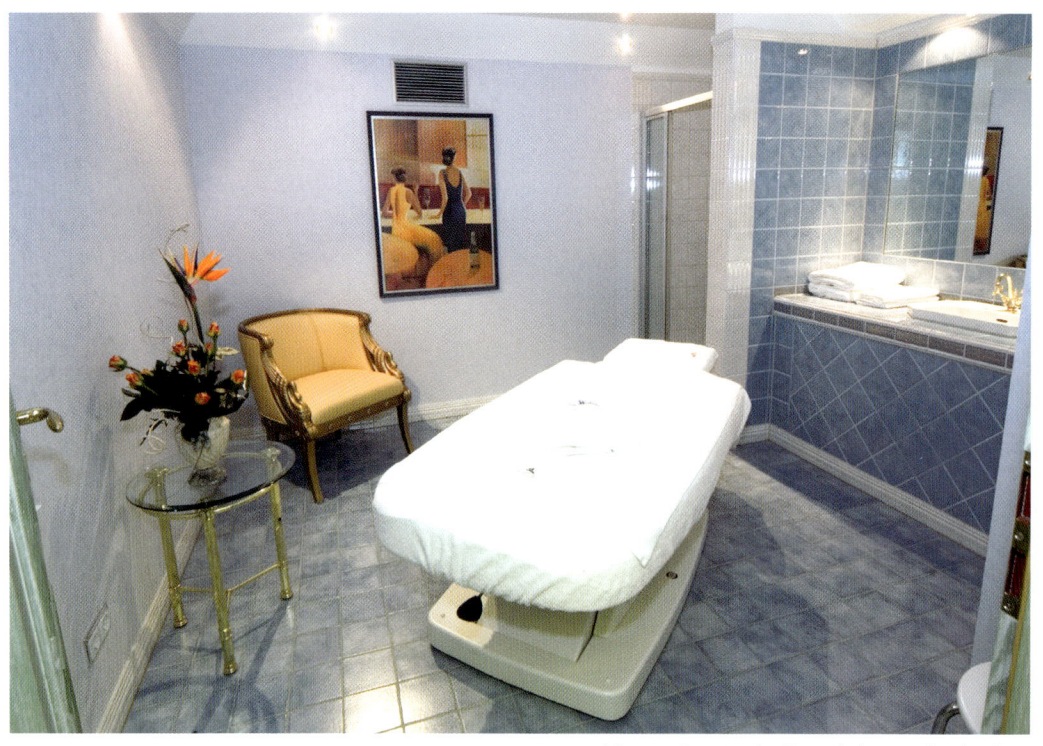

Historisches Ambiente und Wohnkultur

Das Haus von einzigartigem Charme verbindet harmonisch historisches Ambiente und moderne Wohnkultur. Luxuriöse Hotelzimmer, elegante Suiten, all das dient dem »Wohlfühl«-Gedanken. 61 Zimmer mit insgesamt 116 Betten laden zum Entspannen ein. Die Zimmer im Parkflügel verbreiten von der Möblierung über die Wandmalerei bis hin zur Pflanzenwelt mediterranes Flair.
Der Garten Eden mit tropischer Bepflanzung, mit Temperaturen um 30 Grad und einer Luftfeuchte von 85 Prozent bildet hier den Mittelpunkt des durchdachten Wellness-Konzepts. Neben der »Kaiserlichen Bäderabteilung« stehen die Dampftherme, die finnische Sauna, Kneipp-Fußbecken und Eis- und Warmwasserbehandlung bis zu Tropenregen und eisigem Wasserfall zur Verfügung. Behutsam konzipiert ist auch der Ruheraum: Mediterranes Flair und Kopfhörer mit Entspannungsmusik lassen den Gast in tiefe Erholungsphasen eintauchen.

Massageliege in der Kaiserlichen Bäderabteilung

Komplett wird die Schönheitsfarm mit kosmetischer Behandlung nach einem erholsamen Tag im Garten-Eden. Das Wohlfühl-Zauberwort der Schönheitsfarm heißt »Ayurveda«, mit weit über 5000 Jahren die weltweit älteste überlieferte Gesundheitslehre. Darüber hinaus bieten das Hallenbad mit 32 Grad Luft- und 30 Grad Wassertemperatur unter dem Sternenhimmel und der Fitnessraum mit zahlreichen sportlichen Angeboten aktive Entspannung.

Auch Tagungs- und Seminarräume sind im Hotel integriert. Sechs mit modernster Technik ausgestattete Tagungsräume mit Kapazität für bis zu 400 Personen lassen keine Wünsche offen. Das integrierte Brauhaus mit braufrischem Bier und Biergarten bietet kulinarische Köstlichkeiten für die Ruhepausen.

Anwendungsraum mit Doppelwanne in der Kaiserlichen Bäderabteilung

Hotel Villa Heine ****S
Kehrstraße 1 · 38820 Halberstadt
Tel. (0 39 41) 3 14 00 · Fax (0 39 41) 3 15 00
hotel@hotel-heine.de · www.hotel-heine.de

Der schöne Innenhof lädt zum Verweilen ein und eignet sich auch für Feiern.

Der Wintergarten des Senioren Centrums

Vitanas Senioren Centrum Am Kloster
nutzt neueste Erkenntnisse der Geriatrie

Pflege und Betreuung mit Qualität und Herz

Das im Jahr 2003 in direkter Nähe des Halberstädter Burchardiklosters erbaute Senioren Centrum ist ein außergewöhnlich schönes Haus mit Terrassen und Laubengängen. Die Innenarchitektur zeichnet sich durch großzügige und helle Gemeinschaftsräume aus und bietet ein behagliches Zuhause. Fast alle Zimmer bieten wunderschöne Ausblicke auf die Stadt mit ihren malerischen Kirchen. Alle Zimmer verfügen über ein modernes Duschbad sowie Telefon-, Fernseh- und Notrufanlage.

Das interdisziplinäre Mitarbeiterteam des Hauses sorgt rund um die Uhr für die optimale Versorgung der anvertrauten Menschen. Im Rahmen des Pflege- und Betreuungskonzeptes bietet Vitanas fachgerechte, freundliche und kompetente Pflege. Dabei steht die Hilfe zur Selbsthilfe, z. B. durch die Hilfe bei der Körperpflege, der Ernährung und der Mobilität, im Vordergrund. Die soziale Betreuung sowie Behandlungspflege sind dabei selbstverständlich. Ergänzt werden die Pflege- und Betreuungsangebote durch umfangreiche Therapiemaßnahmen.

Zur hauswirtschaftlichen Versorgung gehören die Reinigung und Pflege der Kleidung und Räume. Hausmeisterdienste können zusätzlich auf Wunsch in Anspruch genommen werden. Je nach den Bedürfnissen der Bewohner werden die Mahlzeiten gemeinschaftlich in den Wohnbereichen oder individuell im Zimmer eingenommen. Die Essenszeiten sind frei vereinbar.

Speziell für Menschen mit Demenz hat Vitanas im Erdgeschoss einen beschützenden, aber offenen Wohnbereich mit integriertem Garten und Wintergarten eingerichtet. Nach neuesten Erkenntnissen der Geriatrie und unter Berücksichtigung der besonderen Bedürfnisse und der Lebensbiografie der betroffenen Menschen wird hier Begleitung und Unterstützung geboten. Der Anspruch ist dabei, eine Atmosphäre zu schaffen, die geprägt ist von Normalität, menschlicher Wärme und Geborgenheit.

- Stationäre Pflege in allen Stufen
- Spezieller, nach Prof. Erwin Böhm zertifizierter Wohnbereich für Menschen mit Demenz
- Betreutes Wohnen
- Täglich wechselnder Mittagstisch aus eigener Küche
- Öffentliche Cafeteria
- Kiosk und rollender Einkaufswagen
- Friseur und Nagelstudio
- Gartenanlage mit Tiergehege
- Eigene Ergotherapie
- Podologische Fußpflege, Physiotherapie, Logotherapie und ambulante Pflege kann bei Bedarf vermittelt werden

Vitanas
PFLEGEN UND WOHNEN

Vitanas Senioren Centrum Am Kloster
Röderhofer Straße 7 · 38820 Halberstadt
Tel. (0 39 41) 62 00 · www.vitanas.de

Schau ins Vorland

Schau ins Vorland

Landurlaub gewinnt an Attraktivität

Filzen und Spinnen neben dem Stall – Tiere füttern, Backen und Wandern

In enger Zusammenarbeit mit der Landesmarketinggesellschaft und den touristischen Regionalverbänden zwischen Altmark und Unstrut ist die in Weddersleben ansässige 1993 gegründete Landesarbeitsgemeinschaft »Urlaub und Freizeit auf dem Lande in Sachsen-Anhalt« bemüht, attraktive Angebote zu entwickeln. Landurlaub in Sachsen-Anhalt ist sehr viel mehr als Urlaub auf dem Bauernhof. Landurlaub ermöglicht, Sitte und Bräuche, Kunst und Kultur im Original kennenzulernen. Am stärksten und erfolgreichsten in der Nordharzregion wird gegenwärtig in der Region Quedlinburg auf die Karte Landurlaub gesetzt.

Die Burg Schlanstedt gilt als beliebter Anlaufpunkt für Landurlauber.

Zu den empfohlenen Urlaubsorten in der Harz- und Harzvorlandregion zählen die Burg Schlanstedt und der denkmalgeschützte Vierseit-Schäferhof Langenstein. Der Schäferhof Langenstein punktet bei den Landurlaubern durch Kreativangebote wie Töpfern, Filzen und Spinnen sowie durch die Möglichkeit, auf dem Hof bei der Betreuung von Ziegen, Schafen und Hühnern mitzuarbeiten. Zudem lockt er mit Wanderungen, Kräuterkunde und Brotbacken im Lehmofen. Der Ort ist Ausgangspunkt interessanter Touren durch das nördliche Harzvorland, aber auch zu den Höhlenwohnungen und durch schöne Parkanlagen. Die Burg Schlanstedt mit ihrer wechselvollen Geschichte erfährt als Station der neu entstandenen Zucker- und Rübenroute durch die Börde eine touristische Aufwertung. Neben der Ersteigung des Burgturms wird eine Fahrt mit der Feldbahn empfohlen. In der Burganlage kann zudem das Original-Rimpau-Saatzucht-Kabinett und eine Mineraliensammlung besichtigt werden, bevor man sich in der rustikalen Burgschänke stärkt.

Die Nähe zu Tieren macht den Reiz von Urlaub auf dem Bauernhof aus.

47

Schau ins Vorland

Zwischen Daneilshöhle, Mühlendreieck und Gletschertöpfen

Privates Tierarztmuseum und Klostergeschichten

Von Mario Heinicke

Der Huy bildet fast die nördliche Grenze des Harzkreises. Aber eben nur fast. Es gibt hinterm Huy innerhalb der gleichnamigen Gemeinde noch elf Orte. Und tatsächlich sprechen die »Rest-Kreisianer« nur zu gern von den Menschen »hinterm Huy«. Doch in diesem Landstrich gibt es allerhand Schätze zu entdecken.

Es führen nicht viele Straßen über den Huy. Der Höhenzug lässt von Süden nur drei Zufahrten in die Gemeinde zu – von Dardesheim (B 244), Athenstedt und Halberstadt aus. Wie Perlen an einer Halskette liegen die Orte dahinter in einem Kreis.

Die Huysburg ist ebenso ein schöner Startpunkt für Huy-Wanderungen wie Röderhof, das einen beschaulichen Teich und allein drei Gaststätten besitzt. Röderhof ist ein Ortsteil von Dingelstedt, das mit seinen 1600 Einwohnern die »Hauptstadt« und den Sitz der Gemeinde Huy bildet. Die Schönheiten des Ortes liegen nicht unbedingt an der Hauptstraße. Es ist der alte Dorfkern oberhalb. Hier hat die Dorferneuerung Anfang der 90er-Jahre sichtbare Spuren hinterlassen, Dingelstedt gehörte sogar zu den schönsten Dörfern im damaligen Regierungsbezirk Magdeburg. Es hat idyllische Ecken wie die »Üppel«, eine alte Pferdeschwemme oder die Kirchstraße mit Pfarrhaus und Kirche. Umgeben ist das 950-jährige Dorf von unzähligen Obstbäumen – weshalb stets Anfang Mai das Blütenfest gefeiert wird.

Im westlichen Nachbarort Anderbeck wird man am Ortseingang von einer Windmühle begrüßt. Hier beginnt das sogenannte Mühlendreieck. Dieses setzt sich auf halbem Weg nach Huy-Neinstedt fort. Dort steht mit der Kuckucksmühle eine alte Wassermühle. Mit Huy-Neinstedt ist der kleinste Ort am Huy erreicht, aber der wohl landschaftlich schönste. Die Häuser ziehen sich am Berg empor, an der Hauptstraße plätschert das Wasser des Piepenpals aus einer Pumpe. Man kann es mit gutem Gewissen trin-

Besucher im Tierarztmuseum Badersleben

Schau ins Vorland

ken. Vielleicht vor oder nach einer Wanderung in den Huy. Hier gibt es viele Ausflugsziele, wie die sagenumwobene Daneilshöhle, den Jürgensbrunnen oder die Gletschertöpfe. Oder mitten im Wald die verträumten Orte Mönchhai und Wilhelmshall, in denen vor einem Jahrhundert der Kalibergbau blühte.

Im »lieblichen Tal des Marienbachs«

Zurück zum Mühlendreieck, es wird komplettiert in Badersleben. Der Heimatverein betreibt hier eine Windmühle am Ortsrand, die sogar Beherbergungsmöglichkeiten hat. Außerdem steht mitten im Dorf eine Wassermühle, wo sich heute bei Bedarf wieder ein großes Wasserrad für Besucher dreht. Hier hat der Eigentümer außerdem ein privates Tierarztmuseum eingerichtet. Es gilt als einziges seiner Art in Deutschland. Ein Blickpunkt in Badersleben ist außerdem das alte Kloster, das aber als solches nicht mehr genutzt wird. Eine Grundschule hat hier ihren Sitz, nebenan ist gleich die katholische Kirche. Früher befand sich hier eine namhafte Ackerbauschule. Darüber kann man noch viel im Heimatmuseum erfahren, das ebenfalls vom Heimatverein betrieben wird. Das kleine Vogelsdorf zieht sich am Marienbach entlang und ist auch einen Besuch wert. Ein Zeitungsredakteur früherer Tage prägte mal die Bezeichnung vom »lieblichen Tal des Marienbachs«, die heute legendär ist.

Hinter Dedeleben war früher für DDR-Bürger Endstation. In der alten Grenzerkaserne ist heute ein modernes Altenpflegeheim, das zugleich den nördlichsten bewohnten Punkt des Harzkreises darstellt. Sehenswert in Dedeleben sind große Herrenhäuser, das denkmalgeschützte Pfarrwitwenhaus, aber auch der Rendelberg mit seinem Kriegerdenkmal, das im Altkreis Halberstadt das größte seiner Art war.

Ein Abstecher lohnt sich auf jeden Fall nach Westerburg, das auf halbem Weg nach Rohrsheim liegt. Dort steht die besterhaltene und älteste Wasserburg Deutschlands, in der sich heute eines der sternemäßig am höchsten dekorierten Hotels in Sachsen-Anhalt befindet. Auch was die Küche betrifft. Im Burghof finden zahlreiche Konzerte und Theateraufführungen im »Westerburger Kultursommer« statt.

Pabstorf ist ein Dorf mit Braunschweigischer Tradition. Daran erinnert nicht nur der Name der Gaststätte, sondern auch der Baustil des bekannten »Hauses Nr. 1«. Bis nach Aderstedt ist es nur ein Katzensprung. Sehenswert ist das Schloss mit seinem Turm, aber auch die Kirche nur wenige Meter entfernt.

Auch Schlanstedt hat einiges zu bieten. Hier stand vor 130 Jahren die Wiege der Saatzucht. Noch heute wird der Ort vom international tätigen Saatzuchtbetrieb geprägt, aber auch die Geschichte wird gepflegt. Die Feldeisenbahn rumpelt mehrmals im Jahr in die Feldflur, die große Burg Schlanstedt hält eine Ausstellung zur Saatzucht bereit. Und die Heimatstuben in einem alten Schulgebäude suchen mit ihrer Größe und Vielfalt ihresgleichen. Sie werden vom Heimatverein betreut.

Heimatstube Badersleben

Wohnen in Höhlen und dunkle Geschichte

Die Perlenkette der Orte hinterm Huy schließt sich in Eilenstedt, wieder am Fuße des Huys gelegen. Ein Dorf mit verträumten Nebenstraßen, aber auch mit baulichen Sorgen, die nicht so einfach zu lösen sind. Zum Beispiel einer Kirche ohne Turm, weil dieser abgerissen werden musste. Aber die Eilenstedter geben nicht auf und kümmern sich sehr engagiert um ihre Kirche und ihr Dorf.

Westerburg – Tag der Azubis

Schau ins Vorland

Höhlenwohnung in Langenstein

Bick auf Langenstein

»Hinterm Huy« ist also Vielfältiges zu entdecken, ebenso – Gerechtigkeit muss sein – wer von Norden aus gesehen in die Orte hinterm Huy fährt. Da sind Athenstedt, Aspenstedt und Sargstedt am Südhang des Huys. Im flachen Harzvorland liegen Danstedt und das Schachdorf Ströbeck, und Langenstein hat mit seinen Bergen zwischen Halberstadt und Regenstein wiederum eine ganz andere Landschaft zu bieten.

Langenstein mit seinen knapp 2000 Einwohnern (einschließlich Böhnshausen und Mahndorf) ist hier die größte Gemeinde und so etwas wie das wirtschaftliche Herz. Im Gewerbegebiet an der Bundesstraße 81 haben sich bedeutende Firmen niedergelassen. Von einem »Speckgürtel« Halberstadts zu sprechen, wäre aber übertrieben. Wenngleich sich viele Halberstädter nach der Wende in dem ruhigen Dorf niedergelassen haben. Es ist wirklich ein ruhiges Dorf, denn die Bundesstraße verläuft doch weitab vorbei, ein malerisches Dorf mit vielen Fachwerkhäusern ist es zudem. Auch ein Grund, warum Langenstein es bis ins Bundesfinale der schönsten Dörfer geschafft hatte und sogar schon europaweit vertreten war.

All die Sehenswürdigkeiten zu erläutern, würde den Rahmen sprengen. Nur soviel: Es ist ohne Übertreibung außergewöhnlich für ein Dorf, was es hier zu sehen gibt: Höhlenwohnungen, einen Schäferhof mit einer Merino-Herdbuchzucht und Landhotel, ein Schloss mit riesigem Park, einen sagenhaften Weitblick von der Altenburg. An ein dunkles Kapitel der Geschichte erinnert die Gedenkstätte Langenstein-Zwieberge. Hier befand sich im Zweiten Weltkrieg ein Konzentrationslager. Ein idyllisches Fleckchen an der Holtemme ist Mahndorf mit Gut und großem Park.

Das Schachdorf Ströbeck ist das kulturelle Herz dieser ländlichen Region und wird an anderer Stelle im Buch beschrieben.

Danstedt lockt vor allem mit seiner Mühle, die an jedem Mühlentag zu Pfingsten geöffnet ist. Und auf dem Weg dahin ist auch der mit sagenhaftem Aufwand befestigte Dorfteich sehenswert. Dafür wurde im Volksmund schon mal der Begriff »U-Boot-Hafen« geprägt. Wer aufmerksam zu den Dächern schaut, wird im Dorf viele Solaranlagen entdecken. Danstedt mischt seit Jahren erfolgreich in der Solar-Bundesliga mit.

Von Danstedt führt eine Straße übern Berg nach Athenstedt. Auf diesem Berg befindet sich noch ein Relikt des Kalten Krieges. Hier war früher eine Radarstation zur Überwachung der innerdeutschen Grenze installiert, hier starteten und landeten Hubschrauber zur Grenzaufklärung. Heute hat hier die Polizei ihren Sitz.

Das kurze »e« macht den Unterschied

Athenstedt ist an sich ein beschauliches Dörfchen mit einem idyllischen Ortskern an der Kirche. Noch beschaulicher wäre das Dorf freilich ohne die Bundesstraße 79. Doch zu dem in den 90er-Jahren geplanten Bau der Ortsumgehung ist es nie gekommen. Athenstedt bietet auch eine Möglichkeit, in eine Huy-Wanderung einzusteigen, wenngleich die Wege von hier nicht so schön ausgebaut und beschildert sind wie von Aspenstedt und Sargstedt. Übrigens: Mit der griechischen Hauptstadt hat Athenstedt nichts zu tun. Das »e« wird nur kurz gesprochen.

Aspenstedt ist geprägt von Fachwerkhäusern und durch seine Hanglage. Je höher man kommt, desto schönere Ausblicke bieten sich. Auch Aspenstedt wurde schon als eines der schönsten Dörfer im Land bewertet. Die Klopstockquelle ist ein geschichtsträchtiger Ort. Hieraus hat einst der Dichter Friedrich Gottlieb Klopstock getrunken.

Sargstedt ähnelt in seiner Struktur Aspenstedt – Fachwerk, kleine Gassen am Berg, und hoch oben thront die Sargstedter Warte. Die Warte selbst ist nur noch ein Schatten ihrer selbst. Spricht man von der Warte, so meint man vor allem das Ausflugslokal am Waldrand. Ist der Berg einmal erklommen, so beginnen dort mehrere Wanderwege, auch zur nahen Huysburg.

Schau ins Vorland

Baukunst zwischen Früh- und Hochromanik

Auf dem Huykamm thront das Kloster

Die Huysburg verkörpert ein wesentliches Stück Kirchen- und Regionalgeschichte. Sie ist die Klosterkirche des 1084 gegründeten und noch heute bestehenden Benediktinerklosters und liegt acht Kilometer nordwestlich von Halberstadt entfernt. Die dreischiffige roma-

Klostergemäuer und -geister

Das Harzvorland galt einst als die Klosterlandschaft Deutschlands, weit mehr Klosteranlagen als in Bayern waren hier entstanden. Eine spannende Zeitreise in die Vergangenheit und Gegenwart der ostdeutschen Klosterlandschaft lässt sich am Nordrand des Harzes unternehmen. Man geht hier auf Spurensuche, wo sich vor über 1000 Jahren das Zentrum des Reichs von Kaiser Otto dem Großen befand.
Oft ist es weniger die Architektur der Klöster bis tief in die Börde hinein, sondern wie ihre Existenz sich im Bewusstsein der Menschen spiegelt. Eher bekannt sind Klöster wie die Huysburg, Drübeck oder Hedersleben, weniger Orte wie die Stötterlingenburg und das Kloster Badersleben, das in seltener Vollständigkeit erhalten blieb. Die Bauwerke waren durchaus Reibungspunkte zwischen der »staatsatheistischen DDR« und den Kirchen. Doch es gab immer »Kloster-Verrückte«, die dazu beitrugen, sakrale Kunstschätze zu erhalten.
Auf der Huysburg atmen die Mauern Klosterhistorie, erlebt man die Gemeinschaft der Benedektiner und den langen Lernprozess auf dem Weg zur Einheit der Christen und der Kirchen. Vom Burchardikloster in Halberstadt mit dem Cage-Projekt bis nach Drübeck und Ilsenburg, wo er die Spuren des Buko von Halberstadt findet, spannt sich der Weg entlang an historischen Gemäuern, die mit neuem Leben gefüllt werden.

Schau ins Vorland

Die Huysburg ist nicht nur kirchenhistorisch interessant, sondern auch ein beliebter Konzertort.

nische Basilika wurde 1121 geweiht. Im Wesentlichen unverändert ist sie ein interessantes Zeugnis niedersächsischer Baukunst zwischen Früh- und Hochromanik. Die Westfassade mit zwei Türmen wurde 1487 fertiggestellt. Die Seitenschiffe sind von barocken Kreuzgewölben überspannt, Mittelschiff, Querschiff und Chor haben bemalte barocke Holzdecken von 1729. Die Ausstattung besteht aus einem Altar aus der ersten Hälfte des 18. Jahrhunderts, zwei Nebenaltären von 1793, einer Kanzel von 1770 und einem Taufstein aus dem späten 17. Jahrhundert.

Der Huy (gesprochen: Hü), ein etwa 20 Kilometer langer Höhenzug mit alten Buchenwäldern und seltener Pflanzenvielfalt, ist ein beliebtes Ausflugsziel, in dem es auch eine echte Räuberhöhle zu entdecken gibt. Oben auf dem Kamm thront weithin sichtbar die Huysburg.

Der letzten Abt des Klosters, Carl van Eß, bot den 1809 vertriebenen Egelner Zisterzienserinnen ebenso eine neue Heimat wie er sich um sein Sprengel kümmerte. Die Bemühungen um die Errichtung eines Priesterseminars auf der Huysburg, die auch heute noch als spirituelles und pastorales Zentrum ersten Ranges gilt, gehen bis ins 18. Jahrhundert zurück. Doch sie war »im himmlischen Fahrplan« noch nicht vorgesehen. Erst nach dem 2. Weltkrieg und der Teilung Deutschlands setzte man den Plan zum Aufbau der Priesterausbildung im Erzbischöflichen Kommissariat Magdeburg 1951/1952 aus der Not heraus in die Tat um. Eine eigene Ausbildungsstätte für Theologen im Ostteil der Erzdiözese Paderborn war notwendig geworden.

Wichtigster Wallfahrtsort des heutigen Bistums

In den 40 Jahren von 1952 bis zu dessen Auflösung 1992 absolvierten insgesamt 350 Priesteramtskandidaten das Erzbischöfliche Priesterseminar. Die Bedeutung der Ausbildungsstätte hoch oben auf dem Huykamm für die katholische Kirche in der Diaspora kann nicht hoch genug gewürdigt werden. Hat doch ein bedeutender Teil des Klerus' im heutigen Bistum Magdeburg seine Ausbildung als Diözesanpriester dort genossen und war das Priesterseminar neben dem in Neuzelle das einzige in der DDR. Hier erhielten die Alumnen nach ihrer allgemein-wissenschaftlichen Philosophie- und Theologieausbildung an Universitäten und Fakultäten quasi ein Aufbaustudium mit pastoraler Ausbildung. Die Huysburg ist seit Juli 1951 der wichtigste Wallfahrtsort des heutigen Bistums Magdeburg. Das Bistum Magdeburg gliedert sich in die Dekanate Halle, Stendal, Egeln, Magdeburg, Halberstadt, Naumburg-Zeitz, Dessau, Eisleben, Wittenberg und Torgau.

Schau ins Vorland

In dieser Zeit betrieben die Salvatorianerinnen, die kurz darauf fortzogen, dort zudem unter schwierigsten Verhältnissen ein Kindererholungsheim. 1951 übernahmen die Nazarethschwestern vom Heiligen Franziskus die schwierige hauswirtschaftliche Betreuung des Priesterseminars. Bis zum 30. April 1999 erfüllten diese Schwestern auf der Huysburg ihre Pflicht. Die Benediktiner unterhalten nun seit dem 14. September 1972 nach 167-jähriger Unterbrechung auf der Huysburg wieder ihre Cella Benedictina und erlebten in den vergangenen Jahren, wie der Gebäudekomplex ausgebaut und neu gestaltet wurde. Das Ekkehard-Haus wuchs als Tagungs- und Gästehaus mit dem wunderschönen Kaisersaal auf der Huysburg, dessen Verwaltung und inhaltliche Gestaltung den Mönchen nun anvertraut ist.

Straße der Romanik keine Einbahnstraße

Sachsen-Anhalt ist nicht das klassische Wellness-Land, besitzt aber die höchste Denkmalsdichte, ist mit zahlreichen UNESCO-Welterbestätten gesegnet und die Wiege der deutschen Nation. Darum will das Land den Kulturtourismus weiter ausbauen. Sachsen-Anhalt ist eine Schatzkammer für den Kultur-, Bildungs- und Städtetourismus, die ermöglicht, Bildung und Erholung auf einmalig schöne Weise zu verknüpfen. Große Bedeutung kommt dabei Projekten wie der »Straße der Romanik«, »Gartenträume«, »Himmelswege« sowie den UNESCO-Welterbestätten und dem Musikland Sachsen-Anhalt zu. Neben der langfristigen Vorbereitung auf Jubiläen wie »500 Jahre Reformation« und »500 Jahre Luthers Thesenanschlag«, die mit einer Dekade von 2007 an begangen werden, werden spirituelle Orte wie die Klöster entlang der Straße der Romanik stärker in den Kulturtourismus einbezogen werden. Die Orte an der Straße der Romanik müssen ausstrahlen. Die Zusammenarbeit mit den Kirchengemeinden als »Hausherren« ist keine Einbahnstraße. Die Straße der Romanik präsentiert mehr eine Ansammlung von historischen Steinen. Sie werden zunehmend mit Leben erfüllt. Eventkultur ist dabei kein Tabu. Eine besondere Rolle kommt dabei den Klöstern Helfta und Huysburg als aktiven spirituellen Orten zu. Zunehmend greift das Landeskonzept des spirituellen Tourismus, das über pure Klosterführungen hinausgeht. Rüst- und Freizeiten sowie das mit Kultur ergänzte Beherbergen führen in diese Richtung.

Schau ins Vorland

Alles in Ströbeck dreht sich um das königliche Spiel

Schachspielen in der Schule

Das Ortseingangsschild trägt die Aufschrift »Schachdorf Ströbeck«. Vom königlichen Spiel kündet alles im Ort, das Gasthaus zum Schachspiel, das Schachmuseum, das Josef Cacek aufgebaut hat, der Schachplatz mit seinem überdimensionalen Brett, auf dem seit Jahrhunderten Lebendschach gespielt wird. Selbst Bürgermeister regieren mit dem Mandat des Schachvereins. 2004 fand man in einem amerikanischen Antiquariat sogar ein Kinderbuch, das die Ströbecker Schachtradition beschreibt.

Schon im 16. Jahrhundert wurde auf die Schachtradition des Ortes hingewiesen, gekrönte Häupter reisten in das Dorf weit ab der großen Residenzstädte. Die Privilegien von Ströbeck zeugten von der Wertschätzung der damaligen Herrscher. Seit 1823 lehrt man an der Dorfschule nachweislich das Schachspielen. So lange jedenfalls werden die besten Schüler schon jährlich mit einem Satz Figuren und Brettern geehrt. All den Stürmen der Zeit hat die Schulschachtradition getrotzt.

In den Niederlanden begrüßte die Königin das Schachensemble aus dem Europadorf zwischen Harz und Huy, zum Auftritt des Schachensembles in Aldeburgh kamen Abgesandte des Königshauses. Das bekannte Schachdorf Ströbeck besitzt seit Mai 2006 einen ganz besonderen Europa-Park. Der erstreckt sich auf rund 2000 Quadratmetern und empfindet auf dem Gelände eines ehemaligen Bauernhofes die Umrisse Europas nach. 12 verschiedene Bäume wachsen auf den ersten Blick etwas eigenwillig angeordnet im Park. Jeder Baum ist typisch für eines der 12 Länder, in denen es europäische Kulturdörfer gibt. So stehen Eiche und Linde, Esskastanie und Robinie, Korkeiche und Vogelkirsche eng beieinander. Den Park, der es möglich macht, in wenigen symbolischen Schritten vom österreichischen Kirchheim ins griechische Paxos und dann weiter ins bretonische Mellionnec zu wandern, förderte das EU-Programm »Leader+«. Seit 1991 unterstützt die EU mit dieser Gemeinschaftsinitiative innovative Ideen zur Entwicklung der ländlichen Wirtschaft. Wichtige Schwerpunkte sind die Zusammenarbeit zwischen ländlichen Gebieten und deren Vernetzung.

Dörfliches Leben als Kulturgut bewahren

Doch was verbindet außer einigen gepflegten Wegen im dörflichen Europa-Park das estnische Kilingi Nõmme, Aldeburgh in England, Mellionnec in der Bretangne, Paxos (Griechenland), Pergine Valdarno in Italien, das spanische Dorf

Das Lebendschachensemble tanzt regelmäßig auf dem Dorfplatz.

Zu Schachturnieren kommen Mannschaften aus ganz Europa.

54

Schau ins Vorland

Kulturelle Traditionen zu bewahren, heißt dörfliches Leben fortleben zu lassen.
Nur die Schachschule, die Sekundarschule, die nach dem berühmten deutschen Schachweltmeister Dr. Emanuel Lasker benannt wurde, schloss wegen des Mangels an Schülern. Nicht allein um Schach als Unterrichtsfach, sondern um ein Stück Kulturgeschichte, das weit über die Landesgrenzen hinaus bekannt ist, sorgt man sich nun.

Die besten Schachschüler werden seit Jahrhunderten mit einem Ehrenbrett ausgezeichnet.

Porrúa und das deutsche Schachdorf Ströbeck, Tommerup (Dänemark), Wijk aan Zee in den Niederlanden, das tschechische Bystré und Palkonya in Ungarn? Alle Orte gehören zum illustren Kreis der Kulturdörfer Europas. Sie wollen keine Gegenbewegung zum Millionen schweren europäischen Kulturhauptstadt-Rummel sein. Ziel der Vereinigung ist es, gemeinsam dörfliche Kultur und dörfliches Leben in allen kleinen Orten Europas zu schützen und zu erhalten. Der Begründer der Vereinigung, Bert Kisjes aus Wijk aan Zee, dem Dorf hinter den Dünen am Meer, wo die Wurzeln der Kulturdorf-Bewegung liegen, erläutert: »Ein Kreis von Dörfern tat sich zu dieser Bewegung zusammen. Nicht, weil aus ihnen viele berühmte Künstler stammen, sondern weil die Welt des Dorfes die Welt der Menschen ist. Und die Welt der Kultur bietet sehr nützliche Formen der Begegnung.« Das Dorf werde in den Medien und damit in den Köpfen der Menschen so von der Stadt überschattet, dass ein wirksames Zeichen gesetzt werden solle. Die Kulturdörfer Europas zitieren gern Moses Isegawa, den 1963 in Kawempe, Uganda, geborenen Schriftsteller. Er hatte ihnen mahnend ins Stammbuch geschrieben: »Das Dorf kann zum Sauerstoffreservoir für die Lungen des öffentlichen Bewusstseins werden, denn, es ist der Ort, an dem die Zivilisation begann. Am Anfang war das Dorf, der Kern, der sich zum Städtchen, zur Stadt, zur Metropolis ausdehnte.«
Die europäische Kulturdorf-Initiative tummelt sich nicht in den überregionalen Schlagzeilen, keine internationalen Stars bevölkern die Dorfbühnen, der Gesamtetat für die jährlichen Begegnungen ist kleiner als die Kosten eines Büffets nach einem Konzert in einer europäischen Kulturhauptstadt.

Von Liebe im Pfarrgarten und einem Toten im Huy

Heinrich Max Allihn (1841–1910) war von 1885 bis kurz vor seinem Tod 1910 ein Vierteljahrhundert lang nicht nur ein beliebter evangelischer Pfarrer in Athenstedt bei Halberstadt, sondern auch vielseitig bewandert in Naturwissenschaften, der Musik und der Geschichte. Als Schriftsteller erwarb er sich zu seiner Zeit einen großen Bekanntheitsgrad mit Harzskizzen und Büchern wie »Doktor Duttmüller und sein Freund« oder dem Roman »Herrenmenschen«. Noch heute steht in vielen Bücherschränken »Gretulas Heirat – Eine gar liebliche Historie aus dem Jahre des Unheils 1627«.

Es spielt im Dreißigjährigen Krieg und zeichnet sich durch große Lokalbezogenheit aus. Landschaften, Wege und Gewässer sowie die Orte Athenstedt und Ströbeck werden beschrieben. Selbst Namen, die heute noch in den Ortschaften vorkommen, finden Erwähnung. Dem Dorfpfarrer wird von der Nachwelt »goethisches Edelmaß fließender Sprache frei von den Nervenzuckungen des heutigen Feuilleton- und Telegrammstils« bescheinigt.

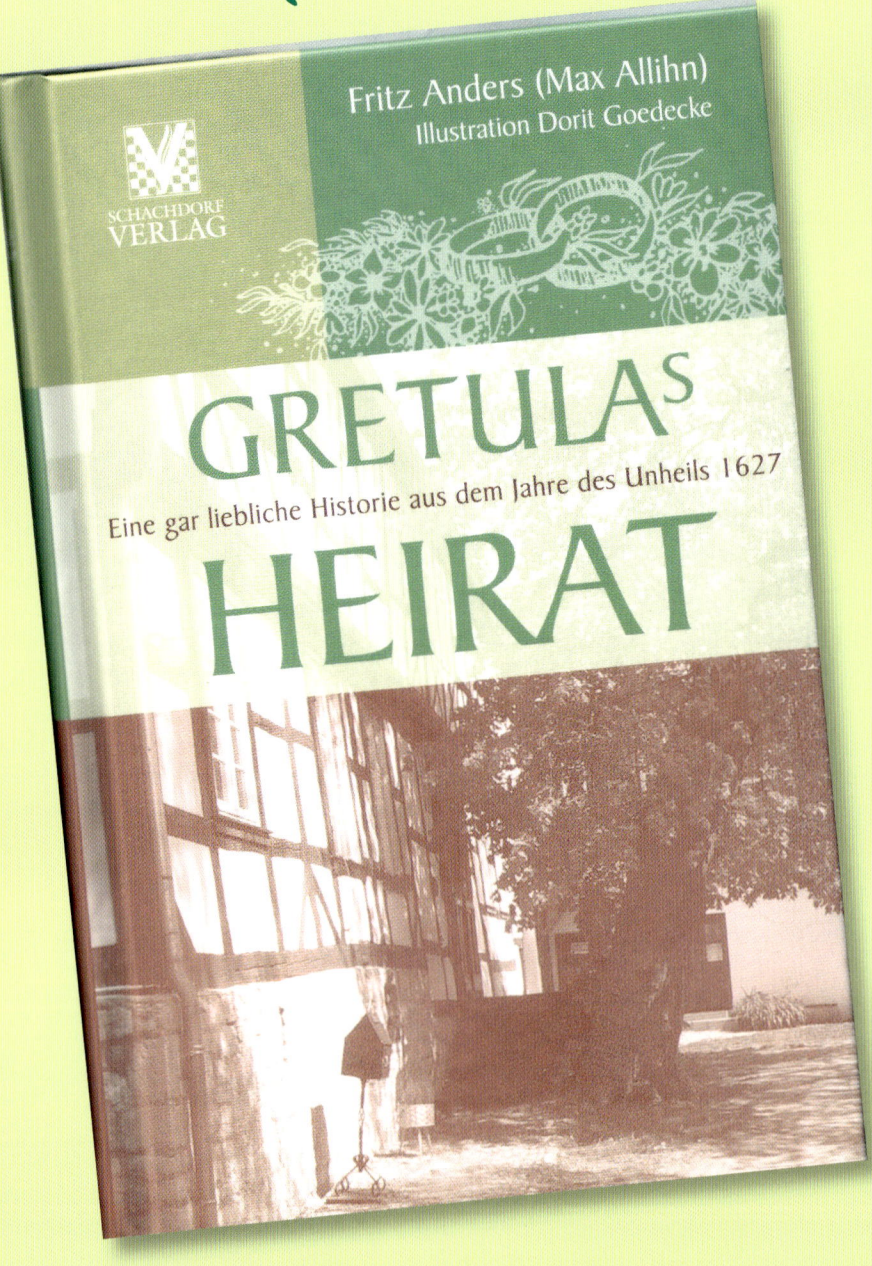

Ein pralles Lebensbild rund um den Huy

Fritz Anders alias Max Allihn galt als guter Kenner der Regionalgeschichte und schöpfte die Ideen seiner Werke oftmals aus den Kirchenbüchern. Das Athenstedter verzeichnete 1627 den Tod von Henricus de Buttheilig, der in der Kolly jämmerlich erstochen worden war. Seine Erzählung »Gretulas Heirat« bietet ein pralles Bild vom Leben zwischen »Dardessem, Ströbke, Aspenstede und Stötterlingenburgk.« Dabei gelingen ihm sehr bildhafte Menschenschilderungen wie bei der Forkenhanne oder der Mutter Rieche, die Hexensalbe mischt. Zu lesen ist ebenso von der Inspektion der Ströbecker Schule im Jahre 1627, wo bis heute aktuelle Gedächnisübungen praktiziert wurden, wie vom Spielen und Trinken auf dem Marktplatz des Flecken Ströbke. Doch Plünderungen und Übergriffe der Soldaten machen den Menschen das Leben schwer. In dieser Zeit ist Gretula, die Tochter des Athenstedter Pastors, dem Sohn des Ströbecker Pastors, Georg, zugetan. Der folgte aber der Trommel, wird Soldat und kehrte verletzt ins heimische Pfarrhaus zurück. Ob Gretula letztlich in seinen oder den Armen des Justitiarius aus Halberstadt landet, wird durchaus nicht ohne Spannung aus dem Südhuy erzählt.

Schau ins Vorland

Ziegenhof in Rodersdorf

Der etwas andere Hof im Harzvorland

Eine Studentin hat es so beschrieben: »Schon vom Ortseingangsschild Rodersdorf, einer kleinen Gemeinde im Harzlandkreis, ist die handgeschriebene Tafel vom Ziegenhof zu erkennen. Wir biegen ein auf einen alten, holprigen, vom Regen ausgewaschenen Betonweg, der nicht enden zu wollen scheint. Vorbei an den grünen Wiesen, auf denen sich die Ziegen laben, sehen wir ein Gebäude mit frischem Anstrich und da wieder eine Tafel mit derselben Handschrift wie am Eingang mit der Aufschrift ›HOFLADEN‹. Und im selben Moment öffnet sich die Tür zum Hofladen und die Betreiberin begrüßt uns aufs Herzlichste und bittet uns hinein.«

Und wenn man dann erst einmal da ist, so ist man erstaunt, was es hier alles gibt. Angefangen bei den Ziegensalamis, Ziegenschinken, Ziegenknacker – meterlang – und Ziegenmettwürsten, die herrlich nach frisch Geräuchertem duften, liegen in der Theke auch noch Bierschinken, Leberkäse, Jagdwurst, Teewurst, Leberwurst, Blutwurst und Sülze – und alles aus Ziegenfleisch. Aus der eigenen Aufzucht stammt das Fleisch und in der hauseigenen Schlachtung und Verarbeitung werden diese köstlichen Würste hergestellt.

Ziegenfleisch wurde im Harz schon seit Jahrhunderten zu Wurst verarbeitet und nach dem Krieg war dies oft das einzige, was an Fleisch, Milch und Käse auf den Tisch kam. Seit den 90er-Jahren erlebt das Ziegen- und Zickleinfleisch eine Renaissance und wird von Genießern als Delikatesse verehrt. Fett-, cholesterin- und kalorienarm und reich an essentiellen Fettsäuren, vor allem Linolsäure, Mineralstoffen und Vitaminen – das sind nur einige Vorzüge von Ziegenfleisch. Richtig gut gewürzt und schonend zubereitet ist es eine Gaumenfreude.

Seit 2003 besteht der Ziegenhof, der als Hobby begann, und heute bewältigt Kathrin Schubinsky mit ihrem Mitarbeiter nicht nur die tägliche Arbeit im Stall, in der Fleischerei, im Hofladen und im Büro, sondern veranstaltet jedes Jahr drei Hoffeste.

Zu Besuch waren schon Ute Freudenberg und City, das Schauorchester Ungelenk, der MDR und die NDR »Landpartie«.

Es macht Spaß, hier etwas für zu Hause mitzunehmen. Alles wird vorher probiert, erläutert, gerochen, getestet und was besonders gefallen hat, kann auch via Internet nachbestellt werden.

Ziegenwurst als Probierpaket

Und der Clou zum Schluss: Die Ziegenfelle werden teilweise weiterverarbeitet als Bezug für Trommeln, da diese wohl den besseren Klang haben. Andere Felle hingegen werden gegerbt im Hofladen neben der Ziegenseife angeboten, die es handgefertigt in aparten Duftnoten gibt.

Ziegenhof Rodersdorf
Inhaber: Kathrin Schubinsky
Wegelebener Straße 5
38828 Wegeleben · OT-Rodersdorf
Tel. (03 94 23) 86 94 92 · Fax (03 94 23) 86 94 94
kschubinsky@zickenpeter.de · www.zickenpeter.de

Ziegensalami und -knackwürste

Unsere Ziegenweide

Eingang zum Hofladen

Schau ins Vorland

Erfolgsgeschichte begann im alten Schafstall

Fabrikhalle im anheimelnden Fachwerkstil

So wie bei ETIKON fängt höchst selten die Erfolgsgeschichte einer Firma an. Denn welcher Unternehmer kommt schon auf die Idee, sich in dem unbekannten 270 Einwohner zählenden Rodersdorf anzusiedeln? Der Holländer Alex Maree war im Jahr 2000 zur Beerdigung einer Verwandten in Rodersdorf eingeladen. Er entdeckte dort die brachliegenden Schafställe in der Straße der Freundschaft und hatte die zündende Idee: Dort soll das Etikettenwerk stehen, für das er seit einiger Zeit einen günstigeren Standort suchte. Alex Maree und sein damaliger deutscher Geschäftspartner hatten bereits Betriebe in Holland und Düsseldorf. Da sie dort ohnehin Schwierigkeiten hatten, Arbeitskräfte zu finden und es sie hier im Überfluss gab, führten sie die nötigen Gespräche, stellten Anträge, und ein Jahr später waren die Schafställe umgebaut zu Büroräumen und einer Fabrikhalle im anheimelnden Fachwerkstil. Der kleine Düsseldorfer Betrieb zog komplett um nach Rodersdorf.

Etiketten für Coca-Cola, Hermes uvm. kommen aus Rodersdorf

Haftetiketten in allen Formen, ob eckig, rund, oval oder ganz ausgefallen – alles ist möglich bei ETIKON. Auf einer Hülsenschneidmaschine werden die Papphülsen geschnitten, die, als Kern, die

Ansicht Innenhof von ETIKON

Plantafel zur Auftragseinsteuerung

Bereitstellung der Papphülsen

Grundlage der verschiedenen Fertigrollen bilden. Diese Rollen können von 30 mm bis zu 400 mm groß sein. Es sind sowohl Maschinen für Blankoetiketten, als auch 2–6-Farben-Flexodruckmaschinen im Einsatz. So entstehen dort z. B. die Etiketten für Coca-Cola. Abnehmer sind aber vor allem Logistikunternehmen und Versandhäuser. Sie brauchen die Etiketten, um ihre Ware mit Kundenadressen oder den Strichcodes für die Preisauszeichnung zu versehen. Über diese Großabnehmer gelangen die Etiketten bis in die letzte Ecke Deutschlands und ins gesamte westliche Europa. Osteuropa beginnt sich auch schon ganz allmählich dafür zu interessieren. In einem der Büros steckt ein Mitarbeiter kleine Zettel an eine große Tafel. Es sind Auftragszettel, die besagen, bis wann an welcher Maschine ein Kundenauftrag erledigt werden muss. Ob mehrfarbig bedruckte oder Blanko-Etiketten, der Betrieb kann sich kaum retten vor Aufträgen. Gerade laufen Gespräche mit verschiedenen Städten und Gemeinden der Region, wo Erweiterungsmöglichkeiten für das Unternehmen bestehen. Wenn vor sechs Jahren noch zwei Paletten täglich die Firma verließen, sind es heute bis zu vierzig. Betriebsleiter Michael Schumann lächelt über den anfänglichen monatlichen Umsatz von 50 000 Euro, inzwischen ist man bei 1,2 Millionen Euro.

Vollautomatischer Rollenkonfektionierer

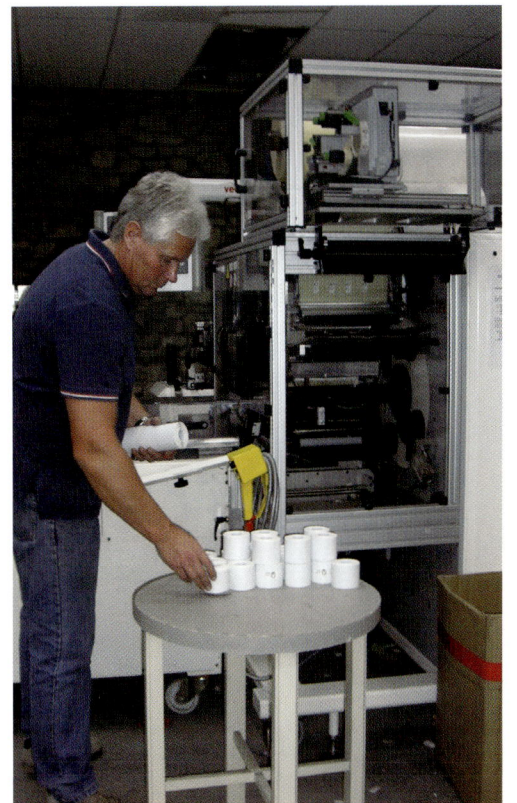

4-Farben-Flexodruckmaschine

Für das Dorf, das früher fast keine Arbeitsplätze hatte, ist ETIKON natürlich ein Segen – nicht nur weil der Betrieb Gewerbesteuern einbringt, sondern vor allem weil Arbeitsplätze geschaffen wurden. Die Zahl der Beschäftigten wuchs von anfangs 20 auf jetzt 90, davon sind elf in der Ausbildung. ETIKON hat 2005 von der Agentur für Arbeit das sogenannte Ausbildungszertifikat bekommen. Das gibt es für Betriebe, die jedes Jahr neue Auszubildende einstellen. Damals wie heute liegt der Anteil der Auszubildenden im Betrieb bei über zwölf Prozent.

ETIKON Deutschland OHG
Straße der Freundschaft 8 · 38828 Rodersdorf
Tel. (03 94 23) 86 70 · Fax (03 94 23) 86 71 11
info@etikon.de · www.etikon.de

Osterwieck – einzige Stadt im Harzkreis mit einer Autobahnanbindung

Wo Zar Peter I. ein Nachtlager fand

Schau ins Vorland

Von Mario Heinicke

Die über 1030-jährige Fachwerkstadt Osterwieck steht etwas im Schatten der großen Harzstädte, doch kaum eine zweite Stadt im Harzkreis kann an ihren Fachwerkhäusern so reichhaltiges Schnitzwerk präsentieren wie die Stadt an der Ilse. Etwa 400 Fachwerkhäuser stehen in der Altstadt, einige sind ein halbes Jahrtausend alt. Obwohl Osterwieck nur knapp 4000 Einwohner hat, befinden sich hier mehr Fachwerkhäuser aus dem 16. Jahrhundert als in Quedlinburg und Wernigerode zusammen. Vielleicht würden heute sogar noch mehr stehen, hätten nicht Feuersbrünste in den Jahrhunderten immer wieder ganze Straßenzüge vernichtet. Aber auch so gilt Osterwieck als »Fachwerkperle in Sachsen-Anhalt«, wie es mal von einer Bundesbauministerin bezeichnet wurde, und liegt an der Deutschen Fachwerkstraße. Fünf Bauepochen von der Gotik bis zum Klassizismus sind hier vertreten.

Der Erfinder und Begründer der Deutschen Fachwerkstraße, Prof. Manfred Gerner, beschrieb bei einem Besuch die Fachwerkbaukunst in Osterwieck übrigens so: »In Darstellung von Schmuck und Symbolik ist Fachwerk nirgendwo so ausgeprägt und in der Dichte vorhanden wie in Osterwieck.« Die Schmuckelemente umfassen demnach vor allem Zeichen, die mit der Sonne zu tun haben, den Baum sowie Zeichen, die aus dem Griechischen kommen. Nach Einschätzung von Gerner habe Osterwieck das, was das berühmte Rothenburg ob der Tauber zu bieten hat, allemal zu bieten.

Maler am Eulenspiegelhaus

Rund 190 Häuser sind Einzeldenkmale

Es ist nur logisch, dass bei diesen Schätzen die gesamte Osterwiecker Altstadt unter Denkmalschutz steht, rund 190 Häuser sind zudem Ein-

Die Mühlenilse schlängelt sich an den Fachwerkhäusern durch die Altstadt.

61

Schau ins Vorland

zeldenkmale. Dass die fast lückenlos erhaltene Altstadt heute wieder strahlt, ist dem Förderprogramm Städtebaulicher Denkmalschutz zu verdanken. Über 40 Millionen Euro haben die öffentliche Hand und private Bauherren seit 1991 in Häuser und Straßen investiert. Fast zwei Drittel sind bisher geschafft.

Ein Problem Osterwiecks ist allerdings, dass unter den Häusern, die noch einer Sanierung harren, mehrere große prägnante und daher besonders wertvolle Gebäude sind. Dazu gehört das »Gasthaus zur Tanne«, einer der schönsten Renaissancebauten in der Stadt und auch als »Filetstück« der Altstadt bezeichnet. Gleich um die Ecke befindet sich die »alte Post«, die ihre Bezeichnung aus dem Voksmund hat, weil sich hier von 1877 bis 1879 die kaiserliche Postexpedition befand. Das Besondere an diesem Haus sind die 21 Brüstungstafeln mit Inschriften im Fachwerk. Und auch der »Bunte Hof« (von »Bundeshof« abgeleitet) ist im Bestand gefährdet. Er wurde einst vom bedeutendsten Osterwiecker Adelsgeschlecht, der Familie von Rössing, erbaut. Bauhistorisch bedeutsam ist der große Rittersaal mit einem 21 Meter langen Deckenbalken. 1697 hat in diesem Haus Zar Peter I. übernachtet.

Dass Osterwieck ein guter Standort ist, muss schon Karl der Große erkannt haben. Er gründete hier 780 eine erste Kirche und machte sie zum Sitz eines Missionszentrums. Eine Kirche ist heute auch das älteste Bauwerk Osterwiecks – die Stephanikirche, im 12. Jahrhundert erbaut. Das Kirchenschiff ist 450 Jahre alt und gilt als einer der frühesten protestantischen Kirchenbauten überhaupt. Dass die Kirche heute wieder erstrahlt, ist ein Wiederaufbauwerk des 1990 gegründeten, ersten deutsch-deutschen Kirchbauvereins.

Einen hervorragenden Ruf hat sich die Stephanikirche als Musikhalle erworben. Große Orchester und Stars wie Justus Frantz, Giora Feidmann oder Die Prinzen gaben hier schon Klassik-, Jazz- oder Pop-Konzerte. Das Gotteshaus, das an der Tourismusroute Straße der Romanik liegt, zählt jedes Jahr um die 20 000 Besucher.

Erste Anlaufstelle für Touristen ist die Stadtinformation im Osterwiecker Heimatmuseum am Marktplatz. Diese Einrichtung wurde 1931 begründet und zeigt Schätze der Stadt. Ein Highlight ist der über 500 Jahre alte Hochzeitsteller. Die Ausstellung beschäftigt sich natürlich besonders mit der Fachwerkbaukunst und hat eine prähistorische Sammlung aus archäologischen Grabungen in der Umgebung. Im Heimatmuseum ist man zudem an einem historischen Ort. Das Gebäude wurde im 13. Jahrhundert als Rathaus errichtet und als solches bis 1923 genutzt.

Fast zwei Drittel der Altstadt wurden seit 1991 saniert.

Einst 1000 Handschuhmacher in der Fallsteinstadt

Die erste urkundliche Erwähnung des Ortes erfolgte im Jahre 974, als Kaiser Otto II. Seligenstadt, dem heutigen Osterwieck, das Münz- und Zollrecht erteilte. Der Name Osterwieck tauchte erstmals 1073 in schriftlichen Quellen auf. Den ersten Hinweis auf das Stadtrecht gibt eine Urkunde von 1215. Bischof Friedrich schrieb damals von »unserer Stadt Osterwieck«.

Doch Osterwieck ist mehr als eine Fachwerkstadt, sie ist seit über einem Jahrhundert auch eine Industriestadt. Die Anfänge lagen in der Handschuhindustrie. Um 1900 hatten davon rund

Im Industriegebiet wird für die Mikroelektronik produziert.

Schau ins Vorland

Restauriertes Deckengemälde im alten Gutshaus

1000 Menschen Arbeit. Die Handschuhherstellung gibt es heute nicht mehr, aber Betriebe, deren Wurzeln auch im 19. Jahrhundert liegen. Dazu gehört die Lackfabrik, deren Geburtsstunde 1847 als Bleiweißfabrik schlug. Das hier hergestellte Bleiweiß fand 1874 sogar Anerkennung auf der Weltausstellung in Wien. Heute ist die Lackfabrik wieder ein Aushängeschild für Osterwieck. Die Lankwitzer Lackfabrik hat im Industriegebiet investiert und bietet rund 100 Arbeitsplätze. Die hier hergestellten Lacke gehen praktisch in die ganze Welt. Die Reinstmetalle Osterwieck produziert für die Zukunftstechnologien. Hier wird Reinstarsen für die Mikroelektronik in aller Welt hergestellt.

Neben dem Industriegebiet besitzt Osterwieck drei Gewerbegebiete, von denen zwei nach 1990 neu erschlossen wurden. Keine selbstverständliche Entwicklung, denn Osterwieck hatte nach der Wende 1990 zunächst fast 2000 Arbeitsplätze verloren. Zu DDR-Zeiten war das Gleitlagerwerk am südlichen Stadtrand mit 900 Leuten größter Arbeitgeber. 1995 wurde es geschlossen. Doch es gründeten sich neue Unternehmen auf dem Gelände – Handwerksbetriebe, Elektromotorenbauer, Druckvorlagenhersteller, Oberflächenveredler und auch wieder ein Gleitlagerhersteller. Auch die Druckindustrie ist in Osterwieck zu Hause, eine Tradition, die bis ins Jahr 1868 zurückreicht und durch die Druckerei Borek, dem heute größten Arbeitgeber in der Stadt, bewahrt wird. Gefördert wird dieser wirtschaftliche Aufschwung auch durch die günstige Verkehrsanbindung der Stadt.

Sie ist die einzige Stadt im Harzkreis mit einer Autobahnanbindung, wenngleich der Anschluss der A 395 mit der Bezeichnung »Osterwieck« in Niedersachsen liegt.

Doch zum Leben gehört mehr als sanierte Häuser. In der Stadt gibt es zwei Kindergärten, eine Grundschule und das Fallstein-Gymnasium, das durch hervorragende Platzierungen in verschiedensten Wettbewerben deutschlandweit Beachtung findet. Osterwieck hat ein modernisiertes Sommerbad und bietet ein abwechslungsreiches Vereinsleben. Dafür steht den Vereinen der Schäfers Hof zur Verfügung, ein mittelalterlicher Ackerbürgerhof mit einem charakteristischen Taubenturm in der Mitte sowie einem idyllischen Bauerngarten. Auch Ausstellungen, Kunsthandwerkermärkte und Konzerte finden hier statt.

Zur Naherholung bieten sich die Wanderwege im Fallstein, einem Höhenzug nördlich von Osterwieck, und im Ilsetal an. Wer im Fallstein aufmerksam durch den Wald geht, wird noch die historischen Grenzsteine der braunschweigisch-preußischen Grenze entdecken. Sie bilden heute die Gemarkungsgrenze zum einst braunschweigischen Ort Hessen. Vom Fallsteinrand aus liegt das ganze Harzpanorama mit dem Brocken als höchstem Berg zu Füßen. Eine schöne Aussicht bietet sich auch vom über 100 Jahre alten Bismarckturm, nachdem man die 55 Stufen erklommen hat. Hier treffen sich die Osterwiecker zudem immer am 1. Mai zum Feiern. Der Wanderweg von der Stadt zum Turm ist von einer einen Kilometer langen Kastanienallee gesäumt, die ebenfalls Seltenheitswert hat. Zwei Ausflugsgaststätten am Waldrand laden das ganze Jahr über zum Einkehren ein.

63

Aus Dreirode wurden wieder drei Orte

Westlichster Ort des Landes liegt im Harzkreis

40 Jahre lang war in Osterwieck die Welt zu Ende. Die neun westlich der Stadt gelegenen Grenzdörfer waren nur mit Passierschein erreichbar. Heute gehören gerade diese Dörfer an der Landesgrenze zu Niedersachsen zu den Schmuckstücken in der Region.

Lüttgenrode auf einem Berg wird vom Kirchturm dominiert, hier, wo vor über 1000 Jahren die Stötterlingenburg stand. Der Turm galt zur Zeit der Grenze als Wahrzeichen, weil er selbst weit im Westen noch gut zu sehen war. Erst bei einem Spaziergang durch die engen Straßen wird einem auffallen, dass große Teile Lüttgenrodes rings um einen Berg in einer Schlucht gebaut wurden. Ähnlich einem Harzdorf.

Zu Lüttgenrode gehört auch Stötterlingen, ebenfalls am Hang gelegen. Es wird von der Landwirtschaft geprägt und von der langen Dorfstraße hangabwärts, auf der übrigens einmal im Jahr Seifenkisten um die Wette rollen.

Schau ins Vorland

Kalksteinbruch Hoppenstedt

Wanderung durch Wülperode

Suderode ist ein Dorf mit nicht mal 100 Einwohnern, das man eigentlich in wenigen Sekunden passiert hat. Doch lohnt sich auch hier ein Halt. Das Dorf hat eine kleine Kirche, in der man sogar standesamtlich heiraten kann. Und ein Park lockt mit Angelteichen und einem funktionierenden Mühlrad. Wer aufmerksam die Bäche abgeht, wird gar eine Fischtreppe entdecken.

Eher mit Blick Richtung Niedersachsen

Suderode gehört wie Göddeckenrode zur Gemeinde Wülperode. Sie hat ihren Namen erst nach der Wende zurückerhalten, denn vorher stand nur Dreirode in den Landkarten. Wülperode, im Okertal gelegen, hat nach der Wende die rasanteste Entwicklung genommen. In den 90er-Jahren wurde es schönstes Dorf von Sachsen-Anhalt, Bauwillige rissen sich um die leer stehenden Fachwerkhäuschen. Heute ist keines mehr zu haben. Künstler finden hier ihre Ruhe, aber es geht auch lebendig zu. Der Kindergarten platzt aus allen Nähten. Und Leben ist auch in der Alten Tischlerei, einem Café, das eine Ruheständlerfamilie aus Spaß an der Sache betreibt.

Ähnlich ist es in Göddeckenrode, viele Menschen sind zugezogen. Ein Landstrich, der schon aufgrund seiner geografischen Lage mehr mit Niedersachsen verbunden ist als mit dem Harzkreis. Übrigens ist Göddeckenrode das westlichste Dorf des Harzkreises und auch Sachsen-Anhalts.

In Bühne und Rimbeck verschwinden die Ortsgrenzen. Nur ein Ortsschild weist den Übergang aus. Beide Orte bilden zusammen mit Hoppenstedt eine Gemeinde. Die meisten Geschichten erzählen in Bühne wie Rimbeck

Badespaß im beheizbaren Freibad Hessen

Schau ins Vorland

Wasserburg Zilly

die Kirchen. Dank gut betuchter Förderer aus Niedersachsen wurden hier zwei Wunder wahr, indem zunächst die Bühner Dorfkirche und danach noch die fast schon aufgegebene Rimbecker Kirche gerettet wurden. In letzterer Kirche war übrigens der unvergessene Johannes Rau 1999 wenige Tage vor seinem Amtsantritt als Bundespräsident.

Wo die Adonisröschen blühen

Hoppenstedt ist zwar nur klein, aber unübersehbar. Gleich dahinter am Kleinen Fallstein liegt ein großer Kalksteinbruch, der heute ein Naturdenkmal ist. Und auf der anderen Seite der Straße nach Rhoden blühen im Frühjahr unzählige gelbe Adonisröschen.

Rhoden befindet sich zwischen dem Großen und Kleinen Fallstein. Eine Besonderheit ist das große Kulturhaus, nach der Osterwiecker Sporthalle wohl der zweitgrößte Saal in der Region. Auf dem Kleinen Fallstein bei Rhoden sind unterdessen noch Relikte der früheren Grenze erhalten: ein alter Grenzwachturm, der auch begehbar ist und einige Meter Grenzzaun.

Auf der anderen Seite von Osterwieck befindet man sich in Schauen an einem geschichtsträchtigen Ort. Schauen war von 1689 bis 1815 ein selbstständiger Miniaturstaat, eine Freie Reichsherrschaft. Heute ist Schauen vor allem ein schönes Dorf, schon mehrfach als Kreissieger ausgezeichnet. Legendär sind die Schützenfeste zu Pfingsten. Ein kleines Freibad wird von einem Förderverein unterhalten.

Das Nachbardorf Berßel, auch schon als eines der schönsten Dörfer ausgezeichnet, ist von der Ilse geprägt – und das nicht nur positiv. Als im Juli 2002 dieser Harzfluss überschwappte, war Berßel bundesweit in die Schlagzeilen gekommen. Die Schäden konnten schnell wieder repariert werden, aber die Angst vor einer neuen Flut ist ständiger Begleiter der Berßeler.

Windräder über drei Gemarkungen verteilt

Weiter nordöstlich schließt sich die Gemeinde Aue-Fallstein an, ein Zusammenschluss von sieben Orten am Flüsschen Aue, am Höhenzug Fallstein, aber er reicht auch an den Huy und ins Große Bruch.

Zu übersehen ist das Aue-Fallsteiner Territorium nicht. Dafür sorgt der Windpark Druiberg bei Dardesheim. Über 30 Windräder stehen dort bisher, weitere sind geplant. Allerdings sind diese Windräder auf dem Berg über drei Gemarkungen verteilt. Dazu gehört neben Dardesheim und Badersleben (Gemeinde Huy) auch Rohrsheim, wo seit 2006 das leistungsstärkste Windrad der Welt steht.

Dieser Windpark ist anders als anderswo. Hier sind Gäste und Touristen gern gesehen. Ein Informationszentrum für erneuerbare Energien wurde bereits installiert, und auf dem Gelände einer alten sowjetischen Radarstation entsteht dazu ein Informationspark. Die Betreiber setzten alles daran, auch ein Windrad mit einer Aussichtsplattform für Besucher aufstellen zu dürfen.

»Stadt der erneuerbaren Energien« nennt sich Dardesheim selbst. Man könnte sie auch »Stadt der Musik« nennen, denn hier ist ein Stadtorchester zu Hause, das schon dreimal Deutscher Meister wurde.
Nimmt man die (nachts blinkenden) Windräder sinnbildlich, so ist Dardesheim der Leuchtturm der Gemeinde, aus historischer Sicht sind das Hessen und Zilly. Das Hessener Schloss und die Wasserburg Zilly haben eine Bedeutung, die weit über die Gemeindegrenzen hinaus reicht.

Älteste Gaststätte Sachsen-Anhalts lädt ein

Das Hessener Schloss war einst Sommerresidenz der Braunschweiger Herzöge. Hier wurde 1564 Herzog Heinrich Julius geboren. Im 17. Jahrhundert entstand ein bedeutender Lustgarten. Die Gemeinde und ein Förderverein haben viel Kraft und Liebe in das Schloss investiert, um es wieder nutzbar zu machen. Einmal im Monat wird es geöffnet, Konzerte, Theater, Ausstellungen und Feste finden hier heute statt.
Auch kulinarisch bietet Hessen Geschichtsträchtiges. Hier steht mit dem Gasthaus »Zur Weinschenke« die älteste Gaststätte Sachsen-Anhalts. 1395 wurde sie erstmals urkundlich erwähnt und ist seit 1854 in Familienbesitz.
Zillys Wasserburg ist erst in den vergangenen Jahren bekannt geworden. Auch hier hat sich ein Förderverein gegründet, der sich zusammen mit der Gemeinde um das große Objekt kümmert. Märchenfestivals und andere Feste sowie der Tag des offenen Denkmals rückten die 1334 erstmals erwähnte Wasserburg ins Licht der Öffentlichkeit. Die Grafen von Wernigerode und die Domherren von Halberstadt residierten hier. Das Besondere ist die Originalität der Gebäude.
Aber auch sonst lohnt ein Rundgang durch Zilly. Es war in den 90er-Jahren schönstes Dorf im Landkreis Halberstadt. Hier gibt es die Harzer Bike-Schmiede, die alte Motorräder instand setzt und jedes Jahr im Juni mit vielen Gästen feiert. 2007 wurde die Bike-Schmide mit einem selbstgebauten Riesen-Motorrad ins Guinnessbuch der Rekorde aufgenommen.
Um bei der Geschichte zu bleiben, die bietet auch Veltheim. Der 1000-jährige Gemeindeturm ist ein weiteres bedeutendes Denkmal. Eine Besonderheit: Der Kirchturm gehört der politischen Gemeinde, das Kirchenschiff der Kirchengemeinde.
Deersheim hatte zu DDR-Zeiten durch seine Geflügelzucht einen international beachteten Namen. Jedes der jährlich vier Milliarden Frischeier aus Legehennenbetrieben hatte damit praktisch seinen Ursprung in Deersheim. Den Zuchtbetrieb gibt es nicht mehr, heute setzt ein Bio-Geflügelhof die mittlerweile 80-jährige Geflügel-Tradition fort. Deersheim lohnt sich aber auch für einen Wanderausflug. Vom Dorfteich aus führt ein fünf Kilometer langer Rundwanderweg ins südlich gelegene Waldstück.
Rohrsheim liegt landschaftlich am Großen Bruch. Das Dorf selbst ist von Gehöften und Fachwerkhäusern geprägt. Nicht zu übersehen ist die für ein Dorf außergewöhnlich große Kirche. Der Turm ragt weit über die Dächer empor.
Kleinstes Dorf der Gemeinde ist Osterode mit nur 200 Einwohnern. Von hier aus lohnt sich – ebenso wie von Hessen und Veltheim – ein Aufstieg in Richtung Fallstein. Allerdings gibt es in diesem nördlichen Teil des Waldes kein ausgeprägtes Wanderwegenetz.

Aufbau des weltstärksten Windrades

Mühlrad im Park von Suderode

UNESCO-Welterbe Quedlinburg

UNESCO-Welterbe Quedlinburg

»Randgruppen« richteten sich häuslich ein

Höhlen unterm Berg

Eine »unsichtbare« Klosterkirche in Quedlinburg? Die ottonische Klosterkirche st. Mariae in monte auf dem Münzenberg erhob sich nur etwa 200 Meter gegenüber vom eindrucksvollen Stiftsberg. Gestiftet wurde dieses Kloster in der Amtszeit der ersten Äbtissin Mathilde. Die baulichen Reste dieses Kirchbaues sowie der Klosterfriedhof verbergen sich nun größtenteils unter der pittoresken Fachwerkbebauung. Die 986 gegründete und 994 geweihte Klosteranlage der Benediktinerinnen zählte im Mittelalter zu den prägenden Einrichtungen dieser Stadt. Touristen begeben sich hier auf eine spannende Spurensuche und erleben die wechselvolle Geschichte des Ortes. Der Münzenberg ist schließlich eines der schönsten Stadtteile von Quedlinburg. Das Münzenbergmuseum zeigt die verborgenen mittelalterlichen Reste der Kirchenanlage, die ober- und unterirdisch in den Wohnhäusern der heutigen Bewohner des Berges erhalten geblieben sind.

In den blutigen Bauernkriegen wurde die Klosteranlage auf dem Münzenberg 1525 teilweise zerstört und kurz darauf von den Benediktinerinnen aufgegeben. In die Überreste der Klostergebäude zogen wenig später Randgruppen der damaligen Gesellschaft: Musiker, Gerber, Schausteller, Scherenschleifer und Kesselflicker nutzten die noch stehende Bausubstanz und richteten sich darin häuslich ein. Die gedrungene und ärmlich wirkende Fachwerkbebauung wirkt heute romantisch, lässt aber immer noch die angespannte wirtschaftliche Lage der ehemaligen Erbauer erkennen. Allein der Baugrund der ehemals etwa 16 x 36 Meter messenden Klosterkirche ist heute durch sieben ineinander verschachtelte Eigenheime zergliedert. Auf der Nordseite des Münzenbergs befindet sich ein Eingang zu den Münzenberger Höhlen. Der Zugang in diese Anlage ist über eine steinerne Wendeltreppe möglich. Die Höhle teilt sich in vier große Einzelräume. Warum diese Höhlen angelegt wurden, ist urkundlich leider nicht belegt. Interessant ist auch die Tatsache, dass sich in der Höhle ein schöner großer Brunnen befindet. Es ist noch nicht einmal vorgekommen, dass der Brunnen ausgetrocknet ist. In der Zeit, in der das Kloster auf dem Münzenberg noch bestand, könnten diese Höhlen als eine Fliehburg gedient haben. Denn ohne Essen kann der Mensch ja eine Weile bei einer Belagerung leben, aber ohne Trinken nicht.

Von der klosterzeitlichen Bebauung sind heute noch große Teile der Unterkirche erfahrbar. Die bei Tiefbauarten immer wieder zu Tage geförderten Grabanlagen sind direkt in den anstehenden Felsen eingetieft und bestehen aus aufwändig anthropomorph zugerichteten Sandsteinen. Solche Kopfnischengräber sind eine typische Erscheinung im Bestattungsbrauch des 11. und 12. Jahrhunderts in Mitteleuropa. Im Münzenbergmuseum sind direkt unter Ihren Füßen die bei archäologischen Grabungen freigelegten Grabanlagen konserviert worden.

Auf dem »Münzenberg«

UNESCO-Welterbe Quedlinburg

Rathaus von der Göttin des Wohlstandes gekrönt

Roland schlummerte im Ratskeller

1310 wird das Rathaus zum ersten Mal urkundlich erwähnt. Der frühgotische Bau ist bis heute in seinem Kern erhalten geblieben. Für mittelalterliche Verhältnisse ist das einstöckige Steingebäude mit dem hohen Satteldach ein außergewöhnlicher Baukörper, ein Zeichen für die wirtschaftliche Kraft der aufstrebenden Stadt. Die spitzbogigen Fenster wurden im 17. Jahrhundert durch Renaissancereformen ersetzt. Im Zuge dieser Umbauten zwischen 1616 und 1619 wurde auch der ursprünglich an der Nordseite liegende Eingang an die Marktseite verlegt und mit dem prachtvollen Renaissanceportal geschmückt, das von einer Abundantia, einer Göttin des Wohlstandes, gekrönt wird. Über der Tür ist das Quedlinburger Stadtwappen mit einem sitzenden Hund in einem geöffneten Tor angebracht. An der linken Seite wurde 1869 der 2,75 Meter große Roland wieder aufgestellt, der jahrhundertelang auf dem Hof des Ratskellers (Marktstraße 1) gelegen hatte. Vermutlich war er kurz nach dem Beitritt der Stadt zur Hanse 1426 auf dem Markt errichtet worden. Aber bereits wenige Jahrzehnte später, nach der Niederlage der Stadt im Kampf um ihre Unabhängigkeit von der Äbtissin Hedwig von Sachsen 1477, stürzte er.

Eine breite Freitreppe führt in eine von Pfeilern getragene Halle. Das steinerne Treppenhaus im Innern ist im Zuge der Rathauserweiterung zwischen 1898 und 1901 entstanden. Zur alten Bausubstanz gehört die hölzerne Säule mit der Christophorusfigur in der Halle. Das farbige Glasfenster im Treppenhaus zeigt das Stadtwappen und darunter die gekreuzten Kredenzmesser des Freiweltlichen Damenstiftes. Es ist ebenso wie das Fenster im Festsaal eine Arbeit der Quedlinburger Glasmalerei Ferdinand Müller aus dem Jahr 1901. Sehenswert sind auch zwei prächtig geschnitzte Türen aus den Jahren 1659 und 1693 im oberen Flur.

Der Festsaal befindet sich im Erweiterungsbau des Rathauses, der zwischen 1898 und 1901 nach den Entwürfen des Quedlinburger Stadtbaurates Laumer errichtet wurde. Die Inneneinrichtung mit Ausnahme der Bestuhlung stammt aus der Erbauerzeit. Bei Renovierungsarbeiten 1974 sind die halbkreisförmigen Pulte und Sitze entfernt worden. Die Wandgemälde, 1901 geschaffen von dem Berliner Historienmaler Professor Markus, stellen Szenen aus der Quedlinburger Stadtgeschichte dar.

Die Stirnseite des Raumes schmückt ein großes rundes Glasfenster. Im Mittelfeld ist die Übergabe der Reichsinsignien an den Sachsenherzog Heinrich dargestellt. Der Legende nach soll sich diese Szene beim Vogelfang am Quedlinburger Finkenherd abgespielt haben. 919 wurde Heinrich zum deutschen König gewählt, 936 fand er in der Quitilingaburg seine letzte Ruhestätte.

UNESCO-Welterbe Quedlinburg

Gartenträume:
das denkmalpflegerisch-touristische Netzwerk

Wandeln durch das Lustwäldchen der Damen

Nur wenige Gartenlandschaften in Deutschland können einen so atemberaubenden genius loci aufweisen wie das Ensemble der Stiftsgärten und des Brühls in Quedlinburg. Der Brühl, eine Waldung südlich des Schlossberges, wurde im Jahr 1685 von den Äbtissinnen des Quedlinburger Damenstiftes in ein Lustwäldchen, gartenkünstlerisch im Stil des Barock, umgestaltet.

Der Abteigarten am Fuße des Schlossberges, in der Talniederung der Bode gelegen, besaß im 18. Jahrhundert beiderseits seiner auf das Schloss ausgerichteten Mittelachse neben Obstbäumen und Nutzbeeten aufwändig gestaltete Lustparterres. Infolge der Auflösung des Stiftes im Jahr 1803 wurde der Garten zunächst verpachtet und 1827 verkauft und diente fortan dem Erwerbsgartenbau. Als ein Zentrum der Saatzucht erlangte er internationale Bedeutung.

Der südlich angrenzende Brühl, benannt nach dem »Broil« (Wald) des früheren St. Wiperti-Klosters, fiel im Zuge der Reformation an das Stift. Seine quadratische Form mit einem Alleenkreuz erhielt er unter Äbtissin Anna Dorothea im Jahre 1685. Äbtissin Anna Amalie ließ 1757 Diagonalalleen hinzufügen. Ende des 18. Jh. entstand unter der letzten Äbtissin Sophie Albertine östlich des Brühls eine Gartenpartie im landschaftlichen Stil. Durch eine Schenkung des preußischen Königs Friedrich Wilhelm III. kam der Brühl 1817 in städtischen Besitz. Durch Zugewinn weiterer Flächen entstand ein ausgedehnter Park. Für dessen Verschönerung wurden zwei bedeutende Gartenkünstler hinzugezogen, 1866 der europaweit agierende Eduard Petzold und 1900 der Magdeburger Gartendirektor Johann Gottlieb Schoch. Zu den wertvollsten Ausstattungsstücken des Parks zählen die Denkmale für Friedrich Gottlieb Klopstock und den Geographen Carl Ritter, beides Söhne der Stadt.

Quedlinburger Schloss mit tausendjähriger romanischer Stiftskirche

Seit dem Frühjahr 2007 wird mit großem finanziellen und personellen Aufwand die denkmalgerechte Aufwertung des Brühl-Parks und die Herstellung der touristischen Infrastruktur in der angrenzenden Brühlstraße durchgeführt. Dabei sollen im Park etwa 10 000 Meter Wege instand gesetzt, 160 Bäume neu gepflanzt, 35 Bänke aufgestellt, eine Wasserfontäne im Blumengarten installiert, ein Spielplatz neu errichtet, ein Pavillon aufgestellt und viele neue Strauchflächen angelegt werden. Zwei neue Fußgängerbrücken führen zukünftig in den Park. Die Gärten spiegeln die gartenhistorische Entwicklung Sachsen-Anhalts vom Barock bis zur Moderne wider, stellen die typologische Vielfalt des Kulturgutes Garten dar und sind Eckpfeiler bei der touristischen Erschließung.

UNESCO-Welterbe Quedlinburg

Energie und Service aus Quedlinburg für Quedlinburg

Kunden das Leben angenehm gestalten

Die Stadtwerke Quedlinburg GmbH ist nicht zufällig ein in Quedlinburg angesiedeltes Unternehmen. Sie steht für Energie und Service und zwar dort, wo die Kunden sind. Sie ist langjähriger Partner der Stadt und des Landkreises. Um den Standort Quedlinburg und damit verbunden die hiesige Wirtschaft zu stärken, versucht die Stadtwerke Quedlinburg GmbH natürlich in erster Linie ortsansässige Unternehmen zu beauftragen.

Für einen örtlichen Energiedienstleister beziehen sich alle Investitionen auf das eigene Netzgebiet und somit auf Quedlinburg, Quarmbeck, Morgenrot, Münchenhof und die Gersdorfer Burg sowie auch Ditfurt – hier nur mit Gas. Die Stadtwerke Quedlinburg verwenden einen großen Teil des erwirtschafteten Ergebnisses, um die Wartung, Instandhaltung und Erweiterung und damit die Zuverlässigkeit der Netze zu gewährleisten. Nur so kann die Zusage, die Kunden möglichst störungsfrei zu beliefern, realisiert werden.

Als ortsansässiges Unternehmen wird der Wirtschaftsstandort durch sie jedoch nicht nur durch Investitionen sondern auch als Arbeitgeber und Ausbildungsbetrieb unterstützt. Die Stadtwerke Quedlinburg GmbH steht für eine fundierte Ausbildung zur Bürokauffrau, zum Anlagenmechaniker und Elektroniker ein.

Doch zu einem modernen Unternehmen gehört mehr. Werbung ist auch für ein regionales Unternehmen, welches kundenfreundlich handeln möchte, unverzichtbar. Oftmals werden hierbei Sport- und Kultursponsoring mit kriti-

Rathenaustraße, Hauptsitz

»E-Werk«: Sitz der technischen Verwaltung

schem Auge betrachtet und als Möglichkeit angesehen, bei Vermeidung derlei Ausgaben, die Preise für Leistungen damit senken zu können. Die Stadtwerke sehen diese Maßnahmen auch als Unterstützung für die Attraktivität der Stadt. Hier nicht nur für Handel und Industrie, sondern vor allem für die Einwohner und Besucher.

Als Energiedienstleister vor Ort beliefern die Stadtwerke Quedlinburg ihre Kunden mit Strom, Gas und Fernwärme. Über ein 15-kV-Netz von etwa 97 Kilometer Länge und ein 1-kV-Netz von 212 Kilometer Länge gelangt die elektrische Energie über 132 Trafostationen zu den 15 786 Kunden und wird über 15 992 Zähler sowie 100 leistungsgemessene Zähler erfasst. Ein Teil der Energie wird über ein nach KWK-G betriebenes BHKW mit 1,99 MW elektrischer Leistung erzeugt. Der Ausbau dieser Art Eigenerzeugung erfolgt momentan durch den Bau eines weiteren BHKW mit 1,2 MW elektrischer Leistung.

Das Erdgas gelangt über 19 Kilometer Hochdrucknetz, 20 Kilometer Mitteldrucknetz und 101 Kilometer Niederdrucknetz zu 7990 Kunden oder kann an der Erdgastankstelle als Kraftstoff genutzt werden. Neben vier Wohngebieten mit 3678 Wohnungen, verschiedenen Betrieben, Altersheimen, Schulen und Kindergärten zählt ein Krankenhaus zu den Fern- oder Nahwärme-Kunden. Diese werden mit Fernwärme oder über eine der 26 Nahwärmeanlagen beliefert.

Mit über 70 Arbeits- und Ausbildungsplätzen stärkt das mittelständische Unternehmen die Region. Die Stadtwerke Quedlinburg GmbH gehört zu 98 Prozent der Stadt Quedlinburg und zu jeweils ein Prozent der Stadtwerke Celle GmbH sowie der Stadtwerke Herford GmbH.

UNESCO-Welterbe Quedlinburg

Es begann mit Ölfunzeln auf der Straße

Am 26. September 1863 beginnt die Geschichte der Stadtwerke Quedlinburg. Erstmals brannte eine Gasflamme des neu erbauten Gaswerkes im damaligen Hakelweg, der heutigen Rathenaustraße. Die Gaserzeugeranlage diente der Versorgung der Bevölkerung und der Gewerbebetriebe der Stadt Quedlinburg mit Stadtgas für Kochzwecke und zur Beleuchtung. Die als Speicher dienenden Gasometer sind in Resten noch heute erkennbar. Vor Einführung der Gasbeleuchtung war die übliche Beleuchtung in den Häusern neben der Kerzenbeleuchtung die Ölbeleuchtung; auf den Straßen gab es nur Ölbeleuchtung mit Rüböl. Am Eingang des Brühlgehölzes wurde 1868 das städtische Wasserwerk erbaut. Ursprünglich betrieben die Stadtwerke auch die Trinkwasserversorgung in Quedlinburg. Um den Gasverbrauch zu heben und dem Publikum in Bezug auf Beleuchtungstechnik und hygienische Einrichtungen das Neueste und Beste zeigen und vorführen zu können, wurde 1897 der Bau des Stadtgeschäftes in der Steinbrücke 23 beschlossen, in welchem ausgestellt wurde: Gas-, Koch- und Heizapparate, Beleuchtungsgegenstände, Bade- und Klosetteinrichtungen, Kanalisationsartikel. 1904 wurde dieses Geschäft erweitert, um auch den Stromverbrauch zu steigern.

Das Kabelnetz der Stadt Quedlinburg ist seit 20. November 1902 unter Spannung gesetzt. Mit der Erbauung des Städtischen Elektrizitätswerkes in der Frachtstraße 1a begann die Stromversorgung in Quedlinburg. Es wurde Gleichstrom erzeugt. Als Primärenergie wurde Stadtgas eingesetzt.

Im Sommer 1911 wurde unter Leitung des Direktors Stadtbaurat Voss in der Rathenaustraße 10 mit dem Bau des neuen Gaswerkes begonnen. Die Arbeiten wurden so gefördert, dass das neue Werk schon im Mai 1912 den Betrieb aufnehmen und das alte Werk stillgelegt werden konnte. Der Drehstrombezug wurde 1914 von der Überlandzentrale Ostharz aufgenommen. 1949 verschwanden die Stadtwerke; sie gingen 1950 in das kommunale Wirtschaftsunternehmen der Stadt Quedlinburg und später in mehreren Etappen ins Energiekombinat über.

Neugründung mit Handschlag

Erst am 2. Juli 1991 erfolgte die Wiedergründung der Stadtwerke Quedlinburg GmbH, zunächst nur als Fernwärmeversorger und Betriebsführer der Straßenbeleuchtung. Mit dem historischen Händeschlag zwischen dem Oberbürgermeister der Stadt Quedlinburg, dem damaligen Amt. Geschäftsführer der Stadtwerke Quedlinburg und dem Geschäftsführer der Stadtwerke Herford begann ein neues Kapitel in der Geschichte der Stadtwerke Quedlinburg GmbH. Zum 1. Juli 1995 übernehmen die Stadtwerke für das Stadtgebiet Quedlinburg die Gasversorgung, zum 1. Januar 1996 die Stromversorgung sowie die Betriebsführung der Bäder.

Zum fünfjährigen Jubiläum der Stadtwerke erfolgt nach umfangreicher Sanierung die feierliche Übergabe des E-Werkes in der Frachtstraße 1a an die Stadtwerke Quedlinburg. Das Blockheizkraftwerk in der Magdeburger Straße wird im März 1999 offiziell in Betrieb genommen. Erstmals wird eigener Strom aus Gas erzeugt und rund 3700 Wohnungen und das Klinikum werden mit Wärme versorgt. 2003 entstand eine Erdgastankstelle auf dem Moorberg.

Stadtgeschäft am Markt 1897

Städtisches Elektrizitätswerk (Foto: Ernst Kliche)

Dükerung der Bode um 1925

Neues Gaswerk vom Hakelweg aus 1912

Stadtwerke Quedlinburg GmbH
Rathenaustraße 9 · 06484 Quedlinburg
Tel. (0 39 46) 97 13 · Fax (0 39 46) 97 14 02
infostadtwerke@sw-qlb.de
www.stadtwerke-quedlinburg.de

UNESCO-Welterbe Quedlinburg

Weltberühmte Sammlung zu sehen

Reizvoller Kontrast zur Altstadt

Die Lyonel-Feininger-Galerie ist ein Museum und Ausstellungshaus für die Kunst des 20. Jahrhunderts und der Gegenwart. Sie ist dem Werk Lyonel Feiningers gewidmet und verfügt mit der Sammlung des Bauhäuslers und Quedlinburgers Dr. jur. Hermann Klumpp, die sich als Dauerleihgabe in der Lyonel-Feininger-Galerie befindet, über einen der weltweit bedeutendsten Bestände an Druckgrafiken Feiningers. Zahlreiche Aquarelle und Zeichnungen sowie einige Fotografien und Objekte von Feiningers Hand bereichern den Bestand. Neben einer einmaligen Anzahl früher Gemälde gehören das »Selbstbildnis mit Tonpfeife« aus dem Jahr 1910 und das durch den Kubismus angeregte Hauptwerk »Vollersroda I« zur Sammlung.

Die Sammlung wird durch Arbeiten anderer Künstler der Klassischen Moderne ergänzt, darunter Lovis Corinth, Wassily Kandinsky, Paul Klee und Emil Nolde. Hervorzuheben sind hier die Dauerleihgaben der Deutschen Stiftung Denkmalschutz seit 2005. Außerdem verfügt das Haus über einen reichen Bestand an Druckgrafik aus der Zeit der DDR.

Die 1986 eröffnete und 1997 durch einen Neubau erweiterte Lyonel-Feininger-Galerie bietet in städtebaulich exponierter Lage am Fuß des imposanten Schlossbergs einen reizvollen Kontrast zu der vor allem mittelalterlich geprägten Altstadt Quedlinburgs, die 1994 in die Liste des UNESCO-Welterbes aufgenommen wurde. Das Museum ist seit 2006 eine selbstständige Einrichtung der Stiftung Moritzburg, Kunstmuseum des Landes Sachsen-Anhalt, und zählt zu den Kleinodien der deutschen Museumslandschaft.

Ansicht der Lyonel-Feininger-Galerie (Foto: Peter Kühn, Dessau)

Lyonel Feininger: Selbstbildnis mit Tonpfeife, 1910, Öl auf Leinwand (VG Bild-Kunst, Bonn 2007)

1. Beilage zum Quedlinburger Kreisblatt
Sonnabend, 6. Juli 1912

Das neue Gemälde im Rathaussaale »Quedlinburg als Blumenstadt« von Otto Marcus, das von Herrn Landesökonomierat von Dippe gestiftet ist, hat jetzt seinen Platz an der Türwand gefunden. Beherrscht vom Schloß und der Schloßkirche zeigt sich im Hintergrunde die Stadt, während im Vordergrunde Blumen und Gemüsefelder ihren Charakter als Gartenstadt andeuten. Die rechte Seite des Gemäldes zeigt ein Stück des Brühls; zwischen diesem und einem Blumenfeld reitet die Kürassierschwadron vorüber. Auf dem Felde sind Arbeiterinnen beschäftigt, denen Herr Obergärtner Fiedler, der übrigens vorzüglich getroffen ist, Anweisungen erteilt. Auf der linken Seite des Gemäldes ziehen zunächst die Figuren des verstorbenen Oekonomierates Dippe und seiner beiden Söhne des verstorbenen Kommerzienrats von Dippe und des Landesökonomierats von Dippe die Aufmerksamkeit des Beschauers auf sich. Sie stehen in einem Felde und scheinen sich mit Kulturtechnischen Fragen zu beschäftigen. Auf einem zu dem Felde führenden Wege kommen Oberbürgermeister Bansi und Stadtverordnetenvorsteher Justizrat Herzog gegangen, während im Hintergrunde Herr Oberrealschuldirektor Dr. Lorenz mit seinen Schülern auftaucht. Das Bild ist außerordentlich lebendig und dürfte allgemeinen Beifall finden. Leider hat es auf dem Transport eine Beschädigung infolge Durchschlagens des Schellacks erlitten, so daß eine teilweise Uebermalung vorgenommen werden muß. Diese wird schon in der nächsten Zeit ausgeführt werden.

Oertliches
Quedlinburg, 9. Juli 1912

Das neue Gemälde im Rathausssaale »Quedlinburg als Blumenstadt« ist, wie wir in Ergänzung einer früheren Notiz mitteilen wollen, nicht von Herrn Landesökonomierat von Dippe allein, sondern von ihm zusammen mit seiner Schwägerin, Frau Kommerzienrat Emmi von Dippe, gestiftet worden.

UNESCO-Welterbe Quedlinburg

Reichstag auf der Quitilingaburg

Ein Netz aus Pfalzen, Reichsburgen, Kirchen, Stiften und Klöstern

Die Straße der Romanik erzählt Geschichten aus 1000 Jahren deutscher und europäischer Geschichte. Sie bietet Genuss für Geist und Seele. Quedlinburg ist eine der wichtigsten Stationen an der Straße der Romanik. Die Herausbildung dieser Kunstepoche ist in Deutschland eng mit dem sächsischen Kaiserhaus der Ottonen verbunden, das in der Wahl des Sachsenherzogs Heinrich zum König seinen Ausgangspunkt hatte. Der Harz und sein Umland bildeten einen Schwerpunkt ihrer Hausmacht und wurden zum Kernland kaiserlicher Machtpolitik des 10. Jahrhunderts. Ein Netz aus Pfalzen, Reichsburgen, Kirchen, Stiften und Klöstern überzog die Region in einer solchen Fülle wie kaum an anderer Stelle.

Quedlinburg kam als Lieblingspfalz und Grablege Heinrichs I. dabei eine besondere Bedeutung zu. Als König des Ostfrankenreiches gelang es ihm, die Grundlagen für einen ersten deutschen Staat zu legen. Die Quitilingaburg auf dem heutigen Schlossberg wurde zum Veranstaltungsort glänzender Reichstage und Synoden, ab 936 auch zum Familienstift des Herrscherhauses.

Authentische Stätten wie die romanische Stiftskirche St. Servatius mit den Königsgräbern Heinrichs I. und seiner Gemahlin Mathilde, die tausendjährige Wipertikrypta im Südwesten des Schlossberges und die Reste der romanischen Marienklosterkirche auf dem Münzenberg geben noch heute Zeugnis davon.

Südwestlich des Schlossberges liegt auf dem Gelände des Königshofes Heinrich I. die Wipertikirche mit ihrer berühmten Krypta. Ihr Einbau erfolgte um 1000 in eine bereits 936 und 950 von Kononikern (Chorherren) errichteten dreischiffigen Basilika. Die mit ottonischen Pilzkapitellen und Bogennischen an den Wänden ausgestattete Umgangskrypta blieb auch nach dem Umbau der Oberkirche durch Prämonstratenser (1148) unverändert erhalten.

Nach der Reformation diente diese bis 1812 als evangelische Gemeindekirche, später als Scheune. Erst 1959 konnte sie nach mehrjährigen Instandsetzungsarbeiten wieder als katholische Pfarrkirche geweiht werden. Auf dem anliegenden Wipertifriedhof sind Gruften in den Sandsteinfelsen zur Bestattung von betuchten Quedlinburger Familien geschlagen. Diese Gruften sind für den nordeuropäischen Raum äußerst selten und stellen somit eine Besonderheit dar.

Detailansicht der Marktkirche

Gut restaurierte Fachwerkbauten prägen das Stadtbild von Quedlinburg.

Romantischer Blick auf den Schlossberg

Doktorin per Sondererlass

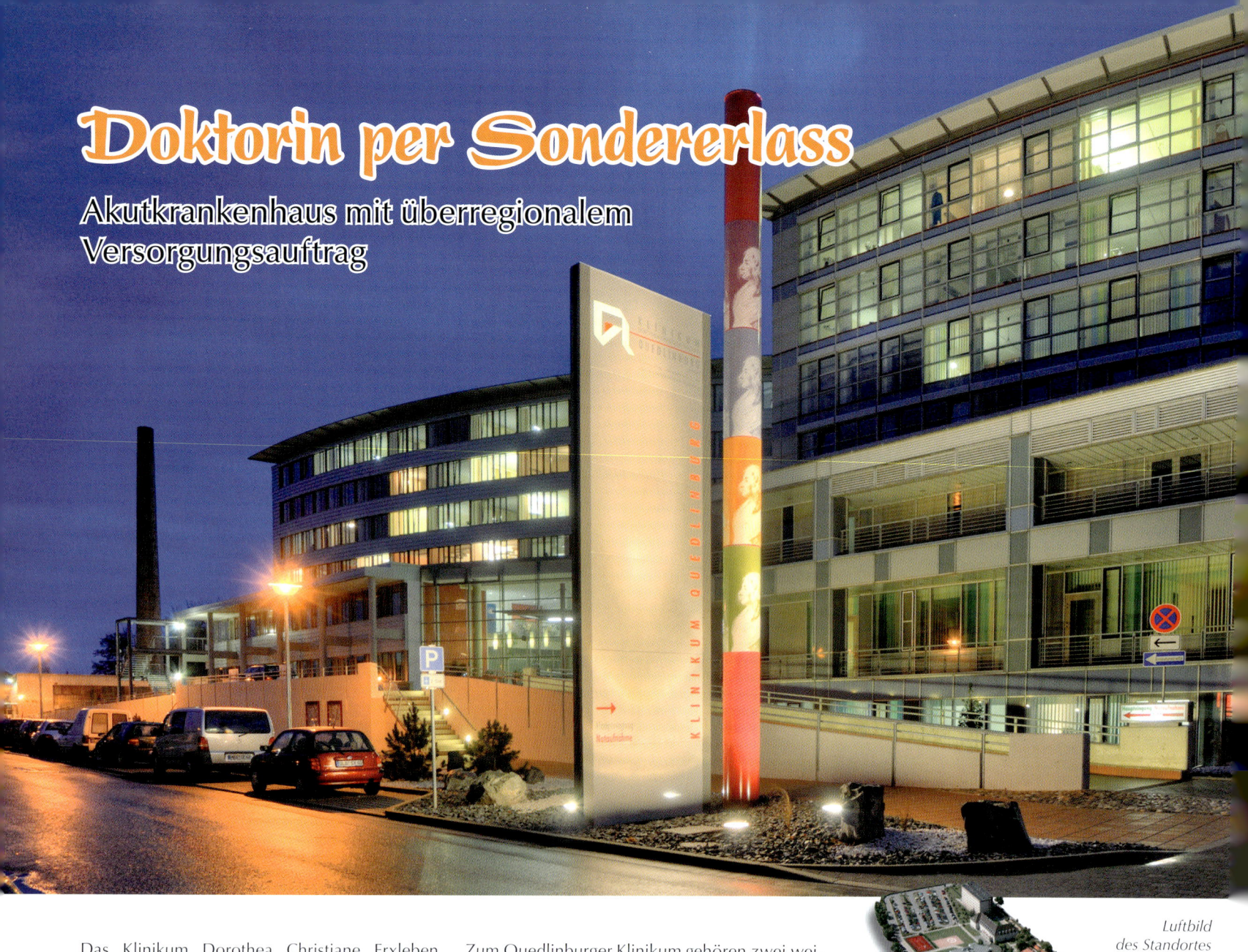

Akutkrankenhaus mit überregionalem Versorgungsauftrag

Das Klinikum Dorothea Christiane Erxleben Quedlinburg GmbH trägt als Akademisches Lehrkrankenhaus der Otto-von-Guericke-Universität Magdeburg den Namen einer bedeutenden Person der Zeitgeschichte. Dorothea Christiane Erxleben war die erste promovierte Ärztin Deutschlands. Sie wurde am 13. November 1715 in Quedlinburg geboren. Bereits am 12. Juni 1754 wurde sie per königlichem Sondererlass zur Doktorin ernannt.

Das Geburts- und Sterbehaus Quedlinburgs berühmtester Tochter ist Eigentum des Klinikums und heute als Hotel verpachtet. Das Klinikum Dorothea Christiane Erxleben Quedlinburg GmbH ist ein Akutkrankenhaus mit überregionalem Versorgungsauftrag. Als Akademisches Lehrkrankenhaus und Mitglied im Deutschen Netz Gesundheitsfördernder Krankenhäuser (DNGfK) der WHO, bildet das Klinikum Ärzte in den verschiedensten Fachdisziplinen bis zur Facharztreife aus. Innerhalb von zehn Fachabteilungen, zwei Tageskliniken und einem Rehabilitationsheim werden pro Jahr etwa 18 000 Patienten stationär und rund 20 000 Patienten ambulant behandelt. Etwa 750 Mitarbeiter(innen) erwirtschaften dabei einen Jahresumsatz von 60 Millionen Euro.

Zum Quedlinburger Klinikum gehören zwei weitere Firmen. Die PROKLIN Medical Care GmbH vereint ein Medizinisches Versorgungszentrum (MVZ) mit den Fachdisziplinen Radiologie, Urologie, Chirurgie und ein Pflegezentrum mit den Sparten Kurzzeitpflege, Häusliche Krankenpflege, Tagespflege und Betreutes Wohnen unter einem Dach.

Die PROKLIN Service GmbH betreibt das Tagungs- und Konferenzzentrum mit der Küche und dem Gebäude-Service. Bei den Aufgabenstellungen handelt es sich nicht nur um Dienstleistungen für das Klinikum, sondern um ein Angebot an die Firmen und Bürger der Region.

Größter Arbeitgeber der Umgebung

Das Klinikum Dorothea Christiane Erxleben Quedlinburg GmbH inkl. ihrer beiden GmbHs ist eine der großen Arbeitgeber und Ausbildungsbetriebe des Landkreises Harz. Jährlich werden 30 Auszubildende in fünf verschiedenen Berufen ausgebildet.

Das Klinikum Dorothea Christiane Erxleben Quedlinburg GmbH feierte am 5. Oktober 2007 sein 100-jähriges Bestehen am Standort »Ditfurter Weg« in Quedlinburg. Eine umfangreiche Chronik zur Geschichte des Klinikums ist dazu erschienen. Auf 450 Seiten wird die wechselvolle und spannende Geschichte des Krankenhauses einem Roman gleich erzählt.

Luftbild des Standortes Ditfurter Weg

Klinikum Dorothea Christiane Erxleben Quedlinburg GmbH
Ditfurter Weg 24
06484 Quedlinburg
Tel. (0 39 46) 90 90
Fax (0 39 46) 9 09 17 05

Quedlinburg – Welterbe der UNESCO am Harz

Eine wahre Fundgrube an Fachwerk aller Schattierungen

Von Christa Rienäcker

Wiege der deutschen Geschichte, Kleinod des deutschen und europäischen Städtebaus, Musterbeispiel für die Entwicklung des Fachwerks – es gibt viele Superlative, die versuchen das Besondere, Einmalige dieses Ortes zu umschreiben. Glänzende Hof- und Reichstage, Besuche der Herrscherfamilie zum Osterfest und anderen hohen Feierlichkeiten machten die 922 erstmals urkundlich genannte Quitilingaburg zu einer Metropole des Reiches.

Auf einer Fläche von mehr als 80 Hektar erstreckt sich innerhalb der mittelalterlichen Stadtmauern eine wahre Fundgrube an Fachwerk aller Schattierungen und Stilepochen.

Etwa 1300 Fachwerkhäuser dokumentieren anschaulich sieben Jahrhunderte Fachwerkentwicklung. Vom Ständerbau (um 1300), vermutlich dem ältesten in Deutschland, über die spätgotische Phase mit Treppenfriesen und Birnstabprofilen und dem reich ornamentierten niedersächsischen Stil des 16. Jahrhunderts führt die Entwicklung zur Ausprägung einer lokalen Form im Fachwerk, dem Quedlinburger Sonderstil.

Er ist heute noch mit etwa 500 stattlichen Bürgerhäusern, verziert mit pyramidenförmigen Balkenköpfen und Andreaskreuzen, vertreten. Das 18. und 19. Jahrhundert präsentierten sich mit weniger aufwändig gestalteten Fassaden, Gründerzeit und Jugendstil greifen die traditionellen Schmuckformen des Fachwerks wieder auf und integrieren sie in ihre Steinarchitektur. Eine besondere Struktur weist die etwa 200 Jahre jüngere Neustadt um die Nikolaikirche und den Mathildenbrunnen auf. Sie entstand im Zuge der mittelalterlichen Landflucht. Dörfer in der Umgebung wurden wüst. Ihre Bewohner suchten den Schutz der Stadt. Aus Bauern wurden Ackerbürger. Die stattlichen Fachwerkhäuser entlang des Steinwegs mit ihren Toreinfahrten und großen Höfen lassen noch heute erkennen, dass ihre Bewohner Landwirtschaft betrieben.

Das Grau der Jahrhunderte abgeschüttelt

Die meisten der 22 000 Quedlinburger leben auch heute noch innerhalb des mittelalterlichen Stadtkerns. Seine Aufnahme in die Welterbeliste der UNESCO bedeutet eine große Verpflichtung zur Erhaltung und Sanierung dieses Schatzes. Von Jahr zu Jahr wächst die Zahl der restaurierten Häuser. Mehr und mehr schütteln sie das Grau der Jahrhunderte ab und erstrahlen in neuem Glanz. Das hügelige Relief der Landschaft mit windgeschützten Tälern und Senken und das günstige Klima im Regenschatten des Harzes schufen die Voraussetzungen für diese Entwicklung. Wie bunte Teppiche breiteten sich die Blumenfelder um die Stadt. Am Beginn des 20. Jahrhunderts versorgten Quedlinburger Betriebe ein Drittel der Weltgemüseproduktion mit Saatgut.

Blick zum Schlossberg von Westen

UNESCO-Welterbe Quedlinburg

Nach langer Odyssee wieder daheim

Schätze aus Goldfiligran und Edelsteinen

Die Stiftskirche St. Servatius in Quedlinburg, ein imposantes hochromanisches Bauwerk, errichtet zwischen 1070 und 1129, birgt einen der bedeutendsten mittelalterlichen Kirchenschätze im deutschsprachigen Raum. Seine Entstehung verdankt der Schatz einem Kanonissenstift, das im 10. Jahrhundert von der Königinwitwe Mathilde, der zweiten Frau König Heinrichs I., und ihrem Sohn, dem späteren Kaiser Otto I., gegründet wurde. Als Reichsstift, Memorialort der Ottonen und wichtige Bildungseinrichtung genoss es über Jahrhunderte eine herausragende Bedeutung.

Zum Kirchenschatz gehören ganz auserlesene Stücke, darunter reich mit Goldfiligran und Edelsteinen besetzte Reliquienkästchen, ein um 1200 entstandener einzigartiger Knüpfteppich und das Samuhel-Evangeliar, eine karolingische Prunkhandschrift, in Goldschrift verfasst und mit ganzseitigen Evangelistendarstellungen verziert.

Große Teile des Kirchenschatzes werden in zwei Schatzkammern gezeigt, die sich in den Querhausarmen der Stiftskirche St. Servatius befinden. Eine dieser Kammern wurde bereits im 12. Jahrhundert eingebaut und diente von vornherein als Schatzkammer.

Das unter einer Tochter Ottos I. zum geistigen und kulturellen Mittelpunkt des deutschen Reiches aufblühende Damenstift wurde reich mit Reliquien und sakralen Kleinodien ausgestattet, die sich heute nach langer Odyssee und zähen Verhandlungen wieder in Kirchenbesitz befinden.

Die Stiftskirche St. Servatius ist heute eine evangelische Pfarrkirche, der Kirchenschatz Eigentum des Evangelischen Kirchspiels Quedlinburg. Kirche und Kirchenschatz sind ganzjährig zu besichtigen. Die Stiftskirche St. Servatius gilt zudem als beliebte Konzertkirche.

Weder verschlafen, noch weltfern

Eine Modedesignerin und ein Journalist im selben Quartier

Nach wie vor ziehen die historischen Gemäuer der Stadt Quedlinburg kulturinteressierte Menschen aus der ganzen Welt in ihren Bann.

Die meisten sind auf der Durchreise. Schauende, Suchende auf den Spuren einer vergangenen Zeit. Andere bleiben. So die Modemacherin Odette Petzold. Die Mode der Designerin bewegt sich irgendwo auf dem schmalen Grat zwischen Individualismus und Tragbarkeit: Eine kleine Kollektion, die sich an die kunst- und kulturinteressierte Frau jeden Alters richtet, die einen eigenen Stil und gehobene Qualitätsansprüche hat.

Nicht umsonst zählen Frauen aus Großstädten ganz Deutschlands zu Odettes Kundinnen. Die ruhige Atmosphäre und die Nähe zur Herstellung laden zum Zuschauen, Probieren und Kaufen ein. Dass die Designerin Jacken und Mäntel am liebsten entwirft, ist hier kaum zu übersehen.

Die 1998 gegründeten »Quedlinburger Spinnstuben« sind der Ursprung sowohl für die filzmanufactur als auch für das »Quartier 7«, den Kunst- und Handwerkerhof, der sich im selben Objekt angesiedelt und inzwischen etabliert hat. Unterdessen ist der Hof auch eine beliebte Adresse für Ausstellungen. Fotografen, Maler und Bildhauer zeigen hier abwechselnd ihre Arbeiten.

Einkleiden möchte sich Joachim Godau nicht, als er den Laden von Odette am späten Vormittag betritt, sondern zum Kaffee an den Hoftresen einladen.

Dort haben sich inzwischen auch die anderen Hofbewohner versammelt, eine kleine lockere Runde.

Der freie Journalist und Eventmanager Joachim Godau plaudert nicht ungern über seine zahlreichen Veranstaltungen und Projekte, wie zum Beispiel Ball der Mediziner Sachsen-Anhalts, der Blumengala in Quedlinburg oder dem Landespresseball.

Man bemerkt recht schnell, dass er auch als Entertainer arbeitet. Wo hört eigentlich hier die Arbeit auf und wo beginnt hier die Freizeit? Auf diesem Hof scheint irgendwie eine Symbiose gelungen…

StoffArt by odette p.
Marktstraße 7 · 06484 Quedlinburg
odette.petzold@web.de · Tel. (01 77) 2 53 33 92

PR-JOGO
pr-jogo@lycos.de · Tel. (01 74) 3 91 82 72

UNESCO-Welterbe Quedlinburg

Äbtissin Hedwig rief ihre Brüder
Roland wurde vom Sockel geholt

Der Quedlinburger Roland ist als Marktsymbol zu verstehen. Sein genaues Alter ist leider nicht verbrieft, man nimmt an, dass er um 1440 vor dem Innungshaus der Gewandschneider, heute Markt 5, aufgestellt wurde. Er ist mit seinen 2,75 Meter der kleinste steinerne Roland in Deutschland und aus Buntsandstein gefertigt. Im späten Mittelalter war seine Existenz auf dem Quedlinburger Markt nur von kurzer Dauer. Die Quedlinburger Bürger hatten in dieser Zeit viele Rechte und Freiheiten erlangt und strebten die völlige Loslösung vom fürstlichen Damenstift an. Sie wollten nicht mehr Untertanen der Äbtissin sein, sondern nur noch den deutschen Kaiser als obersten Herrn über sich dulden. Zur Durchsetzung dieses hohen Zieles war die Stadt verschiedene Bündnisse eingegangen. So war sie zum Beispiel ein bedeutendes Mitglied des Niedersächsischen Städtebündnisses und seit 1426 auch Mitglied der Hanse. In den Jahren 1460 und 1461 vermerken die Ratsrechnungen Reparaturarbeiten am Roland: »Zwei Groschen for den Arn (Adler) op dem Rolande to richten« und »Item 5 schock vor den Rolant to malen«.

Doch die damalige, sehr ehrgeizige Äbtissin Hedwig von Sachsen, konnte eine Schmälerung ihrer Macht nicht dulden und versuchte die Rechte und Freiheiten der Bürger zu beschneiden und über die abtrünnige Bürgerschaft ihre Macht zu behalten. Diese Auseinandersetzungen zwischen Stift und Stadt endeten 1477 in einem Krieg zwischen beiden Parteien.

Äbtissin Hedwig rief ihre Brüder, die sächsischen Herzöge Ernst und Albrecht zu Hilfe und Quedlinburg musste sich geschlagen geben. Es folgte eine Zeit der Demütigungen für die Stadt. Urkunden, Privilegienbriefe und Stadtsymbole wurden durch die Sieger eingezogen und zum Teil sogar vernichtet. Quedlinburg musste aus allen Bündnissen und somit auch aus der Hanse austreten.

Auch der Roland, der der Äbtissin immer ein Dorn im Auge war, überlebte die Niederlage der Stadt nicht. Er wurde vom Sockel gestoßen und zerstört.

Die Trümmer wurden auf dem Gelände des ehemaligen »Ratskellers« unter allerlei Gerümpel versteckt.

Vermisst wurde er schon, denn im Marktgeschehen hatte sich ein bestimmtes Ritual eingebürgert. Der Schild des Roland trug eine abnehmbare bemalte Holztafel. An Markttagen trug der Marktmeister die Tafel für alle sichtbar vom Rathaus zum Roland und hängte sie auf. Jetzt durfte mit dem Handeln begonnen werden. In den Abendstunden, wenn der Markt geschlossen werden sollte, trug der Marktmeister die Tafel wieder zurück ins Rathaus und das bedeutete für alle, dass nun keine Geschäfte mehr abgeschlossen werden durften.

Da man keinen Roland mehr hatte, wurde an den Marktagen eine, mit dem Quedlinburger Stadtwappen bemalte Scheibe an das Rathausportal gehängt. 400 Jahre galt der Roland als verschollen. Bei Erschließungs- und Aufräumungsarbeiten auf dem Hofgelände des ehemaligen »Ratskellers« fand man 1867 die Trümmer des Rolands. Er wurde erneuert und erhielt 1869 seinen Platz vor dem Rathaus, wo er noch heute steht.

UNESCO-Welterbe Quedlinburg

Naturgewachsenes Sinnbild für das Alter

Leben im Dialog mit dem Hier und Jetzt

Nicht nur Senioren sind herzlich willkommen im AZURIT Seniorenzentrum Quedlinburg. Die 1000-jährige mittelalterliche Stadt Quedlinburg wurde mit ihrem geschlossenen historischen Stadtbild 1994 in die UNESCO-Welterbeliste aufgenommen. Beschaulichkeit, Ruhe, Entspannung machen das Leben hier so angenehm. Das AZURIT Seniorenzentrum befindet sich in der Altstadt, im Zentrum Quedlinburgs. Das AZURIT Seniorenzentrum Quedlinburg ist für alle Menschen offen und versteht sich als Teil der Seniorenhilfe, die dem Gemeinwohl der Menschen in der Region dient. Um jeden Tag die Philosophie des Hauses »Von Mensch zu Mensch« zu leben, baut das Team auf eine vertrauensvolle, harmonische Gestaltung des Alltags. Die AZURIT Rohr GmbH ist eine erfahrene Trägerin stationärer Seniorenzentren in der gesamten Bundesrepublik. Das Mineral Azurit ist ein naturgewachsenes Sinnbild für das Alter. So wie der Stein geformt ist durch die Zeit, so ist der Mensch geprägt durch das Leben. Es wird eine an einem humanistischen Weltbild orientierte Komplexleistung angeboten. Unter Komplexleistung versteht die AZURIT Rohr GmbH die Berücksichtigung sämtlicher physiologischer, psychologischer und soziokultureller Lebensaspekte eines Menschen. Die individuelle Lebensbiografie wird hierbei stets beachtet. Die Qualität der Leistungen unterliegt einem fortwährenden Entwicklungsprozess.

Der Schwerpunkt der Arbeit liegt in einer Seniorenbetreuung, die den Menschen erlaubt, natürlich und ohne künstliche Zwänge alt zu werden und alt zu sein. Immer in dem Bewusstsein dessen, was das Leben wirklich ausmacht – nie von der Welt abgeschnitten, sondern im Dialog mit dem Hier und Jetzt. In diesem Geiste finden alte Menschen im AZURIT Seniorenzentrum Quedlinburg ein sicheres Zuhause mit der Betreuung und Pflege, die sie brauchen.

Wohnräume als Lebensräume

Die gesamte Anlage ist auf die Bedürfnisse von Senioren abgestimmt. Das vielseitige Veranstaltungsangebot wird gemeinsam von den Mitarbeitern und Bewohnern erstellt. Das AZURIT Seniorenzentrum Quedlinburg bietet 102 vollstationäre

UNESCO-Welterbe Quedlinburg

Pflegeplätze in Einzel- und Doppelzimmern sowie 80 Wohneinheiten im Betreuten Wohnen in der Form von Ein-, Zwei- und Drei-Raum-Wohnungen an. Die Räumlichkeiten sind nach modernen Qualitäts-, Komfort- und Sicherheitsansprüchen ausgestattet und bieten ein ansprechendes Zuhause. Neben einem Notrufsystem sind Telefon-, Fernseh- und Rundfunkanschluss selbstverständlich.

Die großzügigen Aufenthaltsbereiche in unserem Haus laden zum gemütlichen Beisammensein und zum Gedankenaustausch mit den anderen Bewohnern ein. Ferner bietet das Seniorenzentrum einen ambulanten Pflegedienst sowohl für das Betreute Wohnen als auch für Menschen, die in ihrem gewohnten Wohnumfeld bleiben möchten, an.

Einheit von Pflege, Therapie und Betreuung

Im AZURIT Seniorenzentrum Quedlinburg bieten die Mitarbeiter aktivierende Pflege an, die sich durch hohe Fachlichkeit und spürbare Menschlichkeit auszeichnet. Gemeinsam mit den Senioren, ihren Angehörigen, Ärzten und Krankengymnasten besprechen die Fachkräfte den Umfang der Pflegemaßnahmen, damit jeder genau die Pflege bekommt, die er braucht und wünscht.

- Pflege: Für Menschen, die ständig Betreuung und Hilfsangebote brauchen.

- Kurzzeitpflege: Für Menschen, die unsere Pflege- und Betreuungsangebote vorübergehend, bis zu vier Wochen, nutzen möchten.

- Betreutes Wohnen: Für Menschen, die nur in bestimmten Bereichen Hilfe und Pflege bedürfen und so lange wie möglich eigenständig wohnen möchten.

- Ambulante Pflege: Für Menschen, die pflegebedürftig sind und zu Hause unseren Pflegedienst in Anspruch nehmen möchten.

Die Mitarbeiter des Seniorenzentrums beraten potenzielle Bewohner gerne über ihre Möglichkeiten im Rahmen der Kranken- und Pflegeversicherung.

AZURIT Seniorenzentrum Quedlinburg
Lange Gasse 10 · 06484 Quedlinburg
Tel. (0 39 46) 78 10 · Fax (0 39 46) 78 11 00
szquelinburg@azurit-rohr.de · www.azurit-rohr.de

Oase der Ruhe und Gastlichkeit inmitten der Stadt

Idyllischer Hofgarten

Blickrichtung Süden

Die Geschichte des »ältesten noch als Hotel betriebenen Hauses« der Weltkulturerbestadt lässt sich bis ins Jahr 1671 zurückverfolgen. Damals war es als Herberge vom Quedlinburger Zimmermann Hans Reule erbaut worden. »Zur Sonne« nannte man es schon damals, weil die Blickrichtung nach Süden, in die Pölkenstraße ging. Das Attribut golden fügten erst spätere Generationen hinzu. Erstmals als Gaststätte taucht der Name »Zur Goldenen Sonne« im Jahr 1782 auf. Jahrhundertelang war die »Goldene Sonne« Hotel und Gaststätte. Die Gaststube lag an einer der wichtigsten Zufahrtsstraßen der Stadt, dem Steinweg. So ergab es sich, dass diese Straße als Erste in Quedlinburg gepflastert wurde. Schließlich sollten die Fuhrwerke nicht im morastigen Boden versinken. Noch heute lässt sich im Hotel die Durchfahrt für die Pferdewagen und Postkutschen erkennen. In den Jahren 1971 bis 1975 wurde das Gebäude unter denkmalpflegerischen Gesichtspunkten umgebaut. Diese umfangreichen Sanierungs- und Rekonstruktionsarbeiten dienten der Stabilisierung des Gebäudes. Dabei wurde auch die Torhalle in ihrer ursprünglichen Form wiederhergestellt und das sehr hohe, 70 Zentimeter nach Osten überhängende Dach konnte weitestgehend erhalten werden. Nach einem erneuten Umbau im Jahre 1991/1992 diente das Hotel »Zur Goldenen Sonne« wieder als Stätte der Gastlichkeit für die Quedlinburger und die Gäste dieser schönen Stadt.

Dicke Bohlen in der Lobby

Ganz und gar ungewöhnlich – die Lobby. Sie ist die einstige Hofdurchfahrt, durchzogen von wuchtigen, grob behauenen originalen Bohlen mit oberen Blindfenstern im Fachwerk, dabei wohnlich, gemütlich ausgestattet mit schönem alten Mobiliar und historischen Bildern von Quedlinburg. Im Restaurant, in der urigen Lobby oder im idyllischen Hofgarten können Gäste harztypische Spezialitäten genießen. Die Palette der heimischen kulinarischen Spezialitäten reicht von der Quedlinburger Birnensuppe, verfeinert mit Kresse und Rosinen, über Harzer Topfbraten mit Rosenkohl und hausgemachten Kartoffelklößen bis zur frisch heißgeräucherten Forelle aus hauseigenem Räucherofen. Wer in der »Goldenen Sonne« Einkehr hält und sich in einem der 27 Einzel- oder Doppelzimmer einlogiert, wird wohl vergebens nach überschwänglichem Luxus aus Fürstenzeiten suchen. Dafür findet er beim modernen Komfort Wärme und Geborgenheit, rustikale Gemütlichkeit in einem Haus, das ein Stück Harzer Seele vermitteln möchte. Hier, im Hotel sowie in Quedlinburg und Umgebung erleben die Besucher Geschichte zum Anfassen, Sehenswürdigkeiten, landschaftlichen Liebreiz und natürlich leiblichen Genuss.

Urige Lobby

Hotel »Zur Goldenen Sonne«
Steinweg 11 · 06484 Quedlinburg
Tel. (03 94 69) 62 50 · Fax (03 94 69) 62 30
info@hotelzurgoldenensonne.de
www.hotelzurgoldenensonne.de

UNESCO-Welterbe Quedlinburg

Shoppen in der Fachwerkstadt
Historisches Ambiente zunehmend gefragt

320 Meter Straße, 23 Häuser, alle sind Einzeldenkmale – die Steinbrücke. Selbst für eine Weltkulturerbestadt wie Quedlinburg ist diese Ansammlung von Denkmälern etwas besonderes. 20 Geschäftsleute haben sich in der Fußgängerzone Steinbrücke gleich neben dem Marktplatz angesiedelt. Die dortige Werbegemeinschaft Steinbrücke hat es sich als deren Interessenvertretung zur Aufgabe gemacht hat, die Innenstadt zu beleben und attraktiver zu gestalten.

Dabei hat Quedlinburg gar keinen Einzelhandel auf der grünen Wiese und kann sich als Weltkulturerbestadt auch über mangelnde Besucher nicht beklagen. Man müsse über den Tellerrand schauen. Die Menschen fahren zum Einkaufen nach Magdeburg und Braunschweig. Mit diesen Städten steht Quedlinburg im Wettbewerb. Dass die Menschen auch weiterhin in die Einkauftempel der Großstädte pilgern werden, kann auch die Werbegemeinschaft künftig nicht gänzlich verhindern. Aber sie kann den Kunden den einen oder anderen Weg abnehmen, in dem sie Kräfte und Ideen bündelt. Ein guter Branchenmix und das einzigartige Flair einer Weltkulturerbestadt seien die Stärken Quedlinburgs.

In Quedlinburg hat sich die Steinbrücke zu einer abwechslungsreichen Einkaufsmeile gemausert. Durch alle Geschäftsleute ging ein Ruck. Sie erleben, dass nicht nur Einheimische, sondern auch die zahlreichen Touristen ihre Geschäfte nicht nur besuchen. Durch die kluge Auswahl ihrer Angebote haben es die Händler der Steinbrücke geschafft, dass viele Kunden als Käufer ihre Läden verlassen. Einkaufen in historischem Ambiente gewinne immer mehr an Bedeutung. Auf die grüne Wiese fahren könne man schließlich überall. Wahre Einkaufserlebnisse bieten sich dagegen nur dort, wo das Flair von Vergangenheit und Gegenwart sich mit der Freundlichkeit von individuell beratenden Händlern paart.

Werbegemeinschaft Steinbrücke
06484 Quedlinburg

Die Steinbrücke – Attraktive Einkaufsmeile im Zentrum der UNESCO-Welterbestadt

Trophäen für schöne Köpfe
Gute Ausbilder schaffen neue Meister

Die »Ihre Friseur GmbH« Quedlinburg hat gut qualifizierte und nette Mitarbeiter, auf die sich Unternehmen wie Kunden verlassen können. Aus der Produktionsgenossenschaft des Friseurhandwerks entstand in der Wende die »Ihre Friseur GmbH«. Die PGH hatte einst 40 Geschäfte, quer durch den Alt-Landkreis Quedlinburg verteilt. Heute gehören zum Unternehmen 13 Geschäfte mit 104 Mitarbeitern. Stolz ist man auf ein eigenes Lehrkabinett. Von jedem Wettbewerb kommen die Auszubildenden mit super Ergebnissen zurück. Seit 1992 absolvierten in der »Ihre Friseur GmbH« rund 100 Lehrlinge eine Ausbildung. Dass ihre besten Friseure sich selbstständig gemacht haben, ist der Beweis, dass sie prima ausgebildet wurden. In Paris gewann das Unternehmen Trophäen, die Maikönigin frisiert man und behauptet sich am Markt durch Leistung. Schöne Läden prägen das Image und Mitarbeiter, die gute Arbeit leisten und hinter ihrem Beruf stehen. Sie haben nicht nur Handwerkszeug, sondern auch so etwas wie soziales Einfühlungsvermögen. Bestes Beispiel: Beim Benefiz-Frisieren ziehen die Mitarbeiter mit. Doch die Friseurinnen kennen die Probleme ihrer Kunden. Billig muss es leider für viele Leute sein. Sie gehen weniger zum Friseur oder zur Kosmetik. Oft wird auch die heimische Waschküche schnell zum Frisieren genutzt.

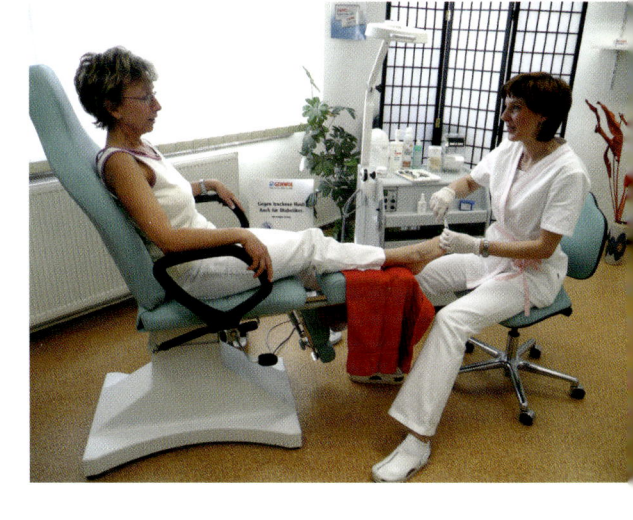

Ihre Friseur GmbH Quedlinburg
Adelheidstraße 1a · 06484 Quedlinburg
Tel. (0 39 46) 21 89

UNESCO-Welterbe Quedlinburg

An der Wiege Anhalts

Schloss ragt mit seinen Zinnen hervor

Ballenstedt – Wiege Anhalts, Stadt Albrechts des Bären, ist eine Kleinstadt am Nordrand des Unterharzes mit großer Geschichte. Das Schlossensemble mit Schlosskirche, Schlossturm, Grablege Albrechts des Bären und Galerie ist Hauptanziehungspunkt Ballenstedts und ragt mit seinen Zinnen weit über die Vorharzlandschaft hinaus. An der touristischen »Straße der Romanik« gelegen, lädt es zum Verweilen ein.

Als Benediktinerkloster 1143 erbaut, wurde es im Bauernkrieg 1525 teilweise zerstört. Noch heute ist die Grablege Albrechts des Bären in der ehemaligen Nicolaikapelle zu sehen. Die Ausstellungsräume im Schloss bieten Interessierten Wissenswertes über die Geschichte des Schlosses, der 38. Station auf der »Straße der Romanik«.

Die Landesausstellung »Die frühen Askanier« und eine Galerie mit wechselnden Ausstellungen befinden sich im Südflügel des Schlosses. In die Welt der lebenden Bilder entführt uns die Sammlung »Cinema«, die im Nordflügel untergebracht ist. Die Schlosskirche ist ein idealer Ort für Verliebte, die sich hier das Jawort geben möchten.

Der angrenzende Schlosspark ist einer der 40 geförderten Parks des Projektes »Gartenträume« des Landes Sachsen-Anhalt. Nach den Plänen des berühmten Garten- und Landschaftsgestalters Peter Joseph Lenné wurde 1858 dieser Park mit Wasserachse, speiendem Lindwurm und Skulpturen geschaffen. Mit seinem herrlichen alten Baumbestand lädt er nicht nur im Sommer zu Musikveranstaltungen und Spaziergängen ein.

Schloss von Westen

Ein Kunstgenuss besonderer Art bietet das heute noch bespielte Schlosstheater – das älteste Theater in Sachsen-Anhalt. Der 1788 errichtete Theaterbau war Wirkungsstätte von Albert Lortzing und Franz Liszt – heute ist er auch Spielstätte des Nordharzer Städtebundtheaters. Das Städtische Heimatmuseum am Schlossplatz bietet neben seinen volkskundlichen und stadtgeschichtlichen Abteilungen einen Gedenkraum über den Maler und Schriftsteller Wilhelm von Kügelgen an.

Traumburg vor den Stadttoren

1907 ließ der Architekt Bernhard Sehring seinen Traum auf einem 14 Hektar großen Landstück Wirklichkeit werden. Die romantische Roseburg ist ebenfalls ein Standort der »Gartenträume« und ein großer touristischer Anziehungspunkt. Die Anlage zeigt sich in einem eigenwilligen Stil, mit moosbewachsenen Statuen und efeuumrankten verfallenen Mauern. Das Burgcafé lädt nach einem Rundgang zur Einkehr ein.

In der Altstadt befindet sich das 1683 erbaute Alte

Drachenfontäne im Schlosspark

Badehaus

Rathaus. Seit 1992 sind in dem rekonstruierten Gebäude das Standesamt und ein Restaurant untergebracht. Daneben erwartet die »Fürstin-Pauline-Bibliothek« mit herzoglicher Sammlung ihre Besucher. Das Neue Rathaus, 1906 von dem bekannten Architekten Alfred Messel erbaut, ist das repräsentativste Gebäude in diesem Stadtteil.

Touristinformation Ballenstedt
Anhaltiner Platz 11 · 06493 Ballenstedt
Tel. (03 94 83) 2 63 oder (03 94 83) 97 90 98
Fax (03 94 83) 9 71 10
kontakt@ballenstedt-information.de
www.ballenstedt-information.de

Schloss Ballenstedt
Schlossplatz 3 · 06493 Ballenstedt
Tel./Fax (03 94 83) 8 25 56
rathaus@ballenstedt.de

Museum Ballenstedt
Allee 37 · 06493 Ballenstedt
Tel. (03 94 83) 88 66
rathaus@ballenstedt.de

Schlosstheater

Kastanienallee

Klopstockhaus

Über den Wolken...

Vereinsgründung pünktlich zum Hexenflug

Der Motorflugverein Ballenstedt e. V. wurde am Tage der Walpurgisnacht – pünktlich zum Hexenflug über den Harz – dem 30. April 1992, von 7 Mitgliedern gegründet und ist seitdem auf dem Verkehrslandeplatz Ballenstedt/Quedlinburg ansässig. Er ist Mitglied im Luftsportverband Sachsen-Anhalt e. V. und dem Deutschen Aero-Club.

Der Motorflugverein Ballenstedt e. V. mit seinen rund 40 Mitgliedern ist der jüngste Verein am Ballenstedter Flugplatz.

Für den Flugbetrieb stehen vier Motorflugzeuge zur Verfügung. Mit der Antonow AN-2T, Baujahr 1969, werden Gästeflüge über den wunderschönen Harz durchgeführt oder es werden Fallschirmspringer über dem Heimatflugplatz abgesetzt. Aber auch auf zahlreichen Flugtagen zwischen Donau und Nordseeküste haben die Vereinsmitglieder Hunderten von Flugbegeisterten die Nostalgie des Fliegens und die Schönheiten unseres Landes vermittelt. Seit 1997 komplettiert eine viersitzige Zlin-43 aus dem Jahre 1974 den Flugzeugpark. Mit diesem grundüberholten Flugzeug werden vorrangig Rundflüge über die Region oder bis zum Brocken durchgeführt. Weiterhin wird dieses Flugzeug für Flüge zu Luftfahrtveranstaltungen oder Flugtagen verwendet.

Seit 1994 hat der Verein die Ausbildungsgenehmigung für die Privat-Piloten-Lizenz im Motorflug und führt darüber hinaus auch die Nachtflugausbildung durch. Die zwei Schulflugzeuge des Typs Zlin-42 können wie jedes andere Flugzeug auch nach dem Erwerb der Lizenz für den individuellen Bedarf gechartert werden. Immer öfter nutzen die Vereinsmitglieder das Flugzeug, um geschäftliche Termine wahrzunehmen oder über die Grenzen Sachsen-Anhalts hinweg das Land touristisch zu entdecken. So verbrachten einige Vereinsmitglieder Fliegerurlaube an der Ost- und Nordsee sowie in Dänemark, Schweden und England.

Motorflugverein Ballenstedt e. V.
An den Gegensteinen · 06493 Ballenstedt
Tel. (03 94 83) 2 15 · Fax (03 94 83) 2 73

UNESCO-Welterbe Quedlinburg

Der einzige Verkehrslandeplatz im Harz

74 Hektar Platz für Starts und Landungen

Flugzeuge auf Parkposition

Polizeihubschrauber BK-117 vor der Tankstelle

Ende der Zwanzigerjahre begann im Harz und Harzvorland ein reges Fliegertreiben. Der Ballenstedter Segelflugplatz erhielt als Segelflugschule die Zulassungsnummer 5 und widmete sich als Zentrum der mitteldeutschen Segelflugschulung der Ausbildung des Pilotennachwuchses für die damalige Luftwaffe. Damals flog man noch im Hangsegelflug durch Gummiseilstart. Nach Gründung der Gesellschaft für Sport und Technik 1952 begann die Ausbildung der ersten Nachkriegsfluglehrer der DDR. Bis 1979 gab es unweit der Gegensteine jährlich über 2500 Starts, neben dem Segelflugbetrieb gab es Motorfluglehrgänge und Fallschirmsprunglager. Nach der Platzschließung 1979 beherrschten die Modellflieger aus Ballenstedt, Gernrode, Thale und Quedlinburg bis 1990 den Platz. Zudem fanden hier die Agrarflieger der sowjetischen Aeroflot eine Heimstatt.

Der Verkehrslandeplatz Ballenstedt/Quedlinburg erhielt nach der Wende noch eine Flugplatz-Genehmigung des damaligen DDR-Verkehrsministeriums. Der Platz ist für Starts und Landungen von Flugzeugen, Hubschraubern, Motorseglern, Ultraleichtflugzeugen, Ballonen, Segelflugzeugen sowie von Luftschiffen und allen Arten von Luftsportgeräten zugelassen.
Beschränkungen sind nur durch die maximale Abflugmasse von 5,7 Tonnen bei Flugzeugen auferlegt.
Die 805 m lange Asphaltstart- und Landebahn mit moderner Nachtflugbefeuerung enstand 1994. Der einzige Verkehrslandeplatz im ganzen Harz mit jährlich mehr als 18 000 Flugbewegungen ist täglich geöffnet. Verschiedene Tankstellen stehen den Nutzern ebenso zur Verfügung wie ein Leihwagen, ein Gaststättenbetrieb und die Möglichkeit zur grenzpolizeilichen- und Zollabfertigung. Für Übernachtungen stehen ein Campingplatz sowie elektrifizierte Stellplätze für Wohnwagen und Wohnmobile zur Verfügung. So kommen Flieger zur Nachtflugschulung nach Ballenstedt oder einfach, um die Vorzüge des Flugplatzes, der sich einen guten Namen in ihren Kreisen gemacht hat, zu genießen.
74 Hektar Platz bietet das Areal, auf dem der Motorflugverein Ballenstedt, der Ballenstedter Aeroclub und der Ultraleichtfliegeclub Ballenstedt beheimatet sind. Diese Vereine bieten neben Selbstkostenflügen über den Harz auch entsprechende Flugausbildungen an. Hier trainieren Kunstflieger ebenso wie das Nationalteam der Helikopterflieger, starten Firmenflugzeuge und Rettungshubschrauber, finden Meisterschaften, Motorsportveranstaltungen und Flugtage mit bis zu 15 000 Gästen statt.

Hubschrauber H-300 vor dem Gegenstein

Gesellschaft für Flugplatzentwicklung Ballenstedt/Quedlinburg GmbH
Rathausplatz 12 · 06493 Ballenstedt
Tel. (03 94 83) 2 15 · Fax (03 94 83) 2 73
vlpharz@gmx.de · www.flugplatz-ballenstedt.de

UNESCO-Welterbe Quedlinburg

Hochzeit im Schloss und Sport im Park

Von Spitzengastronomie bis Kinderfreundlichkeit

Von behaglichem Komfort umgeben fühlen sich Gäste in modernen und historischen Schlosszimmern des Parkhotels »Schloss Meisdorf« wohl. Alle Zimmer haben luxuriöse Dusch- und Wannenbäder, Farb-Kabel-TV, Minibar und einen wunderbaren Ausblick in das Selketal oder den Schlosspark. Das Team bietet viele Möglichkeiten für die Freizeitgestaltung, wie Restaurants, Parkcafé, Kellerbar, Hallenbad, Sauna, Liegewiese, romantischer Park mit Kinderspielplatz und Wildgehege, der hoteleigene 18-Loch-Golfplatz, der 6-Loch-Golfkurzplatz, Tennisplätze, Bocciabahn, Outdoor-Schach, Kegelbahn, Out- und Indoor-Billard, Friseur und Kosmetik, Wellnessangebote sowie zahlreiche Fest- und Tagungsräume. Die VAN DER VALK SCHLOSSHOTELS laden zur sportlichen Tätigkeit, zum Feiern oder zum Tagen ein.

Seit Dezember 1998 werden im historischen Musiksaal und seit dem Sommer 2005 im schönen Schlosspark standesamtliche Trauungen durchgeführt. Seither bieten die historischen Räumlichkeiten und attraktiven Hochzeits-Arrangements den perfekten Rahmen für Hochzeitsfeierlichkeiten.

Aus dem Fenster das Selketal sehen

Das Familienhotel Thalmühle verspricht Urlaub im Selketal: Das ist Erholung für Seele und Körper.

Blick auf das »Neue Schloss«

18-Loch-Golfplatz mit harztypischem Clubhaus

Die Thalmühle liegt im autofreien Naturschutzgebiet Selketal. Gäste fühlen sich wohl in den geschmackvoll eingerichteten Zimmern mit modernen Dusch- und Wannenbädern, Farb-Kabel-TV, Minibar und einem wunderschönen Ausblick in das Selketal und auf die Burg Falkenstein. Sie finden hier eine Oase zum Entspannen und Erholen mit großzügiger Gartenanlage und sonniger Terrasse, Sauna, Solarium, Liegewiese, Minigolfanlage und idyllischem Grillplatz. Das Familienhotel ist ein besonderer Tipp für Familien mit Kindern. Internationale Gastronomie – ein unverwechselbares Ambiente begrüßt die Besucher in allen Restaurants des Parkhotels und der Thalmühle. Die kulinarische Palette reicht von heimischer Harzer Küche im Restaurant »Altes Schloss« im Parkhotel und in der Thalmühle bis zur internationalen Spitzenküche im Feinschmecker-Restaurant »Château Neuf«. Der 12 ha große Schlosspark und die sonnigen Terrassen der Restaurants bereichern das

UNESCO-Welterbe Quedlinburg

kulinarische Angebot und laden zum Verweilen bei Kaffee und Kuchen ein.

Wo einst die Fürstengäste dinierten

Das zur Unternehmensgruppe gehörende Schlosshotel im benachbarten Ballenstedt wurde einst im 18. Jahrhundert für die Gäste des Fürstenhauses eingerichtet. Großer Gasthof, der Traditionsname hatte bei den Gästen einen guten Klang. War er doch einst als Gästehaus des Klosters angebaut worden. Schließlich galt die alte Residenzstadt etwas. Der Redoutensaal hat manch rauschendes Fest gesehen.

Aus dem Großen Gasthof wurde im Arbeiter- und Bauernstaat DDR ein Internat. Die Bausubstanz erfuhr dabei keine fürstliche Behandlung, sodass die Ferdinand Lentjes Holding, die nach der Wende das stiefmütterlich bewahrte Haus übernahm, das Haus abreißen ließ. An gleicher Stelle erstrahlt nach dem Wiederaufbau der Große Gasthof in neuem Glanz. Dach und Fassaden, selbst der Pavillon stehen originalgetreu am Schlossplatz. Im Innern findet sich heutiger Standard. Das Management verweist auf 49 luxuriös eingerichtete Zimmer und Suiten, das à la carte-Restaurant, Tagungsräume, das Hallenbad, Schlosstheater, Finnische Sauna und den Redoutensaal, wo wieder gefeiert werden kann. Das Schlosshotel Großer Gasthof in Ballenstedt pflegt seine Gäste und spürt deren Interessen nach. Dafür nutzt es eigene Vertriebswege, um die Weichen für Kultur-

Golfer

Familienhotel Thalmühle

und Natururlaub für Kurz- und Wochenendurlauber zu stellen. Schließlich gibt es im Nationalpark Harz viel zu entdecken. Geführte Wanderungen zur Burg »Falkenstein« oder auch die beliebten Nachtwanderungen mit der Kräuterhexe erweitern die Angebotspalette und sorgen dafür, den Harz intensiver kennenzulernen.

Golfoase im Vorharz

Der Golfplatz Schloss Meisdorf zählt zu den schönsten Golfplätzen Sachsen-Anhalts. Eingebettet in den Naturpark Selketal lässt die 18-Loch-Golfanlage für Einsteiger, Fortgeschrittene und Profis keine Wünsche offen. Mit 18 Wasser- und einer Vielzahl an Bunkerhindernissen ergibt sich eine ideenreiche Konzeption, die man nicht einfach im Vorbeigehen spielen kann. Einsteiger können mit einem professionellen Golflehrer die Faszination am Golfsport entdecken. In dem harztypischen Clubhaus in Blockbohlen-Bauweise können sich Golfer in gemütlicher Atmosphäre für die nächste Runde stärken.

> Parkhotel Schloss Meisdorf
> Allee 5
> 06463 Meisdorf
> Tel. (03 47 43) 9 80
> Fax (03 47 43) 9 82 22
> meisdorf@vandervalk.de

UNESCO-Welterbe Quedlinburg

222 Stempel für den Wanderkaiser

Zwischen Stiege und UNESCO-Welterbe

Seit Ende August 2006 verbindet der 67 Kilometer lange Selketal-Stieg als neuer Fernwanderweg entlang des Flüsschens Selke Stiege und die UNESCO-Welterbestadt Quedlinburg. An der Strecke liegen sowohl die Burg Falkenstein, die als Logo den Weg schmückt, das Carlswerk in Mägdesprung und die Grube Glasebach in Straßberg. In der 1865 entstandenen Werkhalle in der Maschinenfabrik Carlswerk Mägdesprung und in deren Obergeschoss informierte eine Ausstellung über die Geschichte der 1646 von Fürst Friedrich von Anhalt-Bernburg-Harzgerode gegründeten Mägdesprunger Eisenhütte und der späteren Maschinenfabrik Carlswerk. Besonders sehenswert: Der Freundeskreis Hasacanroth dokumentierte Erzeugnisse aus der Selketal-Hütte vom Stammtisch-Schild über Kleiderhaken und Blumentische bis hin zu Plaketten.

Auf dem Großen Hausberg 150 Meter über dem Selketal etwa fünf Kilometer flussabwärts von Mägdesprung befindet sich die Ruine der Burg, von der sich ein Teil des Landesnamens ableitet. Sie war im Mittelalter eine der größten Burganlagen im gesamten Harzgebiet. Errichtet hat sie zu Beginn des 12. Jahrhunderts Graf Otto von Ballenstedt. Ideal lässt sich eine Wanderung mit einer Fahrt mit der Selketalbahn kombinieren, die seit 26. Juni 2006 bis Quedlinburg fährt.

Als Wander-, Heimat- und Naturschutzverein liegen den 90 Harzklub-Zweigvereinen mit rund 15 000 Mitgliedern die Wanderwege besonders am Herzen. Nicht umsonst ist der Harzklub sowohl in die Streckenauswahl als auch in die Beschilderung einbezogen worden. Durch mehr als 3000 Stunden Eigenleistung haben die Harzklubmitglieder aus den anliegenden Zweigvereinen Stiege, Güntersberge, Straßberg, Harzgerode, Ballenstedt, Gernrode, Bad Suderode und Quedlinburg zum Gelingen des Projektes beigetragen. Der Harzer Verkehrsverband förderte als Partner wesentlich den Erfolg.

Seit 2007 ist der Selketal-Stieg auch in die Verleihung der Harzer Wandernadel einbezogen. Mit der Beteiligung der Alt-Landkreise Sondershausen, Nordhausen und Sangerhausen können dann an 222 Stempelstellen Punkte für die »Harzer Wandernadel« gesammelt werden. Es geht nicht mehr um irgendwelche Pfade durch den Harz, sondern um Qualität, die für die Wanderer zertifiziert wird.

Der Selketal-Stieg gilt als gute Symbiose zwischen Kulturtourismus und Wandern. Schließlich steht in der Region die Wiege Deutschlands. Im Vergleich zum Hexenstieg hat man den Vorteil, dass ein Rundkurs möglich ist. Der rund 97 Kilometer lange Harzer Hexen-Stieg von Osterode nach Thale hat damit »einen kleinen Bruder«, der ihm aber durchaus Konkurrenz macht.

UNESCO-Welterbe Quedlinburg

Mühle klappert nicht mehr am Bach

Mühlstube wurde zur Gaststube

Längst klappert die Bückemühle nicht mehr am rauschenden (Quarm)bach. »Die Schrot- und Mehlmühle hat um 1930 ihren Betrieb eingestellt«, weiß Rüdiger Karger, der heutige Mühleninhaber zu berichten. »Das Mühlrad war noch viele Jahre zu sehen und wir überlegen jetzt, ob wir nicht ein neues bauen lassen.« Rüdiger Karger kennt sich in der Mühlenhistorie aus. Ab 1939 nutzte man das Gebäude als Gaststätte und Pension. »Wir haben sogar noch eine Eintragung im alten Gästebuch gefunden, in der für die ruhigen Stunden im Krieg gedankt wurde.« 1960 enteignete man die Besitzer und der HO-Kreisbetrieb schloss die Pension. Es blieb die Mühlstube des Müllers als Gaststätte. So war es 1997 Rüdiger Karger und seiner Familie vorbehalten, erneut eine Pension mit 28 Betten einzurichten und den alten Zustand der Mühle von 1938 wieder herzustellen. Naturstein wurde wieder freigelegt, alte Balken und handgebrannte Ziegel sind wieder zu sehen. »Wir lehnten uns bewusst an den alten Baustil an. 1998 waren die ersten Zimmer nutzbar. Es steckt verdammt viel Eigenleistung in unserem Objekt. Zur Schaffung der Arbeitsplätze gab es zwar Zuschüsse, aber wir haben ja auch das Fisch- und das Schlachthaus gebaut. Das erwirtschafteten wir aus dem laufenden Geschäftsbetrieb.« Seine Lehrlinge werden von ihm so ausgebildet, dass noch nie einer durch eine Prüfung gerauscht ist. So ist er ziemlich stolz auf seine Mannschaft.

Hausansicht mit Teich

Und die Gäste kehren gerne in der Mühle am Teich ein, wo sie unweit von Streuobstwiesen Ruhe atmen, schließlich bringt das Team dort beste Fischgerichte auf den Tisch. »Ich lege Wert darauf, dass einheimische Produkte verwendet werden, wo das möglich ist. Forellen, Lachsforellen, Zander und Karpfen kommen aus den Harzer Gewässern. Geräuchert wird gleich neben der Mühle.« Als Fischrestaurant stellt er aber auch jeweils einen Meeresfisch auf der Karte vor.

Chef und »Geselle«

Müllerküche

Wollen auch geschmackbildend sein

Kargers Küche gilt als leicht gehoben und regional geprägt. »Es soll schmecken und wir wollen den Gaumen verwöhnen. Dass mir mal Kinderfeindlichkeit unterstellt wurde, weil ich keine Pommes auf der Karte habe, damit kann ich gut leben«, schmunzelt der Chef, der selbst einen Sohn hat. »Irgendwie wollen wir ja auch geschmackbildend sein.« Seine Speisekarte orientiert sich an den Jahreszeiten. »Wir haben Monatsthemen wie Kürbis- oder Pfifferlingswochen, im Sommer eher leichte Gerichte, im Winter auch mal was Rustikaleres.« Selbst ein eigener Müller-Schluck findet sich auf der Getränkekarte. »Der orientiert sich an den Harzer Kräutern und hat einen leichten Mintton,« charakterisiert Rüdiger Karger das Getränk. Er schaute Fischköchen über die Schultern, testete Gerichte, las Kochbücher wie Krimis und lernte das richtige Räuchern. »Wir hängen mit Leib und Seele an der Mühle und das soll auch der Gast täglich spüren.«

Gaststätte und Pension Bückemühle
Am Bückeberg 3 · 06507 Gernrode
Tel. (03 94 85) 4 19
bueckemuehle@t-online.de
www.bueckemuehle.de

Mit Liebe und Familienrezepten

Bad Suderöder Fleischer spielt in der obersten Liga

Als Fleischermeister Karl Wilhelm Louis Münch die Bäckertochter Marie Eitze aus Allrode ehelicht und am 15. Juni 1902 seine Fleischerei in Bad Suderode eröffnet, legte er den Grundstein für ein Traditionsunternehmen, dessen schmackhafte Produkte die Firma in die Liga der 500 besten Metzger Deutschlands aufsteigen ließen. Ob »Feinschmecker« oder »Essen und Trinken«, die Fachjurys bei Bundeswettbewerben oder der Kunde aus dem heimischen Bad Suderode, alle loben Pottsuse und Rotwurst, Schlackwurst und Brühwurstpasteten. »So viele gute Adressen gab's noch nie. Leser, Mitarbeiter und Köche haben ihre Empfehlungen abgegeben: »Die genannten Schlachter verkaufen Fleisch und Wurst von hoher Qualität«, schreibt »Der Feinschmecker« und bescheinigt der »Fleischerei Münch«, dass die Wurstprobe eindrucksvoll war, handwerklich sehr gut und geschmacklich überzeugend. Thomas Münch arbeitet noch im alten Stil und verwendet die Gewürzmischungen seiner Familie.

Er, der das Unternehmen seit 1. Januar 2005 führt, ist sich der Verantwortung durchaus bewusst. Der Familienbetrieb »Münch« entwickelte sich durch die Liebe zum Handwerk und zur Qualität zu einem angesehenen Fleischer-Fachgeschäft. Mehrfaches Umbauen geschah in den vielen Jahrzehnten und zuletzt 1994. Damit wurde das Niveau des Geschäftes für die Herausforderung der Jahrtausendwende erreicht und die Versorgung verwöhnter Gaumen gesichert. Werte, wie Traditionsverbundenheit und unaufdringliche Verkaufskultur, verbinden sich mit dem Namen »Fleischer Münch«. Individualität, die trotz der Schnelllebigkeit der heutigen Zeit erhalten blieb! Das Fleischer-Fachgeschäft ist berechtigt, die f-Marke des Deutschen Fleischerhandwerks zu führen. Hierzu haben wir uns zur Einhaltung eines hohen und nachprüfbaren Qualitätsstandards verpflichtet. Kreativität in der Wurstküche macht aus dem guten Fleisch das Besondere, meint der Firmenchef.

In der Münchschen Ahnentafel sogar eine Fleischermeisterin

Thomas Münch führt mit seiner Frau Stefanie die Tradition der drei Generationen Fleischermeister vor ihm fort. In der Münchschen Ahnentafel gibt es sogar eine Fleischermeisterin. Richard Münch sen. heiratete 1934 und übernahm mit seiner Ehe-

UNESCO-Welterbe Quedlinburg

frau Margarete sofort das Geschäft. Die tüchtige Frau, von der in der Familie mit großer Hochachtung gesprochen wird, führte nach dem plötzlichen Tod ihres Mannes 1955 das Geschäft mit ihren Kindern Annemarie und Richard jr. weiter. Sie legte damals sogar die Meisterprüfung ab, was für eine Frau nun wahrlich nicht alltäglich war.

Als Fleischermeister Richard Münch jr. mit seiner Ehefrau Elfriede den elterlichen Betrieb am 1. März 1982 übernimmt, hatte er acht Angestellte. Nachdem die Fleischerei 40 Jahre DDR-Planwirtschaft überlebt hatte, war er es, der das Unternehmen erfolgreich in die Marktwirtschaft führte. Nachdem in den Jahren seit 1902 immer wieder um-, an- und ausgebaut worden war, war er es auch, der 1994 die komplette Neugestaltung des Geschäftes Am Markt 2 plante und den Münchschen Partyservice gründete. Heute arbeiten dort 16 Angestellte und bieten die Köstlichkeiten an, die aus den wöchentlich geschlachteten 25 Schweinen und einem Rind entstehen.

»Unser Ansatz, sich auf ein Geschäft zu konzentrieren, hat sich bewährt. Hier kaufen die Kunden aus der ganzen Harz- und Vorharzregion. Wir unterwerfen uns der freiwilligen Selbstkontrolle und haben die EU-Norm erfüllt. Dazu kommt unsere Heiße Theke, die den Gaumen unserer Kunden mit Fleischereispezialitäten aus dem eigenen Haus verwöhnt«, erläutert Fleischermeister Thomas Münch, der in das Unternehmen eingeheiratet hat. Wendebedingt studierte er nach der Ausbildung zum Facharbeiter für Pflanzenproduktion mit Abitur Betriebswirtschaft und wurde so staatlich geprüfter Betriebswirt. »Später habe ich dann in Braunschweig nochmal Fleischer gelernt.« Als er 1997 in Landshut seine Meisterurkunde erhielt, war die Firmennachfolge durch einen tüchtigen Meister garantiert.

Fleischermeister Thomas Münch trifft Vorbereitungen.

Seine Ehefrau Stefanie wacht im Familienbetrieb über die Abrechnung und vernetzte den gesamten Betriebsablauf per PC. So können sich nicht nur die Kunden im Bad Suderöder Geschäft die Spezialitäten schmecken lassen, sondern Wurstliebhaber in ganz Deutschland. Immerhin hat der Internet-Shop Hunderte fester Kunden, die mit den Harzer Spezialitäten sehr zufrieden sind. Ob es ein Geschmacksgeheimnis gibt? Thomas Münch wiegt den Kopf und meint: »Die alten Familienrezepte und vielleicht das Solesalz, das in einigen Sorten steckt.«

Zufriedene Kunden vor großer Auswahl

Ständebaum mit Erntekrone

Fleischerei Münch
Markt 2 · 06507 Bad Suderode
Tel. (03 94 85) 5 00 54 · Fax (03 94 85) 6 42 14
fleischerei-muench@t-online.de
www.fleischerei-muench.de

UNESCO-Welterbe Quedlinburg

Gutes Wasser mit Heilkraft

Holzbalkons vor vielen Häusern

Bad Suderode breitet sich in geschützter Lage am Nordost-Hang des Harzes in 190 bis 230 Meter Höhe aus, umgeben von bewaldeten Bergen. Im Süden steigen die Harzberge unvermittelt empor, nördlich begrenzen Muschelkalk- und Sandsteinzüge von Bückeberg und Teufelsmauer die Mulde, in der Bad Suderode liegt.

Erstmals wurde die kleine, zum Quedlinburger Stift gehörende Siedlung 1179 urkundlich erwähnt. Der Name des Ortes Suderode ergibt sich aus »südliche Rodung«, da der Ort südlich von Quedlinburg gelegen ist. Der Ort bestand am Anfang nur aus Einzelgehöften. Erst mit dem Bau einer romanischen Dorfkirche im 12. und 13. Jahrhundert kam es zu einer geschlossenen Ortsbildung.

Den großen Bekanntheitsgrad erreichte Bad Suderode durch die im Ort befindliche Calcium-Quelle, genannt Behringer Brunnen. 1480 erstmals als das »gute Wasser« erwähnt, kannte man schon damals die Heilkraft der Quelle. Im neu errichteten Kurzentrum werden Kurpatienten und Gesundheitsurlauber individuell betreut. Der weitläufige Kurpark lädt zum Verweilen und Spazieren ein. Er bildet einen direkten Übergang in den Harzwald.

Das wildromantische Bodetal und das reizvolle Selketal sind von Bad Suderode aus bequem erreichbar. Von besonderer Bedeutung sind die Paracelsus-Klinik und das nach 1990 neu erbaute Kurzentrum mit dem großzügig angelegten Kurpark.

Konzerthalle »Alte Kirche«

Ortstypische Holzbalkonbauweise (Foto: Rosi Radecke)

Volkstanz der Paracelsus-Harz-Klinik

Auf forstbotanischen Spuren

Jahr für Jahr ist Bad Suderode ein Anziehungspunkt für Touristen und Patienten. Ein Grund, auch die wichtigsten Straßenzüge des Ortes würdig zu gestalten. Viele alte Fachwerkhäuser wurden liebevoll restauriert. Markant sind die Holzbalkone, die die Gebäude zieren. Eine Eigenart, die man in einem solchen Umfang im Harz nicht wieder findet. Ganze Straßenzüge stehen daher unter Flächendenkmalschutz. Sehenswert und heute als Ort für Ausstellungen und kleine Konzerte genutzt ist die alte Dorfkirche in der Schulstraße. Auch der Hungerstein, 1847 gesetzt von Müller Bormann, verrät etwas über die wechselvolle Geschichte des Ortes. Zum Tag des Baumes, der in diesem Jahr eine Waldkiefer ist, wurde im Kurpark Bad Suderode ein forstbotanischer Wanderweg eröffnet. Der 4,2 Kilometer lange Weg wurde gut ausgeschildert und erklärt somit dem Wanderer die einheimischen wie auch fremdländischen Bäume. Entlang dieses Weges finden Wanderer den Preußenturm, ein Fachwerkturm, von dessen oberster Plattform weit über Bad Suderode hinaus gesehen werden kann.

Haus des Waldes im Kurpark (Ausstellung zu Flora und Fauna des Harzes)

Gemeinde Bad Suderode
Rathausplatz 2
06507 Bad Suderode
Tel. (0 39 48) 94 90
Fax (0 39 48) 9 49 99
gemeinde-badsuderode@freenet.de
www.bad-suderode.de

UNESCO-Welterbe Quedlinburg

Massagen und Wohlfühlprogramm
Heilkräftige Quelle lockt mit Kuren, Wellness und Aktivurlaub

Wenn sanfte Hände den Rücken berühren, der Körper in duftendes Wasser eintaucht und Salzkristalle der Haut die Spuren des Alltags nehmen, ist man in einem der schönsten Heilbäder Mitteldeutschlands: in Bad Suderode.
Idyllisch im Harz unweit Quedlinburgs gelegen, macht sich der Kurort schon seit 1826 einen Namen. 1829 ist eine Badeeinrichtung im Gasthaus »Zur goldenen Weintraube« nachgewiesen. Eine der stärksten Calciumquellen Europas, die filigrane Bäderarchitektur und großzügig angelegte Kur- und Wellnessbereiche lassen aus jedem Aufenthalt ein Wohlfühlerlebnis werden, das unter die Haut geht. 1898 war das Badehaus fertiggestellt, sodass im ersten Jahr 8000 Behandlungen registriert werden konnten.
Bis 1913 nutze man das Wasser des Behringer Brunnens fast ausnahmslos zu Badezwecken und zum Inhalieren. Erst später wuchs die Bedeutung der Trinkkuren. Im Jahre 1914 setzte der Regierungspräsident für den Ort als amtliche Schreibweise die Ortsbezeichnung »Bad Suderode« fest. Einst reisten die Gäste mit der Bahn an, die seit dem 1. Juli 1885 verkehrte und heute durch die Selketalbahn wiederbelebt wurde. Die historische Bahn und der Dampflokverkehr machen den Kurort seither um eine Attraktion reicher.
1996 konnte der Neubau des Kurmittelhauses übergeben werden. Seit 2004 ist Bad Suderode auch Sitz des Heilbäder- und Kurorteverbandes Sachsen-Anhalt. Sole, Klima und Klangwanne – mit der Kraft der Natur sammelt man in Bad Suderode eine Menge Pluspunkte für die Gesundheit, schöpft neue Energie für die Mühen des Alltags, stärkt das

Wohlfühlerlebnis (Foto: Rosi Radecke)

Wissen über den Körper, dessen Funktionsweisen und Bedürfnisse für ein möglichst langes und vitales Leben. Zudem halten die Bad Suderöder Wohlfühl-Spezialisten noch ganz andere Streicheleinheiten, Aktivangebote und Badevergnügen für den gestressten Mitteleuropäer bereit. Massagen mit beglückender Schokolade, den Rücken stärkendes Nordic Walking und duftende Bäder.
Zu einem Tages- oder Mehrtagesaufenthalt in Bad Suderode gehört ganz sicher auch ein Sprung ins 32 Grad Celsius warme Calciumsolebad, ein Besuch der facettenreichen Saunen mit dem Freiluftbereich und ein Ortsbummel zu den architektonischen Kostbarkeiten. Gäste sind in Bad Suderode herzlich willkommen, der Gesundheit zuliebe.

Behringer Brunnen im Kurpark (Foto: Rosi Radecke)

Bad Suderode
CALCIUMSOLE-HEILBAD

Kurverwaltung
Felsenkellerpromenade 4
06507 Bad Suderode/Harz
Tel. (03 94 85) 5 10 · Fax (03 94 85) 4 85
info@bad-suderode.de · www.bad-suderode.de

UNESCO-Welterbe Quedlinburg

Wände zum Leben erwecken
Bahnhofsbilder und Pistolen

Schon 1976 begann Michael Zeitzmann mit surrealistischen und fotorealistischen Arbeiten. 1953 in Quedlinburg geboren, studierte er Theatermalerei. Bis 1988 arbeitete er als Theatermaler und Plastiker bei den Städtischen Bühnen Quedlinburg.
Michael Zeitzmann, der seine Themen markanten Ereignissen der Geschichte sowie gesellschaftlichen Problemfeldern entnimmt, aber auch Schönheit und Romantik aus der Natur in seine Empfindungen und Gefühle projiziert, vereint eine große Palette an Stilen und Techniken in seinen Werken. So sind bei ihm surrealistische, fotorealistische und klassische Malerei, aber auch experimentelle Kombinationen mit Airbrush und Metallen zu finden. Dass er auch kindgerecht malen kann, bewies er mit der Illustration des Buches »Wo der Waldkauz ruft und die Trollblume singt«. 
Doch Zeitzmann hebt immer wieder hervor, dass er sein Hauptaufgabengebiet in der Wand- und Fassadenmalerei sah und sieht. Dazu komme die Gestaltung von halb- und vollplastischen Elementen. Davon zeugt ein von Michael Zeitzmann geschaffenes Relief mit dem »Fiffi« (Lok 99 6102). Es befindet sich seit 2008 an einer zugemauerten Fensteröffnung des Vereinshauses im Bahnhof Gernrode. Dekorative Fassadengestaltung, Restaurierung von Möbeln, Bildern, Rahmen, plastischer Skulpturenbau, Stuck- und Porträtmalerei hat er in sein Leistungsangebot aufgenommen. Viele seiner Nachbarn kennen ihn als umtriebigen Künstler. Schon zu DDR-Zeiten folgte er seiner Liebe zu historischen Waffen. Er fertigte für Schauspiel- und Filmaufnahmen Dekorationswaffen an. Und mancher Liebhaber gestaltet heute seine Wohnung mit Vorderladern, Hieb- und Stichwaffen, die bei Michael Zeitzmann in der Werkstatt entstanden.

Michael Zeitzmann
Clara-Zetkin-Straße 32 · 06507 Gernrode
Tel. (0 39 485) 6 33 86 · Fax (0 39 485) 6 33 86

Lehrbuch »Wie mache ich es richtig« gibt es nicht
Zur Wende jüngster Fahrschul-Chef Deutschlands

Seit 1990 betreibt Ulrich Thomas seine Fahrschule in Quedlinburg. »Obwohl ich nie hauptberuflicher Fahrlehrer werden wollte«, wie Ulrich Thomas rückblickend sagt. Aber der Reiz der Selbstständigkeit, trotz aller damaligen Unwägbarkeiten, war stärker als ein seinerzeit anvisiertes Studium in Dresden. Und schmunzelnd fügt Ulrich Thomas hinzu: »Mit meinen 22 Jahren war ich der jüngste Fahrschulinhaber in Deutschland und 90 Prozent meiner Fahrschüler waren älter als ich. Viele hätten sogar meine Eltern sein können.« Bereut hat Thomas seinen Schritt in die Selbstständigkeit nie. Obwohl, und das gibt er unumwunden zu, auch er einiges Lehrgeld bezahlen musste. Aber das gehört seiner Meinung nach dazu, denn ein Lehrbuch mit dem Titel »Wie mache ich es richtig« gab es nicht. So haben mittlerweile mehr als 1300 Menschen in seiner Fahrschule den Führerschein erworben, oft

Ulrich Thomas vor dem Quedlinburger Lehoffelsen

ganze Familien. Und jeder hat es geschafft, wie Thomas nicht ohne Stolz feststellt. Und als Fahrlehrer freut er sich mindestens ebenso wie der Fahrschüler über jede bestandene Prüfung. Im Herbst 1998 tritt Thomas in die CDU ein und engagiert sich zusätzlich in der Kommunalpolitik. »Als Fahrlehrer höre ich natürlich sehr genau, was die Leute bewegt«, sagt Ulrich Thomas. Erst im Kreistag von Quedlinburg, seit 2004 im Stadtrat von Quedlinburg engagiert sich Thomas für seine Region. Der gebürtige Quedlinburger, auch Kreisvorsitzender der CDU im Harz, zieht 2006 in den Magdeburger Landtag ein. Seine Fahrschule wird unterdessen 18 Jahre alt, mittlerweile unterstützen angestellte Fahrlehrer den verheirateten Vater zweier Töchter. Trotz der knappen Zeit liegt ihm »sein drittes Kind« nach wie vor am Herzen. Und so wird die Fahrschule Ulrich Thomas noch viele Fahrschüler auf dem Weg zum Auto- und Motorradführerschein begleiten.

Fahrschule Thomas
Marktkirchhof 11 · 06484 Quedlinburg
Tel. (0 39 46) 24 13 · www.fahrschule-thomas.de

UNESCO-Welterbe Quedlinburg

Wiege der deutschen Ingenieurszunft steht im Harz

Singend zur Vereinsgründung

Per Leiterwagen zog es am 12. Mai 1856 junge Ingenieure des Akademischen Vereins Hütte Berlin nach Alexisbad im Harz. Dort gründeten sie den Verein Deutscher Ingenieure (VDI) zwecks »Zusammenfassung der geistigen Kräfte der deutschen Technik in einem größeren Deutschland.« Heute zieht es junge, gut ausgebildete Ingenieure eher in die westlichen Bundesländer. Das 75-jährige Jubiläum des VDI wurde im Jahre 1931 am Gründungsort im Harz

Blick auf den Ort Alexisbad

gefeiert. Zur Erinnerung wurde im Park von Alexisbad die Statue eines jungen Ingenieurs aufgestellt. Seit 1981 steht das VDI-Denkmal vor dem Ingenieurhaus in Düsseldorf. 1993 fanden sich jedoch VDI-Mitglieder wieder am historischen Ort zur Enthüllung einer Gedenkstätte des VDI in Alexisbad ein.
Doch viele Menschen fragen sich, warum wurde im Jahre 1856 Alexisbad im Harz Gründungsort für den Verein Deutscher Ingenieure?

Ort des Badens und Buddelns

Alexisbad im Selketal liegt in einem der ältesten Bergbaugebiete des Harzes. Die aus alten Stollen austretenden eisenhaltigen Wässer wurden seit 1767 zu Trink- und Badekuren verwendet und veranlassten den Landesherrn, Herzog Alexius Friedrich Christian von Anhalt-Bernburg, im Jahre 1810 regelrechte Kureinrichtungen zu schaffen. Das neue Bad erhielt nach ihm den Namen und entwickelte sich zu einem Modebad, das die vornehme Welt ganz Deutschlands anzog. 1847 hielt hier nun der Anhaltisch-Mansfel-

Gedenkstätte des VDI in Alexisbad

dische Berg- und Hüttenverein seine Versammlung ab.
Friedrich Euler hatte 1846 den akademischen Verein »Die Hütte« ins Leben gerufen, in dem sich Studenten der verschiedenen technischen Fachrichtungen zur gegenseitigen Förderung vereinten.
Der Hüttenmeister Carl Bischof, Erfinder des Gasgenerators und Leiter der Eisenhütte Mägdesprung, einem Nachbarort von Alexisbad, schlug im Dezember 1855 Alexisbad als Gründungsort vor.
Mehr als 120 Mitglieder der »Hütte« trafen sich Pfingsten 1856 in Halberstadt, damals Endpunkt des Schienenstranges. Auf maiengeschmückten Leiterwagen fuhren die jungen Ingenieure dann singend durch den Harz. Die Gründungsversammlung fand ihren Abschluss mit der Annahme der »Leiterwagenstatuten« und der Unterzeichnung des Gründungsprotokolls. Hüttenmeister Carl Bischof aus Mägdesprung wählten die Mitglieder 1858 zum Vorsitzenden. Doch wegen »ungünstiger Verkehrslage seines Wohnsitzes« lehnte er das Amt ab.

97

Kuriositäten aus 25 Jahren Sammlerleidenschaft

Nicht nur mit Speck fängt man Mäuse

Ob es so etwas wie Fügung gibt, fragen sich die Kneppers. Sie, die Augenoptikerin, und er, der Sänger, blieben bei ihrer ersten Westreise per Auto 1990 in Güntersberge mangels Treibstoff genau gegenüber der abbruchreifen Behausung stehen, die man ihnen ein Jahr später bei der Suche nach einem Haus im Harz zum Kauf anbot. Damals half der heutige Nachbar Lehmann ihnen mit einem Kanister Diesel aus. Karl-Heinz Knepper erzählt gerne Geschichten; stets kurzweilig, mal deftig, aber immer so, dass man sich nicht im Museum, sondern eher im Theater wähnt. Ein Vierteljahrhundert stand er ja schließlich als lyrischer Tenor auf der Bühne. Und so greift der Museumsbesitzer flugs zur Gitarre oder während der Führung in die Tasten. Denn der Typ des mit sonorer Stimme museale Weisheiten Verbreitenden ist er nicht. Das passt zudem nicht zu seinen nunmehr drei Museen im über 300 Jahre alten Haus an der Bundesstraße 242. Seit Ostern 1997 laden Gabriele und Karl-Heinz Knepper in ihr Mausefallenmuseum ein, 2000 folgte die »Galerie der stillen Örtchen«, und seit dem 1. Advent 2003 heißen

UNESCO-Welterbe Quedlinburg

Am Fachwerkhaus der Kneppers lädt dieses Schild zum Hereinschauen ein.

Karl-Heinz Knepper präsentiert eine Klotzmausefalle.

sie ihre Besucher im Harzer Weihnachtsmuseum willkommen.

Malernder und mauernder Opernsänger

25 Jahre Sammlerfleiß stecken in den Ausstellungsräumen, ungeheuer viel Arbeit und Schweiß in der baulichen Hülle. »Wir haben uns förmlich zerfetzt, haben seit dieser Zeit keinen Urlaub gemacht.« Der Opernsänger mauerte und malerte, seine Frau stand ihm zur Seite. Und beide fragten sich, ob ein Mausefallenmuseum von den Besuchern angenommen wird. Die sehr realistischen Schilderungen des schrecklichen Mausetodes durch Schüsse, Wasser oder Schlingen rührten manches Besucherkind zu Tränen. Schnell entwickelten Kneppers einen Mix aus Mausefallen, Kuriositäten und flotter Unterhaltung. Der Besucher wird immer wieder gefesselt. Fanden sich doch bei den Umbauarbeiten des Hauses mumifizierte Mäuse, Ratten, Katzen und Marder, die heute während des Vortrages gezeigt werden. Ob Röhrenfalle mit Minigalgen, ob Hunderte von Jahren alte Klotzmausefalle oder eine Falltür für Mäuse, Kneppers demonstrieren: Nicht nur mit Speck fängt man Mäuse.

Torfklo und Pumpenspülung

Als nicht weniger beliebt erweist sich die »Galerie der stillen Örtchen«. Das älteste Stück darin stammt aus der Zeit Martin Luthers. Ein Braunschweiger Torfklo hat einen »Spülkasten«, der mehrere Pfund-Portionen Torf enthielt. Das Reiseklo von vor 1900 demonstriert eine damalige Innovation: Es wurde hinten an die Kutsche geschnallt und war mit einer Pumpe bestückt, die die Spülung ermöglichte.

Gabriele und Karl-Heinz Knepper stammen aus dem Erzgebirge, ein Großvater war Holzbildhauer. Was lag da näher, als ein Weihnachtmuseum einzurichten. So können sich die Besucher nun auch Schwebeengel, Krippen, Weihnachtskarten, Nussknacker, Leuchter, Spielzeug und vieles mehr anschauen. Ihr Anliegen ist es, allen Besuchern auf unterhaltsame Art und Weise »die genialen Ideen unserer Vorfahren näherzubringen.«

UNESCO-Welterbe Quedlinburg

Ein Kleinod in der Bodeaue

Überschwemmungen und Dürren prägten die Geschichte des Fleckens

Nur wenige Kilometer von Quedlinburg entfernt liegt die kleine Gemeinde, die als eine der schönsten Deutschlands gilt. In alten Zeiten diente eine seichte Stelle in der Bode als Furt. Erstmals wurde die Siedlung 810 in einer Auflistung der Besitztümer des Klosters Fulda erwähnt. Otto II. schenkte das Dorf 974 dem Stift Quedlinburg. Die Sicherung von Ort und Furt gegen Feinde und Plünderungen gewährleistete eine Burg, die an der Stelle des heutigen Amtshofes stand. Trotz hoher Frondienste und Abgaben war Ditfurt ein stattlicher Ort, in dem es befestigte Höfe und eine eigene Kirche gab. Seit 1541 führt die Gemeinde ein eigenes Siegel. In der Nähe des Ortes befindet sich eine alte Gerichtsstätte. Während des Dreißigjährigen Krieges wurde die Ortschaft stark gebeutelt. 1635 heißt es in einem Brief an die Äbtissin des Quedlinburger Stifts, dass Ditfurt völlig ruiniert sei. Jedoch wurde es nicht aufgegeben. Überschwemmungen und Dürren prägten die Geschichte des Fleckens. Gegen Ende des Mittelalters hatte sich Ditfurt zu einem wohlhabenden Marktflecken entwickelt, der sich mit einer Befestigung samt drei Toren umgab. Die ländliche Siedlung darf als eine der schönsten Ortslagen in Sachsen-Anhalt gelten,

Rathaus

Blick zum Amtshof und St. Bonifatiuskirche

mit seinen vielfältig reizvoll wechselnden Straßenszenerien und Durchblicken.

Ditfurt-Domizil des Wassersportes am blauen Band

Ein Höhepunkt der neueren Geschichte war 1861/1862 die Eröffnung der Eisenbahnstrecke Thale-Halberstadt. Die Kiesgewinnung begann 1976 und wurde 1998 an diesem Standort eingestellt. An der Stelle der ehemaligen Kiesabbaufläche befindet sich gegenwärtig ein etwa 30 Hektar großer See mit einer durchschnittlichen Wassertiefe von acht Metern. Der Verein Wassersport Seelöwen Ditfurt e. V. bringt sich aktiv im Freizeitsport ein und fördert die sportliche Entwicklung am See. Heute gehört Ditfurt zum touristischen Projekt Blaues Band in Sachsen-Anhalt. Der hohe Erholungswert des Ortes und nicht zuletzt die gute Verkehrsanbindung zu Quedlinburg und Halberstadt und der Schnellstraße B 6n verleihen dem Ort eine Unverwechselbarkeit, bei der sich der ökologische mit dem denkmalpflegerischen Aspekt in vorbildlicher Weise vereint. Bemerkenswert sind die archäologischen Funde, die beim Kiesabbau zu Tage traten. So befinden sich ein ottonischer Bronzekrug mit Wappen im Schlossmuseum Quedlinburg sowie Stoß- und Backenzähne eines Mammuts im Heimatmuseum Ditfurt. Der Heimatverein Ditfurt e. V. ist Träger des Museums und auch Gastgeber bei vielen Veranstaltungen. Neben anderen Sehenswürdigkeiten verfügt die Präsentation des Museums über umfassende Exponate zur Dorfgeschichte. Der Denkmalsbereich umfasst die Ortslage in der Begrenzung des Bode-Mühlengrabens einschließlich der Wassermühle und der Brücken, den Hohlweg im Norden, im Westen die Breite Straße und südlich die Bahnstraße. Besonders erwähnenswert sind die Wasserläufe und ihre Niederungen, alte Grünflächen wie Kirch- und Friedhöfe, Anger, Alleen, Haus- und Nutzgärten und sonstige alte Baumbestände. Auch das alte Rathaus in der Mitte des Ortes ist ein Anziehungspunkt für Gäste des Ortes. Der kleine Ort kann stolz auf seine historische Bausubstanz sein, so wurde er mehrfach Sieger der Dorferneuerung auf Kreisebene und im Landes- und Bundeswettbewerb. 1996 errang Ditfurt einen Sonderpreis beim Europäischen Dorferneuerungswettbewerb. Eine Grundschule und die Kindertagesstätte Geelbeinchen bieten den Kindern im Ort eine umfassende Betreuung. Die am 27. Februar 1895 vom 96 Bürgern in einer Gaststätte der Gemeinde gegründete Ortsfeuerwehr engagiert sich für das Gemeinwohl. So bewältigt sie jährlich bis zu 35 Dienste und sichert somit auch Einsätze auf der nahen B 6n ab. Im Bestand der Ditfurter Feuerwehr befinden sich heute noch eine Handdruckspritze aus dem Jahre 1899 und eine mechanische Leiter aus dem Jahre 1923. Seit 1969 bis zum heutigen Tage verrichtet das LF8-TS8-STA vom Typ Robur seinen Dienst bei der Ditfurter Feuerwehr. 1994 wurden noch ein LF 16/12, im Jahre 2000 ein ABC-Erkundungskraftwagen und 2005 ein motorgetriebenes Rettungsboot II in Betrieb genommen.

Gebäude der Ditfurter Feuerwehr

Gemeinde Ditfurt · Bahnstraße 5 · 06484 Ditfurt
Bürgermeisterin Frau R. Jüngst
Tel. (0 39 46) 30 22 (Dienstag 16 bis 18 Uhr)

Sammelleidenschaft und Geschichtswissen

Heimatverein Ditfurt betreibt Heimatmuseum mit Herberge

Der Heimatverein Ditfurt e. V. wurde am 17. November 1992 gegründet. Zur Zeit hat der Verein 125 Mitglieder. Unter der Leitung des Vorstandes entstand ein historisch wertvolles Heimatmuseum mit Herberge.

Einen großen Beitrag leisten nicht nur die Vereinsmitglieder, sondern auch viele Ditfurter und andere Spender. Sie alle trugen dazu bei, so ein wunderschönes Heimatmuseum im ehemaligen Ochsenstall des Amtshofes zu errichten.

Im ehemaligen Amtshof des Quedlinburger Damenstifts befindet sich heute das Heimatmuseum mit ca. 10 000 Exponaten aus den Bereichen Landwirtschaft, Handwerk, Hauswirtschaft, Wohnen sowie Ortsgeschichte und Archäologie

Blick in den Landwirtschaftsbereich

Gute Stube um 1880

auf ca. 1000 m² Fläche. Der Fundus ist gut gefüllt und die Sammelleidenschaft hört nicht auf. Neben dem Heimatmuseum finden Sie eine Herberge mit 20 Betten in 5 Zimmern.
Ein Kleinod dörflicher Kulturgeschichte aus den letzten drei Jahrhunderten wird hier präsentiert. Ausstellungsräume stellen die historische Wirklichkeit dar und geben dem Gast das Gefühl, diese Zeit zu erleben. Ein bemerkenswertes Heimatmuseum mit rustikaler Herberge. Handwerkliches Können wird zum Erntedankfest auf dem Amtshof vorgeführt.

Eingang zum Museum mit Herberge

Das Frühlingsfest in Ott's Garten am Kiessee und der Nikolausmarkt am 1. Adventswochenende sind weitere Höhepunkte des Vereinslebens und für das ganze Dorf ein Erlebnis.

Heimatmuseum Ditfurt
Hauptstraße 19
06484 Ditfurt
Tel. (0 39 46) 81 05 21
www.heimatmuseum-ditfurt.de

UNESCO-Welterbe Quedlinburg

Abfall wird zu gutem Kompost

Positive Wirkung auf den Boden

Im Vorharz gelegen, unweit der Weltkulturerbestadt Quedlinburg, befindet sich das beschauliche Örtchen Ditfurt. Seinen Namen verdankt dieser Ort einer seichten Stelle an der Bode, die seit jeher als »Furt« bezeichnet wird. Die erste urkundliche Erwähnung des Ortes stammt aus dem Jahr 974. Otto der II. schenkte dem damaligen Stift in Quedlinburg einige Besitztümer, zu denen auch Ditfurt gehörte.

Das Rathaus, der Amtshof und besonders das Heimatmuseum zeigen die Geschichte des Ortes und die Lebensweise der Menschen.

Doch Ditfurt ist nicht nur eine verträumte Ortschaft im Harzvorland, sondern auch wirtschaftlich hat der Ort etwas zu bieten. Durch die landwirtschaftliche Struktur dieses Gebietes hat sich die Firma Harz-Humus Recycling GmbH mit einem Betriebsteil in Ditfurt niedergelassen. Am See gelegen, integriert sie sich somit in das Landschaftsbild der Umgebung.

Die HHR GmbH wurde am 6. September 1991 gegründet und ist ein mittelständiges Unternehmen, in dem rund 50 Mitarbeiter beschäftigt sind. Es verarbeitet organische Reststoffe in 15 behördlich genehmigten Kompostplätzen im Landkreis Harz zu Komposten. Zu den wichtigsten Abfallarten gehören biologisch abbaubare Garten- und Parkabfälle, biologisch abbaubare Küchen- und Kantinenabfälle, gemischte Siedlungsabfälle, Schlämme aus der Behandlung von kommunalem Abwasser, Faserabfälle, Abfälle aus der Forstwirtschaft und vieles mehr.

Die Abfälle werden nach Anlieferung auf den Kompostplätzen zeitnah verarbeitet. Dazu steht der Firma ein gut ausgestatteter Fuhrpark zur Verfügung. Zu den Maschinen in der Behandlung gehören Radlader, Siebmaschinen, Großschredder, Kompostumsetzer sowie eine Sortieranlage mit Sieb- und Windsichteinrichtung.

Betriebsgelände in Ditfurt

Mit Standard und Qualität

Der Kompost dient in der Landwirtschaft der Bodenverbesserung. Er besitzt die Eigenschaft, den Boden positiv zu beeinflussen, indem er nachhaltig düngt, die Speicherung des Wassers im Boden verbessert und der Bodenerosion entgegenwirkt. Dies alles sind Faktoren, auf die wir in Zukunft verstärkt Rücksicht nehmen müssen. Die Harz- Humus Recycling GmbH besitzt auch die Technik, die benötigt wird, um die zeitnahe Aufbringung der Komposte zu realisieren. Kompoststreuer, Traktoren und Sattelzüge stehen dabei zur Verfügung.

Ein hoher Standard und Qualität sind der Harz-Humus Recycling sehr wichtig. Daher ist die Firma ein Entsorgungsfachbetrieb gemäß §52 KrW-/AbfG für die Tätigkeiten »Einsammeln, Befördern, Lagern, Behandeln und Verwerten biogener Abfälle« sowie »Befördern, Lagern, Behandeln und Verwerten von Sieböberlauf, durchwurzelbarem Bodenmaterial sowie Mineralgemischen«.

Auch die Gütesicherung der Produkte wird gewährleistet. Die Harz-Humus Recycling GmbH ist Mitglied in der Bundesgütegemeinschaft Kompost gemäß § 11 Abs. 3 BioAbfV und besitzt das Gütezeichen Kompost im Rahmen der RAL-Gütesicherung.

So ist Ditfurt nicht nur ein Ort der Entspannung, sondern auch wirtschaftlich sehr interessant.

Kompostausbringung

Harz- Humus Recycling GmbH:

- Betreiben von 15 Kompostanlagen
- Schreddern von Grünschnitt, Altbauholz und Sperrmüll
- Sieben von Erden, Komposten, Sanden, Kiesen etc.
- Rekultivierung von Ödland und Deponien
- landschaftsbauliche Arbeiten
- landwirtschaftliche Dienstleistungen
- Rodungsarbeiten
- Transport von Schüttgütern
- Containerdienst

Harz-Humus Recycling GmbH
Am Lagerweg 31 · 06484 Ditfurt
Tel. (0 39 46) 90 70 70

UNESCO-Welterbe Quedlinburg

Blick in die Orgel (Foto: Jürgen Meusel)

Blick in den Kircheninnenraum (Foto: Jürgen Meusel)

Bonifatiuskirche zu Ditfurt dominiert den Ortskern

Wohlklingende Orgelmusik und bunte Fenster

Die Bonifatiuskirche dominiert seit mehr als 800 Jahren den historischen Ortskern von Ditfurt. Sie steht rechtsseitig der Bodeniederung auf einem markanten Bergsporn (Kirchberg) direkt an der Furt und ist von einem Kirchgarten mit hundertjährigen Linden umgeben.

Die dem Apostel der Deutschen geweihte Kirche wurde von 1901 bis 1903 anstelle eines aus dem 12. Jahrhundert stammenden Vorgängerbaus errichtet. Von der Vorgängerkirche stammt noch der spätromanische Turmstumpf, der einen spitzen Turmschaft mit Schallarkaden erhielt. Die Kirche wurde im neogotischen Stil gebaut. Der Innenraum des Kirchenschiffes weist eine romanisierende Raumgliederung und entsprechendes Baudekor auf. Die Ausmalung der Gewölbe (Ornamentbänder) folgte dem wilhelminischen Stil um 1900.

Die neue Bonifatiuskirche ist eine auf kreuzförmigem Grundriss errichtete neogotische Werksteinkirche mit dreiseitig schließendem, von Sakristeibauten flankiertem Chor. Beidseitig zwischen Schiff und quadratischem Westturm sind Treppenhäuser eingefügt. Im Chor und der oberen Fensterzone im Querhaus und Schiff befinden sich gestaffelte lanzettförmige Fenster.

Die Fenster der Bonifatiuskirche entstanden in der Glasmalerwerkstatt – Fred. Müller – in Quedlinburg und stehen für hohe Qualität. Durch besondere Schönheit zeichnen sich die drei Fenster im Chor aus (Christi Geburt, Opfertod und Auferstehung).

Im Chor befinden sich Altar, Taufstein und Kanzel, aus französischem Sandstein gehauen. Die Bestuhlung im Kirchenschiff besteht aus Holzbänken, die 450 Besuchern Platz bieten. Die Beleuchtung bilden zwei große und acht kleine Kronenleuchter, die von Ditfurter Schmiedemeistern gefertigt wurden.

Das Herzstück der Bonifatiuskirche ist die von Ernst Röver gebaute Orgel mit 33 Registern auf 2 Manualen und Pedal. Sie ist das repräsentativste erhaltene Werk des Orgelbauers aus Hausneindorf. Die Orgel entstand 1903 zeitgleich mit der auf alten Fundamenten völlig neu, größer und aufwändiger erbauten Kirche und sollte von größter Güte zeugen, dem Kirchenbau ebenwürdig. Die Qualitätsarbeit fällt auch heute noch jedem Betrachter ins Auge und zeugt von hoher Klanggüte. Die im Original erhaltene Röver-Orgel wurde 2006 restauriert und ihr einzigartiger Klang ist wie vor 100 Jahren in der Kirche zu erleben.

Die Bonifatiuskirche wird neben den Gottesdiensten auch zu Konzerten (Orgel und Gesang) und zu CD-Einspielungen aufgrund der sehr guten Akustik genutzt.

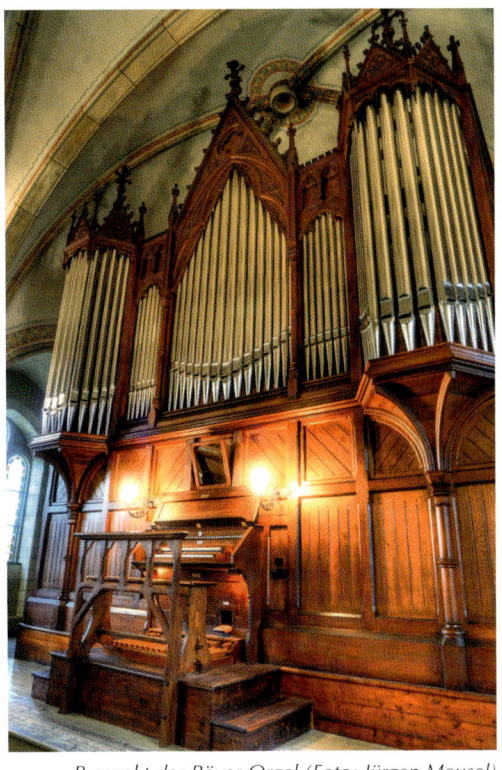

Prospekt der Röver-Orgel (Foto: Jürgen Meusel)

Nach über 40 Jahren Siechtum ist die Bonifatiuskirche nach 1990 zu neuem Leben erweckt worden. Der Kirchengemeinde, unterstützt von vielen Betrieben und Privatpersonen, gelang es, große Sanierungs- und Restaurierungsarbeiten durchzuführen. So wurde das Dach erneuert, der Chor und das Kirchengewölbe restauriert, 7 Kirchenfenster und die Umluftheizung saniert und die wertvolle Röver-Orgel restauriert.

Die Kirche kann täglich nach Anmeldung besichtigt werden (Herr Buchholz Tel. (0 39 46) 70 75 20 oder Fam. Gröpke Tel. (0 39 46) 44 50)).

UNESCO-Welterbe Quedlinburg

Mit Schwerlastern aus dem Kloster in die Welt

Leidenschaft für Technik und alte Autos

Eckhard Malkowsky hat im 45 Kilometer von Magdeburg, im nördlichen Harzvorland zwischen Quedlinburg und Kroppenstedt gelegenen Hedersleben DDR-Landwirtschaftsgeschichte miterlebt. Als Feldbau und Tierproduktion entgegen der Erfahrungen der alten Bauern getrennt wurden, landete er in der LPG Tierproduktion. Als es mit der sozialistischen Landwirtschaft dem Ende zuging, war Eckhard Malkowsky Leiter der Technikabteilung der Genossenschaft. Seine Aufgabe war es, den Fuhrpark der LPG in Schuss zu halten. Keine leichte Aufgabe, wenn es kaum Ersatzteile gibt, wie es zu DDR-Zeiten normal war. Doch genau sein Improvisationstalent und die handwerklichen Fähigkeiten sollten ihm bei seinem Start in die Marktwirtschaft und bei seinem Hobby gute Dienste leisten. Die Abschlussbilanz zum letzten Tag der DDR-Mark war verheerend. Alle Mitglieder der Genossenschaft verloren ihren Job, als die Tierproduktion in die Marktwirtschaft verabschiedet wurde. Auch Eckhard Malkowsky durfte sich entscheiden: Arbeitslosigkeit oder Start in die Selbstständigkeit. Er übernahm die Technik der LPG Tierproduktion und machte aus der großen Not eine Tugend.

Das Fuhrunternehmen Malkowsky wurde hervorgehend aus dem ehemaligen Technik-Fuhrpark der LPG Hedersleben am 1. Juli 1990 gegründet. Eckhard Malkowsky übernahm von dort einige LKW, Bagger und diverse Materialien. Dann stellte er diese der Bauwirtschaft zur Verfügung, die mit Unterstützung von seriösen und mitunter windigen Westunternehmern paradiesische Zeiten in den beigetretenen neuen Bundesländern erlebte. Sein Fuhrpark war gut ausgelastet, die Technik im weiteren Umkreis unterwegs. An allen Ecken und Enden wurde neu gebaut, saniert und

Fahrzeug fährt für Gaensefurther Schlossbrunnen.

Aus dem Museum, Wasserwerfer DDR

104

UNESCO-Welterbe Quedlinburg

renoviert. Viele Jungunternehmer waren glücklich mit bewährter Technik in eigener Existenz. Doch bald konfrontierten den Jungunternehmer Eckhard Malkowsky Eigentumsansprüche mit neuen Problemen. Die Technikabteilung befand sich damals in den Wirtschaftsgebäuden des Klosters Hedersleben. Dort durfte es unter den gegebenen Umständen nicht bleiben. Kurzfristig musste das Fuhrunternehmen in die Zuckerfabrik Hedersleben umziehen. Eckhard Malkowsky baute die ehemalige Zuckerfabrik zu seinem Firmensitz um, wo er sich noch heute deutlich sichtbar für Bewohner und Kunden befindet.

Schnell hatte er erkannt, dass er in der Baubranche allein trotz des Baubooms Anfang der 90er-Jahre seine Existenz nicht sichern konnte. Der umtriebige Unternehmer entschloss sich deshalb, in das Schwerlasttransportgeschäft einzusteigen. Heute gehört die Firma Eckhard Malkowsky zu einem der größten Fuhrunternehmen der Nordharzregion und im Raum zwischen Magdeburg und dem Harz. Zu seinem Fuhrpark gehören zehn moderne Fahrzeuge für den Schwerlasttransport und den internationalen Güterverkehr.

In der Firma sind bis zu 15 Mitarbeiter beschäftigt. Selbst die Frau von Eckhard Malkowsky steigt gelegentlich »auf den Bock« und fährt selbst einen LKW K 30 für einen namhaften Getränkehersteller.

Wenn alte Omnibusse und Dampfwalzen in die Zucker-Depots rollen

Doch Eckhard Malkowsky hat noch eine andere Leidenschaft. Sein Hobby ist platzintensiv und mit großen finanziellen Aufwendungen verbunden, braucht aber auch viel Fingerfertigkeit. Er sammelt schon seit seiner Jugend Fahrzeuge aller Art. So kann man bei ihm heute in einem noch nicht fertiggestellten Museum Fahrzeuge aus der Baubranche ebenso bewundern wie Omnibusse, Kraftfahrzeuge, Motorräder oder Lokomotiven. So reihen sich in seinen Depots Dampfwalzen und Dampfmaschinen, LKWs und Motorroller, Mopeds und ungarische Ikarus-Busse aneinander. Um den ganz speziellen Fuhrpark aus allen Himmelsrichtungen »zusammenzufahren«, macht sich seine Hauptbeschäftigung bezahlt. Riesige Kräne hieven die meist nicht mehr fahrtüchtigen Oldies auf Schwerlasttransporter, die sich vorsichtig gen Hedersleben bewegen. Dort wird gebastelt und geschraubt, manch Ersatzteil nach Wochen aufgetrieben und begeistert an den richtigen Platz gebracht.

Zu speziellen Anlässen wie Volksfesten, Betriebsjubiläen und Umzügen in ganz Deutschland stellt Eckhard Malkowsky gern einige dieser Fahrzeuge aus dem Museum unweit des Hakels in Sachsen-Anhalt zur Verfügung. Hervorzuheben ist, dass Familie Malkowsky gerade zu den Erntedankfesten in Hedersleben vor der eigenen Firmentür mit alten Kraftfahrzeugen und Landtechnik mit von der Partie ist und die Umzüge selbst organisiert – das ist Ehrensache.

Sogar eine der ersten entwickelten Dampfloks einschließlich der dazugehörigen Waggons als nachgebautes Modell nennt Eckhard Malkowsky sein Eigen. Das Gefährt stellt er gern Kindereinrichtungen zur Verfügung, worüber sich die Kinder besonders freuen.

> Eckhard Malkowsky
> Planstraße 22b · 06458 Hedersleben
> Tel. (03 94 81) 8 29 47 · Fax (03 94 81) 8 17 80

Aus dem Museum, Straßenwalze

UNESCO-Welterbe Quedlinburg

Wo die Hexen zu Walpurgis tanzen

Schon Goethe wusste Thale zu schätzen

Das Bodetal ist laut Goethe das größte Felsental nördlich der Alpen; Rosstrappe, Hexentanzplatz und die Sagenwelt der Thalenser Hexen machen Thale berühmt. 1886 kamen die ersten Gedanken auf, per Seilbahn das Bodetal zwischen Hexentanzplatz und Rosstrappe zu überqueren. Doch es dauerte fast 85 Jahre, bis 1970 die Kabinenbahn zum Hexentanzplatz feierlich übergeben wurde. Zehn Jahre später bewegte dann der erste Sessellift die Touristen zur Rosstrappe.

Die touristischen Trümpfe, die in Thale stechen, sind die herrliche Natur des Bodetales, der im besonderen Maße auf die Region um Thale zugeschnittene germanische Götterkult entlang des Mythenweges sowie die Familienfreundlichkeit. So kommen jährlich allein bis zu 1,2 Millionen Tagesgäste nach Thale.

100 Kilometer zwischen Ost und West

Der Wanderklassiker »Harzer-Hexen-Stieg«, der von Thale nach Osterode führt, gehört inzwischen zur Liga der zehn besten deutschen Weitwanderwege. Rund hundert Kilometer quer über das nördlichste deutsche Mittelgebirge, von Ost nach West oder West nach Ost, über den sagenumwobenen Brocken, den höchsten Berg des Nordens: Der Harzer-Hexen-Stieg macht es möglich. Die Stadt Thale liegt am nordöstlichen Harzrand, wo die Bode aus dem Gebirge tritt und zwischen den steilen Sagen umwobenen Felsen Hexentanzplatz und Rosstrappe eine tiefe Schlucht gegraben hat. Der Ort ist Ausgangspunkt für Wanderungen in das wildromantische Bodetal und Startpunkt des Harzer-Hexen-Stieges. Führungen der besonderen Art, wie die Sagenwanderung oder Führungen mit Hexe und Teufel, werden von der lokalen Tourist-Information angeboten.

Besonderer Beliebtheit erfreuen sich Führungen mit mythischer Thematik auf dem Weg mit den glücksbringenden Hufeisen. An keinem weiteren Ort im Harz und seinem Umfeld ist der Mythos des heidnisch-germanischen Götterkults so eng mit einer nahezu dramatischen Naturkulisse verwoben wie im Bereich des Bodetals bei Thale. Dazu zählt das sagenumwobene Hufmal auf der Rosstrappe ebenso wie die Walpurgishalle auf dem Hexentanzplatz. Der historische Kern von Thale liegt jedoch in der Unterstadt auf dem Gelände des ehemaligen Klosters Wendhusen. Das Kloster war im 9. Jahrhundert Ausgangspunkt für die Christianisierung des gesamten Harzraumes und verfolgte die Aufgabe, heidnische Kulte zurückzudrängen. Wendhusen gilt als die älteste

Blick über Thale

Blick aus Kabinenbahn auf Felsmassiv  *Eingang zum Bodetal*  *Reißende Bode*

Klostergründung der neuen Bundesländer und eines der frühesten Zentren des politischen, kirchlichen und kulturellen Lebens im Harzgebiet. Um 820/830 gründete die sächsische Adlige Gisla, Erbtochter des Ostfalenherzogs Hessi, ein Benediktinerinnenkloster, in das sie ihre Tochter Bilihilt als erste Äbtissin einwies.

Stadt Thale, Harzer Bergtheater, Tierpark, Hüttenmuseum, Bauspielhaus und der Verein für Thale ziehen an einem Strang, um ein buntes Spektrum an Angeboten für die Gäste zu erreichen. Am 1. April 2004 wurde dann in Thale das Bau-Spiel-Haus eröffnet. Seither konnte das Bau-Spiel-Haus-Team viele Besucher begrüßen. Selbst über 60jährige Großeltern machen mit ihren Enkeln hier alles mit. Das Unternehmen setzt voll auf Familienfreundlichkeit. Zu den Gästen der riesigen Halle zählen Einheimische ebenso wie Spontanbesucher, die am knallbunten Haus vorbeikommen und mit ihren Kindern schauen, was sich hinter den Fassaden verbirgt. Es ergänzt die Tourismusangebote in der Harzregion, denn nicht immer scheint im Familienurlaub die Sonne. Auf 2400 Quadratmetern können sich Kinder austoben. Verschiedene Hüpfburgen, Rutschen, die Ballwanne, Klettergeräte und andere Attraktionen gilt es zu erkunden. Das Bau-Spiel-Haus ist damit der größte überdachte Spielplatz der Region.

Industrietradition verdeutlichen

Das Hüttenmuseum Thale zeigt die Entwicklung von Eisenverhüttung und -verarbeitung von einer Blechhütte bis zum industriellen Großbetrieb. Es wurde 1986 zum 300-jährigen Jubiläum des Eisenhüttenwerkes Thale eröffnet. Der Prozess des Verhüttens und der anschließenden Eisenverarbeitung wird anhand von Modellen wie Rennofen, Hoher Ofen und Frischfeuer gezeigt. Im Mittelpunkt steht die Entwicklung der Hauptproduktionsbereiche Stahlwerk, Walzwerke, Stanz- und Emaillierwerk, Behälter- und Apparatebau und Pulvermetallurgie. Es wird deutlich, dass in Thale vom Stahl bis zum hoch veredelten Pulverteil alles an einem Ort hergestellt wurde.

Seit 1995 wird im Hüttenmuseum Thale konkrete Umweltgeschichte gezeigt. Dazu gehören die Wechselbeziehungen zwischen dem Wachsen des Eisenhüttenwerkes und dem Ort Thale sowie der Umgang mit den Belastungen für Mensch, Luft, Wasser und Boden durch 300jährige metallurgische Produktion. Im Museum wird der Besucher aktiv einbezogen und kann die Modelle antreiben, riechen und tasten. Außerdem wird den Besuchern am Bodetal das weltweit größte Zellenwasserrad mit einem Schluckvermögen von 4.000 Litern pro Sekunde in einem kompletten Schauwasserkraftwerk gezeigt, das nach alten überlieferten Verfahren und mit modernster, umweltfreundlicher Technik arbeitet.

Blick auf die Rosstrappe

Stadt Thale
Rathausplatz 1 · 06502 Thale
Tel. (0 39 47) 47 00 · Fax (0 39 47) 47 01 99
info@thale.de · www.thale.de

Die Darsteller des Nordharzer Städtebundtheaters proben auf der grünen Bühne des Harzes.

Keine Schocker, aber lebendiges Theater

Mimen auf dem Berg und in der Höhle

Nicht nur in den Winterferien öffnen sich für die Freunde des Theaters die Türen der Baumannshöhle Rübeland. Höhlenspezifisches steht im einzigartigen Ambiente der Tropfsteinwelt auf dem Spielplan. Den künstlerischen Hut dafür hat Mario Jantosch auf. Der »Bergtheaterdirektor« ist einer der beiden Geschäftsführer der Hexentanzplatz Thale GmbH, die aus Tiergarten und Theater gebildet wurde. Als er die Rolle des Theaterchefs übernahm, war die grüne Bühne eine reine Gastspielbühne. Heute gilt sie als eigenständiges Theater, dessen Spielplan mit rund 150 Vorstellungen zu einem Drittel aus Eigenproduktionen besteht. Der Theaterchef versteht sich als Erbe von Gründer Dr. Ernst Wachler, von Ulrich Velten, der das Wort vom Volkstheater unter freiem Himmel prägte, und Curt Trepte. »Letzterer holte sich, so lange das möglich war, jeden Sommer 20 deutschsprachige Schauspieler zu den Deutschen Festspielen auf den Berg. Daran haben wir angeknüpft.« Mario Jantosch lädt Jahr für Jahr für die Eigenproduktionen Schauspieler auf den Hexentanzplatz ein, die dort einen Sommer intensiven Zusammenlebens verbringen und wiederkommen. »Irgendwie erinnert es an so ein Lager für Arbeit und Erholung. Es kann nicht das große Geld verdient werden, das wissen alle. Aber wir sind eine feste Truppe, die über Jahre dieses ganz besondere Klima auf dem Berg genießt. Wir müssen einfach zueinander passen, wenn wir hier über Wochen in den Bungalows leben und für die Stücke proben.«

Freilufttheater mit Petrus Gnaden

Und so nutzt Mario Jantosch die scheinbar ruhigere Winterzeit nicht nur dazu, eigene künstlerische Projekte voranzutreiben und die Sommerbergtheatersaison vorzubereiten. Mario Jantosch erlebte mit den eigenen Produktionen auf dem Berg Höhen und Tiefen, dramatisierte »Peter Pan«, inszenierte selbst und schrieb die Musik zu Stücken. »Das ist oft die Winterarbeit, wenn die Kreativität stärker im Vordergrund steht als die Verwaltungsarbeit.« Sein Anspruch an Kultur im Harz: »Wir wollen Kultur für die Menschen hier machen, populär, mit künstlerischem Anspruch, keine Schocker, aber lebendiges Theater.«

Anfang Januar liegt stets der Spielplan für die Sommerfestspiele auf der grünen Bühne des Harzes vor. Das Bergtheater und seine Partner vom Nordharzer Städtebundtheater wissen, es gibt zahlreiche Kulturangebote unter freiem Himmel. Die Bühne auf dem Hexentanzplatz hat einen guten Ruf weit über die Landesgrenzen hinaus. »Aber für den müssen wir jedes Jahr neu etwas tun, auch wenn das Geld nicht überall locker sitzt. So wird der Sommerspielplan wieder ein anspruchsvoller Mix aus Oper, Operette, Musical und ganz viel Kindertheater sein. Die Sonderkonzerte sind oft hoffnungslos ausverkauft. »Wir hoffen, dass Petrus wieder gnädig ist«, meint Mario Jantosch. Aber im Juli und August gibt es dank seines Ensembles durchaus auch regensichere Spielstätten – wie die Baumannshöhle.

Ur-Mutter des Hauses Oranien stammt aus dem Harz

Ein Rathaus ohne Treppen

»Deine getreue muter allezeit«, so unterzeichnete Juliana zu Stolberg und Wernigerode, Mutter des berühmten Prinzen Wilhelm von Oranien und damit Stammmutter des niederländischen Königshauses, viele Briefe an ihre Kinder. 2006 jährte sich zum 500. Male der Geburtstag von Juliana von Stolberg. Der heutige Fürst zu Stolberg-Stolberg wurde wie Juliana auf dem Familienschloss Stolberg im Harz geboren.

Die gebürtige Harzerin heiratete zweimal, bekam mit Philipp von Hanau in fünf Ehejahren fünf und mit Wilhelm von Nassau später 12 Kinder. Vier Jahre vor der Geburt ihres letzten Kindes wird sie erstmals Großmutter. Von 160 Nachkommen wird berichtet, sodass alle Fürstenhäuser in Europa auf Juliana zurückgehen. Allein 15 von Stolberg und Wernigerode sind verzeichnet. Dazu kommen Julianas leibliche, Stief- und Schwiegerkinder.

Die Geschwister der Ur-Mutter des Hauses Oranien und deren Gatten haben wie Anna, die Quedlinburger Äbtissin, oder Wolfgang, der Stifter der Harzlinie, die regionale Geschichte geprägt. Darüber hinaus heirateten Dorothea und Ulrich Graf von Regenstein und Blankenburg in die Familie von Stolberg ein. Ihre mit Ulrich vermählte Schwester Magdalena verliert mit 35 Jahren, beim bekannten Blankenburger Schlossbrand 1546 von Flammen eingeschlossen, ihr Leben.

Stolberg gilt als eine der schönsten Städte im Harz, wo Natur und mittelalterliche Baukunst eine Einheit bilden. Eingebettet in vier Täler, in einer Höhenlage zwischen 300 und 350 Metern, bietet der Ort mit seinen wundervollen Buchen- und Mischwäldern ideale Voraussetzungen für erholsame Wanderungen. Die kleine Stadt Stolberg im Südharz ist geprägt durch die in kleinen, winkligen Gassen stehenden vielen gut erhaltenen Fachwerkbauten im Stil der Spätgotik und der Renaissance. Seit 1993 schmückt sich die Stadt außerdem mit dem durch die EU als erster Stadt des Kontinents vergebenen Titel »Historische Europastadt«.

Thomas Müntzer und Aufstieg zum Josephskreuz

Als Sehenswürdigkeiten bietet die Stadt ein Rathaus, welches im Inneren keine Treppen besitzt. Es besaß ursprünglich zwölf Türen für die 12 Monate, 52 Fenster für die 52 Wochen und hatte insgesamt 365 Fensterscheiben für 365 Tage – ein symbolischer Kalender. Vor dem Rathaus befindet sich ein Denkmal von Thomas Müntzer, der in Stolberg geboren wurde. An der Stelle seines Geburtshauses ist heute eine Gedenktafel zu finden. Über der Stadt thront das Schloss im Renaissance- und Barockstil. Unweit der Stadt befindet sich auf dem Auerberg eine weitere Attraktion: das Josephskreuz. Dieses als Aussichtsturm genutzte größte eiserne Doppelkreuz der Welt überragt weithin sichtbar den Wald. Entlang der »Straße der Lieder«, ein von Gotthilf Fischer erschaffener Wanderweg mit 14 Liedstationen, geht es vom Fuße des Auerbergs bis zum Josephskreuz. Bereits im 17. Jahrhundert befand sich auf dem Auerberg ein hölzerner Aussichtsturm. Die Sage berichtet, dass eines Tages fremde Männer kamen und Gänge in die Bergkuppe trieben, um dort nach roter Farbe zu suchen. Dadurch wurde der Turm unterhöhlt und baufällig und stürzte bald darauf ein.

Tatsache ist, dass der Turm im Jahr 1768 sehr marode war und aus Sicherheitsgründen abgerissen werden musste. Lange Jahre vergingen, bis auf Initiative des Stolberger Grafen ein neuer Aussichtsturm gebaut werden sollte. Dieser Vorgänger der heutigen Eisenkonstruktion war ein gotisches Doppelkreuz aus Holz. Es entstand 1834 nach Entwürfen von Karl Friedrich Schinkel, wurde aber 1880 vom Blitz getroffen und brannte nieder. Das heutige Bauwerk stammt aus dem Jahr 1896 und entstand in Anlehnung an den Entwurf Schinkels. Mit dem Bau der Stahlfachwerkkonstruktion wurde am 20. April begonnen und schon am 9. August konnte sie eingeweiht werden. Das Josephskreuz ist 38 Meter hoch und wiegt 125 Tonnen. Es wird durch 100 000 Nieten zusammengehalten. Wer die 200 Stufen bis zur Plattform bezwungen hat, wird mit einer herrlichen Aussicht belohnt. Von der Plattform in 38 Meter Höhe bietet sich dem Besucher bei guter Sicht ein Rundblick über den Harz bis zum Kyffhäuser und zum Großen Inselsberg bis nach Magdeburg.

Rathausansicht von Stolberg

Blick von der Stadt zum Schloss

Bedeutende Quedlinburger auf kleinen Kunstwerken

Briefmarken werben für UNESCO-Weltkulturerbe

Von Dietrich Ecklebe, Vorsitzender des Landesverbandes der Philatelisten in Sachsen-Anhalt e. V.

Quedlinburg ist eine Stadt, in der deutsche Geschichte geschrieben wurde. Darüber hinaus gilt sie als ein Kleinod der Fachwerkbaukunst und sie ist die Geburtsstadt bedeutender Persönlichkeiten. Aus allen diesen Gründen wurde die Stadt 1994 von der UNESCO zum Weltkulturerbe erklärt.

Schon von Weitem grüßen den Besucher die Türme der romanischen Stiftskirche auf dem Schlossberg. An dieser Stelle befand sich die Pfalz der deutschen Könige und Kaiser, die bis 1200 Quedlinburg mehr als jede andere deutsche Stadt besuchten. Regelmäßig feierte die Herrscherfamilie hier Ostern. Eine erste Urkunde stellte Heinrich I. am 22. April 922 in Quedlinburg aus. Im Jahre 994 verlieh Kaiser Otto III. Quedlinburg das Markt-, Münz- und Zollrecht. Auf diese beiden Daten gehen die Jahrtausendfeiern der Stadt von 1922 und 1994 zurück. Beide Daten sind philatelistisch belegbar.

Das bedeutendste Bauwerk ist die Stiftskirche. Der heutige, vierte, von italienischen Baumeistern geschaffene Kirchenbau wurde 1129 geweiht. Typisch ist der Sächsische Stützenwechsel von zwei Säulen und einem Pfeiler. Adlerdarstellungen an den Kapitellen zeigen, dass es sich um ein kaiserliches Bauwerk handelte. Unter dem Chor befindet sich die Krypta, die vom dritten Bau stammt. Wertvolle Fresken schmücken die Decke. Hier befinden sich die Gräber des ersten deutschen Königs Heinrich I. und seiner Gemahlin Mathilde. Sie war die erste Äbtissin des Damenstiftes, das nach dem Tode Heinrichs auf dem Schlossberg eingerichtet worden ist.

Die Geschichte des Kirchenschatzes liest sich wie ein Krimi, denn er wurde nach dem 2. Weltkrieg geraubt, nach Texas gebracht und kam 1993 nach vielen Abenteuern nach Quedlinburg zurück. Er zählt zu den bedeutendsten Kirchenschätzen überhaupt. Besonders das Alter der ausgestellten

Sonderkarte und Sonderstempel zur 1000-Jahrfeier am 22. April 1922, Briefmarke von 1994

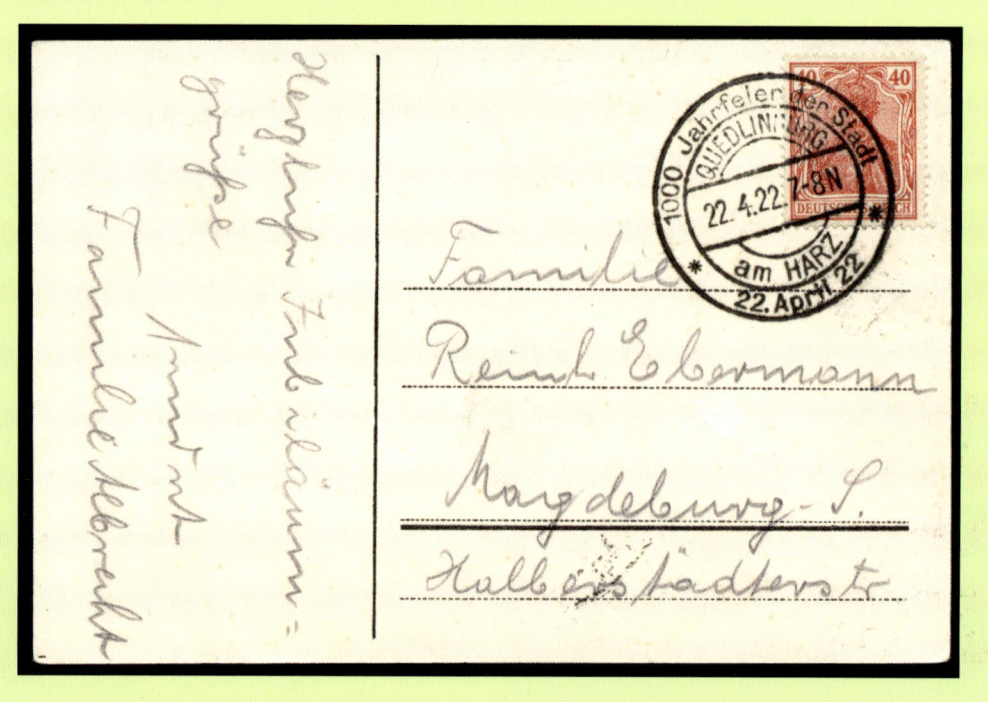

UNESCO-Welterbe Quedlinburg

schen Fachwerkhaus, dem Hochständerbau im Worth 3, sind dagegen nur Briefmarken einer Privatpostanstalt aus Quedlinburg und ein Sonderstempel der Deutschen Post gewidmet. Das Klopstockhaus befindet sich an einem Platz vor dem Schlossaufgang. In dem schönen Renaissancehaus mit seinen typischen Säulen vor der Fachwerkfassade wurde der bedeutende Dichter Johann Gottlieb Klopstock 1724 geboren. Nicht weit entfernt befindet sich das Geburtshaus der ersten deutschen Ärztin Dorothea von Erxleben.

Zwischen dem Stiftsbezirk und der Altstadt verlief die Stadtmauer. Im Word, einer kleinen Gasse in der Nähe des Marktes, befindet sich der Hochständerbau, Deutschlands ältestes Fachwerkhaus. Dendrologische Untersuchungen weisen eine Erbauung um 1310 nach. Die Deckenträger sind noch alle in eine Mittelsäule eingezapft. Heute befindet sich darin das Fachwerkmuseum. Vor dem Rathaus steht der Roland, der als Symbol der Selbstständigkeit einst von der Äbtissin zerstört worden war, aber von den Bürgern der Stadt später wieder zusammengefügt wurde.

Bedeutende Persönlichkeiten haben in Quedlinburg das Licht der Welt erblickt oder haben hier gelebt. Dem Dichter Klopstock und der ersten deutschen Ärztin Dorothea von Erxleben sind Briefmarken gewidmet, Carl Ritter und GutsMuths kommen nur in Stempeln vor.

Quedlinburg »gilt mit ihren mehr als 1200 Fachwerkhäusern aus sechs Jahrhunderten und dem mittelalterlichen Stadtgrundriss als außergewöhnliches Beispiel für eine europäische mittelalterliche Stadt. Die Stiftskirche mit den Gräbern des ersten deutschen Königs Heinrich I. und seiner Frau Mathilde sowie dem kürzlich zurückgekehrten Domschatz ist ein architektonisches Meisterwerk der Romanik«, heißt es in der UNESCO-Erklärung. Eine Einschätzung, die Ehrung und Verpflichtung gleichzeitig ist. Die Herausgabe von Briefmarken, Ganzsachen und Sonderstempeln kann mit dazu beitragen, die Schönheit der Stadt weltweit bekannt zu machen.

Schlossberg und Stiftskirche

Bildpostkarten mit der Ansicht des Schlossberges und der Krypta der Stiftskirche

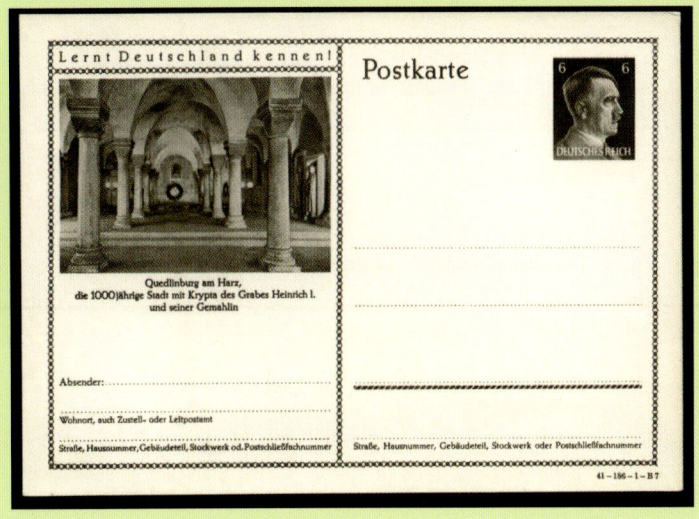

Klopstockhaus

Klopstock

Dorothea von Erxleben

Roland

Kunstgegenstände übertrifft alles, was sonst in Deutschland bekannt ist. Im Schloss befindet sich heute ein Museum.

Die Stiftskirche wurde werbewirksam als Bild auf den Absenderfreistempeln der Stadtverwaltung eingesetzt. In der DDR erschienen auch das Klopstockhaus und der Roland auf Sonderbriefmarken. Dem ältesten deut-

111

UNESCO-Welterbe Quedlinburg

»Einfach mal hintigern«
Lernen in der Zoo-Schule

Inmitten des Naherholungsgebietes »Alte Burg« liegt der Zoo der Stadt Aschersleben. Er ist ein besonderes Kleinod unter den Tiergärten Sachsen-Anhalts. Der zehn Hektar große Waldpark bietet mit seinem sanfthügeligen Gelände und teils großzügigen Tieranlagen Naturgenuss und Erholung in einem.

Das weitläufige Wegenetz unter Schatten spendenden, hundertjährigen Laubbäumen mit immer wieder eingestreuten Sitzgelegenheiten, Spiel- und Abenteuerpunkten, unerwarteten Einblicken in bestimmte Tieranlagen, begehbaren Gehegen und Volieren oder Tierhäusern, Streichelgehegen und vielem mehr, ist Garant genug für einen spannenden und erlebnisreichen Zoo-Besuch.

Hauptakteure sind natürlich die Tiere, wie Zebras, Kamele, Antilopen, Flamingos oder Eulen. Im begehbaren Affenhaus leben Totenkopfäffchen, Weißgesichtsseidenäffchen, Leguane, Gürteltiere, Schildkröten und sogar Vogelspinnen. Flughunde und andere Nachtgespenster kann man neben Krokodilen, Riesenschlangen und Fischen im Kleinen Tropenhaus beobachten. Gruppen von Berber- und Kapuzineraffen mit ihren quirligen Jungtieren sowie seltene, kontrastreich gefärbte Meerkatzen zählen zu den beliebtesten Zoo-Bewohnern.

Kamelstute Gertrud mit Jungtier

Weißes Tigerpaar Kiara und Karim beim Spielen

Attraktion des Zoos: weiße Tigerdame »Kiara«

Katzenfreunde können sich an verschiedenen Kleinkatzen wie Ozelots, Salz- und Amurkatzen oder den prächtigen Schwarzen Panthern und Jaguaren erfreuen. Moderne und naturnahe Anlagen bewohnen die schwarzen Brillenbären und die riesigen Sibirischen Tiger. Sie teilen ihr Gehege mit der neuesten und derzeit populärsten Attraktion des Zoos, der weißen Tigerdame »Kiara«, die seit Mitte 2006 in der Eine-Stadt zu Hause

Weiße Tigerdame Kiara

Planetarium im Zoo bei Nacht

Sibirischer Tiger Puhdy

ist, sowie ihrem Partner »Karim«, der im Sommer 2007 dazukam.

Nicht minder populär bei großen und kleinen Besuchern sind die Streichelgehege mit Ziegen, Schafen, Ponys, Kaninchen und Meerschweinchen oder der Kontakt mit den Wellensittichen in der begehbaren Voliere am Eingang.

In der Zoo-Schule konnten seit ihrem Bestehen ab September 2003 schon über 1000 Grundschülern unvergessliche Biologieunterrichtsstunden vor Ort vermittelt werden. Der Zoo Aschersleben bietet etwas für die ganze Familie und ist eine prima Ergänzung zu Bergen, Burgen und Schlössern des Harzes und das zu jeder Jahreszeit.

Integriert ins Gelände ist das Planetarium Aschersleben mit einem umfangreichen Programmangebot. Neben traditionellen astronomischen Inhalten können sich Interessenten auch über andere Bereiche der Naturwissenschaften und der Raumfahrt informieren. Aber auch Fachvorträge, Himmelsbeobachtungen und Musikveranstaltungen gehören zum Repertoire der Einrichtung.

Zoo Aschersleben
Auf der Alten Burg 40 · 06449 Aschersleben
Tel. (0 34 73) 33 24 · Fax (0 34 73) 69 90 69
office@zoo-aschersleben.eu
www.zoo-aschersleben.de

Im Alter bestens umsorgt

Jedem Interessierten ein angenehmer Lebensabend sicher

Im Alter und bei Krankheit sind persönliche Zuwendung und Geborgenheit oberstes Gebot. Im Mittelpunkt des bewährten Pflegekonzeptes des Senioren-Wohnparks in Aschersleben stehen die Bedürfnisse und das Wohlbefinden jedes einzelnen Bewohners. Unser Haus zeichnet besonders die aktivierende Pflege durch fachkompetentes Pflegepersonal aus. Die Mitarbeiter fördern, begleiten und pflegen mit dem Ziel, die Selbstständigkeit der Bewohner zu erhalten. Physio- und Ergotherapeuten unterstützen dabei die Maßnahmen. Die

Senioren-Wohnpark Aschersleben

behindertengerechte Ausstattung der großzügig gestalteten Wohnräume und eine optimale Betreuung garantieren den Bewohnern Ruhe und Geborgenheit im neuen Lebensabschnitt. Vielfältige Veranstaltungen und Ausflüge sorgen für Abwechslung. Zur Sicherung der erforderlichen Pflege bieten unter anderem die Sozialämter die notwendige Unterstützung. So wird jedem Interessierten ein angenehmer Lebensabend sichergestellt.

Zu den Leistungen des Senioren-Wohnparks in Aschersleben zählen Vollzeit-, Tages- und Nachtpflege sowie Kurzzeit- und Urlaubspflege, spezielle Alzheimer- und Multiple-Sklerose-Pflege. Der Senioren-Wohnpark Aschersleben arbeitet dabei mit kassenzugelassene Praxen für Ergotherapie und Physiotherapie zusammen.

SENIOREN-WOHNPARK
ASCHERSLEBEN

Senioren-Wohnpark Aschersleben
Askanierstraße 40
06449 Aschersleben
Tel. (0 34 73) 96 10
Fax (0 34 73) 96 18 11
www.senioren-wohnpark.com

Senioren-Wohnpark Sankt Elisabeth
Vor dem Wassertor 39
06449 Aschersleben
Tel. (0 34 73) 87 43 00
Fax (0 34 73) 87 43 64
www.senioren-wohnpark.com

Unternehmen der Marseille-KlinikenAG

Senioren-Wohnpark St. Elisabeth

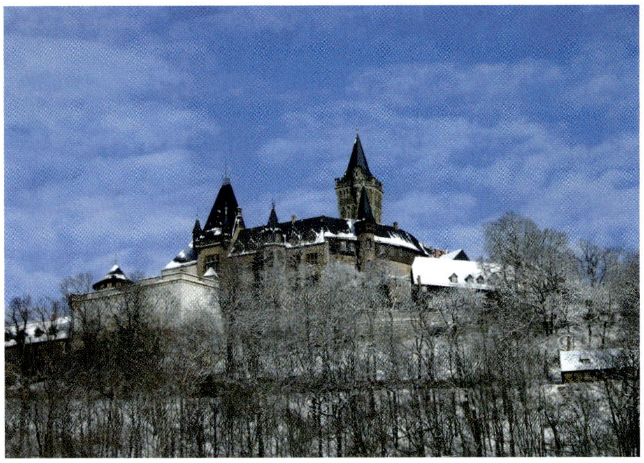
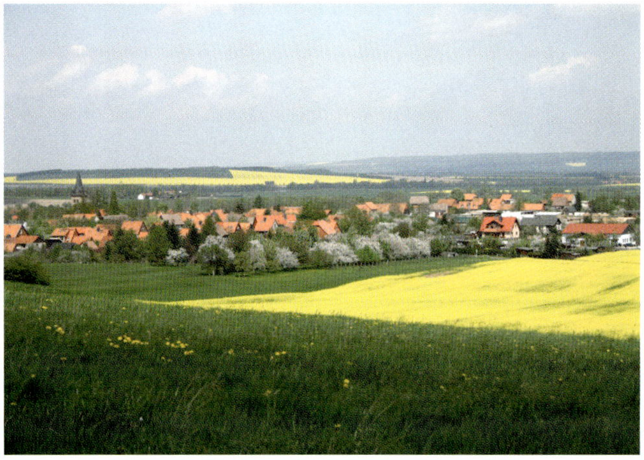
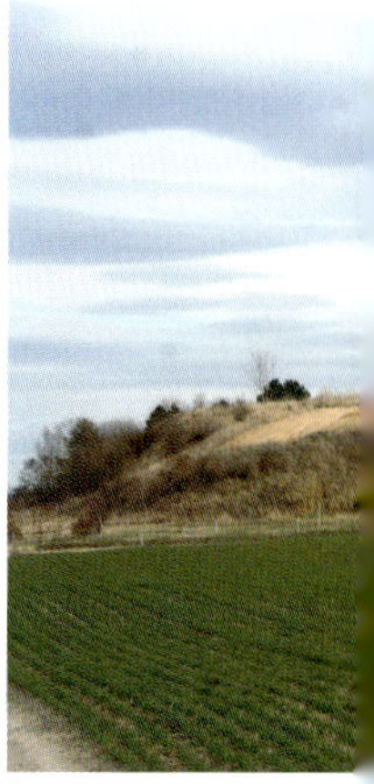
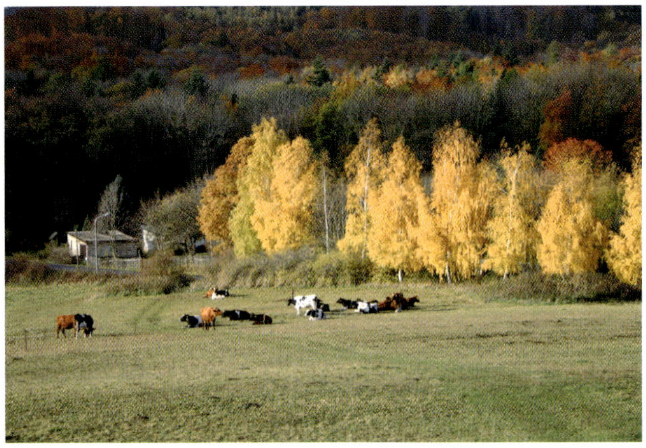
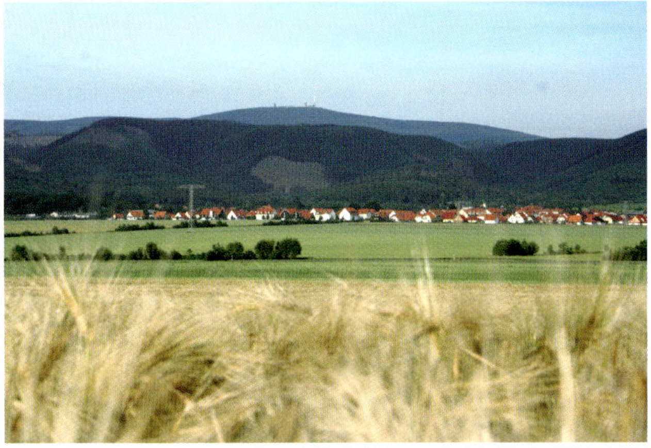
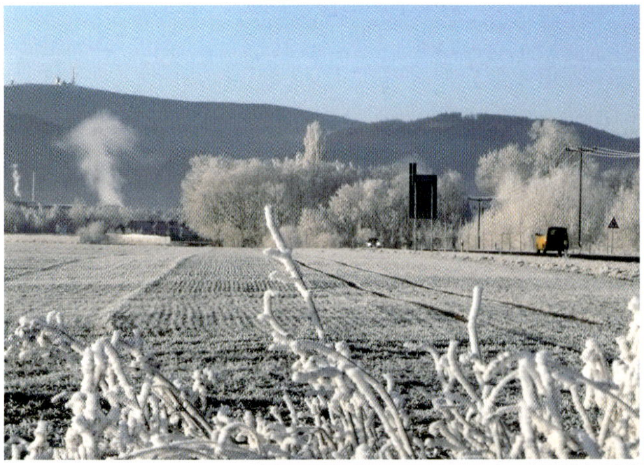
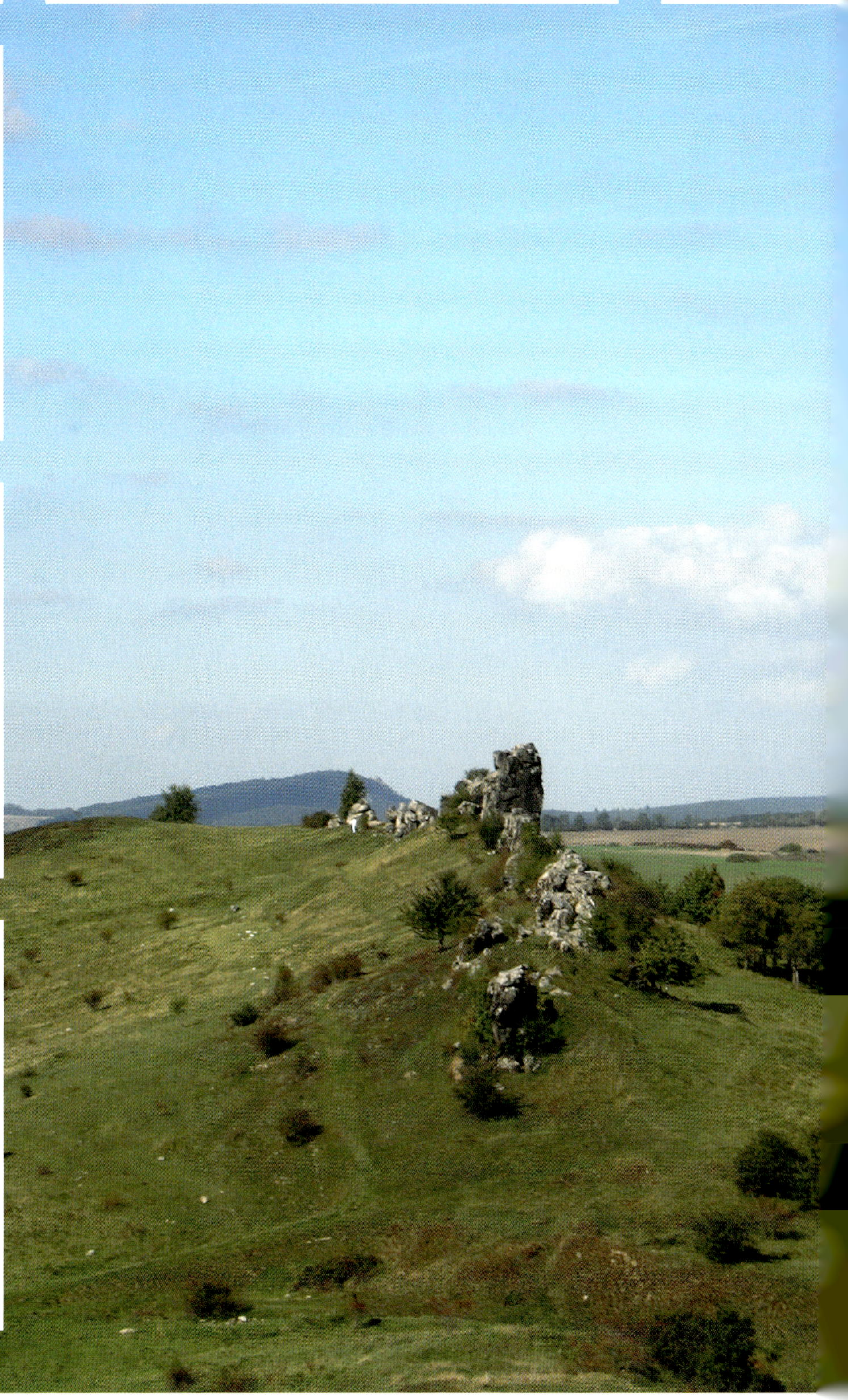

Der Harz

Der Harz gilt als das geologisch vielfältigste der deutschen Mittelgebirge, wobei basenarme Gesteine bei weitem überwiegen. Die häufigsten, an der Oberfläche anstehenden Gesteine sind Tonschiefer, geschieferte Grauwacken und der in zwei Plutonen anstehende Granit. Die Landschaften des Harzes sind durch steile Bergketten, Blockhalden, vergleichsweise flache Hochebenen mit vielen Hochmooren und langgestreckte, schmale Kerbtäler charakterisiert, von denen das Bodetal, das Okertal und das Selketal die bekanntesten sind. Die Auffaltung erfolgte hauptsächlich während des Paläozoikums vor etwa 350 bis 250 Millionen Jahren. In dieser Zeit der Erdgeschichte entstanden in Westeuropa zahlreiche Hochgebirge. Sie wurden jedoch durch ihre Hochlage (bis zu 4 km) stark erodiert und später von mesozoischen Gesteinen überdeckt. Erst durch Hebung seit dem Ende der Kreidezeit und vor allem im Tertiär wurden die jüngeren überlagernden Schichten erodiert und die Gebirgskörper als Mittelgebirge sichtbar.

Bunte Stadt am Harz – Wernigerode

Wernigerode – die bunte Stadt am Fuße des Brockens

Vom Marktflecken zur aufstrebenden Wirtschaftsregion

Wernigerode, weit über die Landesgrenzen als Urlaubsziel in- und ausländischer Touristen bekannt, hat mehr zu bieten als eine schöne Landschaft im Harz und bunte Fachwerkhäuser. Wernigerode – das steht für eine interessante Geschichte, für wirtschaftliche Entwicklung, eine gute Infrastruktur, aber auch für Bildung. Die Gründung des Ortes Wernigerode fällt in die Zeit der Rodungsperiode, die im Harz vom 9. bis 12. Jahrhundert dauerte. Bodenfunde lassen darauf schließen, dass die Kernrodung auf dem Klint am Ende des 9. Jahrhunderts erfolgte.

Begünstigt durch die Lage in der Nähe zweier Handelsstraßen über das Harzgebirge, bot die ursprünglich dörfliche Siedlung gute Voraussetzungen für die Ansiedlung von Handwerkern und Kaufleuten. Rasch dehnte sich der Ort aus und entwickelte sich zum Marktflecken.

Als zu Beginn des 12. Jahrhunderts die Grafen von Heimar Landbesitz im Harz erwarben, ihre Burg oberhalb der Siedlung bauten und sich nach ihr benannten, förderte dies ebenfalls die Entwicklung des Ortes. Erstmalig erwähnt wird Wernigerode in einer Urkunde von 1121 mit der Nennung des »Comes de Wernigerothe«, eines Grafen von Wernigerode. Am 17. April 1229 verleihen »Conrad, Berthold, Gebhard und Burchard von Gottes Gnaden Grafen von Wernigerode« den Bewohnern des Ortes das Stadtrecht. Handwerk und Handel blühten im Schutze der Stadtmauern, die den Ort damals schon umgaben.

1529 Altstadt und Neustadt vereinigt

Schon kurze Zeit nach der Verleihung des Stadtrechtes entstand die Wernigeröder Neustadt, die bis zur eigenen Stadtrechtsverleihung im Jahre 1410 unter das allgemeine Landrecht fiel. 1529 werden Altstadt und Neustadt vereinigt. Wernigerode erhält eine eigene Ratsverfassung. Das 1529 bis 1544 aus dem ehemaligen Spielhaus umgebaute Rathaus zeugt noch heute vom Selbstbewusstsein des Bürgertums. Wernigerodes Entwicklung in den letzten Jahrhunderten verlief dynamisch. Grundlegender Einschnitt war das 19. Jahrhundert, in dem mit dem aufkommenden Tourismus Bedeutung und Größe der Stadt zunahmen. 1899 wurde die Harzquer- und Brockenbahn eröffnet. Das moderne Zeitalter hatte auch in Wernigerode begonnen. Nun konnte man den höchsten Berg des Nordens bequem mit der Bahn erreichen und der Tourismus erlebte einen Aufschwung.

Im Zweiten Weltkrieg wurde Wernigerode weitestgehend von Kriegsschäden verschont. Danach entwickelte sich eine aufstrebende Wirtschaft. Gerade diese vielfältige Wirtschaftsstruktur machte es möglich, dass ein Großteil der Wernigeröder Unternehmen die Zeiten der Wende am Ende des 20. Jahrhunderts, anders als in vielen anderen Gegenden der neuen Bundesländern, überstand und sich gut am Markt positionieren konnte. Leistungsfähige mittelständische Industrie, breit gefächertes Handwerk, ein gut ausgebauter Dienstleistungssektor, ein umfassendes Bildungsangebot und der sich ständig entwickelnde Tourismus bilden die Säulen für Wernigerodes positive Entwicklung in den letzten Jahrzehnten.

Wirtschaft, Bildung und Fremdenverkehr – drei Säulen einer soliden Entwicklung

Industrie und Gewerbe bilden in Wernigerode neben dem Fremdenverkehr traditionell die wirtschaftlichen Grundfeste. Der Name Wernigerode

Auf dem Gelände der Landesgartenschau 2006, dem heutigen Bürgerpark, finden viele Menschen Ruhe und Entspannung.

Bunte Stadt am Harz – Wernigerode

stand bereits vor der politischen Wende für einen leistungsstarken Industrie- und Wirtschaftsstandort und für ein bekanntes Touristenziel. Seit 1990 avancierte Wernigerode auf dem Wirtschaftssektor in kürzester Zeit zu einer leistungsfähigen Kommune mitten in Deutschland. Durch den Aus- und Neubau von überregionalen Verkehrswegen, aber auch der Umsetzung von innerstädtischen Verkehrskonzepten, hat sich die Verkehrssituation Wernigerodes enorm verbessert. Die Wirtschaftsstruktur der Stadt Wernigerode ist heute durch mittelständische Industrie, Gewerbe, Handwerk, Tourismus und als Standort für Forschung und Bildung geprägt. Die Hauptbranchen sind Maschinenbau, Metallverarbeitung, pharmazeutische Industrie, Bauindustrie, Schreibgeräteproduktion, Nahrungs- und Genussmittelindustrie und das Handwerk. Wichtige Firmen sind in global tätige Unternehmen eingebunden.

Angenehmes Leben am Harzrand

Durch die landschaftlich schöne Lage ist Wernigerode ein reizvoller Wohnstandort. Derzeit hat die Stadt einen Wohnungsbestand von fast 17 000 Wohneinheiten. Neben attraktiven Wohnbauweisen als Villen und drei Wohngebieten des sogenannten industriellen Wohnungsbaus ist für den Wohnungsneubau in Einfamilienhaussiedlungen und Wohngebieten mit Eigentumswohnungen kurz- und langfristig Vorsorge getroffen.

Das Gasthaus Steinerne Renne ist ein beliebter Ausflugsort (Foto: Matthias Bein).

Wernigerode bietet mit dem Harzklinikum Wernigerode-Blankenburg GmbH und fast 80 frei niedergelassenen Ärzten und Zahnärzten eine gute gesundheitliche Betreuung der Bevölkerung. Im Schul- und Bildungsbereich wird das gesamte Spektrum von Grund- über Sekundarschulen, Gymnasien, Berufsschulen bis hin zur Hochschule Harz abgedeckt. Private Bildungseinrichtungen sowie Musikschulen ergänzen das Angebot.

Im historischen Altstadtbereich befindet sich eine Vielzahl von Einzelhandelsgeschäften und Boutiquen. Insgesamt hat sich die historische Innenstadt Wernigerodes, ergänzt durch die »Altstadtpassagen« und das Kultur- und Kongresszentrum, immer mehr zu einer modernen, attraktiven Einkaufsstadt entwickelt. Eine große Zahl an Gaststätten, Cafés und Restaurants laden zum Verweilen ein.

Der Harz, als nördlichstes deutsches Mittelgebirge, ist aufgrund seiner geografischen Exposition, seiner charakteristischen Natur und seiner landschaftlichen Schönheit eines der bedeutendsten Fremdenverkehrsgebiete Mitteleuropas. Viele Millionen Menschen besuchen jährlich den »Nationalpark Harz« und seine Nationalparkgemeinden.

Der länderübergreifende »Nationalpark Harz«, im Jahr 2006 durch den Zusammenschluss des »Nationalpark Hochharz« in Sachsen-Anhalt und dem »Nationalpark Harz« in Niedersachsen entstanden, verfügt über eine Gesamtfläche von rund 24 700 Hektar unter dem Schutzstatus »Nationalpark«. Der »Nationalpark Harz« ist Teil des europäischen Schutzgebietssystems »Natura 2000«. Die Nationalparkverwaltung befindet sich in Wernigerode.

Kunst und Kultur im Flair der historischen Altstadt

Die Bekanntheit und Beliebtheit Wernigerodes nach innen und außen wird in entscheidendem Maße vom Flair der entwickelten historischen Altstadt geprägt. Ein stets zu würdigender Umstand ist die Tatsache, dass diese Altstadt in der Vergangenheit verschont wurde von städtebaulichen Sünden und großflächigen Abbrüchen wie in vergleichbaren Städten und infolge von Sicherungs- und Erhaltungsmaßnahmen ohne wesentliche Substanzverluste einen bereits vollzogenen, erfolgreichen Entwicklungsweg auf hohem Niveau weiterführen konnte.

Jeder Wernigerode-Besucher ist begeistert von der sehr gut erhaltenen Fachwerk-Substanz. Eines der schönsten Rathäuser Deutschlands können wir unser Eigen nennen. Aber auch die kuriosen Einzelfachwerke, wie das »Schiefe Haus« und das »Kleinste Haus«, sind über Ländergrenzen hinweg bekannt.

Auch die Museumslandschaft ist vielseitiger geworden. Das Harzmuseum verfügt über eine neue Ausstellungskonzeption. Das Museum für Luftfahrt und Technik, das Feuerwehrmuseum

(Foto: Matthias Bein)

und der Museumshof im Ortsteil Silstedt sind hinzugekommen. Gegenwärtig wird das Schloß Wernigerode zu einem Zentrum für Kunst- und Kulturgeschichte des 19. Jahrhunderts ausgebaut. Heute gibt es Besichtigungsmöglichkeiten und Führungen durch die über 40 Ausstellungsräume, die vielfach im originalen Zustand wie zur Erbauungszeit erhalten sind. Ganzjährig sind hochwertige Sonderausstellungen zu sehen. Vielfältige Veranstaltungen, Bibliotheken und Museen, Chöre und Vereine bieten in Wernigerode breite kulturelle Betätigungsfelder. So wie der Geschmack eines Jeden verschieden ist, sind auch die Angebote entsprechend vielseitig. Sicher ist es schwierig, den Geschmack jedes Einzelnen zu treffen, aber die Vielfalt macht auch hier den Reiz.

Kultur für »jedermann« angeboten

Die traditionellen Stadtfeste mit ihren stetig steigenden Besucherzahlen zeugen davon, dass die Organisatoren mit ihrer Programmauswahl den Geschmack vieler Menschen getroffen haben. Mit großzügiger Unterstützung der Stadt Wernigerode und vieler regionaler Unternehmen ist es gelungen, Kultur für »Jedermann« ohne Erhebung von Eintrittsgeldern zu bieten. Bewährte Veranstaltungshöhepunkte, wie z. B. das Rathausfest oder der Harzgebirgslauf oder auch der Weihnachtsmarkt, haben bis in die heutige Zeit Tradition.

Andere Veranstaltungshöhepunkte, wie z. B. der Museumsfrühling, der mitteldeutsche Töpfermarkt, der Internationale Johannes-Brahms-Chorwettbewerb alle zwei Jahre im Wechsel mit dem Harzchorfest, die Neustadter Weintage, die Wernigeröder Schlossfestspiele oder der KulturKlint bereichern heute die Kulturlandschaft der Stadt. Ganzjährig gibt es weitere zahlreiche thematische Veranstaltungen in Hotels, Ausstellungen und Veranstaltungen aller Genres im Kultur- und Kongresszentrum.

Viva musica mundi

Wernigerode veranstaltet Internationales Johannes-Brahms-Chorfestival

Alle zwei Jahre im Juli, das nächste Mal im Jahr 2009, gastiert das internationale Johannes-Brahms-Chorfestival & Wettbewerb in der »Bunten Stadt« am Harz. Die Träger Stadt Wernigerode und Förderverein Interkultur können dabei auf eine erfolgreiche Entwicklung des Festivals zurückblicken. Mehr als 1700 Sängerinnen und Sänger aus 15 bis 20 Ländern mehrerer Kontinente nehmen alle zwei Jahre an diesem künstlerischen Wettstreit teil.
Gemeinsame Erlebnisse im Sinne der Musik und Begegnung zwischen Menschen aus unterschiedlichsten Ländern und Kulturen machen diesen Chorwettbewerb so einzigartig in Deutschland. Gemeinsam mit dem Kooperationspartner Interkultur gelingt es nun seit 1999, ein Festival auf hohem künstlerischen Niveau zu organisieren, das sich malerisch in das Gesamtbild der Stadt einfügt. Mit wenigen Schritten erreicht man in Wernigerode alle Konzertstätten. Ob Marktplatz, Kultur- und Kongresszentrum, St. Sylvestrikirche oder gymnasiale Aula – alle Auftrittsorte haben ihren eigenen Reiz und machen das Besondere an Wernigerode aus. Wer einmal in Wernigerode mit dabei war, will immer wiederkommen, bestätigen die Anmeldelisten, auf denen mancher Chor schon einmal am Festival teilgenommen hat.

Auftakt mit Chorparade

Das viertägige Festival beginnt traditionell am Donnerstag mit der Chorparade durch Wernigerodes Altstadt und der großen Eröffnungsveranstaltung auf dem Marktplatz. Am Freitag gibt es neben den Wettbewerbskonzerten eine Vielzahl an Begegnungskonzerten in Wernigerode und in der näheren Umgebung. Auch am Samstag und Sonntag finden weitere Konzerte statt. Die große Chorparty am Samstagabend rundet die vier bunten Tage ab und führt dabei musikbegeisterte Menschen aus unterschiedlichsten Kulturen zusammen.

Wernigerode bietet seinen Bürgern ein hohes Maß an Lebensqualität. Dass dies so ist, beweist auch das hohe ehrenamtliche Engagement der Bürgerinnen und Bürger, aber auch der Unternehmen der Stadt Wernigerode in Vereinen und Organisationen, für Kunst, Kultur und Sport sowie in zahllosen Fördervereinen. Nur so ist es möglich, ein derart großes Veranstaltungsangebot über das ganze Jahr verteilt zu organisieren.

Stadt Wernigerode
Marktplatz 1 · 38855 Wernigerode
Tel. (0 39 43) 65 40
info@stadt-wernigerode.de
www.wernigerode.de

Zu den Publikumslieblingen 2007 gehörten die Sänger aus Trinidad-Tobago, die mit ihrer Musik begeisterten.

Wernigerode – die »Bunte Stadt am Harz«

Träumerische Stille und städtische Eleganz

Malerisch in die reizvolle Mittelgebirgslandschaft des Harzes eingebettet, erstreckt sich Wernigerode weit in zwei Täler, das Mühlental und das des Gebirgsflusses Holtemme, hinein. Der beispielhaft erhaltene mittelalterliche Stadtkern mit seinen farbenfrohen Fachwerkbauten aus sechs Jahrhunderten, enge Gassen, wunderschöne Gärten und idyllische Winkel prägen das Gesicht der 1121 erstmals erwähnten Stadt, die sich ihr historisches Flair bis heute bewahrt hat und auf Schritt und Tritt die Vergangenheit lebendig erscheinen lässt. Denn wo stehen schon Besonderheiten mittelalterlicher Baukunst, wie das »Krummelsche Haus«, das »Kleinste Haus« oder das »Schiefe Haus«?

Wernigerode präsentiert seine wahre Fachwerktradition. Das »Krummelsche Haus« ist wohl das schönste Barockhaus Wernigerodes. Die Frontseite des Hauses zeigt Ihnen eine einmalig geschnitzte Holzfassade. Als Vorlage dienten dabei Kupferstiche. Das Fachwerk jedoch bleibt dahinter verborgen. Zu den zahlreichen Reliefs gehören unter anderem »Africa«, eine Frau auf einem Nilpferd, »Der Menschen Sterblichkeit«, ein Knabe mit Sanduhr und Totenschädel, und »Amerika«, eine nackte Frau auf einem Krokodil.
Schon um 1400 entstand das »Älteste Haus« als schmuckarmer Ständerbau. Es ist eines der wenigen Gebäude, die vom großen Stadtbrand im Jahre 1847

Rathaus von Wernigerode

Blick zum Schloss

Blick über die Stadt

Harzer Schmalspurbahnen

Fachwerk in Wernigerode

weitgehend verschont blieben. Im 16. und 17. Jahrhundert arbeiteten im Erdgeschoss Handwerker, verkauften dort ihre Produkte und wohnten in den Räumen im Obergeschoss.

Die Stadt mit Kultur und Natur

Interessant ist auch die mittelalterliche Stadtbefestigung, von der nicht mehr viel erhalten ist. Die wenigen Reste geben nur noch eine Ahnung von der einst so mächtigen Stadtmauer, deren Eckpunkte vier Tore bildeten: das Burgtor, das Rimker Tor, das Johannistor und das Westerntor. Heute sind nur noch zwei Halbschalentürme zu sehen und das Westerntor mit einer Höhe von 38 Metern. In Wernigerode sollte man auch die Klintgasse gesehen haben. Gerade das Eckhaus mit der Hausnummer 1 zählt zu den wenigen freien Korkhäusern der Stadt. Auch das Haus Nummer 3 mit seinem reich geschnitzten Holzwerk, dessen Ursprünge aus der zweiten Hälfte des 16. Jahrhunderts stammen, zählt zweifellos zu den Attraktionen dieser Gasse.

Hoch über der Stadt erhebt sich majestätisch das Schloß Wernigerode, ein Prunkbau im neugotischen Stil mit einer 800-jährigen Geschichte. Der malerische Innenhof verzaubert den Besucher und entführt in längst vergangene Zeiten. Im Schloß Wernigerode sind Malerei, Kunsthandwerk und Innenarchitektur aus verschiedenen Epochen zu besichtigen. Wernigerode bietet jedoch nicht nur viel Fachwerk und reichlich Museen, sondern auch für Genießer zu jeder Jahreszeit viele kulturelle Höhepunkte. Dazu zählen das Rathausfest, die Neustadter Weintage, die Schlossfestspiele oder der Harzgebirgslauf.

Dank der idealen Lage eignet sich Wernigerode als günstiger Ausgangspunkt für Ausflüge und Wandertouren in die geschichtsträchtige Umgebung und zum höchsten Berg des Harzes, dem sagenumwobenen Brocken. Interessante Ausflüge werden zu einem besonderen Erlebnis durch eine Fahrt mit den Harzer Schmalspurbahnen. Auf dem längsten zusammenhängenden Streckennetz Deutschlands schnaufen die »Dampfrösser« durch die einmalig schöne Landschaft oder hinauf zum Brocken.

Wernigerode Tourismus GmbH
Marktplatz 10 · 38855 Wernigerode
Tel. (0 39 43) 5 53 78 35 oder 1 94 33
Fax (0 39 43) 5 53 78 99
info@wernigerode-tourismus.de
www.wernigerode-tourismus.de

Lustgarten

Kleinstes Haus

Rimker Tor

Bunte Stadt am Harz – Wernigerode

Philharmonisches Kammerorchester Wernigerode

Kreativer Klangkörper – klassisch und modern

Das Philharmonische Kammerorchester Wernigerode spielt im traditionsreichen Musikleben des Harzes eine bedeutende Rolle und ist ein zentraler Kulturträger der Stadt Wernigerode. Bereits in den 20er- und 30er-Jahren gab es hier ein Tonkünstlerorchester.

Heute begeistert das Orchester sein Publikum mit einem umfassenden Repertoire mit dem Schwerpunkt auf Klassik, Oper, Operette und Kirchenmusik. Neben traditionellen Konzertprogrammen ergänzen Schulkonzerte, Auftritte mit Chören, große Sinfoniekonzerte, Gemeinschaftskonzerte mit dem Orchester der Kreismusikschule und der Kantorei, Sonntagsmatineen im Rathaussaal, Uraufführungen und Galaveranstaltungen das kulturelle Angebot. Die aus dem Orchester hervorgegangenen Kammer-, Salon-, Streich- und Swingensembles gestalten regelmäßig den musikalischen Rahmen für Veranstaltungen verschiedenster Art (Kontakt über das Büro des Orchesters). Zum Jahresende veranstaltet das Orchester jeweils ein gemeinsames Weihnachtskonzert mit dem Rundfunk-Jugendchor Wernigerode sowie Silvesterkonzerte mit Walzer- und Operettenprogrammen in der Harzlandhalle Ilsenburg und im Rathaussaal Wernigerode.

Offen für Neues

Die große Offenheit, auch neue musikalische Wege jenseits des klassischen Repertoires zu beschreiten und verschiedenste Stilrichtungen zu bedienen, hat dem Philharmonischen Kammerorchester Wernigerode in den vergangenen Jahren ein breit gefächertes Publikum erschlossen. Diverse Crossover-Projekte – beginnend mit dem Beatles-Projekt »jazz meets classic« im Jahr 2000 – setzten Akzente im Kulturleben der Region und bundesweit. 2003 folgte ein Programm unter dem Motto »BIG BAND – MEETS – CLASSIC«, eine explosive Mischung aus Soul, Jazz, Funk und Klassik, realisiert gemeinsam mit der Jugend-Big-Band Anhalt und dem international bekannten Posaunisten Nils Landgren. 2004 kam »CLASSIC MEETS JAZZ – A TRIBUT TO DJANGO REINHARDT« zur Uraufführung – ein Abend mit Zigeuner-Jazz aus den 30er-Jahren. 2005 verwirklichte das Philharmonische Kammerorchester Wernigerode gemeinsam mit einer Big Band eine weitere Crossover-Idee: »MUSIC FOREVER – THE BEST OF ROLLING STONES«.

Weit über die Region hinaus bekannt sind die Wernigeröder Schlossfestspiele, die seit 1996 jährlich von Ende Juli und bis Anfang September auf Schloß Wernigerode stattfinden und mit Konzerten verschiedenster Couleur, Kinder- und Familienprogramm und vor allem mit ihren Opernaufführungen im Schlossinnenhof längst Publikum aus ganz Deutschland und darüber hinaus anlocken. Das Musiktheater-Repertoire reicht dabei von der deutschen Spieloper über Mozart und Donizetti bis zum romantischen Musikdrama. Das umfangreiche Repertoire des Orchesters erklingt auch auf verschiedenen CD-Einspielungen, die im Orchesterbüro erhältlich sind.

Philharmonisches Kammerorchester
Wernigerode gGmbH
Heltauer Platz 1 · 38855 Wernigerode
Tel. (0 39 43) 94 95 14 · Fax (0 39 43) 94 95 29
info@kammerorchester-wr.de
www.kammerorchester-wr.de

Wernigeröder Schlossfestspiele – Eröffnungskonzert

Weihnachtskonzert mit dem Rundfunk-Jugendchor Wernigerode

Wernigeröder Schlossfestspiele – La Traviata

Bunte Stadt am Harz – Wernigerode

Gemeinschaftsgefühl kommt beim Publikum an

Eine Mischung aus professioneller Chorarbeit und Klassentreffen

Der Kammerchor Wernigerode ist ein recht junges Ensemble, das seine Wurzeln in der Harzstadt hat. Die Sängerinnen und Sänger sind gemeinsam in Wernigerode zur Schule gegangen und haben viele Jahre zusammen im Internat gelebt. Jedes Chormitglied hat sein Abitur am Landesgymnasium für Musik absolviert und mehrere Jahre in einem der bekannten Wernigeröder Chöre gesungen. Im April 2003 hat Peter Habermann, ehemaliger Leiter des Rundfunk-Jugendchores Wernigerode, zusammen mit ehemaligen Schülern den Kammerchor Wernigerode gegründet.

Peter Habermann erhielt seine erste musikalische Ausbildung im Dresdner Kreuzchor als wichtigen Impuls für seinen weiteren künstlerischen Werdegang. Nach dem Studium der Gesangspädagogik in Dresden kam er 1984 nach Wernigerode an die Spezialklassen für Musikerziehung, dem heutigen Landesgymnasium für Musik, wohin er bereits als Student mehrmals von Friedrich Krell eingeladen worden war. Er war viele Jahre Assistent und stellvertretender künstlerischer Leiter beim Rundfunk-Jugendchor Wernigerode und leitete bis 1999 den Kinderchor dieser Einrichtung. Von 1996 bis 2004 war er selbst Chorleiter des Rundfunk-Jugendchores, mit dem er bei nationalen und internationalen Wettbewerben mit ersten Preisen auf sich aufmerksam machte. Neben weiteren Aufgaben als Gesangssolist, Sprecher und Juror ist er ebenso dem Laienmusizieren verbunden – seit 2001 leitet er den Männerchor Drübeck. Zentrum seiner Tätigkeit ist nach wie vor der Gesangsunterricht und die Chorarbeit am Landesgymnasium für Musik.

Ein Wochenende mit 15 000 Kilometer Fahrtstrecken

Inzwischen sind die Sängerinnen und Sänger überall in Deutschland verteilt und haben ein Studium oder eine berufliche Tätigkeit aufgenommen. Während sich andere Chöre mehrmals pro Woche zum Proben treffen, können die Sängerinnen und Sänger vom Kammerchor Wernigerode aufgrund der Entfernung nur alle vier bis sechs Wochen zu Proben- und Konzertwochenenden zusammenkommen. Das ist nur durch das große Engagement jedes Einzelnen möglich. Jeder muss sich individuell zu Hause vorbereiten und zum Teil lange Fahrtwege auf sich nehmen. So kommen an solchen Wochenenden fast immer rund 15 000 Kilometer zusammen, die die Chormitglieder insgesamt quer durch Deutschland aus Hamburg, Berlin, Dresden, Kassel, Dortmund, München oder Freiburg im Breisgau unterwegs sind.

Doch der Aufwand lohnt sich. Jedes Treffen scheint eine Mischung aus professioneller Chorarbeit und Klassentreffen zu sein, besonders, weil sich einige Mitglieder schon seit der fünften Klasse kennen. Und dieses Gemeinschaftsgefühl kommt auch beim Publikum an. Der Kammerchor Wernigerode überzeugt nicht nur durch seine hervorragende Leistung auf der Bühne, sondern auch durch seine besondere Ausstrahlung. Diese Mischung war es wahrscheinlich auch, die das Publikum beim ersten Grand Prix der Chöre 2007 im ZDF überzeugte. Mit großem Vorsprung schaffte es das Wernigeröder Ensemble gegen 15 Chöre aus den anderen Bundesländern für Sachsen-Anhalt aufs Siegerpodest. Die Zuschauer wählten das Wernigeröder Ensemble zum Chor der Chöre, und neben dem Siegerpokal konnten die Sängerinnen und Sänger außerdem einen Plattenvertrag und einen weiteren Fernsehauftritt mit nach Hause nehmen. Kurz danach nahm der Chor den Siegertitel – die Barcarole von Jacques Offenbach – auf. Das erste Album vom Kammerchor Wernigerode wurde inzwischen auch veröffentlicht. Aber auch schon vorher konnte der Chor bei klassischen Wettbewerben durch seine Leistung überzeugen und blickt inzwischen auf viele Erfolge zurück. Schon sechs Wochen nach seiner Gründung gewann der Kammerchor beim Internationalen Johannes-Brahms-Chorfestival 2003 in Wernigerode den ersten Preis in seiner Kategorie. Im September 2005 ging es dann zur ersten Konzertreise ins Ausland nach Liechtenstein und in die Schweiz. Es folgten ein erster Platz und ein Sonderpreis beim Landeschorwettbewerb 2005 in Bernburg, sowie ein dritter Preis beim 7. Deutschen Chorwettbewerb 2006 in Kiel.

Der Kammerchor Wernigerode ist regelmäßig in ganz Deutschland zu erleben. Neben bekannten deutschen und internationalen Volksliedern gehören auch Spirituals und Gospels sowie geistliche und weltliche Literatur zum Repertoire des Chores.

Konzert im Kloster Unser Lieben Frauen Magdeburg (Foto: Foto&Video Design, Steffen Lehmann)

Kammerchor Wernigerode e. V.
Christopher Ludwig, 1. Vorsitzender
christopher.ludwig@kammerchor-wernigerode.de
www.kammerchor-wernigerode.de

Blick über die Gartenanlagen der großen Freiterrasse auf die Westfassade von Schloß Wernigerode

Bunte Stadt am Harz – Wernigerode

Schloß Wernigerode®

Faszinierendes historistisches Gesamtkunstwerk

Das Schloß Wernigerode ist ursprünglich aus einer um 1110 erbauten Burg der Grafen von Wernigerode hervorgegangen. Heute stellt es sich als ein gewachsenes Gebilde verschiedener Bauepochen dar: im Untergeschoss Romanik, im Hofbereich mit spätgotischen Resten, einem barocken Sommerbau und dem Haupthaus als historistischem Gesamtkunstwerk des Architekten Karl Frühling. Im Schloss sind über 40 original eingerichtete historische Wohnräume des europäischen Hochadels vor dem Ersten Weltkrieg zu besichtigen.

Im Jahr 1930 wurde das Schloß Wernigerode erstmalig der Öffentlichkeit zugänglich gemacht. Damals hatte es den Charakter der Präsentation eines Wohnschlosses. Erneut geöffnet wurde das Schloss 1948, um dann ein Jahr später als Feudalmuseum zu fungieren. Gezeigt wurde die Geschichte des Feudalismus bis hin zur Neuzeit. Seit 1993 wird Schloßmuseum Wernigerode als privatwirtschaftliche GmbH betrieben. Es entwickelt sich zum Zentrum für Kunst- und Kulturgeschichte des 19. Jahrhunderts.

Vergleichbar nur mit Neuschwanstein

Das Schloß Wernigerode gehört mit seinen durchschnittlich 200 000 Besuchern jährlich zu den meist besuchten Sehenswürdigkeiten der gesamten Harzregion überhaupt. Es zählt zu den großen historischen Repräsentationsschlössern Deutschlands, wobei es mit seiner malerischen Wirkung nur noch mit Schloß Neuschwanstein oder dem Schloß Hohenzollern verglichen werden kann.

Besonders ansehenswert sind die Schlosskirche mit Altar und Kanzel aus französischem Kalkstein und einer Walcker-Orgel von 1878 und die historische Halle mit geschnitztem plastischen Schmuck der Fürstin Anna zu Stolberg-Wernigerode. Gleiches gilt für das Arbeitszimmer des Grafen Otto, in dem die Grundlagen für die deutsche Kranken- und Rentenversicherung gelegt wurden, sowie original eingerichtete Raumfluchten, wie der Rote Salon, das Blaue Schreibzimmer und das gräfliche Schlafzimmer. Im original eingerichteten Festsaal aus der Zeit um 1880 mit eingedeckter Tafel saßen bereits Kaiser Wilhelm I. und II. Die Königszimmer, die für König Wilhelm I. von Preußen 1868 eingerichtet wurden, sind im originalen Zustand überliefert.

Im Sommer finden im Innenhof die Wernigeröder Schloßfestspiele in Zusammenarbeit mit dem Philharmonischen Kammerorchester Wernigerode statt, in deren Mittelpunkt jeweils Operninszenierungen stehen, die speziell für das Wernigeröder Schloß als Regiearbeiten erarbeitet werden. In der historischen Halle wie auch in der Schloßkirche sowie im Sommer im Innenhof finden regelmäßige jährliche Konzertreihen statt, die unbekannte Musik des 19. Jahrhunderts zu Gehör bringen, die an anderer Stelle sonst nicht oder nur selten aufgeführt wird.

Festsaal auf Schloß Wernigerode (Foto: Ulrich Schrader)

Schloß Wernigerode bei Nacht (Foto: Dr. Lothar Ameling)

Schloß Wernigerode®
Am Schloß 1
38855 Wernigerode
Tel. (0 39 43) 55 30 30
www.schloss-wernigerode.de

Bunte Stadt am Harz – Wernigerode

Steiler Anstieg zum Schloss mit der Kleinbahn

Durch den Harz mit dem Schweizer Alpenbus

Jeden Dienstag geht es von 11 Uhr bis 18 Uhr mit dem Schweizer Alpenbus von Wernigerode in den Westharz zum Torfhaus. Von dort aus genießen Sie während eines kurzen Aufenthaltes den Blick zum Brocken. Die Fahrt geht dann mit höchstens 60 km/h beschaulich Richtung Okertalsperre weiter. Dort haben Gäste die Möglichkeit, beim Windbeutelkönig mit einem schönen Blick auf den Stausee eine der Köstlichkeiten zu probieren. Oder Sie unternehmen eine Schiffsrundfahrt mit kleinem Imbiss auf dem Okerstausee. Nachdem sich alle gestärkt haben, geht es weiter am kleinsten Königreich vorbei in Richtung Goslar. Ab hier ist etwas Bewegung angesagt. Die Gäste gehen mit unserem Reiseleiter von der Kaiserpfalz Richtung Marktplatz. Dort erwartet Sie das Bergmannsglockenspiel. Anschließend haben Sie eine Stunde Zeit zum individuellen Stadtbummel. Die Fahrt geht weiter in Richtung Bad Harzburg und Ilsenburg mit einer kleinen Ehrenrunde an den Rothen Forellen vorbei nach Wernigerode.

Wasserorgel und Seilbahnfahrt

Der Donnerstag ist dem Ostharz vorbehalten und führt zum Kloster Michaelstein. Dort besichtigen Sie die Wasserorgel. Ganz beschaulich geht es dann weiter Richtung Thale. Wer sich traut, fährt mit der Seilbahn über das Bodetal hinauf zum Hexentanzplatz. Wer das nicht möchte – kein Problem. Der fährt mit dem Bus weiter. Zudem können alle Harzrundfahrer zum Mittagessen ausschwärmen und die Mystik des Hexentanzplatzes genießen. Nach einer kräftigen Mahlzeit geht es weiter Richtung Luppbodetal und Altenbrak. Auf der Fahrt werden die Gäste von einem Reiseleiter unterhalten und auf Besonderheiten hingewiesen. Zudem erzählt er auch die eine oder andere Anekdote.
Eine Floßfahrt auf dem Wendefurther Stausee ist lustig. Die Gäste fahren eine Stunde über den Stausee und bekommen hausgebackenen Kuchen serviert. Dann ist wieder etwas Bewegung angesagt. Es geht über die höchste Staumauer Deutschlands auf Entdeckungstour. Sie erfahren alles über die Entstehung und die technischen Besonderheiten dieses imposanten Bauwerkes. Nach der Besichtigung geht es dann über Rübeland wieder Richtung Wernigerode.

Schlosstour und Stadtrundfahrt

Den steilen Aufstieg zum Schloss können Sie bequem mit den Kleinbahnen bewältigen. Bei fachkundiger Moderation können Gäste alle 25 Minuten von verschiedenen Haltestellen aus von der Innenstadt zum Schloss fahren. Nach einer ausführlichen Besichtigung des meist besuchten Museums Sachsen-Anhalts und einer Stärkung in den verschiedenen Gaststätten können Gäste wieder alle 25 Minuten die Rückfahrt über den Wildpark in die Innenstadt antreten. So bekommen Sie eine Fahrt zum Schloss und eine Stadtrundfahrt unter einen Hut.

Wernigeröder Schlossbahn
Breite Straße 70 · 38855 Wernigerode
Tel. (0 39 43) 60 60 00 · Fax (0 39 43) 60 61 61
schlossbahn@t-online.de · www.schlossbahn.de

Bunte Stadt am Harz – Wernigerode

Aufwand, den man schmeckt
Landesinnungsmeister sorgt für süße Sachen

Eine lange Tradition verbindet die Geschichte des Hauses Wiecker mit Wernigerode und seinen Menschen. Doch eines hatte man sich zu jeder Zeit auf die Fahnen geschrieben – Qualität und Genuss vom Konditormeister.

Heute steht der Name Wiecker nicht nur in Wernigerode für höchste Ansprüche, egal ob man eines der Cafés und Restaurants besucht oder sich vom Catering-Service verwöhnen lässt. Ein hervorragend funktionierendes Fachkräfte-Team realisiert so die hohen Ansprüche, die das Haus an sich und seine Produkte stellt. Unter anderem wurde dieses Engagement bereits mehrfach mit bedeutenden Auszeichnungen der Feinschmecker-Szene gewürdigt. In der hauseigenen Konditorei fertigen täglich 15 Konditoren alle Produkte nach traditionellen und handwerklichen Rezepten. Diesen Aufwand schmeckt man!

Das Team lädt täglich in sein Reich der Köstlichkeiten ein. Mit den Köstlichkeiten von Michael Wiecker, dem Landesinnungsmeister der Konditoren Sachsen-Anhalt, kann man Wernigerode kulinarisch entdecken.

Eine köstliche Tour durch die Stadt

Start der »köstlichen« Reise ist auf dem historischen Markt im »Café am Markt«. Wer es etwas moderner mag, findet ein paar Meter weiter das Baldinis und die Café Lounge – von dem man ebenso einen hervorragenden Blick auf das Wernigeröder Rathaus hat. Das Schloss-Café, welches sich direkt im Wernigeröder Schloß befindet, verspricht ein besonderes Ambiente mit ritterlichem Flair. Und damit Gäste auch zu Hause nicht auf Leckereien von Wiecker verzichten müssen, können sie alles, was sie in einem der Cafés probiert haben, auch mit nach Hause nehmen. In wunderschönen Geschenkverpackungen bieten sich die Spezialitäten als Mitbringsel geradezu an. Mit dem eigenen Kühlfahrzeug liefern Wieckers zudem alles ins Haus.

Jedoch nicht nur die hausgemachten Spezialitäten aus Konditorei und Confiserie sollen die Kunden verzaubern. Egal welche Art von Veranstaltung geplant sind, Michael Wiecker und seine Mitarbeiter sorgen für eine perfekte und maßgescheiderte Bewirtung und Organisation – rundum zufriedene Gäste inklusive. Ob private Feiern oder Unternehmensfeste, Hochzeiten oder ein gelungener Cocktailempfang mit Buffet, sie stehen den Kunden mit viel Kompetenz und natürlich vielen Leckereien zur Seite. Die kreativen Catering-Ideen inspirieren und begeistern die Sinne.

Maxi Eilers, Franziska Mittag, Corinna David und Michael Wiecker servieren Biercocktails und Bier in der Hasseröder Brauerei.

Michael Wiecker – Landesinnungsmeister der Konditoren von Sachsen-Anhalt

Harzer Eisweintrüffel – eine von vielen Harzer Spezialitäten – kann man online im Shop unter www.cafe-wiecker.de bestellen

Wiecker
CONDITOREI CAFÉ CATERING
Köstlichkeiten seit 1636 in Wernigerode

Café am Markt · Inhaber: Michael Wiecker
Marktplatz 6–8 · 38855 Wernigerode
Tel. (0 39 83) 26 16 90
Fax (0 39 83) 26 16 99
info@cafe-wiecker.de · www.cafe-wiecker.de

Familienunternehmen mit Tradition und Pioniergeist

Wende stellte Weichen für die etablierte Firma neu

Schon 1921 gründete Max Roland Richter sen. als einer der Pioniere der damaligen Zeit eine »Vulkanisieranstalt« in Halberstadt. Nach dem 2. Weltkrieg, am 1. September 1946, wurde in Wernigerode die Firmengeschichte neu geschrieben. In der Mittelstraße 4/Ecke Bahnhofstraße eröffnete sein Sohn Roland Richter mit seiner Frau Elsbeth eine neue »Dampf-Vulkanisierwerkstatt Roland Richter«. Trotz der schwierigen Zeit schritt die Entwicklung schnell voran und in der Mittelstraße wurde es für die Firma bald zu klein. Es folgte der Umzug 1948 zunächst in die Heidestraße, dann 1952 in die ehemalige »Malzmühle«. Im Oktober 1965 ging es schließlich in die Bahnhofstraße.

Aus dem Reparaturbetrieb wuchs ein moderner Reifenservice-Betrieb, der 1979 von Roland Richter sen. in zweiter Generation übernommen wurde. In der DDR war das Geschäft schwierig, Reifen waren schwer zu bekommen, die Preise im Handwerk gaben auch nicht viel her. Doch Reifen-Richter behauptete sich und wurde zu einem weithin anerkannten Betrieb.

Die Wende stellte die Weichen für den weiteren Firmenaufbau. Im März 1990 entschloss man sich zum Firmenneubau im Gewerbegebiet Stadtfeld. Im September 1990 trat die Firma der »pointS«-Kooperation freier Reifenhändler bei. Am 1. April 1991 eröffnet dann das Unternehmen feierlich eine Filiale in Osterwieck. Als einer der ersten Firmen zog Reifen-Richter dann im Juni 1992 im Gewerbegebiet Stadtfeld ein.

Angebote rund ums Auto

Am 1. März 2003 übernahm Roland Richter jun. die Geschäfte in dritter Generation. Neben dem Verkauf von Reifen bietet Reifen-Richter eine breite Angebotspalette rund ums Auto. Achsvermessung, Bremsen, Tieferlegung und Klimaservice sind nur einige der vielen Leistungen. Insbesondere der Inspektionsservice für alle Fahrzeugmodelle mit 12 Monaten Mobilitätsgarantie findet zunehmend Zuspruch bei der Kundschaft. Für Großkunden und Spediteure bietet die Firma außerdem einen 24-Stunden-Mobilservice, im Verbund mit anderen »point S«- Betrieben sogar bundesweit, an.

Im August 2004 entstand eine zweite Filiale in Bad Harzburg. Insgesamt sind nun bei Reifen-Richter 18 Mitarbeiter beschäftigt. Um den Kunden ständig einen umfassenden Service bieten zu können, setzt Roland Richter auf regelmäßige Schulungen der Mitarbeiter und investiert in hochmoderne Anlagen.

Reifen-Richter · Roland Richter
Otto-von-Guericke-Straße 8 · 38855 Wernigerode
Tel. (0 39 43) 2 40 40 · Fax (0 39 43) 2 40 41
info@reifen-richter.de

Bunte Stadt am Harz – Wernigerode

Holzrücken wie schon die Ahnen

In vierter Generation den Kaltblütern verbunden

Seit vier Generationen ist die Familie von Klaus Meyer mit Kaltblutpferden unterwegs. Gegründet wurde sie von Wilhelm Meyer als Holzfuhrmann. Die Firma befindet sich mitten in der Altstadt von Wernigerode. Mit Kaltblutpferden werden auch jetzt noch Holzrückarbeiten im Wald sowie Planwagenfahrten durchgeführt. Die Planwagen sind TÜV-geprüft und mit gepolsterten Sitzbänken ausgestattet. Die Seitenwände mit Sichtfenster können je nach Wetterlage hoch- oder heruntergerollt werden, sodass auch ein paar Regentropfen auf der Fahrt nicht schaden können. Bis zu 50 Personen, ob Vereine, Familien und oder Gruppen, werden mit dem Planwagen durch den Nationalpark Harz gefahren. Auch für Hochzeiten stehen Pferd und Wagen zur Verfügung. Klaus Meyer bietet auf Wunsch auch vielseitige Programme auf dem Weg an, um für ein paar Stunden Erholung in der herrlichen Landschaft des Harzerwaldes zu sorgen. Neben Tages- und Halbtagesfahrten gibt es Picknick- und Glühwein-Touren.

Doch Klaus Meyer ist wie seine Ahnen auch im Wald tätig. Die Arbeit der Pferde im Wald besteht im Wesentlichen darin, die Baumstämme, die entweder bewusst gefällt oder durch Windbruch darniedergestreckt wurden, zu den mit Maschinen befahrbaren Rückewegen zu schleppen. Die angehängte Last ist sehr variabel, sodass die Pferde vom kleinen Parketholz bis hin zu starkem Nadelstammholz schon alles gezogen haben.

Riesen-Mikado im Wald

Das Holzrücken ist eine hochspezielle Arbeit, die planvoll vonstattengehen muss. Bei der Besichtigung des Arbeitsplatzes sind im Vorfeld so wichtige Fragen zu klären, wie »Fuß nach vorn oder Zopf nach vorn«, womit die Richtung gemeint ist, in der die Stämme nachher liegen müssen. Außerdem informiert sich Meyer beim Förster, mit welchen Maschinenführern welche Maschinen beim Endrücken zum Einsatz kommen und wie die spätere Abtransportrichtung ist.

Die Grundbegriffe des Holzrückens hat Meyer von seinem Vater sowie von einem Bekannten gelernt und sein restliches Wissen in der Praxis erworben. Dabei zahlte er über die Jahre schon sehr viel Lehrgeld. Die verantwortungsvolle Arbeit als Pferdeführer beginnt jeden Tag neu, immer andere Aufgaben liegen vor ihm und dem Pferd. Die gefällten Bäume schichten sich manchmal zu einem »Riesen-Mikado«. Als Gespannführer muss man immer fünf Schritte im Voraus denken und seine Augen überall haben und die Leistungsgrenzen seiner Pferde kennen.

Während ihrer Arbeit im Wald erfüllen die Pferde oftmals Anforderungen, die unglaublich erscheinen. So müssen sie – je nach Lage des Rückeweges – teilweise unter Last über Gräben springen. Als erfahrener Pferdeführer weiß Klaus Meyer, dass so etwas nur mit einem Einzelpferd geht. »Bei einem Gespann gibt das Bruch«. Um aber später einmal 16 bis 18 Meter lange Baumstämme sicher mit dem Pferd schleppen zu können, erfordert es aber auch vor allem praktische Erfahrung. Der »Holzrücke-Schein«, den es ja in der Praxis nicht gibt, wird vor allem dadurch ausgestellt, dass Mensch und Pferd lebend und wohlbehalten aus dem Wald wieder herauskämen. »Das einzige, was da nämlich nachgibt, sind die Knochen«.

Kutschbetrieb · Klaus Meyer
Pfarrstraße 18 · 38855 Wernigerode
Tel./Fax (0 39 43) 69 49 90
Tel. (0 39 43) 63 24 76
unternehmen_k.meyer@t-online.de
www.meyers-kutschfahrten.de

Bunte Stadt am Harz – Wernigerode

Musisches in der Altstadt

Exzellentes Niveau künstlerischer Arbeit am Landesgymnasium

Hinter dem Rathaus am Klint, direkt im Herzen der historischen Altstadt von Wernigerode, liegt das Landesgymnasium für Musik, das musisch talentierten Schülern eine einzigartige Möglichkeit zum Erwerb des Abiturs bietet: Es fördert musikalische Begabungen und sichert zugleich die Zugangsberechtigung für alle Studiengänge an Hochschulen und Universitäten.
Erwachsen aus der Tradition der bereits 1964 gegründeten Spezialklassen für Musikerziehung, legt die musikalische Spezialausbildung am Landesgymnasium die Grundlagen vokaler, musikwissenschaftlicher und musikpädagogischer Ausbildung. Dies geschieht durch einen erweiterten Fächerkanon, der Unterricht in Musikgeschichte, Musiktheorie, Gehörbildung, Stimmbildung, Klavier und Chorleitung umfasst. Darüber hinaus werden für interessierte Schüler die Fächer Sprecherziehung und Orgelspiel angeboten.
Von herausragender Bedeutung für das Profil der Schule ist die Chorarbeit. Der 1951 von Friedrich Krell gegründete gemischte Chor, der seit 1973 den Titel Rundfunk-Jugendchor Wernigerode trägt, ist einer von mittlerweile vier Chören des Landesgymnasiums. Mit Beginn der Aufnahme an dieser Schule, d. h. nach einer erfolgreich absolvierten musikalischen Eignungsprüfung,

Der Mädchenchor in Aktion

Der Rundfunk-Jugendchor vor dem Rathaus der »Chorstadt Wernigerode«

Der einzelne Schüler steht im Mittelpunkt der Arbeit am Landesgymnasium.

Bunte Stadt am Harz – Wernigerode

Musikalische Früherziehung der Jüngsten

Lebhaft geht es auch außerhalb des Unterrichts zu.

kalischen wie auch Persönlichkeitsentwicklung seiner Schüler findet.

Gern gesehene Gäste in den Konzertsälen der Welt

Regelmäßig konzertieren die Chöre des Landesgymnasiums in der Harzregion. Immer am ersten Mittwoch jedes Schulmonats kann der Rundfunk-Jugendchor Wernigerode bei einer öffentlichen Probe erlebt werden. Die Ensembles sind aber auch gern gesehene Gäste in den Konzertsälen des gesamten Bundesgebietes und des europäischen Auslandes. Alljährlich treffen die Wernigeröder Gymnasiasten mit den Schülern ihrer Partnergymnasien in Cuneo (Italien) und New York (USA) zusammen. Mehrfach bereits weilte der Rundfunk-Jugendchor Wernigerode zudem erfolgreich auf Konzerttourneen im außereuropäischen Ausland, davon bereits zweimal für mehrere Wochen in Japan. Mädchenchor und Rundfunk-Jugendchor beteiligten sich wiederholt an renommierten nationalen und internationalen Chorwettbewerben, bei denen sie stets vordere Platzierungen belegen konnten: So errang der Rundfunk-Jugendchor Wernigerode beim 7. Deutschen Chorwettbewerb in Kiel im Mai 2006 den Sieg in der Kategorie »Gemischte Jugendchöre«, und der Mädchenchor belegte den zweiten Platz unter allen gleichstimmigen Jugendchören. Seit 2003 haben sich außerdem Absolventen des Landesgymnasiums als Projektchor unter dem Namen Kammerchor Wernigerode zusammengeschlossen, mit dem sie nahtlos an die Erfolge ihrer künstlerischen Heimat, des Landesgymnasiums für Musik, anschließen.

Sich fernab von zu Hause schnell heimisch fühlen

Die Arbeit des Landesgymnasiums ist gekennzeichnet durch ein offenes und vertrauensvolles Verhältnis zwischen den rund 280 Schülern, ihren Eltern sowie den 55 Pädagogen. Nicht zuletzt die Klassenstärken von maximal 24 Schülern und die

singen alle Schüler in einem dieser Ensembles. Die Jüngsten werden in den beiden Kinderchören freudbetont mit dem Singen im Chor, aber auch bereits mit anspruchsvoller Chorliteratur vertraut gemacht. So bereiten sie sich altersgerecht und kontinuierlich auf die sich anschließende Arbeit in den beiden Leistungschören, dem Mädchenchor und dem Rundfunk-Jugendchor Wernigerode, vor. Unter der Anleitung erfahrener Chorleiter und Stimmbildner erhalten die Schüler auf diese Weise eine besondere Gesangsausbildung, die ihren sichtbarsten Ausdruck in dem über die Jahrzehnte anhaltenden exzellenten Niveau der künstlerischen Arbeit am Landesgymnasium für Musik und der beispielhaften schulischen, musi-

Der Kinderchor singt.

Der Rundfunk-Jugendchor Wernigerode im Konzert

Gespannte Unterrichtsatmosphäre

vielfältigen Möglichkeiten des Gruppen- und Einzelunterrichts tragen zu einem Schulklima bei, das die Zusammenarbeit der Schüler untereinander, aber auch ihre Selbstständigkeit, Entscheidungsfreiheit und Kreativität nachdrücklich fördert.
Im Wohnheim, einem nur wenige Minuten von der Schule entfernt am Waldrand gelegenen Gebäudeensemble, können 150 Mädchen und Jungen wohnen und sich wohlfühlen. Schule und Internat bilden eine Einheit, die wesentlich dazu beiträgt, das musisch-kreative Klima des Gymnasiums zu gestalten: Ausgebildete Erzieher als Ansprechpartner der Schüler, Hausaufgabenbetreuung, diverse Freizeitangebote, Arbeits-, Klub- und Klavierübungsräume sowie Vollverpflegung aus der hauseigenen Küche unterstützen die Zielstellung des Gymnasiums und helfen den Schülern, sich fernab von zu Hause schnell heimisch zu fühlen.

Landesgymnasium für Musik
Kanzleistraße 4 · 38855 Wernigerode
Tel. (0 39 43) 26 78 10
www.landesgymnasium.de

Bunte Stadt am Harz – Wernigerode

Voller, hehrer Klang großer Hörner
Jagdmusikalische Konzertstücke und Lieder vom Barock bis zur Moderne

Stets einen besonderen musikalischen Genuss versprechen die Auftritte des Jagdbläsercorps Wernigerode. Unter der musikalischen Leitung von Herrn Landesbläserobmann Hermann Schmidt reifte über viele Jahre ein Klangkörper heran, der im weiten Umkreis nichts Gleichwertiges finden lässt. Anfragen zu Auftritten kommen mittlerweile aus fast dem ganzen Bundesgebiet, besonders aus dem mittel- und norddeutschen Raum. Der volle, hehre Klang der großen Hörner ist bei vielen Veranstaltungen gern gehört. Zum Programm gehören Hochzeiten deutscher Adelshäuser und Fernsehproduktionen ebenso wie jagdmusikalische Konzerte und Ständchen, die bisweilen auch im Fackelschein stattfinden, als besonderes Geschenk zu Geburtstagen und Jubiläen.

Der besondere musikalische Schwerpunkt liegt bei den Hubertusmessen, die alljährlich im weiten Umkreis vom Jagdbläsercorps Wernigerode

Hubertusmesse Westerhausen Derenburg

und dem Theologen Dr. Gerald Weiss zelebriert werden. Wer einmal in den Genuss kam, die »Glocken« der Hubertusmesse, geblasen durch das Jagdbläsercorps, in der Bearbeitung ihres musikalischen Leiters Hermann Schmidt zu hören, wird diesen einmaligen Klang noch lange in der Erinnerung und im Herzen tragen.

Die liturgische Gestaltung der Hubertusmessen liegt, ebenso wie die Gestaltung der Wortbeiträge bei Konzerten und bei bestellten Ständchen, in den bewährten Händen von Dr. Gerald Weiss. Die Gruppe hebt sich in ihrem musikalischen und optischen Erscheinungsbild wohltuend von der allgemeinen volkstümlichen Welt ab. Das Jagdbläsercorps Wernigerode schöpft sein Repertoire aus jagdmusikalischen Konzertstücken und Liedern vom Barock bis zur Moderne. Wenn es die Zeit erlaubt, sind die Damen und Herren des Jagdbläsercorps Wernigerode gern bereit, Veranstaltungen mit einem besonderen musikalischen Schmankerl zu krönen. Voll des Lobes waren bisher Juroren bei Wettstreiten der Jagdhornbläser ebenso wie die Teilnehmer an Hubertusmessen in Thale an der Hubertusstraße und Wernigerode, in Derenburg und dem benachbarten Bundesländern. Auch bei den jährlichen Treffen des „Wernigeroder Jagdcorporationen-Seniorenconzert" ist das Jagdbläsercorps ein fester Bestandteil bei der Gestaltung des Jahrestreffens am Himmelfahrtswochenende.

Sankt Trinitatiskirche Derenburg

Hubertusmesse Westerhausen Derenburg

Orgel Derenburg

Felix Wald, jüngster Bläser

Jagdbläsercorps Wernigerode
Dr. Gerald Weiss
Faktoreistraße 7 · 38871 Ilsenburg
Tel./Fax (03 94 52) 8 08 55
die3weissen@t-online.de
www.jagdblaesercorps.de

Bunte Stadt am Harz – Wernigerode

Auf dem Rücken der Pferde durch den schönen Harz

Der besondere Reiterhof am Tore von Wernigerode

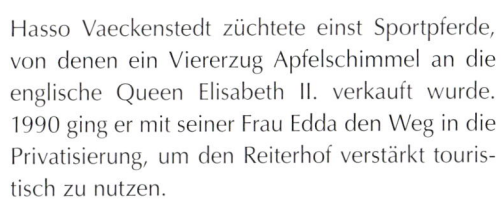

Pferde warten auf Reiter.

Hasso Vaeckenstedt züchtete einst Sportpferde, von denen ein Viererzug Apfelschimmel an die englische Queen Elisabeth II. verkauft wurde. 1990 ging er mit seiner Frau Edda den Weg in die Privatisierung, um den Reiterhof verstärkt touristisch zu nutzen.

In idyllischer Lage, da, wo am Ortsausgang von Wernigerode in Richtung Elbingerode auf der B 244 das Friederikental in das Mühlental mündet, laden Haflinger, Hannoveraner, sowie Quaterhorses jeden Pferdefreund zum Verweilen ein. Unvergesslich schöne Tagesaufenthalte und erlebnisreiche Ferien winken. Eine Quelle der Gesundheit ist das Trinken von Stutenmilch, welche hier auf dem Hof produziert wird und alleinige Herstellung im Harz ist. Mit dieser Aufgabe ist Annett Vaeckenstedt betraut. Diese Milch wird besonders für die Stärkung des Immunsystems, therapeutisch unterstützend in der Schulmedizin und in der Naturheilkunde angewendet.

Trailreiten im Gelände

Reiturlaub als Familienpassion

Urlaub im Sattel ist ein Vergnügen für die ganze Familie. 1999 stieß Sohn Veit nach Absolvierung seiner Ausbildung zum Pferdewirtschaftsmeister zum Pferdehof und übernahm Mitverantwortung für die GbR.

Zum Leistungsangebot gehören Unterbringung mit Frühstück, Reitprogramme nach Wunsch und Reitbegleitung. Halb- bzw. Vollpension ist in unserem Restaurant »Reiterhof« möglich. Manche Gäste, vielfach ganze Familien, bevorzugen Kutsch- und Kremserfahrten in die reizvolle Umgebung der »Bunten Stadt«, wie der Dichter Hermann Löns einst Wernigerode bezeichnete. Ein besonderes Erlebnis sind die Kremserfahrten von Schierke zum Brocken. Mit 1142 Metern ist er der höchste Berg des Harzes, von dem aus die vielen Gäste bei klarem Wetter weit in das Land blicken können. Als besondere Attraktion empfiehlt

Weiße Hochzeitskutsche

der Reiterhof Fahrten mit der Hochzeitskutsche. Auf dem Reiterhof können Erlebnistage mit Ausbildung in der Standardweise und im Westernreiten gebucht werden, dazu gehören Sternritte in die schöne Umgebung um Wernigerode sowie Abenteuertrailritte über mehrere Tage in die Westernstadt Pulmann-City. Bei Ausritten in die Umgebung bieten sich einzigartige Ziele an, so das Schloss, das Wildgehege im Christianental, die Harburg und die Gaststätte auf dem Armeleuteberg. Zweitägige Treckingtouren erfreuen sich besonders bei Wanderreitern großer Beliebtheit.

Reiterhof Wernigerode · Hasso Vaeckenstedt
Friederikental 1 · 38855 Wernigerode
Tel. (0 39 43) 2 41 44 · Fax (0 39 43) 2 41 44

Bunte Stadt am Harz – Wernigerode

Im Zeichen des Auerhahns

Hoch geschätzte Biermarke mit Qualitätsanspruch

1872 wurde in Wernigerode im Harz, Ortsteil Hasserode, die Bierbrauerei »Zum Auerhahn« gegründet – ein Markenzeichen war geboren. Am 1. Oktober 1882 übernahm Ernst Schreyer die Brauerei und führte das flüssige Gold mit dem erstklassigen Wasser des Harzes zu einer ersten Blüte. 1896 wurde die Brauerei in eine Aktiengesellschaft umgewandelt und zur Jahrhundertwende wurden bereits 25.000 hl Bier produziert. Hasseröder war schon vor der Wiedervereinigung Deutschlands eine überaus anerkannte und von der Bevölkerung sehr geschätzte Biermarke mit einem hohen Qualitätsanspruch in der Harzregion. Gleich nach der Wende wurde 1991 der ehemalige VEB-Betrieb von der damaligen Gilde-Brauerei AG Hannover übernommen. Heute gehört das Unternehmen zum Weltmarktführer InBev. Sehr gezielte und effektive Investitionen zum Beispiel in Technik, Vertrieb, Marketing und ein großes Engagement in der Stadt und der Region haben letztendlich dazu geführt, dass das Bier mit dem Auerhahn als Markenzeichen einen in der deutschen Brauindustrie einzigartigen und kometenhaften Aufstieg verzeichnen konnte.

1995 fiel der Spatenstich für den Neubau im Gewerbegebiet Nord-West in Wernigerode, denn der Standort in der Innenstadt war zu klein geworden für die erfolgreich wachsende Brauerei. 1997 war der komplette Umzug mit Technik und Verwaltung vollzogen. Den Autofahrern, die die B 6n an der Ausfahrt Wernigerode-Nord verlassen

Bunte Stadt am Harz – Wernigerode

Anlagen laufen gerade in den Sommermonaten auf Hochtouren. An Spitzentagen verkehren alleine bis zu 160 LKWs auf dem Gelände der Brauerei.

In zehn Jahren auf dem neuen Betriebsgelände siebeneinhalb Mal die Erde umrundet

Während der vergangenen zehn Jahre wurden auf dem Areal der Hasseröder Brauerei rund 25 Millionen Hektoliter Bier produziert. Würde man die typischen Hasseröder-Halbliter-Flaschen dicht nebeneinander aufstellen, so könnte damit siebeneinhalb Mal der Äquator mit einer Länge von 40.000 Kilometern umrundet werden. Jahr für Jahr stieg nach der Wende die Absatzentwicklung von Hasseröder an. Und dieser Erfolgstrend hält nach wie vor an.

Die rund 370 Mitarbeiter der Brauerei haben es sich zur Aufgabe gemacht, ein erstklassiges Produkt zu produzieren, zu verkaufen, zu vermarkten und auszuliefern sowie guten Service gegenüber Kunden, Konsumenten und anderen Partnern zu liefern. Dieser Einsatz wird immer wieder belohnt: Mehrfach wurde Hasseröder Premium Pils mit der DLG-Goldmedaille für herausragende Produktqualität ausgezeichnet und auch die CMA verlieh dem Bier das Gütezeichen, das besonders hochwertige Produkte der deutschen Agrar- und Ernährungswirtschaft kennzeichnet.

Für Bierkenner aus den neuen Bundesländern steht Hasseröder heute auf der Beliebtheitsskala der erstklassigen Pils-Biere ganz oben. Aus einer Mono- wird zunehmend eine Sortimentsmarke.

Ein Schlüssel zum Erfolg im hart umkämpften Biermarkt ist es nämlich, Trends frühzeitig zu erkennen. So sind Biere der Sorte »Export« im Osten sehr beliebt und so entwickelten die Braumeister Hasseröder Premium Export, das im Jahr 2005 auf den Markt kam. Es wurde zu einer der erfolgreichsten Neueinführungen auf dem deutschen Biermarkt in den letzten Jahren.

Seit Frühjahr April 2007 ist das spritzige Hasseröder Premium Radler (Bier plus Zitrus-Mix) erhältlich und als zweiter Durstlöscher folgte darauf das erfrischende Hasseröder Premium Diesel (Bier plus Cola).

Der Erfolg von Hasseröder kommt natürlich nicht von ungefähr – dahinter stecken viel professionelle Arbeit, ausgeklügelte Strategien und aufeinander abgestimmte und zur Marke passende Marketing-, Vertriebs- und PR-Aktivitäten. Hasseröder ist nach wie vor stark im Sportsponsoring aktiv – der Fokus liegt dabei beim Fußball und Handball. Dabei stehen nicht nur nationale Engagements wie zum Beispiel bei Hannover 96, Erzgebirge Aue oder SC Magdeburg im Mittelpunkt, vielmehr ist Hasseröder langjähriger Partner einer Vielzahl von kleinen Vereinen aus dem Kernabsatzgebiet, den neuen Bundesländern. Darüber hinaus unterstützt die Brauerei zahlreiche Veranstaltungen und sorgt dafür, dass diese überhaupt stattfinden können.

Bier braucht Heimat und die Heimat von Hasseröder ist Sachsen-Anhalt und Wernigerode. Nicht zuletzt aufgrund dieser Philosophie engagiert sich das Unternehmen auch bei vielen kulturellen Events wie den Schlossfestspielen sowie dem Rathaus- und Altstadtfest in Wernigerode, den Walpurgisfeiern in der gesamten Region oder dem Sachsen-Anhalt-Tag. Das Unternehmen ist sich seiner Verantwortung als bedeutendes Wirtschaftsunternehmen in der Region bewusst und tut Gutes für die Bürger und die zahlreichen Touristen, die den Harz als Ausflugsziel ausgewählt haben.

und weiter Richtung Wernigerode fahren, bietet sich ein imposantes Bild, wenn die Brauerei zum ersten Mal im Blickfeld auftaucht. Die moderne Industriearchitektur passt sich hervorragend der Harzer Umgebung an.

Die Abläufe in den Brau-, Abfüllungs- und logistischen Prozessen sind daher optimal aufeinander abgestimmt und gelten selbst im internationalen Maßstab als vorbildlich für die Brauereibranche. Mit dem rasanten Absatzwachstum von Hasseröder in den letzten Jahren muss auch immer wieder die Technik Stand halten. Die Brauerei ist nach wie vor eine der modernsten Braustätten in Europa. Die

---

Hasseröder Brauerei GmbH
Auerhahnring 1 · 38855 Wernigerode
Tel. (0 39 43) 93 60 · Fax (0 39 43) 63 21 40
info@hasseroeder.de · www.hasseroeder.de

Bunte Stadt am Harz – Wernigerode

Fleischereikunst über Generationen bewahrt

Traditionellem Handwerk verpflichtet

Wer den romantischen Ort Wernigerode besucht und auf seiner Tour Hunger verspürt, sollte bei der Harzer Traditionsfleischerei Frank Leiste in der Altstadt-Passage oder in der Westernstraße 14 Rast machen und sich stärken. Hier gibt es jeden Tag neue unvergleichbar deftige Harzer Küche zu günstigen Preisen auf den Teller.

Der Name Frank Leiste ist untrennbar mit Qualitätsfleisch und Qualitätswurst aus der Region verbunden. Tradition ist ihm ein Markenzeichen. Man setzt auf bewährte Hausrezepturen und Edelgewürze. So wird der hausgemachten Wurst die typische Harzer Würze verliehen. Bereits 1760 befasste sich die Familie Leiste mit der Landwirtschaft, dem Viehhandel und der Fleischerei. So wurde von Generation zu Generation die Kunst der Wurst- und Fleischzubereitung zum Nächsten übertragen. Die Grundsätze des traditionellen Handwerks sowie die alten überlieferten Rezepturen der Vorväter sind bis heute erhalten. Sie sind den Mitarbeiterinnen und Mitarbeitern in Fleisch

Bunte Stadt am Harz – Wernigerode

und Blut übergegangen und leben weiter fort. 95 Prozent aller Produkte, die es in den Leiste-Geschäften zu kaufen gibt, stammen aus eigener Produktion. Frische, Sorgfalt und besonders hochwertige Qualität stehen dabei ebenso wie Sauberkeit und Hygiene im Vordergrund der Produktion. Dabei wird nur ausgesuchtes Markenfleisch aus der Region als Rohstoff verwendet, denn auch die Fleischsicherheit hat hier oberstes Gebot, versichert Frank Leiste. Der hochwertige, vielseitige und professionelle Partyservice ist längst weit über die Stadtmauern von Wernigerode bekannt. Fachkompetente und freundliche Verkäuferinnen gehen individuell auf Kundenwünsche ein und beraten gerne.

Wer die Fleischerei besucht, sollte unbedingt die berühmte Rathaussalami und den deftigen aromatischen Brockenschinken probieren. Das sind Spitzenprodukte der Fleischerei, die es nur dort gibt und Käufer bestimmt später an den Besuch hier erinnern werden.

Frank Leiste
Qualität aus Tradition

Fleischerei Leiste
Westernstraße 14 · 38855 Wernigerode
Tel. (0 39 43) 63 26 08 · Fax (0 39 43) 60 76 10
info@fleischerei-leiste.de · www.fleischerei-leiste.de

Bunte Stadt am Harz – Wernigerode

Ausflug in die kulinarische Welt des fernen Ostens

Orchidea Huong – authentisch asiatisch

Gleich rechts hinter dem Rathaus von Wernigerode, der »Bunten Stadt im Harz«, beginnt die kulinarische Welt des fernen Ostens. In einem vor rund 250 Jahren erbauten Fachwerkgebäude entführen freundliche fleißige Mitarbeiterinnen und Mitarbeiter sowie die Inhaberin Huong Trute die Feinschmecker in ein exotisches Paradies der außergewöhnlichen Gaumenfreuden.

Bevor hier die asiatische Gastronomie einziehen konnte, musste die Inhaberin das Haus grundlegend sanieren lassen. Jetzt verleihen schöne Ausblicke auf den Kirchturm von St. Sylvestri und das Rathaus dem Gast das Gefühl, sich in einer Märchenwelt zu befinden. Auf zwei Etagen mit jeweils 48 Plätzen sowie einem zusätzlichen Teegarten entfaltet sich bei Orchidea Huong eine zauberhafte Welt mit Brückchen und Wasserspiel, mit Mosaiken, Handstickereien und gediegenen Möbeln, mit gewebten Bambus-Tischläufern und sorgfältig ausgesuchtem Geschirr.

Ost und West in Harmonie

»Einige Details schaffen Verbindungen zwischen beiden Welten, so wie ich es dem Gast vermitteln möchte, dass durchaus West und Ost miteinander harmonieren können«, sagt Huong Trute. Beispielsweise dienen die sorgsam bewahrten alten Fensterläden und Zimmertüren des Hauses als Garderobe im neuen Restaurant. Außer der hochmodernen Schank- und Küchentechnik stammt die Einrichtung fast ausschließlich von Künstlern und Kunsthandwerkern aus Vietnam – asiatisch authentisch – so wie auch das Motto des Hauses ist. Beide Küchenbereiche sind offen angelegt – der Gast kann den Fachköchen aus Japan und Vietnam bei der Arbeit zuschauen, ihre Kunstfertigkeit beim Zubereiten der Speisen bewundern und sich davon überzeugen, dass jedes Gericht frisch zubereitet wird.

Der Teegarten im Außenbereich von Orchidea Huong

Das vietnamesische Restaurant Lan im Orchidea Huong – authentisch asiatisch

Inhaberin Huong Trute begleitet die Gäste in die Welt der Genüsse.

»In meinen Restaurants möchte ich im weitesten Sinn asiatische Kultur im Zusammenhang mit dem Essen vermitteln«, sagt die Inhaberin. Asiatische Freundlichkeit, Aufmerksamkeit und Gastfreundschaft sind Grundsätze der Arbeit. »Die Gäste in die Welt der kulinarischen Genüsse zu begleiten ist nicht nur Pflicht, sondern auch das größte Vergnügen für meine Belegschaft und mich.«

Im April 2007 hat sich der Club der Feinschmecker vom Orchidea Huong gegründet. Den Club-Treff gibt es am letzten Donnerstag eines jeden Monats um 19 Uhr. Jeder Feinschmecker ist dazu eingeladen. Eine weitere Besonderheit sind die köstlichen und preiswerten Drei-Gang-Mittagsmenüs, die täglich außer an Feiertagen angeboten werden. Bei schönem Wetter lohnt sich der Aufenthalt im Teegarten. Sehr beliebt bei den Gästen ist auch die kulinarische Reise mit einem 6-Gang-Menü.

Japanisches und
vietnamesisches Restaurant
Orchidea Huong
Klintgasse 1
38855 Wernigerode
Tel. (0 39 43) 62 51 62
Fax (0 39 43) 2 62 17 34
info@orchidea-huong.de
www.orchidea-huong.de

ORCHIDEA HUONG
authentisch asiatisch

Von Stadtvillen bis zum Spaßbad

Nicht nur im Harzkreis seit Jahrzehnten Handschrift hinterlassen

Die Industriebau Wernigerode GmbH ist ein traditionsreiches Bauunternehmen, das auch schon vor der Deutschen Einheit als Kombinatsbetrieb des Bau- und Montagekombinates Magdeburg im Hochbau tätig war. Aus dem ehemaligen Kombinatsbetrieb hat sich im Jahr 1990 eine GmbH gegründet. Die Zentrale und eine Niederlassung befinden sich in Wernigerode, drei weitere Niederlassungen in Halberstadt, Staßfurt und Schönebeck. Als Tochterunternehmen gehört ebenfalls die Wernigeröder Baumaschinenzentrum GmbH dazu und ist Dienstleister für private und gewerbliche Kunden auf dem Gebiet der Vermietung und dem Verkauf von Baumaschinen und Geräten sowie Schalungssystemen.

Mit durchschnittlich 210 fachlich qualifizierten und hoch motivierten Beschäftigten setzt die Firma mit einer kostenbewussten, qualitätsgerechten und umweltverträglichen Baustrategie Maßstäbe an zahlreichen Bauvorhaben in und außerhalb von Sachsen-Anhalt. Realisierte und aktuelle Bauvorhaben sind deutschlandweit zu finden. Ein wesentlicher Baustein für unseren Erfolg ist das Qualitätsmanagement im Unternehmen.

Der Industrie- und Gewerbebau, der Wohnungsbau, das Bauen für die Öffentliche Hand, die Objektsanierung, die Projektentwicklung sowie der Verkauf und die Vermietung von Objekten sind die Hauptgeschäftsfelder. Größtenteils realisiert das Unternehmen die Bauvorhaben als Generalunternehmer.

Badbau gewinnt an Bedeutung

Speziell auch in der Harzregion wurden Zeichen gesetzt. So können wir eine Vielzahl von Wohnungsbauten, Industrie- und Gewerbebauten sowie Freizeitbauten und Bauten für die Öffentliche Hand als Referenzen anführen. Als jüngstes Beispiel gilt der Neubau von fünf Stadtvillen »Am Stadtgarten« in Wernigerode, die das städtebauliche Bild sehr positiv beeinflussen. Wohnhäuser »Am Langen Stieg« in Hasserode, in Ilsenburg, Blankenburg und Halberstadt, das Multisportzentrum mit Feizeitbad in Halberstadt, Industriebauten für die Rautenbach AG, das Walzwerk Ilsenburg, die Hasseröder Brauerei, VEM Motors spiegeln ebenfalls die Leistungsstärke wider.

Ein sich ständig weiterentwickelndes Tätigkeitsfeld der Industriebau Wernigerode GmbH ist die private Finanzierung öffentlicher Bauten (PPP/ÖPP) sowie das Nutzungscontracting. Beispiele hierfür sind die energetische Sanierung eines Schulzentrums und einer Grundschule in Goslar in Form eines Nutzungscontractings, der Neubau der Feuerwehr- und Rettungszentrale, der Erweiterungsbau für das Amtsgericht und die Hochschule Harz in Wernigerode sowie auch ein Bäderzentrum in Cottbus als PPP-Objekte.

Der Bäderbau hat in den letzten Jahren ebenfalls für das Unternehmen sehr an Bedeutung gewonnen. So haben wir beispielsweise in Lingenau (Österreich), Lüdinghausen, Stendal und Ribnitz-Damgarten Freizeitbäder als Generalunternehmer gebaut. Weitere Bäder sind zurzeit in Auftragsverhandlungen.

Auch in Zukunft möchte die Industriebau Wernigerode GmbH für ihre Kunden Projekte entwickeln und fachgerecht in gewohnter Qualität umsetzen.

Industriebau Wernigerode GmbH
Dornbergsweg 22 · 38855 Wernigerode
www.industriebau-wernigerode.de

Bunte Stadt am Harz – Wernigerode

Schwere Jungs saßen nicht in Nöscherode ein

Neuer Schwung auf alten Dielen

Altes Amtshaus

Bunte Stadt am Harz – Wernigerode

Im Jahre 1598, als der allgemeine Wohlstand sich so langsam hob, auf der Stadt aber schwere Schulden lasteten, baute man auf dem Wernigeröder Stadtwall ein Gemeindehaus, von dem noch bis in die erste Zeit des Dreißigjährigen Krieges der Erbenzins nach Wernigerode abgeführt wurde. Dieses Gebäude hieß bald »Amtshaus« (1615) oder auch »Amtshaus im Nöschenrode« (1620): Bis hier ist der Erbenzins von einem Taler, der nachher auf das Doppelte stieg, angemerkt. Dann scheint unter den Nöten des Krieges die Zahlung unterblieben und die Verpflichtung in Vergessenheit geraten zu sein.

Den Namen »Amtshaus« trug das Gebäude, weil das gräfliche Amtsgericht bis ins 19. Jahrhundert hinein darin untergebracht war. So war Nöschenrode, wo der Flecken- und zugleich Amts- oder Fronvogt ansässig war, der Sitz des gräflichen Landgerichts. Da den Nöschenrödern auch die »Einbringung« und Bewachung der Gefangenen oblag, war in dem Gebäude vorübergehend ein Gefängnis. Wenigstens wurde an einem solchen gebaut, wie alte Rechnungsbelege beweisen. Vermutlich war es aber nur für kürzere und leichtere Haft bestimmt, denn das Hauptgefängnis für die »schweren Jungs« befand sich damals hoch oben auf dem Schloss.

Rittermahl im Alten Amtshaus

Geschäftsleitung Jutta Schwarze und Jana Kilz

Schöne Stadtecke wieder belebt

Das Haus mit über 400 Jahren Geschichte lädt heute ganz andere Gäste ein. Mit dem »Alten Amtshaus« beleben Jana Kilz und Jutta Schwarze die schönste Ecke in der »schönen Ecke« der Stadt. Ein Lokal mit Ratsdiele und Ratszimmer entstand, das sich speziell für Familienfeiern eignet und wo stilvoll Gesellschaften speisen und feiern können. Im »Alten Amtshaus« lebt eine alte Tradition wieder auf: das historische Rittermahl. Hier erleben die Besucher einen Ausflug in das Mittelalter und werden mit den Sitten und Bräuchen einer Rittertafel bekannt gemacht.

So kann man im »Alten Amtshaus« auf alten Dielen unter Fachwerkbalken, auf historischen Stühlen oder im Sommer auf der urgemütlichen Ratsterrasse nicht nur die stilvolle Gastlichkeit des Hauses genießen, sondern auch in die Ferne schweifen, die Seele baumeln lassen und einfach nur mal Mensch sein. Und man sollte auf keinen Fall vergessen, auf die wohl originellste Toilette der Stadt zu gehen, meinen die Chefinnen des Hauses.

Altes Amtshaus
Burgberg 15 · 38855 Wernigerode
Tel. (0 39 43) 50 12 00
Fax (0 39 43) 24 89 78
Mobil (0160) 32 104 89
altes.amtshaus@t-online.de
www.altes-amtshaus-wr.de

Bunte Stadt am Harz – Wernigerode

»Es ist normal, verschieden zu sein«

Werkstatt ist heute Herz der Lebenshilfe Wernigerode gGmbH

»Es ist normal, verschieden zu sein« – so lautet die Philosophie aller Einrichtungen der Lebenshilfe. Am 21. Juni 1991 ergriffen Menschen mit Behinderung, ihre Eltern, Freunde und Förderer in Wernigerode die Initiative und gründeten den Verein »Lebenshilfe Wernigerode«. Zum 1. Januar 1992 übernahm der Verein die Trägerschaft über die Werkstatt für geistig behinderte Menschen. Da deren bisherige Räumlichkeiten sich schnell als zu eng erwiesen, entstand deshalb zwischen 1994 und 1996 eine neue, moderne Werkstatt, die auch heute das »Herz« aller Lebenshilfe-Einrichtungen darstellt. Der ursprüngliche Verein wurde 1996, parallel zum gesteigerten Leistungsspektrum, in die »Lebenshilfe Wernigerode gGmbH« umgewandelt. Seither fungieren die Vereine »Lebenshilfe Harz« und »Lebenshilfe Brockenblick« als Gesellschafter.

Doch die Bemühungen der Lebenshilfe Wernigerode, Menschen mit Behinderung ein normales und selbstbestimmtes Leben zu ermöglichen, reichen über die berufliche Förderung und Eingliederung ins Arbeitsleben hinaus. Seit Gründung der gGmbH befindet sich die Lebenshilfe Wernigerode in steter Entwicklung, um den gesellschaftlichen Veränderungen innerhalb der Behindertenhilfe gerecht zu werden.

Behinderung als eine unter vielen Daseinsformen des Menschen

Regina Korn, Geschäftsführerin der Lebenshilfe Wernigerode, meint: »Der Erfolg der Lebenshilfe Wernigerode gGmbH beruht auf dem Engagement vieler Menschen, behinderter und nicht behinderter, denen es zu verdanken ist, dass die Lebenshilfe in Wernigerode auf Jahre erfolgreicher Arbeit und anhaltenden Wachstum zurückblicken kann.«

Behinderung sei keine Krankheit, sondern eine unter vielen Daseinsformen eines Menschen. Die Lebenshilfe Wernigerode ist inzwischen für Menschen mit Behinderung Stätte der Arbeit und der Erholung, Ort des Lernens und Mittler des Wissens, Mitgestalter einer anspruchsvollen Freizeit und Garant eines geborgenen Wohnens.

Die Lebenshilfe besteht heute aus verschiedenen integrativen Einrichtungen. Dazu zählen differenzierte Werkstätten für geistig und seelisch behinderte Menschen mit über 300 behinderten Mitarbeitern, ein Berufsbildungsbereich mit über 30 Plätzen, eine Fördergruppe für schwer- und schwerstbehinderte Mitarbeiter mit über 10 Plätzen, eine mobile Frühförderung, die Kindern mit Entwicklungsverzögerungen hilft, frühzeitig etwaige Defizite aufzuholen, mehrere integrative Kindergärten im gesamten Harzkreis mit über 370 Plätzen für zu betreuende Kinder, ein mobiler familienentlastender Dienst, ein Wohnstättenverbund, bestehend aus Wohnheim, Außenwohngruppe und Intensiv-Betreutem-Wohnen mit insgesamt 57 Plätzen.

In der Werkstatt für geistig behinderte Menschen erbringen Jugendliche und Erwachsene unter fachlich kompetenter Anleitung und mit sozialpädagogischer Betreuung vielfältige Dienstleistungen, die wegen ihrer Qualität bei privaten und öffentlichen Auftraggebern anerkannt sind. Neben zahlreichen Handarbeitsplätzen steht auch ein moderner Maschinenpark zur Verfügung. Die Werkstatt umfasst Verpackung & Montage, Metall & Elektro, Wäscherei & Änderungsschneiderei, Gartenbau- und Landschaftspflege, Holzbearbeitung u. -montage, Kreativabteilung, Papier- und PVC-Recycling.

Menschen, die wegen der Schwere ihrer Behinderung nicht mehr oder noch nicht in unseren Werkstätten arbeiten können, werden in der

Integrative Kindertagesstätte »Quasselstrippe«

Kerzenschiff aus eigener Herstellung

Verkaufsladen der Kreativwerkstatt

Montagearbeiten in der Holzabteilung

Kerzengießen in Handarbeit

Servicebereich Garten- und Landschaftspflge

Elementare Förderung im Schwerstbehindertenbereich

Montage von Schutzhelmen

Lebenshilfe Wernigerode gezielt gefördert. Verschiedene therapeutische Konzepte stellen darauf ab, die schwerbehinderten Menschen in die Lage zu versetzen, eine Tätigkeit in einer Werkstatt aufnehmen zu können.

In den verschiedenen Wohnformen ein Zuhause finden

In den verschiedenen Wohnformen geben die Mitarbeiter behinderten Menschen ein Zuhause. Wer hier wohnen möchte, erlebt ein Wohnumfeld, das alle Annehmlichkeiten bietet. »Wohnen so selbständig wie möglich – mit so viel Hilfe wie nötig«, lautet hier der Grundsatz, damit alle jene, die nicht mehr in ihren Familien leben wollen oder können, eine behagliche Wohnstätte finden. Entsprechend den Wünschen und individuellen Kompetenzen der Bewohner stehen deshalb verschiedene Wohnformen zur Auswahl: das moderne und komfortable Wohnheim, die Außenwohngruppe für Menschen mit wachsender Selbstständigkeit und das Intensiv-Betreute-Wohnen als höchste Wohnform. Alle Wohnformen verbinden sich in dem Anliegen, durch aktive Zusammenarbeit mit den Bewohnern bei Planung und Realisierung der täglichen Arbeit das Selbstwertgefühl und Wohlbefinden der Menschen mit Behinderung positiv zu beeinflussen.

Die Lebenshilfe Wernigerode gGmbH ist auch Träger mehrerer Kindertagesstätten, in denen nicht behinderte und behinderte Kinder gemeinsam aufwachsen. In ihnen lebt ein pädagogisches Konzept, das auf die Kompetenzentwicklung jedes einzelnen Kindes zielt. Ein gemeinsames Miteinander der Kinder mit unterschiedlichster Individualität wird gewährleistet und fördert bei allen Kindern soziales Wohlfühlen.

PVC-Recycling

Keramikherstellung in Handarbeit

Metall- und Elektromontage

Lebenshilfe Wernigerode gGmbH
Veckenstedter Weg 71 · 38855 Wernigerode
Tel. (0 39 43) 9 23 70
info@lebenshilfe-wernigerode.de
www.lebenshilfe-wernigerode.de

Bunte Stadt am Harz – Wernigerode

Zu Gast beim Altdeutschen Kartoffelgelage

Mehr als nur nahrhafte Knollen

Das Altwernigeröder Apparthotel liegt zentral im Stadtzentrum, wenige Schritte vom historischen Rathaus entfernt. In diesem Hotel werden die Gäste von freundlichem Personal verwöhnt und auf die unterschiedlichen Sehenswürdigkeiten der Stadt eingestimmt. Ob Schloss oder Sylvestrikirche, sie sind fasziniert von den wundervollen Aus- und Einblicken auf Wernigerode. Das Haus verwöhnt die Gäste mit Gaumenfreuden aus dem Altwernigeröder Kartoffelhaus. Hier erwarten Besucher nicht nur ein sattes Angebot rund um die Kartoffel, sondern auch internationale Speisen und ganz besondere Veranstaltungen wie das Altdeutsche Kartoffelgelage. Frühstück wird in Form eines üppigen Büffets präsentiert, welches keinen Wunsch offenlässt.

Freunde der Entspannung werden in dem Wellness-Bereich auf ihre Kosten kommen, denn es erwarten die Gäste drei verschiedene Saunen, Solarium, Erlebnisdusche und ein Entspannungsraum. Aktive Gäste können im Fitnessraum trainieren oder Nordic-Walking-Ausrüstungen ausleihen.

Das Haus verfügt über 38 großzügige Zimmer und Appartements. Jedes der Ein- bis Drei-Zimmer-Appartements, die in verschiedenen Kategorien angeboten werden, hat seine individuelle Atmosphäre. Die Zimmer sind mit Dusche oder Badewanne, WC, Durchwahltelefon, Farb-TV sowie mit einer voll ausgestatteten Küche eingerichtet.

Biergarten (saisonal geöffnet)

Rustikales Kartoffelhaus

Altwernigeröder Apparthotel und Kartoffelhaus
Marktstraße 14 · 38855 Wernigerode
Tel. (0 39 43) 94 92 60 · Fax (0 39 43) 9 49 26 92
info@appart-hotel.de · www.appart-hotel.de

Wo Kinderherzen höher schlagen

Erste Adresse für Spielzeug

Bei Korb-Eichel in der Breiten Straße in Wernigerode schlagen nicht nur Kinderherzen höher. Bereits 1932 als Korbmacherei mit Verkauf durch Karl-Heinz Eichel gegründet, zog das Geschäft 1937 in die Wernigeröder Einkaufsmeile unweit des Krummelschen Hauses. Mit diesem Umzug nahm der Firmengründer erstmals Spielwaren mit in sein Sortiment auf. 1987 übernahm Rainer M. Gattermann, der Enkel von Karl-Heinz Eichel, das renommierte Geschäft, musste aber 1990 die Korbmacherei aufgeben. Seither spezialisierte er sich auf Spielwaren aller Art und machte sein Ladengeschäft, das weiterhin als »Korb-Eichel« bekannt ist, zur ersten Adresse für Spielwaren in der Bunten Stadt. Vom Affen aus Plüsch über Spielzeugeisenbahnen bis hin zu Kinderwagen hat Rainer Gattermann nahezu alles im Angebot, was Kinderträume wahr werden lässt.

Über die Einkaufsgemeinschaft Vedes eG – Europas stärkster Fachhandelsorganisation für Spiel und Freizeit – konzentriert sich Rainer Gattermann mit seinem Versorgungsauftrag für Spielwaren auch über Wernigerode hinaus und wird auch künftig alle kleinen und großen Wünsche seiner Kunden erfüllen.

Korb-Eichel · Spiel+Freizeit
Inhaber: Rainer M. Gattermann
Breite Straße 68 · 38855 Wernigerode
Tel. (0 39 43) 63 20 69 · www.vedes.de

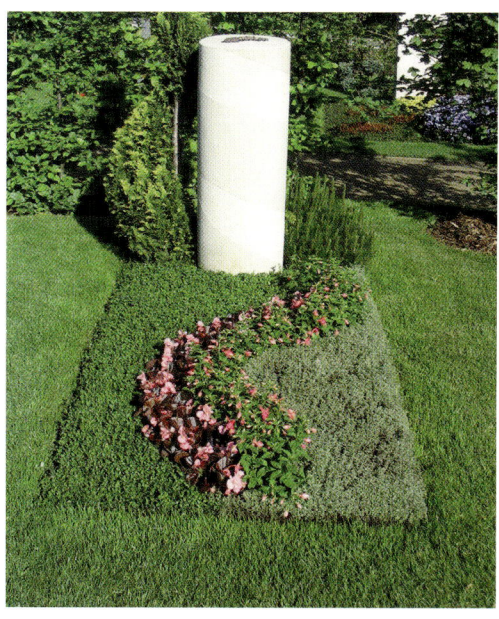

Mustergrab Landesgartenschau Wernigerode

Fünf Generationen Liebe zu Pflanzen

Über 100 Jahre Betrieb erhalten

Karl Bergfeld gründet 1882 seinen eigenen Landwirtschaftsbetrieb. Bereits ein Jahr später entsteht das erste Gewächshaus und damit beginnt die Geschichte als Gartenbaubetrieb. Am 31. März 1903 liest die Kundschaft die ersten Anzeigen in der lokalen Presse mit Angeboten der eigenen Produktion. Nach dem Tod von Karl Bergfeld übernimmt 1928 der Sohn Fritz Bergfeld den Betrieb. Der Betrieb firmiert nun unter dem Namen »Fritz Bergfeld Gartenbaubetrieb«. Das Absatzgebiet erstreckt sich bald von St. Andreasberg im Harz über Bad Harzburg, Goslar bis nach Wolfenbüttel. In Wernigerode wird die Ware auf dem Wochenmarkt und im Betrieb verkauft. Ein Bombenangriff auf Wernigerode im Februar 1944 zerstört den gesamten Betrieb. Glasflächen, Heizanlage und Materiallager fallen diesem Angriff zum Opfer. Zum 50-jährigen Bestehen des Betriebes werden die Produkte schon wieder in alle Teile des Landes versandt. Erste Versuche der Zwangskollektivierung scheitern 1956 am Widerstand von Fritz und Helmut Bergfeld. Fritz Bergfeld verstirbt noch in diesem Jahr. Helmut Bergfeld übernimmt nun die Gärtnerei als Betriebsleiter.

Medaillensegen für Züchtungen

Ein Jahr später bei der Teilnahme an der Gartenbau-Ausstellung in Leipzig-Markkleeberg gibt es Auszeichnungen mit Gold-, Silber- und Bronzemedaillen für die Kultur von Farnen, Rex-Begonien und Primula obconica.

Helmut Bergfeld wird 1971 nach dem Tod seiner Mutter Inhaber des Betriebes. Die Gewächshausfläche beträgt nun 1400 Quadratmeter. Produziert werden Grün- und Jungpflanzen, Schnittblumen und blühende Topfpflanzen. Die Spezialkultur des Betriebes sind Orchideen, die auf 400 Quadratmeter angebaut werden.

Am 1. Juni 1990 übernimmt Wolfgang Bergfeld den Betrieb als Pächter. Der Betrieb firmiert nun unter dem Namen »Gärtnerei Bergfeld«. Mit der Währungsreform kommen die Probleme im Absatz von eigenen Produkten. Neue Anbieter erscheinen auf dem Markt. Die fünfte Generation beginnt 1999 mit Sebastian Bergfeld ihr Wirken im Betrieb. Ein Zusatz kommt zum Firmennamen: »Gärtnerei Bergfeld – Friedhofsgärtnerei und Blumenfachgeschäft«. Ein umfangreiches Dienstleistungsangebot prägt neben der eigenen Produktion den Betrieb, angefangen von Trauer- und Hochzeitsfloristik, Blumenlieferservice über Innenraumbegrünung und -pflege, Fleurop-Dienst bis hin zur Friedhofsgärtnerei mit all ihren Angeboten.

Gärtnerei Bergfeld
Friedhofsgärtnerei und Blumenfachgeschäft
Inhaber W. Bergfeld
Sandbrink 18 · 38855 Wernigerode
Tel. (0 39 43) 63 27 31
Fax (0 39 43) 63 38 47
gaertnerei-bergfeld@t-online.de
www.gaertnerei-bergfeld.de

Bunte Stadt am Harz – Wernigerode

Ihr Einsatz bitte!
Spielbank prägt des Stadtbild der Bunten Stadt

Wieder zurück in der alten »Speelstadt« im Harz ist das Speelhus. Nicht mehr im schönen Rathaus ist es zu finden, welches bis 1427 Gräfisches Speelhus und bis Mitte des 16. Jahrhunderts Städtisches Speelhus war, sondern gleich »um die Ecke« unmittelbar am Hotel »Gothisches Haus«. Die neue Spielbank, in dem Gebäude der ehemaligen traditionsreichen Wernigeröder Druckerei, empfängt ihre Gäste mit regional liebenswerter Atmosphäre, Harzer Gemütlichkeit und vielen überraschenden Kreationen. So sitzt es sich am Automaten wie in einem Waggon der Harzer Schmalspurbahnen, während der Casinobesucher schon mal mit dem lauten Lokomotivpfiff auf einen großen Gewinn am Cash-Express-Automaten aufmerksam gemacht wird. 64 Automaten der neuesten Generation sind es insgesamt, die zum thematischen Spiel einladen. Anspruchsvoll landschaftstypisch gestaltet ist die Spielbank Wernigerode für Einheimische und Gäste gleichermaßen einladend. Seit 2006 können Interessierte sich auf ein Rendezvous mit dem Glück einlassen.
Die Einbindung örtlicher Architekten und Unternehmer hat sich ausgezahlt, sie nahmen den Auftrag für die Spielbank gern an und Wernigerode ist seither um eine ortsbildgerechte Attraktion

Nur wenige Meter vom historischen Marktplatz entfernt befindet sich die Spielbank Wernigerode.

Liebevoll eingerichtet: Ein Modell der Harzer Schmalspurbahn fährt geradewegs zur Bar.

Ein Highlight: Original-Wagennachbau der Harzer Schmalspurbahnen

146

reicher. In nur sieben Monaten Bauzeit wurde mit einer Gesamtinvestition von knapp fünf Millionen Euro aus der ehemaligen Harzdruckerei in der Westernstraße 21 eine der modernsten Automaten-Spielbanken Deutschlands. Vergessen wir nicht die 20 neu geschaffenen Dauerarbeitsplätze, nicht unwichtig in diesen Zeiten. Und noch was, wer verliert, stützt die chronisch leere Landeskasse. Immerhin ein kleiner Trost!

Schmalspurbahn neben Black Jack

Die Bauleute haben viele Kniffe anwenden müssen, um alle Erfordernisse einer modernen Spielbank in den vorhandenen Baukörper einzubauen und diesen gleichzeitig dabei stilgerecht zu sanieren. Dies ist den Bauarbeitern vom Industriebau Wernigerode ganz toll gelungen. Regional Liebenswertes sowie Harzer Gemütlichkeit und Wärme zeichnen das Haus aus. So sitzt es sich am Automaten wie in einem Wagen der Harzer Schmalspurbahnen. Vermissen wird den gewohnten und für Spielbanken typischen Roulettetisch wohl keiner so schnell. Steht doch ein modernes elektronisches Multi-Roulette mit acht Plätzen für die Spieler bereit. Der Roulette-Kessel wurde mit einem in aufwändiger Handarbeit kunstbemaltem Holztisch verkleidet. Die gesamte Anlage ist durch einen beleuchteten Baldarin überdacht, unter dem auch der große Plasma-Screen angebracht ist.

Die Spielbank Wernigerode hat sich in das anspruchsvolle und hochwertige touristische Angebot und Umfeld nahtlos eingefügt. Insgesamt ein Konzept, das seine spannende Entwicklung nicht nur versprochen, sondern auch gehalten hat. Und für welches sowohl aus Investoren- als auch aus Besuchersicht gilt: »Ihr Einsatz bitte!«

Spielbank Wernigerode

Spielbank Wernigerode · Automatenspiel
Westernstraße 21 · 38855 Wernigerode
Tel. (0 39 43) 40 89 90 · info@spielbanken-sa.de

Der Cash-Express

Bunte Stadt am Harz – Wernigerode

In Wernigerode wurde mit dem Füllhalter Geschichte geschrieben

Vom »Primus« zum »BASE KID«

Die Erfolgsgeschichte begann schon nach der Verstaatlichung der Firma »Heise & Co.« im Jahre 1953 und der damit verbundenen Umbenennung in »VEB Füllerfabrik Heiko«. Mit diesem Firmennamen verbindet heute noch so mancher Erinnerungen an seine Schulzeit. Damals wurden, mit über 400 Beschäftigten, Füllhalter für die gesamte DDR und für den Export gefertigt. Das bekannteste Produkt war der Füllhalter PRIMUS, der bis zur Wende hergestellt wurde. Schon er war mit dem 1978 patentierten Tintenleitsystem ausgestattet. Mit der Übernahme durch die Firma Schneider Schreibgeräte aus dem Schwarzwald, bekannt durch die Kugelschreiber und -Minen, wurde ab 1991 in einen wichtigen, für SCHNEIDER neuen Produktionszweig (Schreibsysteme mit flüssiger Tinte) investiert. Seither hat sich viel verändert: Die Mitarbeiterzahl hat sich seit der Übernahme, mit seinen jetzt 110 Beschäftigten, fast verdoppelt. Vergrößert hat sich auch das Sortiment, wozu nunmehr nicht nur Füllhalter und Tintenpatronen, sondern auch diverse Tintenroller sowie Textmarker zählen. Derzeit werden jährlich rund 2 Millionen Füller, 16 Millionen Liquid-Ink-Stifte und 100 Millionen Tintenpatronen produziert. Alle Werkzeuge für die Kunststoffteile werden im Haus konstruiert und hergestellt. Im Mittelpunkt steht jedoch nach wie vor der Füllhalter. Aus dem ersten Schulfüller wurde inzwischen ein ganzes Schulsortiment. Am bedeutendsten ist die Serie SCHNEIDER-BASE. Sie besteht aus den Patronenrollern BASE BALL und BASE UP, dem Jugendfüller BASE und dem BASE KID, »dem Schreiblernfüller, der mitwächst«, da seine Länge durch zwei verschiedene Schäfte selbst gewählt werden kann: kleine Hand = kurzer Schaft, große Hand = langer Schaft. Er ist der PRIMUS von heute, mit dem nun viele kleine ABC-Schützen ein Stück Wernigeröder Füllhaltergeschichte auf das Papier bringen. Das Produkt wurde für sein Konzept und die ergonomische Gestaltung mit mehreren bedeutenden Designpreisen ausgezeichnet.

Die neuesten Produkte sind die Tintenroller der Serie XTRA, deren gleichmäßiger Tintenfluss durch einen kapillaren Regler gesteuert wird. Diese Roller schreiben dreimal länger als herkömmliche Stifte, sie können weder eintrocknen noch klecksen. Alle XTRA-Tintenroller erscheinen 2008 in einem neu gestalteten Design. Es gibt verschiedene Strichbreiten, dokumentenechte Tinte und auch eine Textmarkerversion. Jährlich werden auf den Messen mehrere Neuentwicklungen vorgestellt. SCHNEIDER steht seit jeher für hohe Qualität zu einem sehr guten Preis-Leistungsverhältnis. Im Vertriebsverbund SCHNEIDER-NOVUS gehört SCHNEIDER zu den bedeutendsten Lieferanten in Deutschland. Der Export von Produkten und auch von Komponenten spielt eine immer größere Rolle. Viele weitere Informationen zum Sortiment, Tipps und Tricks, Spiele, ein Bildgenerator für SCHNEIDER 4me und vieles mehr unter: www.schneiderpen.de.

SCHNEIDER BASE KID

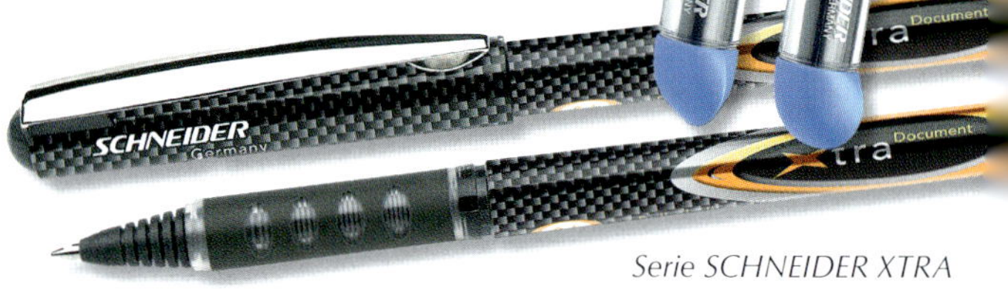

Serie SCHNEIDER XTRA

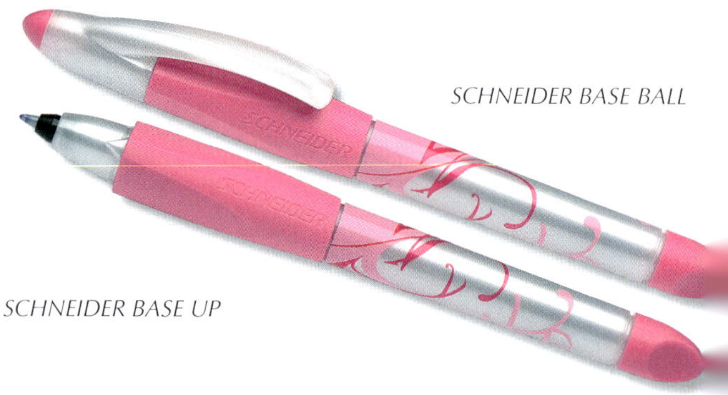

SCHNEIDER BASE BALL

SCHNEIDER BASE UP

HEIKO-Primus (bis 1988):
»Der« Schulfüller aus DDR-Zeit, ihn kennt jedes Schulkind im ehemaligen »Ostblock«, also auch in weiten Teilen Osteuropas.

SCHNEIDER Wernigerode, Neubau 1991, erste Erweiterung 2002, ca. 7000 m² modernste Produktionsfläche

SCHNEIDER

DESIGNPREIS 2007 NOMINIERT · reddot design award winner 2006 · Innovation AWARD 2006 1st Prize · Focus Energy Silber 2006

SCHNEIDER Schreibgeräte GmbH & Co. · Produktions- und Vertriebs KG
Martin-Heinrich-Klaproth Straße 28 · Industriegebiet Stadtfeld
38855 Wernigerode
Tel. (0 39 43) 56 10 · Fax (0 39 43) 56 12 00
info@schneidermail.de · www.schneiderpen.de

»Wir sind merkwürdig anders«

Reisecenter Lohf bietet selbst Hausbesuche an

An den 1. November 2003 können sich Petra Lohf, gelernte Reiseverkehrskauffrau und Afrika-Fachberaterin, und Uwe Lohf, Qualitätscoach, Asien- und Ayurveda-Fachberater noch gut erinnern. Sie starteten in die eigene Existenz als Reisebüro-Inhaber. »Wir sind merkwürdig anders«, sagen sie und verweisen auf viele Details, die sie von anderen Reisebüros unterscheiden. »Dass wir nach den Regeln von Feng-Shui unsere Räume ausgestattet haben, dient der Atmosphäre im Büro und vermittelt den Besuchern gleich Urlaubsstimmung. Dazu kommen eine Felswand, die Kinderspielecke, eine Rattan – Ruhezone und der entsprechende Sound als akustische Urlaubseinstimmung. Damit sich der Kunde ein eigenes Bild machen kann, stehen über 130 DVD, davon acht eigene Produktionen, aber auch Veranstalter unabhängiges Informationsmaterial zur Verfügung.

Doch die Reise muss nicht unbedingt in den Büroräumen gebucht werden. Das Reiseunternehmen verfügt über zwei feste und einen mobilen Counter, um flexibel auf Messen und touristischen Events agieren zu können. »Wir besuchen die Kunden auch zu Hause, bringen passende Kataloge und Buchungstechnik mit. Sie wählen in Ruhe aus und wir buchen dann vor Ort«, erläutert Petra Lohf. Zudem stehen ganzjährig die beliebten Themenabende in angenehmer Atmosphäre auf dem Veranstaltungsprogramm. Das Spektrum reicht von Oman über Indien bis in heimische Gefilde.

Zauberwort heißt ständig Service

Service heißt für das Reisebüro das Zauberwort. Dazu gehört die individuelle Urlaubs- und Reiseberatung mit eigens gestalteter Firmensoftware und die Ayurveda-Fachberatung ebenso wie der Flughafentransfer mit dem eigenen Shuttle, der die Reisehungrigen zu Haus abholt, bequem und sicher zum Flughafen fährt und nach dem Urlaub zur Heimfahrt erwartet.

Das Büro bietet Internationale Praktikumsplätze für Touristik-Studenten an und sichert über den firmeneigenen Qualitätscoach, dass jeder Kunde bestmöglich beraten seine Reise antritt und auch den nächsten Ferienaufenthalt im Reisecenter Lohf bucht.

Dass dies auch anderswo registriert und belohnt wird, davon zeugen die Teilnahme am Innovationswettbewerb »Region Harz«, die Verleihung des »Gütesiegels für Service-Qualität im Tourismus Sachsen-Anhalts« drei Jahre in Folge und 2005 der Erwerb des »Sri Lanka Tourism Award«.

Firmenpräsentation im Rathaus Wernigerode

Indienpräsentation Februar 2008 im Kik Wernigerode

Reisecenter Lohf
Breite Straße 27
38855 Wernigerode
Eingang Ringstraße
Service-Tel. (0 39 43) 69 49 85
Fax (0 39 43) 69 56 04
www.reiselohf.de

Sportliche Betätigung ist die beste Medizin

In Hasserode nah bei den Kunden

Andreas Glabau ist die Neueröffnung der Harz-Apotheke noch in bester Erinnerung. Fast alle seine Mitarbeiterinnen, wozu eine Apothekerin sowie eine pharmazeutisch-technische Assistentin und eine pharmazeutisch-kaufmännische Angestellte gehören, sind von Anfang an dabei.

Der Apotheker, gebürtig in Magdeburg, studierte Pharmazie in Halle und sammelte erste berufliche Erfahrungen in Sangerhausen. Als 1997 das neue Geschäftshaus Friedrichstraße 115a fertiggestellt war, zog er als Mieter ein und eröffnete seine eigene Apotheke.

»Ich würde den Schritt in die Selbstständigkeit wieder wagen,« meint der Apotheker. Allerdings seien seitdem die Rahmenbedingungen auch für Apotheken schlechter geworden. Das Planen der Zukunft ist heute schwieriger als vor zehn Jahren.

Seit dem Jahr 2000 wohnt Andreas Glabau in Hasserode. Von dort joggt er, bevor er seinen Arbeitsplatz aufsucht, jeden Morgen 40 bis 50 Minuten, im Sommer auch mal über den Armeleuteberg in die Harzwälder. »Sportliche Betätigung ist die beste Medizin zur Gesunderhaltung«, sagt er.

In Hasserode ist jetzt sein Lebensumfeld. Damit meint Andreas Glabau nicht nur seine recht große Zahl von Patienten und Kunden. Er bevorzugt auch die in dem Ortsteil ansässigen Handwerker. Das Miteinander der Menschen ist ihm wichtig. Deshalb nimmt er sich auch viel Zeit, um besonders den Älteren zuzuhören, wenn sie ihm ihr Herz ausschütten. »Ein freundliches Wort gibt Wärme, kann helfen«, ist er überzeugt.

Harz-Apotheke · Apotheker Andreas Glabau
Friedrichstr. 115 a · 38855 Wernigerode
Tel. (0 39 43) 90 59 21 · Fax (0 39 43) 90 59 22
service@harzapotheke.de · www.harzapotheke.de

Zuverlässige Harzer Pannenhelfer
Sorglosigkeit bereitet zunehmend Probleme

Ein aufgeregter Anruf in der Opel Autohaus Harz-Dornbergsweg GmbH in Wernigerode. Ein Urlauber, der im Harzkreis Urlaub macht, ist mit seinem Fahrzeug liegen geblieben. Nach seiner Wanderung im Harz springt sein Auto nicht mehr an. Das Autohaus Harz in Wernigerode mit seiner Filiale in Halberstadt ist Vertragspartner des ADAC. Immer wenn ein Fahrzeug im Harzkreis streikt, sind die gelben Engel rund um die Uhr dienstbereit.

Helmut Müller und Wolfgang Bläß sind für das Gebiet des alten Kreises Wernigerode zuständig. »Die Hilfe bei Pannen und Unfällen im Urlauberkreis durch den Straßenhilfsdienst hat sich für die Kunden und unseren Betrieb bezahlt gemacht«, sagt Geschäftsführer Rolf-Dieter Schubert. Vielen der Hilfesuchenden kann vor Ort geholfen werden und sie können ihre Urlaubsfahrt danach fortsetzen. Leider kommt es vor, dass Fahrzeuge aufgrund mangelnder Wartung mit größeren Defekten auf der Straße stehen bleiben. Auch sind die kalten Jahreszeiten für Autofahrer aus dem Flachland ein Problem. »Die Sorglosigkeit mancher Kraftfahrer bereitet zunehmend Schwierigkeiten«, bestätigt Wolfgang Bläß. Das Autohaus Harz am Dornbergsweg in Wernigerode gehört schon seit Langem in der Harzstadt zu den ersten Adressen in allen Fragen rund ums Auto. Waren es in der 1974 gegründeten Firma vorwiegend die damals heiß begehrten DDR-Modelle, die hier gepflegt und gewartet wurden, so hat sich die als GmbH weitergeführte Traditionsfirma seit 1990 auf die Marke Opel spezialisiert. Seit 2003 gibt es auch in Halberstadt eine Filiale. Das Unternehmen hat momentan 33 Mitarbeiter. Hinzu kommen die sieben Lehrlinge.

Vielfalt in der Ausstellung

Im Verkaufsalon stehen Neuwagen der Marke Opel. Die breite Palette der Opel-Modelle zeigt die Vielfalt des internationalen Autoherstellers. Vom Kleinwagen über die Mittelklasse bis zu Off-Roadern und Kleintransportern – da bleiben keine Wünsche offen. Interessant sind die Opel-Modelle auch wegen der Umrüstmöglichkeiten auf Flüssig- oder Erdgas-Betrieb. »Gerade in Zeiten hoher Benzinpreise erfreut sich die kostengünstige und umweltfreundliche Technologie zunehmender Beliebtheit«, erklärt Geschäftsführer Schubert. Seit wenigen Jahren stehen vor dem Autohaus auch Nutzfahrzeuge bis 3,5 Tonnen Nutzlast. Vor allem für Geschäftsleute, Handwerksbetriebe und mittelständische Unternehmen kann das Autohaus passende Angebote offerieren. Bleibt noch der Servicebereich: Durchsichten, Reparaturen und der Komplett-Service rund um das Auto bis zum Tuning wird geboten. Das Unternehmen bietet die Möglichkeit zum Tanken an der betriebseigenen Gastankstelle und seit einiger Zeit auch den kompletten Service für die Marke Chevrolet inklusive Garantieleistungen. Hinzu kommen die preiswerten Sommer,- Winter- oder Urlaubsdurchsichten. »Wer das nutzt, bleibt lange mobil«, ist Rolf Schubert überzeugt.

Autohaus Harz-Dornbergsweg GmbH
Dornbergsweg 19
38855 Wernigerode
Tel. (0 39 43) 9 48 70
Fax (0 39 43) 94 87 26

Quedlinburger Straße 80
38820 Halberstadt
Tel. (0 39 41) 6 91 60
info@opel-harz.de
www.opel-harz.de

Schmuckstücke mit Ausstrahlung

Keine Zahntechnik von der Stange

Auf eine über 25-jährige Tradition blickt das Zahntechnische Labor PeRoDent zurück. Das von Hans und Giselheid Rode 1982 in Miehlen (Rheinland-Pfalz) gegründete Unternehmen RoDental GmbH eröffnete 1991 einen Zweitsitz in Wernigerode.
1993 wurden beide Labore zusammengelegt und in Reddeber angesiedelt.
ZTM Peter Rode übernahm 2005 den elterlichen Betrieb und verlegt den Standort 2007 in die Salzbergstr. 4a in der Innenstadt von Wernigerode.
Der Betrieb mit 9 Mitarbeitern deckt zusammen mit seinen zahnärztlichen Partnern das gesamte Leistungsspektrum der modernen, ästhetischen Zahnrestauration ab.
PeRoDent steht für qualitativ hochwertigen, perfekten Zahnersatz, »Made in Germany«. »Schöne Zähne stehen schließlich für Lebensqualität. Der Zahnersatz soll nicht nur die Kaufunktion wieder optimal herstellen, sondern auch ein Schmuckstück sein, welches die natürliche Ausstrahlung des Patienten unterstreicht. Wir möchten keine Zahntechnik von der Stange liefern« so der Inhaber.
Sowohl den Zahnärzten als auch den Patienten soll dies signalisieren, dass ein qualifiziertes Technikteam die Kunden betreut. Die Stärke des Labors ist die Individualität der zahntechnischen Arbeiten auf höchstem Niveau. Das Leistungsspektrum von PeRoDent umfasst Zahnersatz in Modellguss, Edelmetall, Fräs-, Verblend,- Kombi- und Galvanotechnik, Totalprothetik, die Herstellung von Implantatgetragenem Zahnersatz, sowie die vollkeramische Restauration auf Basis von Presskeramik oder gefrästem Zirkonoxyd.

Das Team von PeRoDent Zahntechnik

PeRoDent Zahntechnisches Labor
Salzbergstraße 4a · 38855 Wernigerode
Tel. (0 39 43) 5 46 00 · Fax (0 39 43) 54 60 11

Auf den Kanaren geboren – im Harz heimisch

Polstermöbel restauriert und neu angefertigt

Wenn Alfred Bothe aus seinem Leben erzählt, wird es meist mucksmäuschenstill. Der Tapezierermeister war am 25. August 1932 auf den Kanarischen Inseln geboren worden. Sein Vater war Leiter der Handwerker auf einem dortigen Flugplatz und vor allem mit der Innenausstattung der Flugzeuge betraut. »Zeitweise wurden die Flugzeuge sogar bespannt«, erinnert sich Alfred Bothe.

1941 erfolgte die Rückkehr nach Deutschland. Der Vater arbeitete damals bis Kriegsende bei der Lufthansa auf dem Flugplatz Berlin-Tempelhof.
Nach Besuch der Volksschule begann Alfred Bothe in Wernigerode seine Lehre im Jahr 1948, die er 1951 mit dem Gesellenbrief als Dekorateur und Polsterer beendete. Er arbeitete im Betrieb des Vaters in der Kochstraße, der später in die Albert-Bartels-Straße wechselte. Als Jungmeister blieb er im Betrieb des Vaters, den er am 1. Juni 1965 übernahm. Damals, so erinnert sich Alfred Bothe, standen im Vordergrund das Neuanfertigen und Restaurieren von Polstermöbeln sowie das Aufarbeiten von alten Möbeln wie Schränke und Stühle. Zu den Aufträgen, an die sich der mit einem Goldenen Meisterbrief Geehrte gern erinnert, gehören Restaurierungsarbeiten an wertvollen Sitz- und Liegemöbeln. Bereits August Bothe, der zur verzweigten Bothe-Familie gehört und von 1840 bis 1932 lebte, hatte als Tischlermeister am Umbau des Schlosses mitgearbeitet.
In der Werkstatt von Alfred Bothe, deren große Schaufenster in der Breiten Straße ein Blickfang sind, führt seit 1994 Sohn Frank-Peter Bothe das »Zepter«. Dort hängen neben verschiedenen Anerkennungen auch die Meisterurkunden vom Großvater des jetzigen Firmeninhabers, Alfred Bothe. Im Verlaufe seines Berufslebens entwickelte Alfred Bothe seinen Betrieb zum größten seines Gewerks im Kreis Wernigerode. Die Beschäftigtenzahl erreichte zeitweise 15 Angestellte.

Raumausstatter + Parkettleger Bothe
Breite Straße 98 · 38855 Wernigerode · Tel. (0 39 43) 63 24 84

Alfred Bothe

Dieckmann sorgt für schöne Räume

Handwerk in vierter Generation

In der Raumausstatter GmbH der Familie Dieckmann hat eine Urkunde einen Ehrenplatz bekommen. Die Handwerkskammer Magdeburg bescheinigt Hermann Dieckmann, dass der 1935 in Elbingerode geborene Handwerker vor 50 Jahren seinen Meisterbrief im Sattler- und Tapeziererhandwerk erworben hat.

»Mein Vater und mein Großvater führten schon vor mir die 1893 gegründete Sattlerei, Polsterei und Möbelhandlung als Familienunternehmen«, erinnert sich der Meister. 1951 hatte er den Handwerksbetrieb übernommen und übergab ihn 1998 an seine beiden Kinder Andreas Dieckmann und Ute Werl, die beide Raumausstattermeister sind und nun in dem Familienunternehmen die Geschäfte führen.

Viel hat sich seitdem verändert, weiß der sehr rüstige 72-jährige Handwerker. In den 60er-Jahren habe es in der alten Bundesrepublik eine Änderung des Berufsbildes gegeben. Dieses sei mit der Wende auch hier so übernommen worden.

Der heutige Raumausstatter habe, so der Geehrte, ein sehr breites Betätigungsfeld, von der Polsterei über die Dekorationen, das Anbringen von Gardinen, Sonnen- und Sichtschutz, das Verlegen von Bodenbelägen bis hin zu Parkettarbeiten. Reine Sattler gebe es im alten Landkreis Wernigerode nur noch einen, sagte der Senior nach einigem Nachdenken. Es gebe ja auch kaum noch Pferde. Der Meister, der noch oft zum Kiebitzen in die Werkstatt kommt, manchmal dort auch aushilft oder bei Kunden zum Aufmessen vorspricht, sieht mit Freude die Entwicklung des Betriebes. Renner seien heute das Verlegen von Parkett und Polsterarbeiten an wertvollen Stilmöbeln.

Das Berufsbild hat sich gewandelt

Drei Meister in der Dieckmann-«Dynastie« heißen mit Vornamen Hermann. Seinen Sohn nannte der Jubilar Andreas. Da es in beiden jungen Familien auch Kinder gibt, ist der von der Handwerkskammer »vergoldete« Firmensenior zuversichtlich, dass der Betrieb eines Tages auch in der fünften Generation weitergeführt wird. Hermann Dieckmann indes genießt seinen Ruhestand, nachdem er etwa 25 Jahre lang als Obermeister der Berufsgruppe Sattler und Tapezierer und nach der Wende als Obermeister der Raumausstatterinnung in Wernigerode tätig war. Als 1. Vorsitzender führte er 15 Jahre die Geschäfte der Einkaufsgenossenschaft dieser Handwerker. 18 Jahre lang wirkte Hermann Dieckmann als Vorsitzender Gesellenprüfungskommission zu Wernigerode. Mehrere Jahre war er ehrenamtlich im Meisterprüfungsausschuss des Polsterer- und später Raumausstatterhandwerks zu Magdeburg tätig. Nach der Wende gründete er die Raumausstatter-Innung des Landkreises Wernigerode. Hermann Dieckmann gehört zu den Gründungsmitgliedern des Landesinnungsverbandes des Raumausstatterhandwerks in Sachsen-Anhalt. Hinzu kommt noch die Mitarbeit in der Kreisgeschäftsstelle der Handwerkskammer und später der Kreishandwerkerschaft Wernigerode. Jetzt verreist der Meister gern. Da er schon seit 45 Jahren Mitglied der örtlichen Feuerwehr ist, engagiert er sich nun in der Altersabteilung der Feuerwehr.

Hermann Dieckmann mit seiner Frau Helga und seinen beiden Kindern Andreas Dieckmann und Ute Werl, beide Raumausstattungsmeister.

Hermann Dieckmann mit seinem Goldenen Meisterbrief

Raumausstatter Dieckmann GmbH
Wasserstraße 8 · 38875 Elbingerode
Tel. (03 94 54) 4 23 66 · Fax (03 94 54) 4 15 95
andreas.dieckmann@raumausstatterdieckmann.de
www.raumausstatter-dieckmann.de

Bunte Stadt am Harz – Wernigerode

Harzblicke erleben – Gärten genießen

Bauerngärten, verzaubernde Traumgespinste und Blütenornamente

»Alles ist da, was das Herz begehrt, lustiges Leben und träumerische Stille, städtische Eleganz und dörfliche Einfachheit, flutender Fremdenverkehr und feststehende Stille, neue Bauart und alte Architektur; sie ist die Stadt der Gegensätze, die zu einer stimmungsvollen Einheit verschmolzen sind...« Kannte Hermann Löns vor 100 Jahren den Wernigeröder Bürgerpark?
Sicher nicht, denn vor 100 Jahren war das heutige Gelände des Bürgerparks noch »ganz weit draußen«. Aber dennoch geben diese Zeilen das Wesen des Wernigeröder Bürgerparks wieder, ein Teil von Wernigerode, der ganz neu, ganz besonders und sicher nach der Landesgartenschau Wernigerode im Jahr 2006 auch ganz beliebt und bekannt ist.
Beschaulich ziehen Schwäne ihre Runden auf dem Wasser. Leicht spielt der Wind in den Blättern der Baumskulpturen von alten Weiden und Pappeln. Im Spiel des Wasserfalls reflektiert sich das Sonnenlicht und leise erfüllen Töne von Kunstwerken den Raum. Über allem erhebt sich die Kulisse des Harzes mit dem Brocken und dem Wernigeröder

Asiatischer Garten – eine fernöstliche Gartenschönheit

Innenspielbereich im Ausstellungszentrum

Schloß. Bergwiesen verbinden den Park mit der Kulisse und verschmelzen Natur und Gartenkunst miteinander.
Fünf Wasserflächen, begleitet von modernen Architekturen, strukturieren das Gelände und geben ihm eine landschaftliche Weite. Ergänzt durch große Wiesenflächen werden Sichtbeziehungen weiter gestärkt. Im Einklang mit der Natur und dennoch herausgehoben zu etwas Besonderem gliedern einzelne Gartenbilder die Bereiche des Bürgerparks. 78 verschiedene Gärten ziehen die Blicke auf sich und geben Ihnen die Möglichkeit, tief in die Vielfalt und Fantasie der Umsetzung von Ideen einzutauchen.
Zu erleben ist eine gestalterische Vielfalt, die die unterschiedlichsten Möglichkeiten von Gartengeschichten aufzeigt. Seien es der asiatische Garten, der Bauerngarten, die Rosengärten oder verzaubernde Traumgespinste, das Blütenornament und der Garten der Erinnerungen. Gäste genießen den Schatten altehrwürdiger Bäume, die den Rahmen für die Gärten geben und entdecken spielerisch den Bürgerpark auf neun unterschiedlichen Spiellandschaften.
»Genießen Sie einen Rundgang durch fantasievolle Gärten und einen besonderen Park, lassen Sie den Blick auf die umgebende Landschaft schweifen. Genießen Sie die Stille der kleinen Räume, die Farbe und den Duft der Pflanzen, das Spiel von Kunst und Natur ... Verspüren Sie Lust auf diese Vielfalt und Sie werden sehen: Alles ist da, was das Herz begehrt«, wirbt der Wernigeröder Bürgerpark, der täglich ab 9 Uhr bis zum Einbruch der Dunkelheit geöffnet ist.

Wernigeröder Bürgerpark
Kurtsstraße 11 · 38855 Wernigerode
Tel. (0 39 43) 40 89 10 11
Fax (0 39 43) 40 89 10 19
info@wernigeroeder-buergerpark.de
www.wernigeroeder-buergerpark.de

ParkCafé inmitten von buntem Wechselflor

Rosenre[i]gen – Blütenvielfalt und Dufterlebnis

Schäferskulptur an den Haustiergehegen

»Partnerschaft als Prinzip«
Moderner Dienstleister für Bildung und Personalvermittlung

Die Akademie Überlingen ist einer der großen Ausbildungs-, Trainings- und Beratungsanbieter in Deutschland, der Menschen und Organisationen mit innovativen Bildungs- und Beratungsleistungen auf den Weg in eine sichere und erfolgreiche Zukunft führt. Die Akademie Überlingen bietet seit 1991 im Harz kundenorientierte Qualifizierungen mit hohem Anwendernutzen an. Dabei orientiert sie sich an den Erfordernissen des Arbeitsmarktes, den aktuellen wissenschaftlichen Standards sowie den Interessen der Teilnehmer. Den Absolventen verhelfen die anerkannten Abschlüsse zum beruflichem Ein- und Aufstieg.

Individuelle Beratung und Betreuung durch qualifizierte Dozenten und Ausbilder sowie eine lernfreundliche Umgebung fördern dabei die

Servicequalität in der Ausbildung

Erfolgsfaktor Teamarbeit

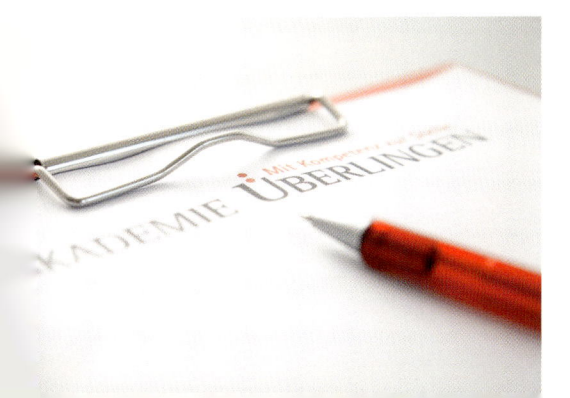

Erfolgreiche Lernprozesse gemeinsam gestalten

Motivation. Ausgewählte Lehrmaterialien und moderne Unterrichtsmethoden tragen darüber hinaus zum Lernerfolg bei. Unser hoher Qualitätsanspruch wird durch die bestehende Zertifizierung nach DIN EN ISO 9001 verbürgt. Lernen mit Hilfe des Internets ist eine alternative oder ergänzende Lernmethode, die immer mehr an Bedeutung gewinnt.

»Lernen wann, was, wo immer Sie wollen«

Die Lernprogramme (Web based training – WBT) der Akademie Überlingen sind von deren Kooperationspartner bitmedia entwickelt. Sie sind multimedial, einfach zu bedienen und didaktisch von hoher Qualität. Ziel von »Lernen-im-Netz« ist es, zu Hause oder im Büro ein Lernangebot zu günstigen Preisen zu präsentieren. Teilnehmer zahlen nur die reine Lernzeit. Es wird minutengenau festgehalten, wie lange sich jemand im tatsächlichen Lernprogramm befindet. Nur diese Zeit wird vom Lernzeitkonto abgebucht.

Die Akademie Überlingen bietet Kommunikationsformen wie Diskussionsforum und Chat, um sich mit den Mitlernenden austauschen zu können. Fachliche Begleitung erfolgt durch Tele-Tutoren.

In allen Bildungsgängen will der Bildungsträger die Interessen der Teilnehmer und den beruflichen Nutzen miteinander in Einklang bringen. In der Vermittlung von Fach-, Methoden- und Sozialkompetenz bauen die qualifizierten Dozenten und Ausbilder Brücken für eine erfolgreiche berufliche Zukunft unserer Teilnehmer.

Das Akademie Überlingen-Team verfügt über Standorte in Wernigerode, Halberstadt und Quedlinburg.

Zum Leistungsspektrum der Akademie Überlingen zählt die Aus- und Weiterbildung in über 20 Berufen, die berufliche Weiterqualifizierung mit anerkannten nationalen und internationalen Abschlüssen sowie das Training und die Schulung von Fachkräften sowie Seminare. Dazu kommen Personal- und Arbeitsvermittlung sowie Arbeitnehmerüberlassung.

Handlungskompetenz durch Praxistraining

Niederlassung Wernigerode

AKADEMIE ÜBERLINGEN – Mit Kompetenz zur Stelle.

Akademie Überlingen · Verwaltungs-GmbH
Ilsenburger Straße 31 · 38855 Wernigerode
Tel. (0 39 43) 9 22 20 · Fax (0 39 43) 92 22 99
wernigerode@akademie-ueberlingen.de
www.akademie-ueberlingen.de

Bunte Stadt am Harz – Wernigerode

Regional, international und qualitätsorientiert

Zurzeit werden an der Hochschule Harz (FH) über 3100 Studierende in insgesamt 22 innovativen Studiengängen ausgebildet. An ihren beiden Standorten, in der »Bunten Stadt am Harz« Wernigerode (Fachbereiche Automatisierung und Informatik sowie Wirtschaftswissenschaften) und der Domstadt Halberstadt (Fachbereich Verwaltungswissenschaften), verfügt die Hochschule Harz mit einer hochmodernen sowie multimedialen Ausstattung über beste Voraussetzungen für erfolgreiches, zügiges Studieren. Mit einem marktorientierten Bachelor- und Master-Programm ist die Umstellung auf das zweistufige System von Studiengängen ist bereits komplett abgeschlossen.

Gegründet wurde die noch junge Hochschule im Oktober 1991, zunächst mit den Studienangeboten BWL, Tourismus und Wirtschaftsinformatik am Fachbereich Wirtschaftswissenschaften in Wernigerode. Mittlerweile werden sechs Bachelor-Studiengänge im Bereich der Wirtschaftswissenschaften angeboten und die Studierendenanzahl ist hier von anfänglich 77 Erstsemestlern auf heute rund 1700 Studierende angewachsen. Mit den beiden neuen Studiengängen Business Consulting und Tourism and Destination Development wurde zum Wintersemester 2007/2008 ein profilorientiertes Master-Programm eröffnet, das konsequent an den Anforderungen des Marktes ausgerichtet ist.

Nur ein Jahr nach der Hochschulgründung, im Herbst 1992, konnte der Lehrbetrieb am Fachbereich Automatisierung und Informatik aufgenommen werden. Mit Beginn des Wintersemesters 1992/1993 waren erstmals 28 Jungakademiker in den Studiengängen Elektrotechnik und Informatik immatrikuliert. Seitdem hat sich auch dieser Fachbereich rasant entwickelt. Heute studieren in den insgesamt acht ingenieurtechnischen bzw. informatikorientierten Studiengängen rund 800 junge Menschen. Komplettiert wurde das Studienangebot durch den neu eingerichteten und akkreditierten Master-Studiengang Informatik/Mobile Systeme.

Studieren mitten im Grünen auf dem Hochschulcampus in Wernigerode

Der jüngste Fachbereich und gleichzeitig zweiter Standort der Hochschule Harz ist der Fachbereich Verwaltungswissenschaften in Halberstadt. Mit den beiden Studiengängen Öffentliche Verwaltung und Verwaltungsökonomie startete zum Wintersemester 1998/1999 die neue Hochschulausbildung für den öffentlichen Sektor; inzwischen bundesweit als »Halberstädter Modell« bekannt. Erweitert wurde das Ausbildungsangebot durch die Studiengänge Europäisches Verwaltungsmanagement sowie Verwaltungsmanagement/eGovernment. Das Angebot grundständiger Bachelor-Studiengänge wird am Fachbereich Verwaltungswissenschaften ab dem Wintersemester 2009/2010 um den Master-Studiengang Public Management ergänzt.

Die Hochschule Harz mit ihren drei Fachbereichen steht für eine praxisnahe, qualitativ hochwertige und internationale Ausbildung ihrer Studierenden. Eine intensive Vermittlung von Sprachkenntnissen – auch durch »Native Speaker« -, insbesondere in den internationalen Studiengängen mit Dual-Degree-Abschluss, ist ein Markenzeichen des Studiums im Harz.

Campus in Halberstadt

Campus in Wernigerode

Hochschule Harz (FH)
Friedrichstraße 57-59
38855 Wernigerode
Tel. (0 39 43) 65 90
Fax (0 39 43) 65 91 09
info@hs-harz.de
www.hs-harz.de

HOCHSCHULE harz
Hochschule für angewandte Wissenschaften (FH)
Wernigerode
Halberstadt
www.hs-harz.de

Wenn Vögel nicht mehr zwitschern

Hörsituationen speichern und abrufen können

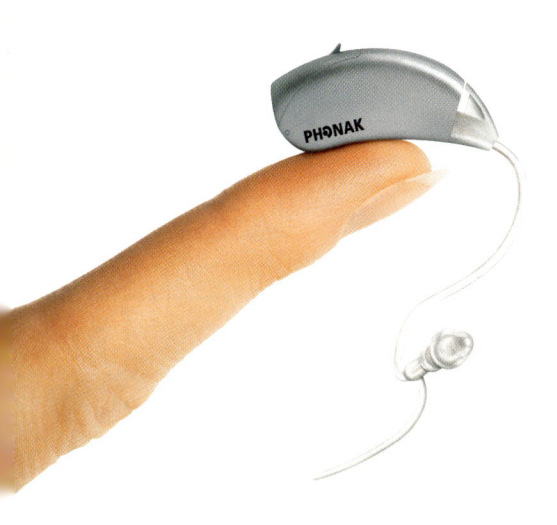

Wer Hörprobleme hat, sollte etwas dagegen tun. Mit dem schleichenden Prozess einer Hörschwäche unterliegt man der Gefahr, Sprache und Geräusche nicht mehr vollständig wahrzunehmen. Oftmals merken das die Betroffenen selbst erst sehr spät. Hinweise von Angehörigen sollten deshalb ernst genommen werden. Besonders in geräuschvoller Umgebung, bei Familienfeiern oder Gesprächen mit mehreren Personen ist dann deutliches Verstehen von Sprache schwierig. Denn das Gehör wird meistens nicht in allen Tonlagen schlechter. Durch das meist schlechtere Hören von hellen Tönen, zu denen Vogelgezwitscher, Türklingeln und besonders Frauenstimmen gehören, gehen wichtige Informationen verloren. Die Folge ist die Meidung von einst geliebten Begegnungen bei Geburtstagen oder Theaterbesuchen sowie Versammlungen. Dabei ist der Weg zum besseren Hören so einfach.

Möglichkeiten des Hörtests nutzen

Ein kostenloser Hörtest beim Hörgeräteakustiker oder HNO-Arzt schafft Gewissheit. Auch kann man beim Hörgeräteakustikermeister Christoph Dunkel kostenlos Hörgeräte probieren und mit nach Hause nehmen, um sie in der gewohnten Umgebung zu testen. Dabei besteht keine Kaufverpflichtung. Wer am besseren Hören einen Nutzen für sich erkennt und sich für den Erwerb eines modernen Hörsystems interessiert, wird über die Unterstützung durch die Krankenkassen und weiteren Versorgungsablauf aufgeklärt.
Um Meschen diesen Bestandteil ihres Lebens wieder voll zugänglich zu machen, bietet Hörakustik Christoph Dunkel modernste Hörsysteme mit beispiellosen Leistungsvorteilen und einzigartigen Eigenschaften an, die ein natürliches, brillantes Hörerlebnis ermöglichen. Moderne Hörsysteme stehen für die Kunst, sich vollständig an persönliche Bedürfnisse und Anforderungen anzupassen, und übertreffen höchste Erwartungen an Klangqualität, Funktionalität und Design.
Viele Alltagsgeräusche werden von Hörgeräte-Trägern als anstrengend empfunden. Die moderne Hörtechnik reduziert die Lautstärke der potentiell störenden Geräusche, ohne die Klangkomponenten zu beeinflussen. Die führenden Technologien bieten eine einzigartige Störgeräusch-Unterdrückung. Für Sie bedeutet dies hervorragende Klangqualität und vortreffliche Sprachverständigung. Nur moderne Hörgeräte können persönliche Lautstärkenpräferenzen in unterschiedlichen Hörsituationen speichern und in jedem Hörprogramm für höchsten Hörkomfort automatisch anwenden. Hörakustik Christoph Dunkel will Betroffene für die Kunst des Hörens inspirieren.

Hörakustik Christoph Dunkel
Platz des Friedens 2 · 38855 Wernigerode
Tel. (0 39 43) 26 62 68 · Fax (0 39 43) 26 63 64
info@einfachbesserhoeren.de
www.einfachbesserhoeren.de

Moderne Hörsysteme sind unauffällig und bieten ein verbessertes Hörerlebnis.

Herr Dunkel und sein Team beraten ausführlich und passen die neuesten Hörsysteme individuell an das jeweilige Hörvermögen an.

Bunte Stadt am Harz – Wernigerode

Der Harz in Miniatur-Ausführung

Baubesprechung im Zwergengebirge

Am 1. Mai 2009 öffnet der Miniaturen-Park »Kleiner Harz« in Wernigerode seine Pforten und lädt alle Besucher ein, den Harz im Kleinformat zu erleben. Eingebettet in 1,5 Hektar Parklandschaft werden verkleinerte, aber detailgetreue Modelle von Schlössern, Burgen, Kirchen, Katen, verschiedenen historischen Stadtbauten sowie wichtigen Industriebauten der gesamten Harzregion im Maßstab 1:25 zu bestaunen sein. So kann der Besucher markante und geschichtsträchtige Bauwerke der Altstadt Wernigerodes betrachten. Das Ensemble des Marktplatzes, mit dem Rathaus als Mittelpunkt, altes Fachwerk oder das berühmte Kleinste Haus werden mit ihrer Perfektion ebenso bezaubern wie das altehrwürdige Wernigeröder Schloß.

Aus Halberstadt werden u. a. der Dom, die Martinikirche oder der Wassertorturm zu bestaunen sein. Als Quedlinburger Modelle wurden z. B. die Marktkirche Sankt Benedikti oder das Klopstockhaus miniaturisiert. Weitere Publikumsmagneten wie die berühmte Kaiserpfalz in Goslar, die majestätische Burg Falkenstein, das Bergtheater Thale oder das Brockenplateau sind ebenfalls detailgetreu nachgebildet und nur ein kleiner Teil der fantastischen Modellwelt.

Eines der vielen Highlights des Erlebnisparks sind drei besondere Sichtachsen, welche es dem Besucher erlauben, jeweils das Modell und das Original im direkten Vergleich zu betrachten. Die abwechslungsreich gestaltete Landschaft

Brunnen im Innenhof des Café Wien

auf einem Teilgelände der ehemaligen Landesgartenschau Wernigerode lädt zum Verweilen und Entdecken ein. Neben den Modellen bereichern bewegte Elemente wie die berühmte Harzer Schmalspurbahn oder die originalgetreue Nachbildung der Seilbahn Thale das Angebot

des Parks. Auf übersichtlichen Schautafeln erfährt der interessierte Besucher Wissenswertes über die Bauwerke und ihre Geschichte. Naturbepflanzte Modelllandschaften, der Wirklichkeit nachempfundene Bachläufe oder die zahllosen fein gearbeiteten Details der Modelle bieten für

Ensemble Café Wien in Wernigerode

Der Lions-Club Anna zu Stolberg-Wernigerode besucht eine Ausstellung in der Oskar Kämmer Schule.

Bis zu 100 Mitarbeiter aus unterschiedlichsten Berufszweigen arbeiten am Bau der Häuser in mehreren hervorragend ausgestatteten Werkstätten, nachdem sie zuvor einen sechswöchigen Lehrgang zur Einweisung in die Arbeitstechniken und den Umgang mit den Materialien absolviert haben. Unter der Anleitung von Fachpersonal arbeiten mehrere Teams parallel an verschiedenen Modellen.

Aufmaß eines Gebäudes (Kirche St. Sylvestri)

Fotografen und Liebhaber des Modellbaus attraktive Einblicke und Motive.

Über die Schulter der Modellbauer blicken

In einer Schauwerkstatt auf dem Ausstellungsgelände haben interessierte Besucher die Möglichkeit, hautnah bei der Entstehung der Miniatur-Modelle dabei zu sein und den Mitarbeitern bei ihrer Arbeit über die Schulter zu schauen. Sie können sich genauestens über den Bau der Modelle, die notwendigen Arbeitsschritte und die Materialien informieren und natürlich auch Fragen stellen.

Für kleine Besucher bietet der Miniaturen-Park »Kleiner Harz« viel Raum für Neugier, Entdeckungen und Spielspaß. Im Zwergenlabyrinth können sie das geheime Leben der kleinen Fabelwesen erkunden und mit dem Zwergenkönig auf Entdeckungsreise durch den Park starten. Ein Spielplatz lädt anschließend zum Toben ein.

Ein Parkcafé, weitere acht Spielplätze, 78 Themengärten und mehrere Tiergehege bietet der direkt an das Gelände angrenzende Wernigeröder Bürgerpark. In den nächsten Jahren werden weitere Miniatur-Bauwerke angefertigt und der Miniaturen-Park somit Stück für Stück erweitert. Über das Jahr wird es verschiedene Events geben, zu denen sich der Park immer wieder im neuen Gewand präsentiert. In der kalten Jahreszeit können ausgewählte Modelle in einer Innenausstellung betrachtet werden. Ein Besuch lohnt sich also immer wieder.

Die Idee »Kleiner Harz« wurde Mitte 2005 geboren. In einem Gemeinschaftsprojekt der Oskar Kämmer Schule Wernigerode mit der KoBa Wernigerode und der Arge SGB II Halberstadt wurde das Konzept zum Bau der Miniatur-Modelle entwickelt. Seit März 2006 entstehen die nahezu perfekten Nachbildungen der Harzer Bauwerke im Maßstab 1:25 in den Werkstätten der Oskar Kämmer Schule in Wernigerode.

Anfertigung einer Bauzeichnung

Konzentriertes Arbeiten...

...ist ständig erforderlich.

Bunte Stadt am Harz – Wernigerode

Von der Zeichnung zum Modell

120 Harzgebäude werden im Miniaturenpark stehen

Bis 2009 sind auf diese Weise mindestens 60 Modelle im Nachbau geplant. Insgesamt sollen einmal bis zu 120 Gebäude und Sehenswürdigkeiten der gesamten Harz-Region im Kleinformat realisiert werden. Dabei ist es ein langer Weg mit vielen Arbeitsschritten vom Original-Bauwerk bis zum detailgetreuen Miniatur-Modell. Nach dem Aufmaß des Objektes am Original und der Erfassung von Maßen anhand von Plänen oder Fotomaterial erfolgt die Erstellung einer Plan-Zeichnung und die Umsetzung in 3D-Vorlagen, um die hohe Detailtreue der Modelle zu gewährleisten. Diese Arbeitsphase kann je nach Komplexität des Modells mehrere Hundert Arbeitsstunden umfassen.

In einer Baubesprechung mit allen Verantwortlichen und Mitwirkenden werden die Einzelheiten des geplanten Modell-Projektes besprochen. Bei komplizierten Gebäuden wie beispielsweise dem Schloss Wernigerode wird zunächst ein Corpus aus Styropor als Vorlage zum Bau des Modells entworfen. Auf diesen Corpus werden Ausdrucke von Fassaden geklebt, um einen ersten Eindruck vom späteren Modell zu erlangen. Nach diesem Vorbild beginnt der Bau des Miniatur-Bauwerks aus 0,5 – 10 Millimeter starken Kunststoffplatten.

Wenn der Rohbau steht, beginnt die umfangreiche Detailarbeit. Dachschindeln, Mauerwerk, Gehwegplatten, Fachwerk – alles wird Teilchen für Teilchen aus Kunststoff gestanzt, geschliffen, gesägt und auf das Kunststoff-Grundgerüst aufgebracht. Weitere Details wie Fenster- und Türbögen, Schnitzereien, Figuren und weitere Accessoires werden in liebevoller Handarbeit und künstlerischer Bravour hergestellt. An Bauwerken wie dem Krummelschen Haus, dem Rathaus in Wernigerode, aber auch der Goslarer Kaiserpfalz wird erkennbar, welche filigranen Meisterleistungen hier von den Mitarbeitern vollbracht werden.

Jeder Stein ist handbemalt

Ist das Kunststoff-Modell fertiggestellt, beginnt die möglichst originalgetreue farbliche Gestaltung. Die Farben werden dafür am Original aufgenommen, notiert und später aus den Grundfarben angemischt. Der Farbauftrag ist ebenso filigrane Kunst wie die vorhergegangene Modellierung. Jeder Stein wird originalgetreu bemalt und ist so auch im Modell wieder an der richtigen Stelle auffindbar. Die Perfektion der so geschaffenen Modelle wird jeden Besucher verblüffen.

Ein wichtiges Ziel des Projektes »Kleiner Harz« ist neben der Begeisterung der Park-Besucher die Schaffung von regulären Arbeitsplätzen für die Region. So müssen beispielsweise Parkanlagen gepflegt sowie Bauwerke repariert und restauriert werden. Dies wird über ein sich später selbst tragendes und sozial-orientiertes Unternehmen möglich sein. Es wird Menschen eine Chance geben, die es sonst auf dem Arbeitsmarkt schwer haben, beispielsweise weil sie mit über 50 Jahren »zu alt« sind.

Einnahmen, die durch das Erheben von Eintrittsgeldern sowie über Sponsoren und Patenschaften erzielt werden, können dann für Personal- und Sachkosten sowie für die Erhaltung des Miniaturen-Parks eingesetzt werden. Im Rahmen von Arbeitsgelegenheiten wurden durch den Bau der Modelle

Perfekte Farbgestaltung für jedes Modell

Großes Interesse auch bei kleinen Besuchern

und das Anlegen der Parkflächen bereits hervorragende Möglichkeiten geschaffen, vorhandene Fertigkeiten und Fähigkeiten der Mitarbeiter einzubinden und bei ihnen aufgrund der Nachhaltigkeit des Projektes hohe Motivation auszulösen.

Ein weiteres Ziel ist die Stärkung des regionalen Tourismus und damit die Stärkung der Region insgesamt. Mit dem Miniaturen-Park »Kleiner Harz« soll ein attraktiver touristischer Anziehungspunkt entstehen, der das Interesse an der Region mit ihren einmaligen Kulturgütern und ihrer Geschichte weckt, informativen Charakter trägt und gleichzeitig Spaß macht.

Die ausgestellten architektonischen und kulturhistorischen Werte des Harzes sollen die Besucher vor Ort begeistern und natürlich auch zum Besuch der Originalstandorte anregen. Damit soll der Tourismus der Gesamtregion Harz gestärkt werden. Die Stadt Wernigerode erhält ein weiteres attraktives und in der Region einzigartiges touristisches Highlight, welches einen Besuch der Stadt, der Harz-Region und seiner Umgebung noch lohnenswerter macht.

Auch sie wird dabei sein: Harzquerbahn im Modell

KLEINER HARZ
MINIATUREN-PARK
WERNIGERODE

Oskar Kämmer Schule
gemeinnützige Bildungsgesellschaft mbH
Ilsenburger Str. 31 · 38855 Wernigerode
Tel. (0 39 43) 6 91 80 · Tel. (0 39 43) 69 18 13
www.kleinerharz.de

Bunte Stadt am Harz – Wernigerode

Nur Langeweile wird vermisst

Ein bunter Park am Brocken in Wernigerode

Direkt am Waldrand von Wernigerode, der Bunten Stadt am Harz, eröffnete im Jahre 2005 der modernste Tourismusbetrieb seiner Art im Harz. Unter den vielen Möglichkeiten, im Hasseröder Ferienpark zu wohnen, ist für jeden das maßgeschneiderte Domizil dabei. 145 behagliche und komfortable Ferienhäuser und -wohnungen bieten fast alle den direkten Blick auf den sagenumwobenen Brocken, mit 1142 Metern der höchste Berg Norddeutschlands. Und sollte er einmal wolkenverhangen sein: Im Brockenbad im Harzer Stil scheint immer die Sonne, und es ist das ganze Jahr sommerlich warm. Dort kann man sich sanft vom Wasser massieren oder im Strömungskanal durchschütteln lassen. Alle werden von der über 100 Meter langen Superrutsche »MagicEye« begeistert sein. Für die Kleinen steht ein separater Wasserspielbereich mit verschiedenen Wasserspielen und der Regenbogenrutsche zur Verfügung.

Wer für sich Ruhe und Wohlbefinden sucht, auf den warten ein anspruchsvoller Wellnessbereich mit mehreren Saunen, Dampfbad, Außenpool, Solarien und verschiedene Anwendungen fürs Wohlbefinden. Zahlreiche andere Aktivitäten wie Bowling, Kegeln und Action-Games, eine über 600 Quadratmeter große Kinder-Indoor-Spielwelt sowie zahlreiche gastronomische Einrichtungen, alles völlig unabhängig vom Wetter, treffen den Geschmack. Nur eins vermissen die Besucher: Langeweile im bunten Park am Brocken.

Dampfrösser vor den Ferienhäusern

Ganz besonders die Brockenbahn, deren Dampfrösser sich schnaufend aus der Innenstadt, vorbei am Hasseröder Ferienpark, über Drei-Annen-Hohne und Schierke direkt auf den Brockengipfel ihren Weg bahnt, fasziniert die Gäste: Ob Kind oder Mann, wenn das Dampfsignal zur Abfahrt ruft, fällt die Wahl schwer: buntes Leben im Ferienpark oder hinaus in die grüne duftende Natur? Ein toller bunter Ferienpark an einem abwechslungsreichen Urlaubsort zu allen Jahreszeiten ist Wirklichkeit geworden. Leicht zu erreichen, mitten in Deutschland.

Nicht ohne Stolz wurde der Hasseröder Ferienpark bereits zum dritten Mal mit dem »PRIMO« von Neckermann-Reisen ausgezeichnet. Maßgebend für die Beurteilung waren guter Service, Verpflegung und Ausstattung im Hasseröder Ferienpark sowie die allgemeine Gästezufriedenheit. Dieser Preis wird jährlich von Neckermann-Reisen den 100 besten Einrichtungen weltweit im Ergebnis der Gästebefragung verliehen. In Deutschland wurde der Preis 2007 nur an insgesamt sechs Einrichtungen vergeben. Dieser Preis ist Ausdruck der stetig weiter steigenden Kundenzufriedenheit der Gäste des Hasseröder Ferienparks.

HASSERÖDER FERIENPARK

Hasseröder Ferienpark
Nesseltal 11
38855 Wernigerode (OT Hasserode)
Tel. (0 39 43) 5 57 00 · Fax (0 39 43) 55 70 99
info@hasseroeder-ferienpark.de
www.hasseroeder-ferienpark.de

Die Zukunft des Automobils erleben

»Premiummarke trägt Premiumverantwortung«

Mercedes-Benz ist seit 1991 in Wernigerode vertreten. Klein aber oho, so definiert Karl-Heinz Gerdes, Leiter des Wernigeröder Mercedes-Benz Centers, gern die Angebote in seinem Bereich.

»Alles, was auch immer der Kunde von Mercedes-Benz erwartet, bieten wir ihm, denn eine Premiummarke wie unsere bringt ganz automatisch eine Premiumverantwortung mit sich«, meint der verheiratete Vater zweier Kinder, der in Rheine geboren wurde. Als gelernter Kraftfahrzeug-Schlosser mit Meisterqualifikationen für Fahrzeugelektrik und -mechanik ist er seit 1. April 2004 Leiter des Centers Wernigerode.

Kompetenz, die sich herumspricht

Auf dem weitläufigen Grundstück von 11 000 Quadratmetern gibt es einen gläsernen Verkaufspavillon mit ausreichend Platz für 15 Neuwagen sowie eine Werkstatt mit acht Nutzfahrzeug- und sechs Pkw-Reparaturplätzen. Der erstklassige und außergewöhnliche Service ist in Wernigerode längst ein Begriff für Kundenfreundlichkeit und -zufriedenheit. Zwei mal täglich werden Ersatzteile geliefert, was die Standzeiten in der Werkstatt deutlich reduziert. 35 Mitarbeiter kümmern sich im Harz um das Wohl ihrer Kunden und deren Autos. Und das zu Zeiten, in denen andere Mitbewerber schon Feierabend haben und zu Hause sind. Donnerstags und freitags bietet das Mercedes-Benz Center von 7.15 Uhr bis 18 Uhr für Pkw-Kunden und bis 22 Uhr für den Nutzfahrzeugservice offene Türen. Montags bis mittwochs ist von 7.15 Uhr bis 18 Uhr, samstags von 7.15 Uhr bis 14 Uhr geöffnet.

Kompetenz, die sich herumspricht. Pro Jahr verkauft das Center ca. 400 neue und gebrauchte Pkw und rund 150 Transporter und Lkw. Über 100 Neu-, Jahres- und Gebrauchtfahrzeuge sind stets im Angebot und bieten auch eiligen Kunden eine große Auswahl vor Ort. Auch wer an einem »smart« interessiert ist, wird hier kompetent beraten und bedient, per Vermittlung. Seit 2006 ist

Bunte Stadt am Harz – Wernigerode

Das Center in Wernigerode

der smart-Service auch in Wernigerode verfügbar. Seit dem 1. Januar 2007 glänzt man ebenso mit einem Servicevertrag für alle Unimog-Fahrzeuge.

Imposante Kulisse für Veranstaltungen

Das Mercedes-Benz Haus in Wernigerode hat sich zu einem beliebten Veranstaltungsort entwickelt. Der imposante Pavillon wird gern für Firmenpräsentationen, Handwerkermessen oder die »Last Night of the Proms« genutzt. Modelleinführungen werden markentypisch inszeniert, zweimal jährlich gibt es im Center die größten Gebrauchtwagentage der Region, die erste Handwerksmesse lockte Dutzende Kleinbetriebe an, und auch die organisierten Fachvorträge sind für Unternehmer ein Begriff.

Beim Sponsoring von Kultur, Sport und Sozialeinrichtungen zeigt sich das Center nicht kleinlich. Als traditioneller Sponsor der Wernigeröder Schlossfestspiele macht man sich seit Jahren einen Namen. Wenn der Schlosshof zur Kulisse der Mercedes-Benz-Gala wird, ist das ein gesellschaftliches Ereignis allerersten Ranges.

In Wernigerode glänzen die Sterne von der A-Klasse bis hin zum großen Actros. Jeder Kunde kann sich selbst vom erstklassigen Werkstattservice überzeugen und sich auf die kompetente Beratung im Verkauf freuen. Der Interessent kann die Zukunft des Automobils, wann immer er will, erleben.

Centerleiter Karl-Heinz Gerdes

Daimler AG · Center Wernigerode · Dornbergsweg 41 · 38855 Wernigerode
Tel. (0 39 43) 5 46 40 · Fax (0 39 43) 54 64 47

163

Bunte Stadt am Harz – Wernigerode

Gasthof fest in Familienhand

Speisen auf den Spuren des Sauerbrunnenfabrikanten

Am 1. Mai 1464 schenkte Heinrich Graf zu Stolberg und Wernigerode den 478 hohen Petersberg aus seinem Forstbesitz dem St. Georgii-Hospital. Dort, wo jetzt das Waldgasthaus Armeleuteberg steht, gab es seither ein Hospital für Leprakranke. Arme Leute, die von diesem unheilbaren Aussatz befallen waren, wurden von dem in der Stadt Wernigerode gelegenem St. Georgii-Hospital dorthin gebracht. So wurde im Volksmund der damalige Name Petersberg zu dem Berg, der »arme Lude holt«, bis er 1671 endgültig seinen Namen erhielt.

1875 entstand auf der Bergkuppe eine kleine Schutzhütte. Sie erhielt ihren Namen nach dem Stifter Ferdinand Ahrends, einem Wernigeröder Kaufmann und Stadtrat.

1902 wurde aus Harzer Granitbruchsteinen der etwa 350 Meter entfernte Aussichtsturm gebaut, der heutige Kaiserturm. 12 000 Mark hatte dafür der Kaufmann Edmund Lührmann gespendet. Heute bietet sich von der Außenplattform mit einem Durchmeser von 4,57 Metern ein herrlicher Blick auf das Harzvorland und den 1142 Meter hohen Brocken.

Am 20. Mai 1906 eröffnete der Sauerbrunnenfabrikant Karl Ermisch das »Berghotel Armeleuteberg« mit Restaurant und sechs Fremdenzimmern. Dieses Gebäude brannte in der Nacht zum 17. Februar 1909 vollständig nieder. Der Feuerschein leuchtete weit ins Land. Doch bereits am 15. Dezember 1911 eröffnete die Stadt das neue »Berghotel Armeleuteberg«, das in die Pacht von Heinrich Großhennig ging. Damals verfügte das Haus über zehn Betten und veranstaltete wöchentlich Tanzabende.

Sonnenterrasse des Gasthauses

Waldgasthaus Armeleuteberg

Während des 2. Weltkrieges ruhte der Betrieb. Eine Wiedereröffnung gab es 1949 durch Luise Lange. Ihr erster Tagesumsatz lag bei 7,32 Mark.

1972 übernahm das Objekt die staatliche Handelsorganisation HO, die es 1987 wieder an die Stadt zurückgab. Die notwendige Renovierung übernahm die Familie Krebs – und am 1. Januar 1988 eröffnete sie dieses Haus wieder als Pächter. Im Juli 1990 erfolgte dann die Privatisierung. Freundliche Bedienung sorgt heute mit frisch zubereiteten Speisen und selbst gebackenem Kuchen für das Wohlbefinden der Gäste.

Der gemütliche Kaminraum mit Bar bietet auch für größere Festlichkeiten bis zu 70 Personen ein besonderes Flair. Der angrenzende Gastraum ermöglicht einen schönen Waldblick. Die Terrasse bietet außerdem noch Platz für 80 Personen. Nur übernachtet werden kann bisher hier nicht.

Waldgasthaus »Armeleuteberg«
Inhaber: Familie Krebs
38855 Wernigerode
Tel. (039 43) 63 22 79 · Fax (0 39 43) 90 60 18
www.armeleuteberg.de

»Haus Abendsegen« umgeben von viel Grün

Am Eingang zum Ilsetal und direkt am Zentrum

Im Haus Abendsegen werden 111 Bewohnerinnen und Bewohner von hoch motivierten und qualifizierten Mitarbeiterinnen/ern betreut, damit Leben auch bei Pflegebedürftigkeit im Alter gelingt. Die Frauen und Männer finden in 75 Einzel- und 18 Doppelzimmern die Ruhe und Geborgenheit, die sie suchen. Daneben gibt es im Haus viele gemütliche Plätzchen für eine Andacht oder einen freundlichen Plausch mit Nachbarn.

Für 111 Bewohner bietet das Haus Abendsegen Platz, die sich oft auch zu gemeinsamen Veranstaltungen und Festen treffen.

Die Palette der sozialen Angebote ist groß. Neben Angeboten wie Spaziergängen, Gedächtnistraining, musikalischen und hauswirtschaftlichen Aktivitäten gehört auch die Förderung und Erhaltung der Mobilität zur Programmpalette, die durch eine hauseigene Physiotherapeutin verantwortet wird.

Gottesdienste und Wochenschlussandachten durch den Pfarrer der Gemeinde und Mitarbeiter gehören in der diakonischen Einrichtung zum festen Wochenablauf. Eine individuelle Tagesgestaltung ist selbstverständlich möglich. Zahlreiche Vorschläge und Ideen der Bewohner und Angehörigen fließen in die Angebote ein, die regelmäßig mit dem Heimbeirat besprochen werden. Die Mitarbeiterinnen und Mitarbeiter überlassen der Bewohnerschaft die Wahl des Tagesablaufs. Ein gepflegter gedeckter Tisch und Wahlmöglichkeiten beim Essensangebot regen den Appetit an.

Ein Heimbeirat kümmert sich um die Belange der Bewohner. Unser Foto zeigt das im Sommer 2007 neugewählte Gremium mit Vorstand und Heimleiter Götz Bokemüller (Bildmitte).

Seit April 2006 kümmern sich Mitarbeiter in einer internen Tagesgruppe um demente Bewohner, die durch einen gesteigerten Bewegungs- und Unruhedrang einer intensiven Betreuung und Begleitung bedürfen. Gemeinsame Mahlzeiten, hauswirtschaftliche Tätigkeiten wie Backen, Abwaschen, Wäsche waschen, legen und reparieren gehören wie regelmäßige Bewegungsangebote zum festen Programm. Auf rund 200 m² in drei Räumen, die mit vielen Möbeln und Geräten aus den früheren Jahren ausgestattet sind, fühlen sich die Bewohner geborgen.

Alle Wohnbereiche sind komfortabel ausgestattet, sodass aktivierende Pflege praktiziert werden kann. Eigene Möbel, Wäsche, Bilder etc. können selbstverständlich mitgebracht werden. Auch für Kleintiere findet sich in der Regel ein Platz. Zum Leistungsangebot gehören alle erforderlichen Hilfen zum Leben und zur Pflege. Auch Kurzzeit- und Verhinderungspflege sind im Haus möglich. In allen Wohnbereichen sind Leseeckchen eingerichtet. Eine Cafeteria lädt für Bewohner, Angehörige und Gäste täglich von 11 bis 17 Uhr zum Verweilen und Verwöhnen ein. Zu zahlreichen Festen und Veranstaltungen treffen sich Bewohner, Angehörige und Gäste im großzügigen Gemeinschaftsbereich. Viele Ilsenburger Vereine und Folkloregruppen tragen zum Gelingen der Feste bei.

Bewohner der internen Tagesgruppe backen gern mit ihren Betreuern den Nachmittagskuchen selbst.

Ilsenburger Heimstatt für Jung und Alt
»Haus Abendsegen«
Punierstraße 14 · 38871 Ilsenburg/Harz
Tel. (03 94 52) 9 41 00 · Fax (03 94 52) 9 41 30

Rathaus als gezähntes Aushängeschild

Bunte Stadt als Juwel der Fachwerkbaukunst

Von Dietrich Ecklebe, Vorsitzender des Landesverbandes der Philatelisten in Sachsen-Anhalt e. V.

Als »bunte Stadt« bezeichnete der Heidedichter Hermann Löns Wernigerode und dieser Name kennzeichnet die Stadt sehr genau. Von Kriegen nicht zerstört, hat sich ein Juwel der Fachwerkbaukunst erhalten. Am Harzrand gelegen wird Wernigerode von den Bergen im Süden eingeschlossen. Die Häuser ziehen sich weit in die Täler hinein und an den

Schloss Wernigerode

Bauten der Stadt, im Sonderstempel Schiefes Haus

Fachwerkhäuser

Rathaus und Gotisches Haus im Sonderstempel

Berghängen hinauf. Überragt wird alles von dem malerischen Schloss. So stellt man sich eine mittelalterliche Burg vor, mit Wehrturm und Zinnen, aber es ist ein Bau des 19. Jahrhunderts, das sich Graf Otto als Repräsentationsschloss errichten ließ. Das Schloss beherbergte öfter den deutschen Kaiser Wilhelm I. und war daher ganz nach seinem Geschmack eingerichtet. Heute kann man sich alles genau ansehen, denn das Schloss ist ein Museum.

Zentrum der Stadt, die 1229 das Stadtrecht erhalten hat, ist der Marktplatz mit seinem herrlichen gotischen Rathaus. Leider ist das Rathaus so populär, dass es alle anderen Kandidaten für Briefmarken und Sonder-

Bunte Stadt am Harz – Wernigerode

Rathaus Wernigerode

Stadtmauer und Blick zum Brocken

stempel immer wieder an den Rand gedrängt hat und so nur wenige andere Bauwerke Wernigerodes abgebildet werden können. Auf drei Briefmarken finden wir das Rathaus mehr oder weniger gut dargestellt.

»Einer acht's, der andre verlacht's, der dritte betracht's, was macht's«

Das Rathaus war von Graf Heinrich als Spelhus auf dem Weinkeller errichtet worden. 1427 schenkte er es der Stadt, die es zum Rathaus umbauen ließ. Daneben war es der Ort der städtischen Feste und gleichzeitig das Gildehaus der Handwerkerzünfte. Thomas Hilleborch leitete den Umbau, schuf die schlanken Türmchen und die reiche Verzierung des Hauses. Die Figuren unter den Knaggen des Fachwerkes sind herrlich. Neben Heiligen findet man auch die Menschen des Volkes wieder. Anscheinend hatte Hilleborch auch Neider, denn der Spruch, den er am Rathaus anbringen ließ, deutet darauf hin: »Einer acht's, der andre verlacht's, der dritte betracht's, was macht's«. Bis heute erfüllt das Rathaus seine Funktion.

Das Gotische Haus, heute ein Hotel, wird bereits 1426 als »das grote hus am spelhus« erwähnt. Es erhebt sich direkt neben dem Rathaus und kommt dadurch auch mit auf Stempelbilder. Es wird wohl Ende des 15. Jh. entstanden sein. Im 16. Jh. wurde es von Simon Hilleborch umgebaut und die Einrichtung einer Gaststätte 1848 machte erhebliche Eingriffe notwendig. Malerisch sind die engen Gassen der Altstadt mit ihren Fachwerkbauten. Die kleinen Häuschen in der Hinterstraße gehören zu den ältesten. Hier wohnten früher die Tagelöhner, entsprechend groß sind die Häuschen.

Hinter dem Rathaus befindet sich das Schiefe Haus und es macht seinem Namen alle Ehre. Einst befand sich hier eine Wassermühle. Seit 1632 gehört das Gebäude der Stadt Wernigerode. Kurz nach dem Erwerb ließ die Stadt das jetzige Gebäude, das als Walkmühle diente, auf dem Grundstück errichten.
Der unmittelbar vor dem Haus fließende Mühlbach unterspülte es, sodass sich der Giebel neigte und heute 1,30 m überhängt.

Wernigerode hat noch zahlreiche bedeutende Fachwerkhäuser wie das Haus Gadenstedt, das Krummelsche Haus oder die Krellsche Schmiede, die leider alle noch nicht philatelistisch belegbar sind.

Rathaus in Wernigerode

167

Bunte Stadt am Harz – Wernigerode

Tradition und Fortschritt

Teutloff Bildungszentrum – Dienstleister von Industrie und Handwerk

Der Landkreis Harz ist geprägt durch eine hohe Wirtschaftskraft. Die Unternehmen des Landkreises, vor allem die Automobilzulieferer, stehen in einem Wettbewerb unter nationalen und globalen Bedingungen. Dafür werden neben anderen Voraussetzungen fachlich kompetente Mitarbeiter benötigt. Das Teutloff Bildungszentrum versteht sich seit seiner Gründung im Jahre 1990 mit seinen Bildungsangeboten als verlässlicher Partner und Dienstleister in Sachen Bildung. Dies gilt sowohl für die Zusammenarbeit mit Unternehmen als auch in der Partnerschaft mit den fördernden Institutionen für den zweiten Arbeitsmarkt, wie die Bundesagentur für Arbeit Halberstadt, die Kommunale Beschäftigungsagentur in Wernigerode sowie die ARGEn in Halberstadt und Quedlinburg.

Ausbildung im Mechatronik-Labor

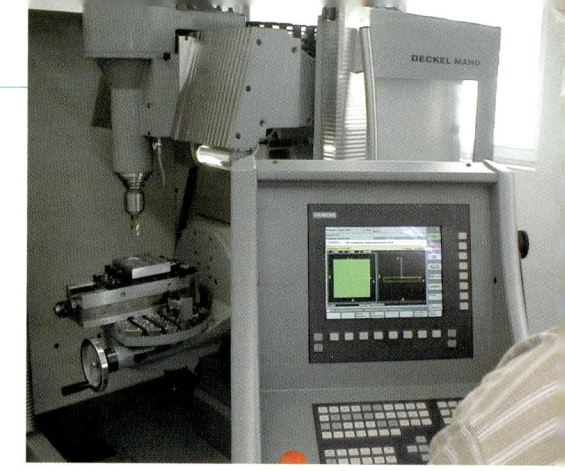

CNC-Ausbildung

Teutloff: vom Bildungsträger zum Bildungsdienstleister

Teutloff ist in viele Netzwerkstrukturen eingebunden, wie Wirtschaftsverbände, Ausbildungsverbünde und Trägergemeinschaften. Das Teutloff Bildungszentrum arbeitet eng mit der IHK und der Handwerkskammer sowie den Schulen und den Berufsschulen des Landkreises zusammen. Diese Integration hilft auch bei einer stärkeren Kundenorientierung in der beruflichen Weiterbildung, um die konkreten Bedürfnisse der Unternehmen bei den Bildungsangeboten zu berücksichtigen. Dabei entwickelte sich das Teutloff Bildungszentrum als lernendes Unternehmen vom Bildungsträger zum Bildungsdienstleister.

Berufsausbildung und Berufsorientierung

Ein entscheidender Faktor für die Wettbewerbsfähigkeit der Unternehmen der Harz-Region ist die betriebliche Erstausbildung. Dem trägt das Teutloff Bildungszentrum in der Zusammenarbeit seit über zehn Jahren durch die Bildung von drei regionalen Ausbildungsverbünden im Landkreis Harz Rechnung. Über 300 neue Ausbildungsplätze wurden in Unternehmen geschaffen. Die Arbeit der Ausbildungsverbünde sichert bei den Unternehmen hochwertige qualitative Ausbildung mit hohem Spezialisierungsgrad unter günstigen Voraussetzungen. Das Teutloff Bildungszentrum koordiniert und unterstützt die Mitgliedsunternehmen der Verbünde. Das gilt auch für die Berufsausbildung im dualen Studiengang zum Bachelor im Fachbereich Mechatronik an der Hochschule Harz als Gemeinschaftsprojekt mit Unternehmen der Region.

Durch Aktivitäten mit allgemeinbildenden Schulen und Betrieben sowie dem Landkreis werden Aktionen in vielschichtigen Veranstaltungen zur Berufsorientierung von Schülern für gewerbliche Berufe durchgeführt. Dabei stützt sich das Teutloff Bildungszentrum auch auf die Zusammenarbeit mit Lehrern, Eltern und Berufsberatung.

Das Teutloff Bildungszentrum arbeitet nach einem Qualitätsmanagementsystem und unterzieht sich als lernende Organisation einer ständigen Qualitätsprüfung. Es ist durch die Hanseatische Zertifizierungsagentur als anerkannter Träger zertifiziert.

Teutloff Bildungszentrum Wernigerode
Weinbergstraße 17 · 38855 Wernigerode
Tel. (0 39 43) 9 37 10 · Fax: (0 39 43) 93 71 99
teutloff@teutloff-wernigerode.de
www.teutloff-wernigerode.de

Berufliche Integration

Teutloff-Sozialwerk – eine Wohnortnahe berufliche Rehabilitationseinrichtun

Das Teutloff-Sozialwerk Wernigerode wurde 1996 gegründet und ist von Anfang an ein anerkannter Träger der Agentur für Arbeit in Halberstadt als Wohnortnahe berufliche Rehabilitationseinrichtung. Es bietet Jugendlichen mit Behinderungen Ausbildungsmöglichkeiten in den Berufsfeldern Metalltechnik, Holztechnik, Farbtechnik, Wirtschaft und Verwaltung, Ernährung und Hauswirtschaft, Gastgewerbe und Garten- und Landschaftsbau an. Ziel ist es, durch ganzheitliche Förderung der Teilnehmer ihre Fähigkeit zum selbstbestimmten Handeln auszuprägen, sie auf das Berufsleben vorzubereiten und sie auf dem Arbeitsmarkt dauerhaft zu integrieren.

Gerade um Letzteres zu realisieren, müssen immer wieder neue Strategien entwickelt werden, um dieses Ziel zu verwirklichen. Dabei gilt es, Jugendlichen unter Berücksichtigung ihrer Behinderung eine Ausbildung auf hohem Niveau zu geben, damit sie in der Wirtschaft bessere Chancen zur Eingliederung erhalten. Dabei ist sich das Teutloff-Sozialwerk bewusst, dass es als Wohnortnahe Rehabilitationseinrichtung eine enge Partnerschaft in der Region hat. Es arbeitet kundennah, wohnortnah und betriebsnah. Die Kunden sind die jungen Menschen mit Behinderung sowie deren Angehörige, als Träger der Rehabilitation die Agentur für Arbeit und die Betriebe der Region. Unter Berücksichtigung der Kunden-

Ausbildung im Bereich Holztechnik

bedürfnisse entwickelt das Teutloff-Sozialwerk seine Leistungen entsprechend ständig weiter.

Das Teutloff-Sozialwerk ist Mitglied der »Bundesarbeitsgemeinschaft Wohnortnaher beruflicher Rehabilitationseinrichtungen« (BAG WBR), Mitglied der »Arbeitsgemeinschaft Wohnortnaher beruflicher Rehabilitationseinrichtungen Sachsen-Anhalt/Thüringen« (AG WBR SAT) sowie Mitglied der Qualitätsgemeinschaft »Berufliche Rehabilitation« im Rahmen der BAG WBR.

Zur Gewährleistung einer hohen Qualität unserer Ausbildung arbeitet das Teutloff-Sozialwerk nach dem Qualitätsmanagementsystem EFQM. Die Mitarbeit in den Netzwerken ist von hoher Bedeutung, da sie die Gelegenheit bietet, aus den Erfahrungen gleicher Einrichtungen aus der Bundesrepublik und besonders aus Sachsen-Anhalt/Thüringen Anregungen und Impulse für die Arbeit zu erhalten.

Um die Integration der Absolventen in den ersten Arbeitsmarkt ständig zu erhöhen, begleiten Mitarbeiter des Teutloff-Sozialwerks sie mindestens 6 Monate nach Abschluss ihrer Ausbildung, um sie dabei zu unterstützen.

Ausbildung im Bereich Metalltechnik

Teutloff-Sozialwerk Wernigerode
Gemeinnützige Schulgesellschaft mbH
Weinbergstraße 17 · 38855 Wernigerode
Tel. (0 39 43) 93 73 23 · Fax (0 39 43) 93 71 99

Bunte Stadt am Harz – Wernigerode

Schmugglerkneipe war wichtiger Harzer Rastplatz

Nach alter Überlieferung war die Gastwirtschaft eine Schmugglerkneipe. Am wichtigsten Verkehrspunkt der Stadt, vor dem Westerntor gelegen, kreuzten hier die Straßen durch und über den Harz. Regelmäßig kehrten hier die Korntreiber aus Veckenstedt, mit Eseln vor ihren Wagen, die aus der Veckenstedter Eselszucht stammten, ein. Ebenso Bauern, welche Holz und Papier von Hasserode nach Niedersachsen auf ihren Eseln transportierten. Zurück schmuggelten sie Salz, da Preußen Salzsteuer erhob, Hannover dagegen nicht. Nachdem die Grenze erfolgreich überschritten war, kehrten sie im Krug ein, wo auf die überstandenen Gefahren »einige« gehoben wurden, bevor sie am nächsten Morgen das Stadttor passieren konnten.

1795 erscheint archivarisch genau erstmals der noch namens- und gaststättenlose Eselskrug, aber als schon länger vorhanden genannt.

1797 kaufte der ehemalige Hofmeister vom Vorwerk Charlottenlust und Rademacher, Johann Friedrich Bollmann, vor dem Westerntor einen Garten mit Gartenhaus.

1799 erfolgt der Umbau zu einer Raststätte an der durch den Harz von Nordhausen her führenden Straße, die aber bedeutender zu den Bergwerksstädten Andreasberg und Lauterberg abzweigte, um mit deren Erzen die Hütten von Wernigerode zu versorgen.

1830 Am 22. Mai starb Johann Friedrich Bollmann im Alter von 75 Jahren. Da er keinen Sohn, nur drei Töchter hatte, deren Ehemänner sich nicht für das Schankgewerbe interessierten, führte zunächst seine Witwe Lucie Elisabeth Bollmann die Gastwirtschaft weiter.

1833 fand sie in Ernst Krebs aus Osterwieck einen Pächter, der die Leitung der Wirtschaft ab 29. September übernehmen wollte. Doch das Entsetzen war groß, als der Regierungs- und Polizeirat Stiehler den Weiterbetrieb der »Drei Linden« verbot. Es bedurfte langwieriger Auseinandersetzungen, bis die Wirtschaft unter dem noch heute üblichen Namen »Zum Eselskrug« wiedereröffnet werden durfte.

1836 starb Lucie Elisabeth Bollmann und das Haus kam bei einer Versteigerung in den Besitz der Familie Zeisberg. Das Grundstück wurde lange Zeit an den benachbarten Gartenbaubetrieb des Gärtners Brecht verpachtet und das Haus vermietet. Die Gastwirtschaft hatte aufgehört, nur der Name dauerte an. 1886 richtete sich hier eine Käserei ein.

1938 Nach über 100 Jahren eröffnet der Gastwirt Walter Buchmann die neue Gastwirtschaft mit altem Namen. Seitdem schmückt die Holzfigur eines Eselstreibers die Hausecke.

1949 endet die kriegsbedingte, mehrjährige Schließung der Gastwirtschaft und es öffnet eine relative kleine Gaststätte.

1955 Mit Übernahme der Gaststätte durch die Handelsorganisation (HO), wird eine neue Epoche dieses Hauses eingeleitet.

Seltener Anblick: Güterzug vor dem »Eselskrug« – heute fahren hier überwiegend Personenzüge vorbei.

1974 wird die Gaststätte wegen baulicher Mängel geschlossen.

1984 öffnet der »Eselskrug« nach fast zehn Jahren Schließzeit.

1991 Wegen nicht geklärter Eigentumsverhältnisse sollte das Haus geräumt werden. Dank Familie Petermann, die seit der Wiedereröffnung 1984 im Hause tätig ist, wird die Gaststätte nicht geschlossen.

1994 gelang es schließlich, das Haus aus dem Vermögen der Treuhandanstalt zu erwerben.

»Eselskrug«
An der Malzmühle 1b · 38855 Wernigerode
Tel. (0 39 43) 63 27 88 · Fax (039 43) 63 03 44
www.eselskrug.de

Das Haus, wie es sich heute darstellt – mit dem Biergarten und der bekannten Holzfigur eines Eseltreibers.

Bunte Stadt am Harz – Wernigerode

Vom Pferdefuhrwerk zum Milchtanker

Täglich bundesweit rund 120 000 Liter Frischmilch aus Silstedt

1903/1904 baute Hermann Grimm in Silstedt eine Molkerei für Silstedt, Benzingerode, Heimburg und Minsleben. Dies war die Keimzelle für die 1950 aus den Privatmolkereien Silstedt, Wernigerode und Elbingerode entstandenen »Vereinigten Harzmolkereien Heise & Co.« mit Sitz in Silstedt und für den 1972 gegründeten »VEB Molkerei Wernigerode, Sitz Silstedt«. Nach der Vereinigung entstand daraus 1990 die Harzmolkerei Wernigerode GmbH mit Sitz in Silstedt. Seit 1991 ist die Schwälbchen Molkerei Bad Schwalbach Hauptgesellschafter.

Anfangs wurde die Rohmilch in Kannen von jedem Bauern selbst in die Molkerei gebracht. Später wurden Sammelfuhren per Pferdefuhrwerken aus den einzelnen Orten organisiert. In den Dreißigerjahren des vorigen Jahrhunderts erfolgte die Anlieferung dann schon mit einem molkereieigenen Lkw und auch mit Pferdefuhrwerken sowie Traktoren mit Hängern, die die einzelnen Kannen zur Molkerei brachten. Heute wird die Rohmilch mit speziellen Milchsammelwagen von den einzelnen Rohmilchlieferanten abgeholt.

Reste landeten im Schweinetrog

In den ersten Jahren wurden aus der angelieferten Rohmilch Butter und Quark hergestellt, die anfallende Magermilch wurde an die Bauern zurückgegeben. Für die Restverwertung wurde in der Molkerei eine Schweinemast betrieben. in den Dreißigerjahren wurden die Butter, der Quark und die Magermilch im molkereieigenen Laden in Wernigerode verkauft. Die Molkerei in Silstedt füllte die Frischmilch in Flaschen ab – bis 1968 noch manuell – und versorgte mit diesen frischen Milchprodukten die gesamte Region.

Als »Volkseigener Betrieb« hatte die Molkerei in den Achtzigerjahren den Versorgungs-Auftrag, die Bewohner des Kreises Wernigerode und zu einem Drittel des Kreises Halberstadt mit Frischmilch zu beliefern. Dies wurde in den Fettstufen 2,2, 2,5 und 3,2 Prozent Fett in 0,5-Liter-Flaschen mit Alu-Deckel-Verschluss sowie in Schlauchbeuteln angeboten. Insgesamt wurden täglich 80 000 bis 100 000 Flaschen abgefüllt, die an etwa 800 Kunden im Versorgungsgebiet durch zwölf W-50-Hängerzüge verteilt wurden.

Die regen Investitionstätigkeiten mit Bau eines Kesselhauses und einer Leerguthalle in den Sechzigerjahren schlossen den Umbau der Molkerei Silstedt zu einem reinen Trinkmilchbetrieb ein. In der nach umfangreichen Investitionen modernisierten Molkerei in den Neunzigerjahren sind jetzt 30 Mitarbeiter beschäftigt, die ihre Kunden – Frischedienste und Großverbraucher – heute täglich bundesweit mit rund 120 000 Litern Frischmilch und Produkten aus Frischmilch in Eimern und 10-Liter-Schlauchbeuteln beliefern.

Der Spezialist für Großverbraucher – Joghurt, abgepackt in 5 kg-Kunststoffeimern

Harzmolkerei Wernigerode GmbH
Pfingstgras 3 · 38855 Silstedt
Tel. (0 39 43) 5 48 20 · Fax (0 39 43) 54 82 80
info@harzmolkerei.de

Neues Zuhause auf ehemaligen Gemüsehof

Pflegeeinrichtung »Altstadtresidenz« für 100 Bewohner ist entstanden

Erhard Jahnke und seine ein Jahr ältere Frau Gisela sind überaus glücklich. Sie gehörten zu den ersten 16 Bewohnern, die Mitte September 2007 im neuen Betreuungs- und Pflegezentrums »Altstadtresidenz« Wernigerode ihr neues Zuhause bezogen. Beide freut es, dass inzwischen 80 ältere Menschen in dem geräumigen Haus leben. Das Ehepaar hatte viele Jahre in der Nähe von Wittstock gelebt, war jedoch 1995 auf Wunsch der Tochter in den Harz gezogen. Gesundheitliche Probleme, die bei beiden Eheleuten zeitweise eine Kurzzeitpflege erforderlich machten, führten schließlich zu dem Entschluss, dauerhaft in einem Pflegeheim zu leben.

Als Gisela und Erhard Jahnke im Juli 2006 erfuhren, dass zentrumsnah in der Albert-Bartels-Straße ein neues Pflegezentrum entsteht, bewarben sich beide um einen Platz. Jetzt sind sie sehr zufrieden. Sie haben sich ein neues Zuhause geschaffen, in dem sie sich sehr wohl fühlen. Das Ehepaar hat sich sehr nett eingerichtet, nimmt gern an den im Haus gebotenen Veranstaltungen teil und lobt die freundlichen Pflegekräfte.

Als Bauherr Friedrich Schneider für die Eigentümer, eine Projektmanagementgesellschaft aus Hameln, die zahlreichen Gäste der Einweihungsfeier begrüßte, war seinem Gesicht der Stolz auf das Geschaffene anzusehen. Rund sechs Millionen Euro waren mit Unterstützung durch seine Hausbank, die Hamelner Volksbank, investiert worden. Sie sei mit ihrem Bankenverband das risikobehaftete finanzielle Engagement eingegangen. Viel Anerkennung gab es auch für Industriebau Wernigerode. Hauptgeschäftsführer Christian Klose sprach von Ehre für sein Unternehmen, diesen Auftrag erhalten zu haben. Immerhin hätten so 14 Monate lang durchschnittlich 30 Bauleute Arbeit gehabt. Verschiedene andere heimische Firmen waren Nachauftraggeber, um auf dem Gelände, das zu DDR-Zeiten der Großhandel für Obst und Gemüse nutzte, ein modernes Betreuungs- und Pflegezentrum entstehen zu lassen. Dazu gab es eine kluge Verbindung eines Neubaus mit dem Altbau. Der Bauherr, der mit dem »Paritätischen« Sachsen-Anhalt einen 25-Jahre-Mietvertrag schloss, übergab den symbolischen Schlüssel an den Vorstandsvorsitzenden Dr. Eberhard Jüttner. Alle Zimmer haben ein Bad, Fernseh- und Telefo-

Durch eine geschickte Verbindung des Neubaus mit dem umfassend sanierten Altbau entstanden 100 attraktive Pflegeplätze.

Schlüsselübergabe während der Einweihung des Betreuungs- und Pflegezentrums: Heimleiter Jürn Dutschko, Dr. Anja Linz-Sonntag, Geschäftsführerin des Paritätischen Sozialwerkes Altenhilfe, Gerhard Greszik, Geschäftsführer der Gesellschaft für Projektentwicklung und Management, Christian Klose, Hauptgeschäftsführer von Industriebau Wernigerode, Friedrich Schneider, Gesellschaft für Projektentwicklung und Management Hameln und Dr. Eberhard Jüttner, Vorstandsvorsitzender des Paritätischen.

nanschluss sind vorhanden. Eigene Möbel können mitgebracht werden.

Umsorgtes Leben für Demenzkranke

Momentan sind in der Einrichtung 38 Mitarbeiterinnen und Mitarbeiter beschäftigt. Es sollen, so die Planung, 45 werden, wenn der Einzug abgeschlossen und alle 100 Plätze belegt sind. Voraussetzung für die Aufnahme ist, dass »die Gäste eine der drei Pflegestufen haben«. Das Haus sichert den Frauen und Männern eine fachgerechte und aktivierende Betreuung und Pflege in familiären Wohnbereichen rund um die Uhr. In dem Betreuungs- und Pflegezentrum ist es auch möglich, älteren Menschen mit dem Krankheitsbild Demenz ein umsorgtes Leben zu bieten. Die darauf eingerichteten Dienstleistungsangebote sichern den Frauen und Männern Unabhängigkeit, Mobilität und Kontakte mit Freunden, Bekannten und Angehörigen. Zu den hauswirtschaftlichen Dienstleistungen gehört das Reinigen der Zimmer, die Wäscheversorgung, das Erledigen von Kleinreparaturen und Hausmeisterdienste.

Der Heimleiter und die Pflegedienstleiterin hatten kompetentes Personal aus anderen Einrichtungen gewinnen können. Sie boten aber auch Arbeitslosen mit entsprechender Ausbildung eine berufliche Chance. Das Personal, das sich schon gut zusammengefunden hat, gibt Hilfestellung bei Behördengängen und Anträgen. Es organisiert Veranstaltungen, Ausflüge und Kutschfahrten. Es gibt Beschäftigungsangebote und die Ergotherapie. Die Bewohner können bei Bedarf externe Dienstleistungen in Anspruch nehmen. Dazu gehört die Versorgung durch Ärzte der Region, die medizinische Fußpflege, der Service eines Friseurs und kleine Einkaufsmöglichkeiten sowie die Logopädie. Eine kleine Bibliothek, ein Kiosk und eine Cafeteria sind entstanden.

Betreuungs- und Pflegezentrum Wernigerode
Albert-Bartels-Straße 27 · 38855 Wernigerode
Tel. (0 39 43) 55 73 22 · Fax (0 39 43) 55 73 70

Nach der Schlüsselübergabe und den Festreden trafen sich die Heimbewohner mit ihren Gästen zum gemeinsamen Kaffeetrinken.

Erhard Jahnke (79) und seine ein Jahr ältere Frau Gisela sind überaus glücklich. Sie gehörten zu den ersten 16 Bewohnern, die Mitte September im neuen Betreuungs- und Pflegezentrum Wernigerode ihr neues Zuhause bezogen. Beide freut es, dass inzwischen 43 ältere Menschen in dem geräumigen Haus leben.

Vor den Toren der Stadt

Vor den Toren der Stadt

Die Gemeinde Drübeck und ihr Wald

Mit Pferd, Säge und Holzvollerntern

Von Sabine Mané, Betreuungsforstamt Harz

Seit über vier Jahrhunderten ist die Gemeinde Drübeck mit wenigen Unterbrechungen im Besitz ihres Waldes, bis 1601 gehörten diese Flächen dem Hause derer von Stolberg. Zwischen 1993 und 1994 erfolgte die Rückübertragung aus dem ehemaligen Volkseigentum. Die rund 300 Hektar Waldfläche liegen am Nordrand des Harzes zwischen Ilsenburg und Wernigerode, unmittelbar an die Ortslage anschließend. Die wechselhafte Geschichte der Harzwälder ging nicht spurlos am Drübecker Gemeindewald vorbei. Die maßlose Holznutzung zur Bereitstellung von Holzkohle für die Berg- und Hüttenindustrie sowie Sturm- und Borkenkäferkatastrophen wie die »Große Wurmtrocknis« von 1706 und 1708 haben den Wald bis heute geprägt.

Der Wald war und ist Arbeitsplatz für viele Menschen. Gerade im Harz ist der Berufsstand der Förster und Waldarbeiter angesehen und geachtet. Hier im Harz liegen auch die Ursprünge der nachhaltigen Forstwirtschaft. Die Waldarbeit hat einige Besonderheiten, sie erfolgt unter freiem Himmel an den unterschiedlichsten Orten und unter ständig wechselnden Bedingungen.

In der Vergangenheit war sie eine der schwersten und gefährlichsten Tätigkeiten, daran hat sich bis heute nicht viel geändert, doch neue Technik und

175

Ein moderner Havester hilft bei der Holzernte.

Moderne Technik hilft bei der Waldpflege

Bis zur Mitte des vorigen Jahrhunderts waren Axt, Schrotsäge und das Pferd die hauptsächlichen Arbeitsmittel. Mit der Entwicklung der Motorsäge, bis heute ein wichtiges Werkzeug, wurde die Arbeit leichter und produktiver. Hinzu kamen Forstschlepper, die das Pferd weitgehend ablösten. Es gibt aber nach wie vor Einsatzbereiche, an denen selbst die modernste Technik an ihre Grenzen kommt, hier ist das Pferd nach wie vor gefragt. Moderne Holzvollernter, sogenannte Harvester, Seilkrananlagen und Transporttechnik hielten Einzug in die Forstwirtschaft. Die schweren Arbeitsbedingungen im Wald stellen besondere Anforderungen an diese Maschinen. Wegzudenken aus der Arbeit der Forstleute sind sie schon lange nicht mehr. Das zeigte sich gerade bei der Aufarbeitung der großen Schadholzmengen aus dem Orkan »Kyrill« vom 18. Januar 2007 und den Folgen der Borkenkäferkalamität, die Forstleute und Waldbesitzer seit 2003 in Atem hält.

Aufgrund seiner Lage im Harznordrand ist der Drübecker Gemeindewald davon besonders betroffen. Dank der modernen Technik wurde hier das Schadholz bis Mitte 2007 im Wesentlichen aufgearbeitet. Waldarbeiter mit Motorsäge und Pferd allein hätten dazu etwa zweieinhalb Jahre benötigt.

Buchdrucker gefährden Waldbestände

Seilkran, Harvester, Forwarder für den Holztransport zur Waldstraße und die Abfuhr als Rundholz in Säge-, Zellstoff- und Spanplattenwerk oder als Energiehackschnitzel arbeiten in optimierten Produktionsabläufen in kürzester Zeit das Schadholz auf. Damit kann die Qualität des Holzes erhalten und die weitere Ausbreitung des Fichtenborkenkäfers verhindert werden. Der Fichtenborkenkäfer, wegen seines Fraßbildes auch Buchdrucker genannt, kann sich sehr rasch vermehren und ständig weitere Fichtenbestände befallen und zum Absterben bringen.

Zur nachhaltigen Bewirtschaftung des Waldes gehört aber auch die Wiederaufforstung der kahlgeschlagenen Flächen. Dabei sind zunehmend Aspekte des Klimawandels bei der Baumartenwahl zu berücksichtigen. Damit werden schließlich Entscheidungen für mindestens ein Jahrhundert getroffen.

Trotz moderner Technik sind die Rücke-Pferde in der Forst unverzichtbar.

Vor den Toren der Stadt

Aus Heilstätte wurde moderne Wohneinrichtung

Individuelle Betreuung an 365 Tagen im Jahr

Inmitten des Ortes Darlingerode, verkehrsgünstig zwischen Wernigerode und Ilsenburg gelegen hat die Gemeinnützige Paritätische Gesellschaft für Sozialarbeit Darlingerode/Harz mbH ihren Sitz. 1991 gegründet, übernahm sie das seit 1955 bestehende Internat für körperbehinderte Kinder und Jugendlich in freier Trägerschaft. Mit diesem Wechsel begann die Umstrukturierung der ehemaligen »Heilstätte für konservative Orthopädie« in eine moderne Einrichtung für schwerstkörperbehinderte Kinder, Jugendliche und Erwachsene.

Stationäre, teilstationäre und ambulante Förderung

Nach umfangreicher Sanierung des Hauses in den Jahren 1999 bis 2001 finden heute 91 Bewohner in 67 Einzel- und 12 Doppelzimmern ein modern und funktional eingerichtetes Zuhause. Hochqualifiziertes und erfahrenes sozialpädagogisches, pflegerisches und therapeutisches Personal gewährleistet eine fachkundige und individuelle Betreuung an 365 Tagen im Jahr. Neben der stationären Wohnform, dem Wohnheim »Haus Oehrenfeld«, wurde in den vergangenen Jahren die Tagesbetreuung als teilstationäres Betreuungsangebot für Menschen mit Körper – und Mehrfachbehinderung ausgebaut. Hierfür stehen 20 Betreuungsplätze zur Verfügung.
Zu den weiteren Angeboten der Gemeinnützigen Paritätischen Gesellschaft für Sozialarbeit Darlingerode/Harz mbH zählen das Außenwohnen am Wohnheim in Wernigerode und ein Wohnheim an Werkstatt für körperbehinderte Menschen. Weiterhin werden ambulante Betreuungsangebote, zum Beispiel im Rahmen des Persönlichen Budgets, vorgehalten.

Der Computer als modernes Therapie- und Kommunikationsmittel

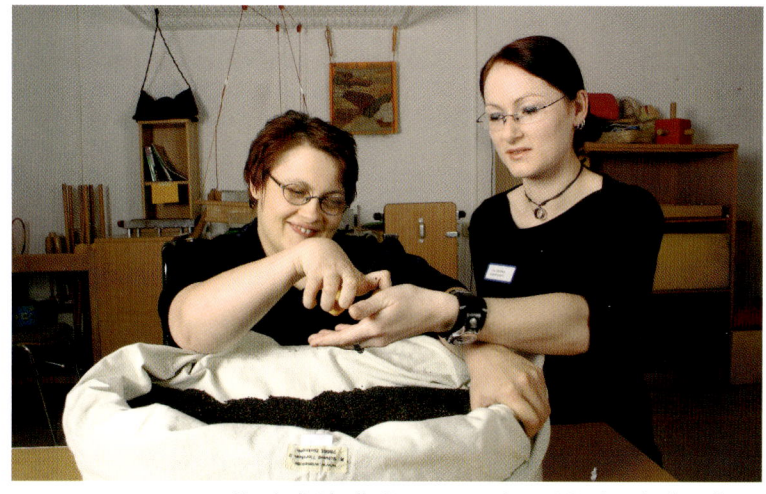

Eine individuelle Betreuung steht im Mittelpunkt des Alltags.

Personal mit langjähriger Erfahrung in der Betreuung und Pflege von Menschen mit Körperbehinderung, so nach Schlaganfall oder einem Schädel-Hirn-Trauma, kümmert sich in modern und barrierefrei ausgestatteten Räumlichkeiten um diesen Personenkreis. Therapeutisch setzt die Einrichtung auf Physio- und Ergotherapie sowie logopädische Betreuung der Kinder, Jugendlichen und Erwachsenen mit Körperbehinderung.
Im Mittelpunkt der interdisziplinär abgestimmten Förderprogramme steht der einzelne Bewohner mit seinen individuellen Bedürfnissen sowie seinen Fähig- und Fertigkeiten. Zu den Förderschwerpunkten gehören das Training der Tätigkeiten des täglichen Lebens, die Schulung der Sinne und der Hirnleistung, die individuelle Begleitung und Hilfestellung im Rahmen der Tagesgestaltung sowie ein breit gefächertes und abwechslungsreiches Angebot an Freizeitaktivitäten, wie Sing- und Lesekreise, Organisation von Einkaufsfahrten oder Konzert- und Museumsbesuchen.

Gemeinnützige Paritätische Gesellschaft für Sozialarbeit Darlingerode/Harz mbH
Oehrenfelder Weg 25 · 38871 Darlingerode/Harz
Tel. (0 39 43) 69 53 00 · Fax (0 39 43) 69 53 14
info@einrichtung-fuer-koerperbehinderte.de
oehrenfeld@web.de · www.einrichtung-fuer-koerperbehinderte.de

Vor den Toren der Stadt

Wo sich die Ilse schlängelt

Nicht nur Literaten begeisterte die Landschaft

Blick zum Brocken

Ilsenburg darf sich als »erster Nationalparkort Hochharz« bezeichnen. Hier erleben die Besucher den Harz in landschaftlich reizvoller Umgebung. Die Natur des Nationalparks Harz weckt viele Stimmungen mit seinen Bergen und tiefen Tälern. Was schon Heinrich Heine 1824 auf seiner Harzreise begeisterte, ist auch heute noch ein Naturwunder allererste Ranges – die Ilse mit dem von ihr geformten wildromantischen Flusstal. In den unteren und mittleren Bereichen ist eine umfangreiche Tier- und Pflanzenwelt zu finden, die noch viel von der Ursprünglichkeit der Landschaft erkennen lässt.

Klimatische und geologische Bedingungen schufen eine besondere Natur, die sich über mehrere Höhenstufen in einer einzigartigen Vielfalt darstellt. Darüber thront der höchste Berg Norddeutschlands, der Brocken (1142 m). Auf gut beschilderten Wanderwegen und Radfahrrouten lassen sich zahlreiche Entdeckungen machen. Der Nationalpark bietet auf gut ausgeschilderten Wegen zahlreiche Gelegenheiten, die unberührte Natur zu erleben. Durch das Ilsetal kommt der Wanderer zur Nationalpark-Rangerstation am Scharfenstein und zum Eckerstausee. Beginnen kann man die Wanderung im Nationalparkhaus im Ilsetal, dessen umfangreiches Informationsangebot genutzt werden kann. Von hier aus beginnen ganzjährig geführte Themenwanderungen mit dem Ranger.

Vorbei an urigen Waldgasthäusern, besucht man den Ilsestein und die Ilsefälle am »Heinrich-Heine-Wanderweg«. Der Ilsestein (474 m) als beeindruckender Felsen bietet eine herrliche Aussicht auf Ilsenburg, das Ilsetal und den Brocken. Auf dem Ilsestein befand sich einst eine Burg, von der Überreste der Grundmauern heute noch zu sehen sind.

Marktplatz mit Forellenteich

Das Waldgasthaus »Am Ilsestein« verwöhnt Besucher mit rustikaler regionaler Küche. Die Wanderung durch das Ilsetal wird von vielfältigen Natureindrücken begleitet. Die Ilsefälle durchfließen einen steilen Abschnitt auf dem Heinrich-Heine-Weg im Abschnitt Bremer Weg. Hier erleben Wanderer eine prächtige Naturkulisse mit zahlreichen kleinen Wasserfällen. Kraftvoll stürzt sich der Fluss über die Gesteinsbrocken hinab. Auch das Suen- und Eckertal bei Ilsenburg bieten Naturerlebnisse der besonderen Art. Die Prinzess-Ilse-Quelle, idyllisch im Ilsetal gelegen, befindet sich in einem burgähnlichen Brunnenhaus. An dem Quellwasser können sich Wanderer erfrischen, und durch die Gittertür ist ein Blick ins Innere möglich.

Auf den Spuren Heinrich Heines zum Brocken

Der 13 Kilometer lange Fußweg von Ilsenburg zum Brocken gilt als der romantischste Aufstieg inmitten einer einmaligen Natur. Schon der 1797 geborene Dichter Heinrich Heine ließ sich einst von der Landschaft des Ilsetals verzaubern. Die Wanderung beginnt am Marktplatz. Vorbei am Rathaus immer geradeaus bis zum Wanderpunkt »Blochhauer«. An der alten Nagelhütte und dem Zanthierplatz entlang weist das Wanderzeichen mit dem grünen Querbalken den Weg Heines nach. Hoch ragt nun auf der linken Seite der Ilsestein empor, auf dem man Reste einer Burgruine entdecken kann. Über den Bremer Weg geht es dann zu den Ilsefällen. Unweit davon steht das Heine-Denkmal. Und weiter geht es bergauf bis zum baumlosen Gipfel des höchsten Berges Norddeutschlands, dem Brocken.

Wander- und Trekkingwege mit fast 350 Kilometer Ausdehnung ziehen sich durch die Region Ilsenburg rund um das Brockenmassiv. Eine einmalige Naturlandschaft hat sich hier erhalten. Feuersalamander, der Auerhahn und sogar Waschbären begegnen den Wanderern mit ein wenig Glück während ihrer Ausflüge.

In Ilsenburg haben Besucher die Möglichkeit, in die Zeit der Romanik zurückzureisen sowie in das Mittelalter und die Zeit der Ottonenkaiser einzutauchen. Eine wahre Oase der Ruhe ist die über 1000-jährige romanische Klosterkirche St. Peter und Paul (1078-1087 erbaut) in Ilsenburg und die dazugehörige Klosteranlage. Zu den faszinierenden Kostbarkeiten zählen die Reste eines Gipsfußbodens aus dem 12. Jahrhundert und ein Relief aus dem Jahre 1220. Es ist ein historisches Kleinod von hoher architektonischer und kulturhistorischer Bedeutung. Zum Besuch des Klosters Drübeck an der »Straße der Romanik« lädt der Klosterwanderweg ein, der von Ilsenburg dorthin führt. Der Wanderweg von Kloster zu Kloster offenbart puren Wanderge(h)nuss. Die ehemaligen Benediktinerklöster sind das Tor zur »Straße der Romanik« und legen Zeugnis über die Geschichte der vergangenen Jahrhunderte ab. Es ist der ideale Ausgangspunkt für eine fantastische Reise entlang der »Straße der Romanik« ins Kernland des frühen deutschen Königtums.

Vereister Wasserfall am Blochhauer

Klosterkirche

Abendstimmung

Tourismus GmbH Ilsenburg
Marktplatz 1 · 38871 Ilsenburg (Harz)
Tel. (03 94 52) 1 94 33 · Fax (03 94 52) 9 90 67
info@ilsenburg.de
www.ilsenburg-tourismus.de

Vor den Toren der Stadt

Hüttenindustrie prägte die Stadt Ilsenburg

Zaren, Könige und Fürsten besuchten die Gießerei

Fürst Stolberg Hütte

Das Hütten – und Technikmuseum Ilsenburg befindet sich in einem historischen Gebäudekomplex mitten im Stadtzentrum von Ilsenburg. Das Gebäude ist der ehemalige Herrenhof des gräflichen Vorwerks bzw. der späteren Domäne.
Die Ausstellung spiegelt die Geschichte des Ortes wieder, welche von der Hüttenindustrie geprägt wurde. Anschauliche Funktionsmodelle vermitteln einen lebendigen Eindruck von alten Produktionsweisen. Diese Modelle erfreuen sich besonders bei Kindern großer Beliebtheit.
Ilsenburg war im 17.Jahrhundert als Standort der Metallverarbeitung so bekannt, dass Zar Peter der I. von Russland 1697 auf seiner berühmten Europareise die Gießerei, die heutige Fürst Stolberg Hütte, besichtigte. Weitere bekannte Besucher folgten, 1873 Kronprinz Friedrich (Kaiser Friedrich), Kaiser Wilhelm I. und Wilhelm II. waren mehrfach während ihrer Amtszeit in Ilsenburg oder 1929 König Faud von Ägypten. Auch in der heutigen Zeit findet man in Ilsenburg noch viele gusseiserne Ausstattungsdetails wie Lampen, Geländer oder Bänke.
Aber nicht nur Kaiser und Könige können die Fürst Stolberg Hütte, die am Bahnhof liegt, besuchen, sondern auch ganz normale Menschen. Während der Woche kann um 10 Uhr und um 14 Uhr bei der Fertigung zugesehen werden. Hier können die Besucher einen fantastischen Eindruck von den Arbeiten in einer Gießerei gewinnen. Besonders interessant ist der Abstich des Ofens und das anschließende Gießen. Die Herstellung einer Form zieht die Besucher ebenfalls in ihren Bann, denn es ist erstaunlich, wie aus Sand die Formen für den Guss hergestellt werden. Zweimal im Jahr wird sogar die Möglichkeit zum Selberformen geboten.

Ofenplatten und Kunstguss großer Meister

Einen Schwerpunkt der Ausstellung bildet die Ofenplattenproduktion und die Herstellung von Eisenkunstguss der Ilsenburger Hütte vom frühen 16. Jahrhundert bis zum 20. Jahrhundert. Schon in der Eingangshalle erhält man einen ersten Eindruck von der Kunst der Eisengießer dieser Zeit. Dieser setzt sich dann in der Ausstellung fort. Es ist erstaunlich, was für filigrane Gegenstände aus dem spröden Eisen gezaubert wurden und werden. Ein besonderes Highlight dieser Präsentation sind die Kunstgüsse, die nach den Entwürfen des bekannten Jugendstilkünstlers Prof. Albin Müller (Albinmüller) zu Anfang des 20. Jahrhunderts entstanden.
Wer sich solche schönen Teile in heutiger Zeit zulegen möchte, wird ebenfalls in der Fürst Stolberg Hütte fündig. Das Unternehmen hat einen Werksverkauf, der montags bis freitags von 8 bis 15 Uhr geöffnet ist. Hier gibt es neben Artikeln von Albin Müller auch Arbeiten von Karl-Friedrich Schinkel, Alphons Mucha und anderen Künstlern zu kaufen. Die Vielfalt an Stücken reicht von alten Gebrauchsgegenständen über Dekoartikel bis zu moderner Kunst. Es wird auch ein schönes Sortiment an Gartenmöbeln gefertigt.
Sehr stolz ist das Ilsenburger Museum auf die kleine, aber feine Sammlung an Romantischer Malerei des 19. Jahrhunderts von lokalen Meistern. Gezeigt werden Skizzen, Studien, Zeichnungen und Gemälde von Georg Heinrich Crola und seiner Frau Elise und ihres Schülers Robert Riefenstahl. Diese Sammlung spiegelt die wild romantische Landschaft des Harzes ebenso wieder, wie die Darstellung der hüttentechnischen Anlagen, der Industrielandschaft und den hier lebenden Menschen in dieser Zeit.
Abgerundet wird der Rundgang mit einer kleinen Ausstellung zur jüngsten Vergangenheit, der Darstellung der innerdeutschen Grenze und ihrer Überwindung 1989.
Geöffnet ist das Museum Montag, Dienstag, Donnerstag und Freitag von 13 bis 16 Uhr und am Samstag von 14 bis 16.30 Uhr. Gruppenbesichtigungen können individuell vereinbart werden.

Hüttenmuseum
Marienhöferstraße 9b · 38871 Ilsenburg
Tel. (03 94 52) 22 22 · Fax (03 94 52) 9 99 84
bibliothek.ilsenburg@gmx.de
www.ilsenburg.de

In Holz gehauene Pharmaziegeschichte

Ein Vierteljahrhundert auf Zulassung gewartet

Obwohl bereits seit 1819 alles unternommen wurde, um im rund 2000 Einwohner zählenden »Flekken Ilsenburg in der Grafschaft Wernigerode« eine Konzession zum Betreiben einer Apotheke zu bekommen, geht die Gründung der Hirsch-Apotheke auf das Jahr 1844 zurück. Am 11. Juli 1844 begutachteten die Behörden die neue Apotheke, die einen Tag später durch Carl Friedrich Franz Hermann eröffnet wurde, was das »Wernigerödische Intelligenzblatt« vier Tage später vermeldete.

Lange Jahre befand sich die Apotheke in der Hochofenstraße. 1865 übernahm Hermann Carl John sie. Der Name John steht seither über Generationen für die Apotheke, die nach dem Wappentier des Grafen von Stolberg-Wernigerode benannt ist. Die Witwe von Hugo John kaufte 1932 einen Bauplatz am Markt, wo noch heute viele Passanten das Holzrelief von Otto Welte mit Szenen aus der Pharmazie und Medizin bewundern. Der heutige Besitzer der Apotheke, Christian Schulze,

Die Hirsch-Apotheke im attraktiven Baudenkmal von 1939

Hoch im Giebel thront der Hirsch als Namensgeber.

leitet sie seit 1973 und hat die Apotheke nach der Wende zu neuem Glanz geführt. Die Apotheke steht im Internet rund um die Uhr zur Verfügung und informiert auch online über Service, Leistungen und allgemeine Gesundheitsthemen.

Hirschapotheke
Marktplatz 5 · 38871 Ilsenburg
Tel. (03 94 52) 22 41 · Fax (03 94 52) 9 98 82
hirsch-apo-ilse@gmx.de
www.hirsch-apotheke-ilsenburg.de

Harzlandhalle Ilsenburg

Größte Veranstaltungshalle im Harzkreis

Die im Jahr 2000 eröffnete Harzlandhalle ist eine multifunktionale Halle, die für jedes Event in den Bereichen Sport, Kultur oder Tagungswesen die entsprechenden Räumlichkeiten bietet. So können hier Großveranstaltungen mit bis zu 3300 Besuchern durchgeführt werden, bei Sportveranstaltungen finden 1376 Sportfreunde Platz. Außerdem stehen im Tagungsbereich 1000 Sitzplätze zur Verfügung. In dem repräsentativen Foyer- und Empfangsbereich der Harzlandhalle ist die halleneigene Gastronomie integriert, welche die unterschiedlichsten Versorgungswünsche der Besucher befriedigen kann.

Die Harzlandhalle verfügt über einen Bühnenbereich mit einer fest eingebauten Bühne von 90 Quadratmetern und einer bis zu 120 Quadratmeter großen mobilen Bühne. Natürlich bietet die Halle auch die entsprechenden Künstler- und Technikräume. Für kleinere Veranstaltungen und Beratungen besitzt die Halle separate Seminar- und Konferenzräume. Hier angeschlossen findet man einen kleinen Küchenbereich für die Absicherung einer Pausenversorgung.

In der Harzlandhalle werden im Jahr etwa 30 Großveranstaltungen durchgeführt. Hauptschwerpunkt bilden hierbei Konzerte mit den verschiedensten Künstlern aus allen Bereichen der Unterhaltung. So waren bereits Carmen Nebel und Uta Bresan mit der MDR-Fernsehproduktion »Musik für Sie« oder Florian Silbereisen mit seinem »Frühlingsfest der Volksmusik« zu Gast.

Aber auch im Sportbereich finden mit dem internationalen Klaus-Miesner-Gedenkturnier im Hallenhandball oder der SES-Profi-Boxgala international hochkarätige Veranstaltungen statt.

Harzlandhalle Ilsenburg
Harzburger Straße 24 a · 38871 Ilsenburg
Tel. (03 94 52) 8 42 20 oder 8 42 28
Fax (03 94 52) 8 42 22
www.harzlandhalle.de

Vor den Toren der Stadt

Versicherung kümmert sich auch um die Vorsorge und das Vermögen

Ilsenburgerin mit Kunden in China und Kanada

Althergebracht denkt man bei einer Versicherung vor allem an die Haftpflicht, das Auto und den Hausrat. Manch einer verknüpft damit auch seine Immobilie, den Rechtsschutz oder die Firma. Immer häufiger kümmert sich Versicherungsfachfrau Gabryela Goldbach, die in Ilsenburgs Kroatenstraße als Allianz-Generalvertreterin tätig ist, auch um das breite Feld der Vorsorge.

In Gesprächen mit ihrem von Jahr zu Jahr größer werdenden Kundenkreis geht es um den Schutz bei Berufsunfähigkeit, um die betriebliche und private Altersvorsorge, die Hinterbliebenenvorsorge sowie den Schutz bei Krankheit und Unfall.

Die Allianz erweist sich auch als guter Partner, wenn es um Geldanlagen, Konten, Kredite, die Baufinanzierung und das Bausparen gilt. Bei kniffligen Fragen zieht sie in den Gesprächen mit den Kunden externe Fachleute zu Rate.

All ihre Kenntnisse erwarb Gabryela Goldbach nach der Wende, als sie sich zur Versicherungsfachfrau ausbilden ließ. Am 1. April 1993 eröffnete sie mit einer Halbtagskraft ein Büro in der Marienhöferstraße. Inzwischen ist sie in der Kroatenstraße tätig. »Im Büro sind drei Vollzeitkräfte tätig«, berichtet sie und fügt hinzu, dass sie auch ausbildet und einen von Jahr zu Jahr wachsenden Kundenkreis hat. Es ist nicht mehr nur der Raum um Ilsenburg. Sogar in Kanada und in China weiß sie zufriedene eigene Kunden. »Gerade hatten wir einen Hangrutsch nach Dauerregen in Ilsenburg. Ich habe helfen können«, fügt sie nicht ohne Stolz hinzu. Im Gründungsjahr des Büros hatte sie 578 000 DM im Bestand ihrer Versicherungskunden, jetzt beträgt dieser 1,1 Millionen Euro.

Auf Generation Internet gesetzt

Gabryela Goldbach geht mit der Zeit. Sie hat ihre Agentur internetfähig gemacht und setzt damit vor allem auf die jüngere Kundschaft, die mit diesem Medium aufwächst. »Es handelt sich um steigende Komplexität der Kundenansprüche – das sogenannte hybride Kundenverhalten. Ein wachsender Anteil der Kunden möchte einerseits, wenn es sich um einfache Geschäftsvorgänge handelt, schnell und bequem auf ein standardisiertes, preiswertes Angebot von Dienstleistern zurückgreifen. Hierfür ist das Internet wie geschaffen. Dieselben Kunden erwarten aber auch, dass ihnen weiter persönliche Betreuung, ein breites Angebotsspektrum an Produkten und ein umfangreicher Service zur Verfügung stehen«, weiß die Fachfrau.

Entscheidend bei der Nutzung des Internets ist für Gabryela Goldbach, dass die Stärkung der Beziehung zwischen den Kunden und ihrer Agentur im Mittelpunkt steht.

Gabryela Goldbach mit ihren Kundenberaterinnen Eike Hilbert (links) und Martina Kühlewind (rechts)

Allianz-Generalvertretung
Gabryela Goldbach
Kroatenstraße 12 · 38871 Ilsenburg
Tel. (03 94 52) 8 67 77
Fax (03 94 52) 8 83 13

Vor den Toren der Stadt

MS Electronic

Service rund ums Telefonieren

Mike Schröder

Wer ein neues Handy braucht oder einen Festnetz-Anschluss mit Flatrate für DSL-Surfen und Internet-Telefonie, der ist bei uns (MS-Electronic) genau an der richtigen Adresse. Seit über einem Dutzend Jahren vertreibt das Geschäft von Mike Schröder bereits Komplettlösungen rund ums Telefonieren in Ilsenburg und Umgebung. MS Electronic ist exklusiver Partner von T-Mobile und T-Com. Alle Dienste und Produkte werden hier angeboten. Wenn es um das Telefonieren über Festnetz, Internet oder auch den DSL-Anschluss geht, bietet MS Electronic als zuverlässiger Servicepartner auch die Einrichtung beim Kunden vor Ort an.

Mike Schröder betont, dass DSL mittlerweile weitgehend flächendeckend in der Region erhältlich ist, sodass dem komfortablen Internet-Surfen nichts mehr im Wege steht. Das Hauptgeschäft dreht sich jedoch derzeit um Handys aller Art. Trendy, so Mike Schröder, sind gerade Handys mit hochauflösenden Kameras. Diese Geräte werden von vielen Kunden nachgefragt.

Seit nun zwölf Jahren vertreiben wir in diesem Geschäft Komplettlösungen rund ums Telefonieren. Außerdem bieten wir auch Navigationsgeräte mit oder ohne Radio – zum Nachrüsten für PKW an. Hierbei können die Kunden beispielsweise auf ein preiswertes Spitzengerät zugreifen, in dem bereits über 37 Länder integriert sind. Kein Wechsel von CD oder Chip an der Ländergrenze – fast ganz Europa ist bereits in diesem Navi abrufbar.

- Professionelle Kompetenz
- Kostenlose Tarifberatung
- Handy-Reparaturservice
- Vertragsverlängerung
- Riesenauswahl an aktuellen Topgeräten und Handyzubehör
- Montageservice von Freisprecheinrichtungen und Telefonanlagen

MS-Electronic · Mike Schröder
Marienhöfer Straße 15 · 38871 Ilsenburg
Tel. (0 39 52) 8 68 28 · Fax (0 39 52) 8 75 53
ms-electronic@gmx.de · www.ms-electronic.net

In Ilsenburg steht Europas modernste Preprint-Druckerei

Christiansen Print bedruckt Wellpappendeckpapier für die Verpackungsindustrie weltweit

Kartons aus Wellpappe

Als eine neue Preprintdruckerei errichtet werden sollte, bot das idyllische kleine Städtchen Ilsenburg am Fuße des Brockens mit seiner zentralen Lage in Europa die optimalsten Voraussetzungen für das europaweit tätige Unternehmen Christiansen Print.

Die Flexodruckerei ging im März 2005 in Produktion und beliefert Wellpappenwerke in Deutschland, Skandinavien, Frankreich, Österreich, Italien und den Beneluxländern.

Bereits zwei Jahre nach Produktionsbeginn nahm das Unternehmen an einer Ausschreibung zum Kfw-Unternehmenspreis teil. Es setzte sich nicht nur gegen seine Mitstreiter in Sachsen-Anhalt durch, sondern konnte sich auch unter den Siegern der 15 weiteren Bundesländer behaupten und darf sich »Gründer-Champion 2007« nennen.

Christiansen Print ist von der Stadt Ilsenburg sehr gut aufgenommen worden und möchte nun etwas davon zurückgeben, indem es sich in der Region Harz engagiert.

Die Druckerei stattete den Ilsenburger Fußballverein mit Trikots aus. Es spendete außerdem im Dezember 2007 der »Kinderhilfe Siebenbürgen« – ein Hilfsprojekt zwei junger Frauen aus Stapelburg – Schulranzensets für 36 Kinder in Rumänien.

Im Dezember 2006 gestaltete das unter dänischer Leitung geführte Unternehmen zusammen mit der Grundschule Ilsenburg einen Weihnachtskarton. Die Kinder durften den Druck ihres selbst bemalten Kartons live miterleben. Nach einer Woche konnte jedes Kind seinen Eltern oder Großeltern ein Weihnachtsgeschenk überreichen, an dem es selbst aktiv mitgewirkt hat – dem Unternehmen diente der Karton gleichzeitig als Weihnachtsgeschenk für seine Kunden.

Vielleicht sichert der frühzeitige Kontakt zu den Schülern später einmal den Nachwuchs für das expandierende Unternehmen?

christiansen print

Christiansen Print GmbH
Trift 4 · 38871 Ilsenburg
Tel. (0 39 52) 4 84 00 · Fax (0 39 52) 48 40 99
www.christiansenprint.de

Vor den Toren der Stadt

Bibliothek feiert 2008 ihren 100. Geburtstag

Schon 1913 Ausleihe gegen Gebühr

Als Gründungsdatum der Volksbücherei Ilsenburg galt bis jetzt das Datum des 2. Dezember 1912. Die Bibliothek wurde vom Lehrerverein gegründet und befand sich in der Schule (Faktoreistraße). Im Archiv wurden nun Papiere mit Hinweisen darauf entdeckt, dass die Bibliothek schon im Herbst 1908 aufgebaut wurde. Seit dem 1. Januar 1913 konnte sie öffentlich genutzt werden und es gab einen handschriftlichen Katalog des Buchbestandes. Die Bücher wurden nur an Ilsenburger ausgeliehen. Zu dieser Zeit gab es keinen Ausleihraum und kein Lesezimmer. Die Volksbücherei war am Sonntagvormittag geöffnet und es mussten 10 Pfennig Leihgebühr entrichtet werden. 1962 erfolgte die Umstellung des Bestandes auf Freihandausleihe. Gleichzeitig wurde der Leserkatalog eingeführt.

Stadtbibliothek

Die Stadtbibliothek Ilsenburg hat sich in den letzten Jahren zu einem Kompetenzzentrum für Information entwickelt. Sie verfügt über einen umfangreichen Bestand an Büchern und modernen Medien, der seit 2005 immer auf den neusten Stand gebracht wird. Die Bibliothek befindet sich im Erdgeschoss des Marienhofes und bildet mit dem Hütten- und Technikmuseum das kulturelle Zentrum der Stadt. Zwei moderne PC-Arbeitsplätze ermöglichen den Nutzern der Bibliothek den Zugang zum Internet und die Möglichkeit zur eigenen Recherche im Bestand der Bibliothek. Die Bibliothek verfügt über einen Bestand von rund 25 000 Medien, zu denen auch die immer beliebter werdenden Hörbücher, CDs und DVDs gehören.

Stadtbibliothek Ilsenburg
Marienhöfer Straße 9b · 38871 Ilsenburg
Tel. (03 94 52) 24 39
bibliothek.ilsenburg@gmx.de
www.stadtbibliothek-ilsenburg.de

Lernen in der Harz-Idylle

Der Tradition von Hermann Lietz verpflichtet

In der Ponygilde lernen die Schüler den verantwortungsvollen Umgang mit Tieren.

Am Fuße des Brockens bei Veckenstedt ist das idyllisch gelegene Landschulheim Grovesmühle zu finden. Die Grovesmühle ist die einzige Ganztagsschule in freier Trägerschaft mit Internat in der Region. Seit dem 3. August 1995 haben Internatsschüler, aber auch Tagesheimschüler hier die Möglichkeit, ihren staatlich anerkannten Abschluss zu absolvieren.

1914 begann die reformpädagogische Zeit der Grovesmühle, als Hermann Lietz hier ein Landwaisenheim eröffnete. Ab 1935 wurde in der Grovesmühle die Unterstufe der Lietzheime untergebracht. Leider konnte die pädagogische Arbeit ab 1953 auf dem Gebiet der damaligen DDR nicht weitergeführt werden. Erst 1995 wurde das Landschulheim als Internatsschule wiedereröffnet.

Noch heute wird die Grovesmühle in der Tradition von Hermann Lietz geführt. Dabei steht die ganzheitliche Erziehung der Schüler im Mittelpunkt. Unterricht und gemeinschaftliches Leben bilden eine pädagogische Einheit.

Vor den Toren der Stadt

Wohnen in Heimfamilien

Im Internat leben 10 bis 12 Jugendliche unterschiedlichen Alters und Geschlechts in Heimfamilien zusammen, die gemeinsam einen Flur bewohnen. Am Ende des Flures lebt der Betreuer. Gemeinsames Einnehmen der Mahlzeiten, Flurgespräche, Heimfamilienabende und gemeinsame Aktivitäten schaffen eine familiäre Atmosphäre. Tagsüber werden die Heimbürger gemeinsam mit den Tagesheimschülern unterrichtet. Die Grovesmühle bietet gleich drei Schulformen unter einem Dach. Der Gymnasialzweig (5. bis 12. Jahrgangsstufe) endet mit dem Abschluss der allgemeinen Hochschulreife, im Realschulzweig (5. bis 10. Jahrgangsstufe) besteht die Möglichkeit, den einfachen bzw. erweiterten Realschulabschluss zu erlangen und das Absolvieren der zweijährigen Fachoberschule (Fachrichtung Technik und Sozialwesen) mit dem Abschluss des Fachabiturs bietet den Schülern die Möglichkeit eines Fachhochschulstudiums.

Individualisierte Lernstunden ab der Unterstufe

Im Unterricht herrscht durch kleine Lerngruppen mit etwa 20 Schülern eine angenehme Lernatmosphäre. Die Leistungsbereitschaft der Schüler wird durch offene Formen des Unterrichts wie Stationenlernen, Frei- und Wochenplanarbeit oder Projektarbeit gefördert. Durch individualisierte Lernstunden, die in der Unterstufe fest im Stundenplan verankert sind, ist es den Lehrenden möglich, auf einzelne Schüler einzugehen, diese zu fördern oder zu fordern.

Offene Unterrichtsmethoden fördern das selbstständige Lernen.

Der Individualität eines jeden Schülers wird auch durch das reichhaltige Freizeitangebot Rechnung getragen. So werden neben verschiedenen Sport- und Kunstgilden auch Gilden angeboten, die das soziale Engagement der Schüler stärken, wie z. B. die Streitschlichter- oder die Tierheimgilde.

Ein beliebtes Freizeitangebot im Internat: die Geländemotorradgilde

Landschulheim Grovesmühle
Staatlich anerkanntes Gymnasium
mit Realschule und Fachoberschule
Internat in freier Trägerschaft
Mitglied der LEH-Internate

Grovesmühle 1
38871 Veckenstedt
Tel. (03 94 51) 60 80
Fax (0 39 451) 6 08 20
info@grovesmuehle.eu
www.grovesmuehle.com

Vor den Toren der Stadt

Spartanisch karg

Manager-Urlaub – so lernt man das Alltägliche neu zu entdecken

Mitten im Harzstädchen Ilsenburg, am Fuße des Brockens, liegt das Anwesen der Familie Weiss in der Faktoreistraße. Der Anblick des schmucken, hinter Bäumen und Sträuchern versteckten Hauses lässt kaum erahnen, was sich noch dahinter verbirgt: Auf dem etwa 300 Jahre alten Anwesen lassen Gerald und Silke Weiss gestresste Manager bei Arbeiten wie vor Hundert Jahren den Alltag vergessen. Handys und Computer sind tabu. Im Lauf der Jahreszeiten können sich hier Männer aus allen Berufsgruppen und Bevölkerungsschichten einmieten, um altes Handwerk und Verrichtung des ehemaligen täglichen Lebens zu erlernen: Arbeiten im Garten oder bei der Brennholzgewinnung ebenso wie Marmeladekochen und Wurstherstellung. Fast alle Dinge des täglichen Lebens werden hier selbst hergestellt. Zum Teil können die Urlauber diese mit nach Hause nehmen, andere bleiben zum weiteren Gebrauch auf dem Hof. Die Unterbringung ist spartanisch karg. Geschlafen wird auf Harzer Jägerbetten aus Reisig, Heu und Kräutern. Als Zudecke dienen selbstgegerbte Schaf- und Wildfelle. Gewaschen wird sich am Trog an der Pumpe. Essen und Getränke sind im Preis inbegriffen, ebenso alle erforderlichen Materialien. Nach vollbrachtem Tagwerk sitzt man gemeinsam an der Feuerstelle und lässt sich die selbst gemachte Butter mit Kräutern oder anderen Zutaten schmecken. Die Abende dienen den Gesprächen, dem Singen oder einfach nur dem Träumen.

Auch Skat und andere Spiele sind nicht verpönt. Besonderen Wert bei diesen Urlaubstagen legt Familie Weiss auf die Ruhe und Ausgeglichenheit, im Einklang mit der Natur über den Tageslauf und entsprechend dem Jahreskreis. Für die Zukunft sind der Bau eines beheizbaren Großbadezubers aus Holz und eine Sauna geplant.

Es können maximal sechs Gäste gleichzeitig betreut werden. Für weitere Auskünfte und Buchungen steht Familie Weiss Ihnen gern zur Verfügung.

Dr. Gerald Weiss mit Hund im Kräutergarten

Gerald und Silke Weiss
Faktoreistraße 7 · 38871 Ilsenburg
Tel./Fax (03 94 52) 80 92 93
die3weissen@t-online.de · www.managerurlaub.com

Frohsinn ohne ständig aufgesetztes Grinsen

Meine Traumhochzeit – ein Mann zum (Ver-)Trauen

»Ich freue mich, dass Sie sich trauen und dem Segen Gottes etwas zutrauen.« Der Theologe Dr. Gerald Weiss ist der Mann für das Besondere. Er selbst bezeichnet sich oftmals als evangelischer Katholik oder katholischer Evangelist. Trotzdem oder gerade deshalb merkt man ihm den Theologen nicht auf die ersten zwei Eindrücke an. »Es ist mein Auftrag, das Evangelium, also eine frohmachende Botschaft zu verkünden. Somit muss ich zunächst selbst unverkrampften Frohsinn leben, ohne ständig aufgesetzt zu grinsen«. So ähnlich empfängt er die Menschen, die zu ihm kommen. Und sie kommen aus vielen Gründen. Etliche eben, um von ihm getraut zu werden. Die Paare melden sich aus dem ganzen Bundesgebiet bei ihm an. So verschieden wie die Menschen sind ihre Gründe dafür. Allerdings ist Dr. Weiss kein Dienstleister. Honorare lehnt er grundsätzlich ab. Lediglich seine Kosten hat er gern ersetzt. Und wer auch das nicht kann – naja...

Jeder muss auf die rote Couch

Weggeschickt wurde jedenfalls noch niemand, der einmal zum Gespräch auf der roten Eckcouch saß. Lediglich eine Kollekte für eines seiner ganz speziellen Unterstützungsvorhaben lehnt er niemals ab. Die Termine auf der roten Couch sind obligatorisch. »Schließlich kann ich niemand trauen, von denen ich nicht weiß, ob ich ihnen trauen kann!« Dabei ist es gleichgültig, zu welcher Glaubenszugehörigkeit man sich bekennt oder ob man selbst einen schwer erklärbaren Glauben ohne Kirchenzugehörigkeit hat. »Wir müssen den Menschen ins Herz sehen, nicht auf den Steuerbescheid!« Ob sie in einer großen Kirche, einer kleinen Kapelle, oder unter der Kuppel des mächtigen Himmelsdomes getraut werden möchten – fast jeder Ort ist möglich. Im Lauf der Zeit hat Dr. Weiss zu sehr hochkarätigen Musikern Kontakt bekommen, sodass die Musik zur Trauung immer live ist und fast alle Musikwünsche erfüllt werden können. Überhaupt: Zu fast allen Belangen rund ums Heiraten sind Empfehlungen möglich. Übrigens wird jede Trauung mit dem entsprechenden Paar genau abgestimmt und für diesen speziellen Anlass einmalig zelebriert.

Dr. Gerald Weiss
Faktoreistraße 7
38871 Ilsenburg
Tel./Fax (03 94 52) 80 92 93
die3weissen@t-online.de
www.unsere-traumhochzeit.de

Blick auf das Kloster

Blick in einen der fünf historischen Gärten der Stiftsdamen mit Gartenhaus

Zwischen Stille und Klosterkonzerten

Stätte von Besinnung und Begegnung

Das Evangelische Zentrum Kloster Drübeck, als Bildungs- und Tagungsstätte der Evangelischen Kirche der Kirchenprovinz Sachsen, mit seinen 80 Betten und modernen Tagungsräumen, ist abseits vom üblichen Touristenrummel eine Stätte von Besinnung und Begegnung. Anziehungspunkt für viele Besucher ist die 1000-jährige Klosterkirche St. Vitus aus frühromanischer Zeit. Das Klostergelände mit historischen Gärten und der 270-jährigen Sommerlinde lädt zum Verweilen ein.

Als Einrichtung für Bildung, Kommunikation, Beratung und Seelsorge arbeiten das Pädagogisch-Theologische Institut, das Pastoralkolleg und das Haus der Stille im Kloster Drübeck. Im Galeriebereich des neuen Tagungshauses, in den Gärten und in der Klosterkirche finden alljährlich Sommerkonzerte und Ausstellungen moderner Kunst statt. In der Bibliothek findet man fachwissenschaftliche Literatur aus den Bereichen Theologie und Pädagogik sowie belletristische Werke. Das Haus der Stille bietet allen Gästen Raum, die intensive Tage im Gebet, der Stille, der Einkehr und in der Natur im Kloster Drübeck verbringen wollen.

Als Nonnenkloster »St. Viti Drubiki« erstmals erwähnt

Durch seine Lage am nördlichen Harzrand entlang der alten B 6 bietet das Kloster Drübeck einen idealen Ausgangspunkt für Wanderungen in die herrliche Harzlandschaft und Besuche in die romantischen Harzorte wie Wernigerode, Ilsenburg oder Goslar. Die erste urkundliche Erwähnung der Gemeinde Drübeck stammt aus dem Jahre 960 und bezieht sich auf das Benediktiner-Nonnenkloster »St. Viti Drubiki«, welches durch die Äbtissin Adelbrin im Jahre 877 gegründet worden sein soll. Der massive Kirchenbau stammt aus dem Ende des 10. Jahrhunderts. Die Klosterkirche hatte die Form einer dreischiffigen, flachgedeckten Basilika.

Erhalten ist heute der Westbau, das Mittelschiff, der südliche Querhausarm mit Apsis, Teile des südlichen Seitenschiffes, die Krypta und Reste des Chorquadrates. Im Zuge der Restaurierung von 1953 bis 1956 erhielt die Kirche ihren romanischen Charakter zurück. Zum Klostergelände gehören das ehemalige Schlafhaus des Klosters, das ehemalige Brauhaus, das ehemalige Amtshaus, der romantische Klosterhof und Reste der ursprünglichen Gartenanlage aus dem Jahre 1737 mit Rosen- und Barockgarten und Gartenhäuschen.

Die Klosteranlage Drübeck wurde neben 40 weiteren bedeutenden historischen Gärten als Pilotprojekt ins Landesprogramm »Gartenträume – historische Gärten und Parks in Sachsen-Anhalt« aufgenommen. Die Gärten, wie wir sie heute sehen, wurden kurz nach der Übernahme des Klosters im 18. Jahrhundert durch die Grafschaft Stolberg-Wernigerode gestaltet. Vermutlich waren die Gärten zuvor großzügige Nutzgärten, geprägt durch natürliche Elemente wie Obstwiesen und Bäche.

Evangelisches Zentrum Kloster Drübeck
Klostergarten 6 · 38871 Drübeck
Tel. (03 94 52) 9 43 00 · Fax (03 94 52) 9 43 45
ez@kloster-druebeck.de
www.kloster-druebeck.de

Ein stolzer Panorama-Blick

Drübeck zwischen Wernigerode und Ilsenburg

Drübeck, ein kleiner, fast unscheinbarer Ort, am Rande des Nordharzes gelegen, gehört zusammen mit Darlingerode zur Verwaltungsgemeinschaft Ilsenburg.

Die 1500 Einwohner zählende Gemeinde kann auf eine über 1000-jährige Geschichte zurückblicken. Diese war immer mit dem Bau der Klosteranlage bzw. der Klosterkirche verbunden. Weithin an ihren beiden Türmen zu erkennen, ist sie zum Anziehungspunkt unserer kleinen Gemeinde geworden. Auch der Ortsname Drübeck lässt sich auf den Klosterbau beziehen. Nach einer Sage heißt es: »Wo drei Bäche sich begegnen, die Stelle will ich segnen; dort will ein Haus ich bauen, für fromme, stille Frauen!« (Drei Bäche – Dri Beke – Dru Biki – Drübeck).

Die erste Erwähnung des Ortes erfolgte 960 durch Kaiser Otto I., der dem Kloster Drübeck eine Schenkung beurkundete. Aus dem 10. Jahrhundert lässt sich auch ein erster Kirchenbau nachzeichnen.

Eine noch ältere Entstehungsurkunde, nach der das Kloster aufgrund einer Stiftung durch die Grafen Theti und Wikker und ihre Schwester Adelbrin im Jahre 877 entstanden sein soll, erwies sich als Fälschung.

Die Einmaligkeit und Besonderheit des Klosters führte letztlich dazu, dass es 1996 nach umfangreichen Sanierungsarbeiten als Evangelisches Zentrum der Kirchenprovinz Sachsen neu eröffnet wurde. Auch Touristen können hier verweilen und der jahrhundertealten Bedeutung der Klosteranlage nachspüren.

Als Kleinod der Straße der Romanik, mit seinen Klostergärten auch Bestandteil der historischen Parks in Sachsen-Anhalt (siehe Gartenträume), hat das Kloster unseren Ort Drübeck überregional und auch landesweit bekannt gemacht.

Gemeindekrug (stellvertretend für die Gaststätten Klosterschänke und Waldschänke)

Vor den Toren der Stadt

Blick vom Feuerlöschteich zum Kloster

Aber auch außerhalb des Klosters kann der Ort auf ein gewisses Flair verweisen. Egal, aus welcher Richtung man kommt, östlich von Wernigerode, oder nördlich vom Harzvorland, überall gibt es herrliche Ausblicke auf die Bergsilhouette des Harzes und natürlich auf das Brockenplateau mit seinen Türmen.

Umgekehrt kann man auch von den Drübeck begrenzenden Berghängen wunderbar ins Harzvorland sehen, wobei vordergründig die beiden Klostertürme und die Dorfkirche ins Auge fallen. Stolz erfüllt den Betrachter beim Anblick dieses Panoramas. All diese Eindrücke fanden auch im Drübecker Heimatlied ihren Niederschlag.

Die schöne Umgebung Drübecks mit seinen Laub- und Fichtenwäldern zieht zu jeder Jahreszeit viele Erholungssuchende in ihren Bann. Gut ausgeschilderte Wanderwege und die zentrale Lage zwischen Wernigerode und Ilsenburg lassen Drübeck zu einem Ausgangspunkt vieler Wanderungen werden. Den Erholungssuchenden steht

Spielmannzug der Schützengesellschaft Drübeck 1589 e. V.

ein ausgebautes Wegenetz von über 200 Kilometern zur Verfügung. Beliebte Ausflugsziele auf den Touren durch die reizvolle Harzlandschaft sind die Plessenburg, der Ilsestein, die Steinerne Renne, Schloss und Rathaus Wernigerode und nicht zu vergessen der Brocken.

Weiterhin kann sich der umsichtige und naturliebende Wanderer an der Flora und Fauna erfreuen. So ist es möglich, in der Abenddämmerung Rot- oder Damwild zu beobachten, kann man Feuersalamander und Blindschleichen, aber auch viele schöne Wildpflanzen wie den Fingerhut, die Glockenblume, blühende Moose und Gräser und die mannigfaltigsten Pilzsorten sehen.

Und wenn man voller toller Eindrücke nach Hause oder in sein Quartier zurückkommt, trifft man auf Drübecks Gastlichkeit. Kulinarische Erlebnisse in netter Atmosphäre gibt es im Ortskern in der Klosterschänke oder im Gemeindekrug, aber auch am Waldrand in der Pension »Zur Waldschänke« oder im Hotel »Tonmühle«.

Wenn Sie, wie es im Heimatlied besungen wird, auch gerne fröhlich mit Freunden zusammen sein wollen, dann laden wir Sie ein, Drübecks Vereinsleben kennenzulernen.

Jährlich am ersten Wochenende im Juli findet das traditionelle Schützenfest statt.

Aber auch die Veranstaltungen anderer Vereine werden gerne besucht. Da gibt es Tierschauen des Rassegeflügelvereins, der Männerchor Drübeck 1878 e. V. lädt zu stimmgewaltigen Konzerten ein, der Angelverein veranstaltet jährlich ein Teichfest, den Fußballern kann man zuschauen, der Reit- und Fahrverein Nonnenbach präsentiert sich, die Volkssolidarität gestaltet monatlich für die ältere Generation erlebnisreiche Veranstaltungen, bei denen auch die Klosterlärchen als Chor der Volkssolidarität zum Einsatz kommen, Feuerwehr und Kleingartenverein sind immer bereit, bei Veranstaltungen mitzuwirken, ebenso die beiden Frauengymnastikgruppen.

So ist es nicht verwunderlich, dass es Tradition geworden ist, im 2-jährigen Rhythmus ein gemeinsames, viel Zuspruch findendes Fest der Vereine durchzuführen.

In Drübeck gibt es einen »gut gefüllten« Kindergarten. Die Erzieherinnen bereiten hier die Jüngsten gut auf das Leben vor und verschönern mit ihnen ebenfalls das dörfliche Leben.

Die Fachschule für Sozialwesen, Heilerziehungspflege und Heilpädagogik des Paritätischen Bildungswerkes erfüllt das ehemalige Schulgebäude mit Leben und macht Drübeck über die Grenzen hinaus bekannt und als Studienort für diese Fachrichtungen begehrenswert.

Blick vom Karrberg über Darlingerode zum Schloß Wernigerode

Drübecker Heimatlied

*Wo drei Bäche sich vereinten,
ward ein Kloster einst gebaut,
das sich schon in alten Zeiten
selbst ein Kaiser angeschaut.*

*Wo man stolze spitze Türme
kann zum Himmel ragen seh'n,
wo man aus der Ferne kommend
sagt: »Ach, Drübeck bist du schön!«*

*Wo vom Karrberg man ganz herrlich
Vater Brocken sehen kann!
Leute, seid doch mal ganz ehrlich,
an unserer Heimat ist was dran!*

*Wo man von der Schiefen Breite
über Drübeck sieht ins Land!
Wo die 300-jährige Linde
immer schon Bewunderung fand!*

*Wo man wandert in die Wälder,
ob sie grün, weiß oder bunt.
Immer bringen sie Erholung,
machen fröhlich und gesund!*

*Wo man auch ganz gerne feiert
frohe Feste, spielt und singt!
Wo man gerne mal mit Freunden
einen guten Tropfen trinkt.*

Gemeinde Drübeck
Am Kamp 5 · 38871 Drübeck
Tel. (03 94 52) 24 04 · Fax (03 94 52) 8 02 24
gemeinde-druebeck@gmx.de
www.vg-ilsenburg.de

Vor den Toren der Stadt

Singen und Filmen als liebste Hobbys

Menschen vor der Kamera

»Wenn man älter wird, muss man sich seine Höhepunkte im Leben selbst organisieren«, scherzt der Drübecker Mediengestalter Jürgen Pätzold. Zu seinem 60. Geburtstag lässt er 100 Exemplare seiner dritten CD herstellen, die er gern an seine Freunde und inzwischen Interessenten verschenkt. Es erklingen Lieder wie »Ein Stern, der Deinen Namen trägt«, »Jenseits von Eden« und »Nachts wenn alles schläft«. Weitere Schlager interpretiert er wieder gemeinsam mit der Wernigeröder Gastwirtin Jutta Schwarze. Das Singen ist eines meiner Hobbys«, erzählt der Mann. »Schön, dass wir damit auch anderen Menschen Freude bereiten können.«

Jürgen Pätzold hatte Baumaschinist gelernt, durch Erwachsenenqualifizierung und Besuch von Lehrgängen zuletzt in leitender Tätigkeit gearbeitet. Nach der Wende war er Automobilverkäufer. 2003 machte er sich dann als Mediengestalter selbstständig. Damit wurde sein Traum Wirklichkeit. Endlich konnte er sein zweites Hobby neben dem Singen zum Beruf machen. Seitdem ist er oft von Rügen bis zu den Alpen mit Filmkamera und dem Fotoapparat unterwegs. Von Stadtverwaltungen, Firmen und Privatpersonen erhält er Aufträge, um reizvolle Städte unseres Landes zu porträtieren, die wechselvolle Geschichte von Unternehmen darzustellen oder ganz einfach glückliche Momente im Leben von Menschen für die Nachwelt zu konservieren.

Foto-Model Vicktoria

Schöne Momente
auf dem Speicherchip

Jürgen Pätzold filmt Geburtstage, Hochzeiten, Konfirmationen und Einschulungen. Er sucht bei Porträtaufnahmen immer die »vorteilhafteste« Seite seines Kunden und zeigt uns bei Erotik-Aufnahmen, wie schön der menschliche Körper ist. Der Drübecker hält auf dem Film oder dem Speicherchip seines Fotoapparates wunderschöne Augenblicke im Leben jener Menschen fest, die uns im Alltag begegnen. Nicht Stars und Sternchen holt er sich vor die Linse, es sind Frauen und Männer, die jedem täglich begegnen könnten. Als besondere Herausforderung sieht er knifflige Aufträge, wie das Zusammenschneiden von Urlaubsfilmen seiner Kunden »zu richtigen Filmen« und deren Vertonung. Das Überspielen von alten Filmen von Super8 auf Video, CD oder DVD ist kein Problem für ihn.

Auf Wunsch hinterlegt er die bewegten Bilder mit passender Musik und sorgfältig ausgewählten Texten. Aber auch Reproduktionen alter Fotografien und das Retuschieren verblichener Fotos machen ihm Spaß. »Wenn sich nach getaner Arbeit auch noch der Kunde freut, bin ich glücklich«.

»Eine besondere Herausforderung für mich war die Herausgabe eines Harzbuches«, sagt Jürgen Pätzold. »Zunächst war es schön, dass der Verlag die Schönheiten des Harzes vom Bodetal bis zum Brocken darstellen wollte. Schön für mich aber war, dass ich mich so aktiv beteiligen durfte, dabei viele Leute und Firmen kennengelernt habe.«

Hochzeitspaar Fa. Rhode im Lustgarten Wernigerode

TV Film und Foto · Jürgen Pätzold
Karrberg 14 · 38871 Drübeck
Tel. (03 94 52) 27 55 · Fax (03 94 52) 27 55
Mobil (01 60) 99 12 70 40
kontakt@filmundfoto-paetzold.de
www.filmundfoto-paetzold.de

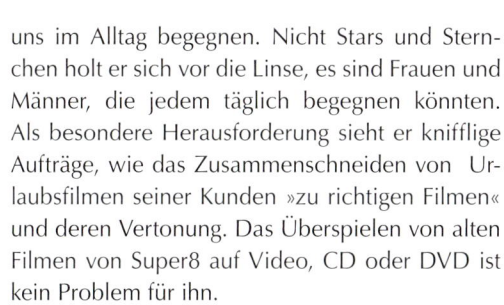

Das Gesangs-Duo »Jürgen & Jutta« auf dem Brocken

Vor den Toren der Stadt

Mit Ökovlies und Maurerkelle

Gestaltete Landschaft – oft nach historischem Vorbild

Als Mechthild und Klaus Berger, die im Rheinland zu Hause sind, durch das Kloster Drübeck streiften, fielen ihnen nicht nur die schön restaurierten Gebäude auf. Sie hatten ihre Freude auch an den bestens gestalteten Wegen und Plätzen. Sie fragten, wer diese Arbeiten erledigt hatte. Auftragnehmer verschiedener Arbeiten war die Harzer Landschafts- und Wegebau GmbH, die im benachbarten Darlingerode zu Hause ist. Die Mitarbeiter dieser Firma pflasterten den Innenhof, gestalteten den Wirtschaftshof und verlegten die Natursteinplatten. Seit Mitte der 90er-Jahre sind die Harzer Landschaftsgestalter in der alten Klosteranlage an den Veränderungen nach historischem Vorbild beteiligt.

Die Firma war im Jahr 1990 mit 19 Mitarbeitern zunächst als forstwirtschaftliches Dienstleistungsunternehmen gegründet worden. Der Landschafts- und Wasserbau sowie der zertifizierte Kanal- und Straßenbau gab weiteren Menschen in der Region Arbeit und damit Brot. Doch damit wollte es Geschäftsführer Klaus Georgi noch nicht bewenden lassen. Die Firma entwickelte innovative Produkte, unter anderem ein europaweit patentiertes Ökovlies zur Wiederherstellung der ökologischen Durchgängigkeit von Fließgewässern. Neben der Planung und Gestaltung einer Vielzahl ansprechender Freiflächen im privaten und öffentlichen Bereich gelten die rekonstruktive Neuanlage des Kurparks von Schierke, die Außenanlagen des Diakonissen-Mutterhau-

Nach historischen Vorlagen wurde der »Nussgang« im Kloster Drübeck erstellt.

Fischtreppe in der Holtemme, gestaltet mit autochthonen Granitsteinen

Blick in den Innenhof der Glasmanufaktur Derenburg mit Wasserfall und Theatron

Bei der Bepflanzung des Innenhofes in der Glasmanufaktur Derenburg

ses Neuvandsburg sowie die Umgestaltung der Glasmanufaktur Derenburg als Beispiele für attraktive Freizeitanlagen. Hohe fachliche Kompetenz und Leistungsstärke hat Harzer Landschafts- und Wegebau auch beim Bau der höchsten Holtemme-Fischtreppe und der beiden längsten Sohlgleiten des Harzes in der Ecker im Raum Abbenrode bewiesen. Der moderne, auch optisch außerordentlich interessante Bahnübergang in Darlingerode einschließlich des barrierefreien Zugangs zu den Gleisen dokumentiert die Leistungsfähigkeit der Firma.

Gartenträume gelebt und Lustgarten verschönert

Mittlerweile zeugen nahezu 70 Kilometer neue Radwege im Harz sowie der Ausbau und die Sanierung von Natursteinmauern von der Vielseitigkeit des mittelständischen Unternehmens.

Auch beim Projekt »Gartenträume« und der Verschönerung des einzigartigen Wernigeröder Lustgartens haben die Mitarbeiter von Harzer Landschafts- und Wegebau ihre Fachkompetenz bewiesen. Das Lustwandeln dort bereitet nun noch mehr Freude. Vielfach bewundert werden auch die von der Darlingeröder Firma rekonstruierten Terrassen des Wernigeröder Schlosses. Nur wenige Besucher des größten Kräutergartens Europas in der Bergstadt Altenau wissen, dass die Nordharzer Landschaftsgestalter auch dort ihre »Spuren« hinterließen.

Harzer Landschafts- und Wegebau GmbH
Oehrenfelder Weg 40 · 38871 Darlingerode
Tel. (0 39 43) 63 33 02 · Fax (0 39 43) 60 11 10 · Mobil (01 75) 5 20 92 58
info@harzer-landschaftsbau.de · www.harzer-landschaftsbau.de

Vor den Toren der Stadt

Magischer Harz
Seit 30 Jahren verzaubert »Mister Lu« seine Gäste

In einem kleinen idyllischen Harzort, in dem die Stapelburg zu Hause ist, wohnt ein Mann namens »Mister LU«. In einem Fachwerkhaus sollten magische Dinge nicht nur lagern, sondern auch durch den Meister zum Leben erweckt werden. Weit über die Landesgrenzen bekannt und geschätzt ist er einer der letzten magischen Entertainer, der mit fünf Tricks für fünf Mark seine Karriere begann.

Wenn er im Harz auf der Bühne steht, gibt es immer etwas Besonderes zu sehen. Wer die Show des »Mister LU« einmal gesehen hat, ist von ihr nicht nur fasziniert, sondern total begeistert. Show, Entertainment und beste Musik vereinen sich in einem Programm der Superlative. Seit mehr als zehn Jahren moderiert er gekonnt das Wernigeröder Rathausfest und zieht mit Wort und Magie die Besucher der schönen und bunten Stadt am Harz in seinen Bann.

Wie viele Zaubertricks er besitzt und beherrscht, weiß sicherlich keiner. Seine Maxime, sich Neues im Programm einfallen zu lassen und dieses gekonnt zu präsentieren, zeigt und beweist sein Können.

So kann es schon einmal sein, dass »Mister LU« bei den Wernigeröder Schlossfestspielen als Akteur in einer Oper von Peter Tschaikowski auftaucht und die Hauptdarstellerin Olga Onegin schweben lässt. Wer mehr auf Action und monumentale Erlebnisse steht, sollte in keinem Jahr den Show- und Aktionsgarten des »Mister LU« zu den jährlichen Talsperrenfesten des Harzes verpassen.

Illusionen gehören zu seinem Leben.

Sein Markenzeichen: die schwebende Jungfrau

Selbst in Las Vegas gern gesehen

2009, zum 50. Jubiläum der Rappbodetalsperre, will er sich wie 2004 von der 106 Meter hohen Staumauer stürzen. Lebensmüde? »Nein«, lacht »Mister LU«. Schließlich ist er ein Mann, der sicherlich damit Mut beweist, aber ganz gezielt mit den Vorstellungen und Emotionen seiner Betrachter spielt.

Solche Emotionen erwachen auch, wenn man als Showgast »Mister LU« in der Baumannshöhle in Rübeland erleben darf. Der Goethesaal, eine Naturbühne mit bizarrem Licht, Tropfsteinen und einem unterirdischem See, ist die ideale Kulisse für einen Magier seines Formats und immer einen Besuch wert, wenn man im Harz unterwegs oder zu Besuch ist.

Wer sich darauf einlassen mag, der gehe mit »Mister LU« auf Shopping-Tour in einem großen Einkaufscenter, erlebe ihn in der bunten Zauberwelt des Varieté oder fliegt am besten gleich mit ihm nach Las Vegas in die Stadt der Magier und Zauberer, wo er immer wieder zu Gast ist. Harzmagier »Mister LU« macht seine Gäste neugierig und verzaubert sie im wahrsten Sinne des Wortes.

»Mister LU« · Magic – Show – Illusionen
Schützenstraße 27 · 38871 Stapelburg
Tour-Tel. (01 72) 3 19 97 99
www.misterlu.de

Stilvoll speisen am Forellensee

In der exklusivsten Feinschmeckerküche Sachsen-Anhalts

Das Relais & Châteaux Landhaus »Zu den Rothen Forellen« bietet anspruchsvollen Gästen einen behaglich-luxuriösen Aufenthalt. Das historische Fachwerkensemble befindet sich direkt am Forellensee und öffnet sich von einer Seite dem Marktplatz von Ilsenburg.

Ab 1574 als Junkerhof erbaut, 1804 als »Landhaus« eingerichtet und 190 Jahre später aufwändig saniert und erweitert, gehört es seit Juni 2002 der international renommierten Hotelvereinigung »Relais & Châteaux« an.

Das Fünf-Sterne-Hotel verfügt über 52 Zimmer, die einen wundervollen Blick auf die von Fürsten, Dichtern und Komponisten bewunderte Landschaft des Ilsetals im Nationalpark Hochharz eröffnen. Der ausgedehnte Wellness- und Beautybereich sowie die Tagungsmöglichkeiten bieten ein breites Angebot für individuell verschiedenste Bedürfnisse.

Im lichtdurchfluteten Restaurant »Wintergarten« mit einem Panorama über den Park und den See auf die Harzlandschaft ist der Gast zu jeder Jahreszeit dem Himmel ein Stück näher. Im Sommer lädt die Terrasse mit 110 Plätzen zum Verweilen und Tafeln ein. Das feine und kleine Highlight der Gastronomie stellt das Gourmetrestaurant »Forellenstube« dar. Mit nur 30 Sitzplätzen erfüllen sich hier seit Juni 2004 für eine exklusive Klientel höchste Ansprüche an Küche und Kellerei. Die Feinschmeckerküche der Forellenstube gilt als die exklusivste in Sachsen-Anhalt. Von Gault-Millau wurde sie mit 15 von 20 Punkten ausgezeichnet und erhielt 2005, 2006 und 2007 einen Michelinstern. Seit Dezember 2007 kreiert Jörg Behrend als Maître de Cuisine die kulinarischen Genüsse und Spezialitäten des Hauses. Jörg Behrend bekennt sich zur französischen Küche und verwöhnt seine Gäste mit kreativen Ideen und seiner aromastarken, mediterranen Kräuterküche mit regionalen Einflüssen.

Jörg Behrend,
Chef de Cuisine

Relais & Châteaux Landhaus
»Zu den Rothen Forellen«
Marktplatz 2 · 38871 Ilsenburg
Tel. (03 94 52) 93 93 · Fax (03 94 52) 93 99
info@rotheforelle.de · www.rotheforelle.de

Vor den Toren der Stadt

Vergnügen am Geschmack empfinden

Trimalchios Fest – Tafeln wie am Hofe Ludwigs XIV.

Das Trimalchio-Fest, das der Ilsenburger Hotelier Uwe Helms seinen Gästen kreiert und mit dem er so alte Traditionen hervorragenden Essens bewahrt, ist die Entwicklung des Geschmacks und Erlebens. Dieses Essen ist ein Fest der Sinne. Dessen Wurzeln sind in der Zeit des Dreißigjährigen Krieges zu finden.

Während der Kriegswirren des 17. Jahrhunderts war für wenige Wohlhabende das Speisen ein Genießen. Dieses Erleben war nur den Höhergestellten vorbehalten. In dieser unruhigen Zeit lebte Nikolaus Priment. Dessen einziges Tun war das Vergnügen am Geschmack zu empfinden, gleich was er kochte, ob Pferdewurst, Rinderbrühe oder Lachsterrine, Stangenspargel, Selleriecreme oder Blumenkohlröschen, ob Kaffee oder Rote Grütze oder Marzipan.

Aus Teig gebackenen Pfaueneiern und andere wundersamen Dinge wurden dem antiken Koch Trimalchio zugeschrieben. Erzählt wurde von einem gebratenen Eber, aus dem, als er angeschnitten wurde, lebende Vögel herausflatterten. Vier Faunsfiguren hielten Weinschläuche, aus denen gepfefferte Brühe in eine Schale mit Fischen floss, gebratene Hasen mit Flügeln stellten Pegasus dar, und alles wurde auf silbernen Tellern und Schalen gereicht, in denen der Name des Kochs Trimalchio eingraviert war. Der junge Nikolaus Pirment, geboren in den Wirren des Dreißigjährigen Krieges, war ein begnadeter Koch. Von Regensburg über München führte ihn sein Weg bis an den Hof Ludwigs XIV. Dort will er seinen Lebenstraum verwirklichen, ein rauschendes Fest der Sinne kreieren, das jenen des antiken Kochs Trimalchio ebenbürtig war.

Speisen zum Genießen werden lassen

Der Ilsenburger Uwe Helms, Hotelier vom »Stadt Stolberg«, erfüllt diesen Traum nun seinen Gästen, die inzwischen auch von weit her kommen, um das Speisen zum Genießen werden zu lassen. Es ist ein Fest der Sinne, das man gern in Gruppen feiert, ob zum Familienjubiläum, der Betriebs- oder Vereinsfeier.

Beim Trimalchio wird ein kalt-warmes Essen gereicht, wobei die Gerichte auf der festlich gedeckten Tafel stehen und vom Gast selbst genommen werden. Es umfasst Schinken, Braten, Suppe, warme Überraschungen, Salate und Desserts in verschiedenen Geschmacksrichtungen. Wer von auswärts kommt, lukullische Genüsse mit dem Wandern verbinden möchte, kann zusätzlich das Heine-Wander-Angebot buchen: 13 Kilometer lang ist der Weg vom Hotel zum Brocken. Der Genießer der Harzluft denkt dabei möglicherweise an Heinrich Heine, der 1824 während seiner Harzreise nach Ilsenburg ging, und freut sich vielleicht schon auf das für den Abend vorbestellte Trimalchio-Mahl.

Ansicht Hotel Stadt Stolberg in Ilsenburg

Die Tafel ist gedeckt. Es ist alles vorbereitet für Trimalchios Fest.

Hotel Stadt Stolberg
Faktoreistraße 5 · 38871 Ilsenburg
Tel. (03 94 52) 95 10 · Fax (03 94 52) 9 51 55
stadt.stolberg@online.de

Vor den Toren der Stadt

Silbern glänzen die Karpfen – ein ergiebiger Fischzug

Die Fischer von Veckenstedt, Hochwasserfluten und Weihnachtskarpfen

Von Hans Walter

Im Spätherbst herrscht Hochbetrieb in der Teichwirtschaft Veckenstedt, die fast 40 Hektar Wasserfläche bewirtschaftet. Lachs- und Regenbogenforelle, Zander, Hecht, Barsch, Stör und vor allem Karpfen sind zu Weihnachten und Silvester besonders gefragt.

Karpfen sind die ältesten schwimmenden Haustiere des Menschen. In Europa verbreiteten sie sich mit dem Christentum. Verständlich, dass die Karpfen zu vielen christlichen Festtagen, allen voran zu Weihnachten, als Feiertagsessen auf den Tisch kommen.

Die Fischer, ihre Familien und ihre unermüdlichen Helfer aus dem Dorf stehen jetzt noch früher auf als sonst. Um drei Uhr ist die Nacht vorbei. Tausende Karpfen täglich müssen aus dem Hälterbecken gezogen und geschlachtet werden. Nach der delikaten frischen und geräucherten Ware stehen die Kunden schon morgens ab sieben Uhr Schlange. Bis 18 Uhr ist geöffnet. Wenn's gut geht, fallen die Männer dann abends zur Tagesthemen-Zeit ins Bett – müde, abgearbeitet und ohne Lust auf Fernsehbilder. Sie haben ihr eigenes Tagesthema. Am Heiligabend sehen sie sich schon wieder gleich nach der Bescherung einschlafen. Die harte Arbeit fordert ihren Tribut.

Was kommt eigentlich in den Familien der Fischer zu den Feiertagen auf den Tisch? Auf keinen Fall Fisch! Verständlich. Schließlich haben sie selbst Heiligabend und Silvester bis 14 Uhr mit dem Verkauf der silbrigen Fischflut ihr Tun. Irgendwann mag man da kein Schuppentier mehr sehen. Lediglich an drei Tagen im Jahr gönnen sie sich Ruhe. Nur am ersten und zweiten Weihnachtstag sowie am Neujahrstag bleibt der Laden geschlossen – sonst geht's an 362 Tagen im Jahr rund.

Mönche waren erste Fischer

Die Fischer züchten und verkaufen nicht nur Fisch. Sie sehen sich in einer Jahrtausende alten Kulturtradition. Die ersten Mönche waren zugleich die ersten Fischer. In der Ilse, im Rammelsbach, in der Bode und den anderen Harzflüssen fingen sie Fische. Abgegrenzte Wasserlöcher dienten ihnen als Vorratskammer für den zugeschwommenen natürlichen Reichtum. Beim Abfischen bemerkten sie dann später, dass sich ihr Fang vermehrt hatte. So entstand die Zucht. In unserem Fall legten die Mönche des Ilsenburger Klosters im Sumpfgebiet der Ilse zwischen Ilsenburg und Veckenstedt die ersten Teiche an. Das war vermutlich schon lange vor der ersten urkundlichen Erwähnung 1460.

In der Gegenwart ist die Veckenstedter Teichwirtschaft mit rund 20 Tonnen der größte Karpfenproduzent Sachsen-Anhalts. Dazu kommen jährlich 60 bis 70 Tonnen Forellen und zwischen drei und

Ruhe und Beschaulichkeit finden Sie an den Fischteichen von Veckenstedt.

Abfischung der Weihnachts- und Silvesterkarpfen

Vor den Toren der Stadt

Idylle am Großteich

fünf Tonnen sonstiger Fische. Doch mit selbstironischem Lächeln relativieren die Fischer den Superlativ der größten Karpfenproduktion. »Verglichen mit den Peitzer und den Dresdner Karpfenteichen oder den Anlagen in Bayern sind wir ein Bonsai-Unternehmen! Sachsen-Anhalt wurde eben in der Reformationszeit protestantisch.«

Und was hat das mit der Größe der Teiche zu tun? In den katholischen Gegenden waren die Fastenregeln sehr streng. Sie wurden auch strikt eingehalten. Also kam dem Fisch eine besondere Geltung in der Küche zu. Größere Nachfrage führte zur Anlage größerer Zuchtteiche. Im Mittelalter war sogar der Biber als Fastenspeise zugelassen. Man vermutete aufgrund seiner Lebensweise, der Biber wäre ein Fisch.

Der weite Blick auf den Beruf des Fischers ermöglicht zugleich einen Einblick in die Entwicklung der Esskultur. Das fachliche Wissen und die Freude am Gespräch wirkt auf die Kunden anregend-einladend. Der Einkauf vor Ort an den Veckenstedter Teichen mit der frischen Ware ist eben etwas ganz anderes als der Griff in die Supermarkt-Tiefkühltruhe.

»Fisch geht nach wie vor, auch wenn die neue Bundesstraße 6 gebaut wurde. Viele, die auf der B 6n vorbeibrausen und die Teiche sehen, fahren ab und suchen regelrecht nach einer Möglichkeit, frischen Fisch zu kaufen. So kommen viele Menschen erstmals und oft werden sie zu Stammkunden.«

Die Einzelkunden schließlich sind enorm wichtig, denn im Alltag zerlegt sich die tonnenschwere Gesamtfangmenge meist immer wieder in die Familien-Kiloportion. Die Einzelkunden bringen den Hauptumsatz, so erfreulich die größeren Posten und stetig steigenden Lieferungen an Händler und Gastronomen auch sein mögen. Hier setzen namhafte Hotels und Restaurants wie die »Rothen Forellen« in Ilsenburg, der »Braunschweiger Hof« in Bad Harzburg und das Hotel »Kaiserworth« in Goslar ebenso auf geräucherte oder fangfrische Veckenstedter Genüsse wie viele Händler auf den Weihnachtsmärkten von Wernigerode, Halberstadt, Goslar und Braunschweig.

Der Karpfen und sein Aufstieg mit dem Christentum. Das Weihnachtsfest und die Nächstenliebe der Tat. Das Leben in und mit der Natur,

Ein erholsamer Sonntag auf dem Fischerhof

Verführerisch duftende Forellen und Karpfen aus dem Räucherofen

Unser Hofladen, täglich ein großes Sortiment an Frisch- und Räucherfisch aus eigener Produktion

die Verantwortung für die Schöpfung wie für den Menschen. Da mag einer kommen und Fisch kaufen wollen – und auf einmal bekommt er in Veckenstedt die haltbare Philosophie der Fischer mit auf den Weg. Keine schlechte Zugabe und zudem kostenlos!

> Teichwirtschaft Veckenstedt
> Bernd Alisch · Diethard Trick
> 38871 Veckenstedt
> Tel. (03 94 52) 92 43
> Fax (03 94 52) 9 99 21

Vor den Toren der Stadt

Es schnattert »gans harzlich«

Was zu Martini auf den Tisch kommt, wächst lange heran

Die Landi GmbH Veckenstedt ist ein Tochterunternehmen der Agrar GmbH Veckenstedt. Landi steht dabei für Landwirtschaft und Dienstleistung.

Hier werden zum überwiegenden Teil Erzeugnisse aus der Agrar GmbH vermarktet. Nur 10 Kilometer von Wernigerode entfernt, betreibt sie einen gemischt-landwirtschaftlichen Betrieb. Neben dem Feldbau auf rund 1300 Hektar Ackerland wurde sich vor 30 Jahren auf die Aufzucht von Geflügel spezialisiert. In den acht Geflügelaufzuchtställen wachsen 150 000 Junghennen in Bodenhaltung vom Küken bis zur 20 Wochen alten Legehenne auf.

Das wichtigste Tier der Direktvermarktung ist jedoch die Gans. Auf 30 Hektar Wiesen ziehen die Landwirte jedes Jahr 6500 bis 8000 Gänse auf und mästen diese dann zu Martini und Weihnachten. Neben den Gänsen halten die Mitarbeiter der Agrar GmbH Veckenstedt auch noch Flugenten und Flugerpel.

Gehalten werden die Gänse, zertifiziert nach den Kriterien der bäuerlichen Freilandhaltung, 22 bis 26 Wochen, bis sie zu Martini bzw. Weihnachten geschlachtet werden. Dies ist die traditionelle Gänsehaltung. Durch das langsame Heranwachsen, eine Schnellmastgans aus dem Supermarkt wird lediglich neun oder 16 Wochen alt, erreichen die Gänse die bestmögliche Fleischqualität und einen besonders arttypischen Geschmack.

Ein wichtiger Faktor für den Geschmack und die Fleischqualität ist auch die Fütterung. Auf 30 Hektar Grünland, wo die Gänse unbegrenzten Auslauf haben, können sie sich von Grünfutter ernähren. Zusätzlich füttern die Mitarbeiter den Gänsen zu 80 Prozent hofeigenes Getreide wie Gerste und Weizen. Schließlich werden die Gänse sehr schonend geschlachtet. Alle Gänse werden in einer EG-Bio-Schlachterei trocken gerupft. Dies ist das hygienischste Verfahren, welches sich nicht auf die Haltbarkeit des Schlachtkörpers auswirkt.

Fleckvieh mit Spitzenfleischqualität

Die restlichen 155 Hektar Grünland bieten Platz für die Mutterkuhhaltung mit 70 Rindern der Fleischrinderrasse Fleckvieh. Die Mutterkühe säugen dabei ihr eigenes Kalb bis zum Absetzen. Von Mai bis September werden die Tiere auf der Weide gehalten, nur die Wintermonate verbringen die Rinder im Stall auf Stroh. Durch das Grünfutter und die ständige Bewegung auf der Weide wie im Stall haben diese Rinder eine hervorragende Fleischqualität.

Zur direkten Vermarktung der Produkte gibt es seit Juli 2000 einen Hofladen. Hier erhalten Kunden neben den Geflügel- und Rindfleischprodukten Wurstwaren nach Hausschlachteart, die die eigene Fleischerei herstellt. Weiterhin liefern Jäger aus der Region Wild. Je nach Saison verkauft Landi frisches oder tiefgefrorenes Wildfleisch vom Schwarzwild über Rehwild, Rotwild, Damwild bis zum Feldhasen. Für den Wildschinken, die Wildbratwurst und den Gänseschinken darf die Landi GmbH Veckenstedt das Warenzeichen »Typisch Harz« verwenden.

Landi GmbH Veckenstedt
Stapelburger Straße 12 · 38871 Veckenstedt
Tel. (03 94 51) 8 73 · Fax (03 94 51) 53 93
www.landi-veckenstedt.de/

Fleischrinder im Bruch hinter den Veckenstedter Teichen

Zwei Tage alte Gössel

Gänseaustrieb

Vor den Toren der Stadt

Kompetenter Partner der Landwirtschaft

GPS-gesteuert auf den Feldern düngen

Am östlichen Ende des idyllischen Vorharzdorfes Heudeber befindet sich die Agroservice Landhandel GmbH. Seit mehr als 30 Jahren ist der Betrieb hier ansässig, zuerst als Agrochemisches Zentrum, seit 1990 als Agroservice Landhandel GmbH. Aber die Firma handelt nicht etwa mit Land, sondern sie ist kompetenter Partner im Dienste der Landwirtschaft, des Landhandels, aber auch des Brennstoff- und Baustoffhandels, Partner für Schüttguttransporte und andere Dienstleistungen. Ob Kunden nur etwas Dünger für ihren Kleingarten benötigen, Kohlen oder Sand – bei der Agroservice Landhandel GmbH Heudeber sind sie richtig.

Die Firma beschäftigt 33 Mitarbeiter in den Bereichen Handel und Transport. In den Herbstmonaten, wenn die Auftragslage besonders gut ist, wird das Team durch saisonbedingte Arbeitskräfte verstärkt. Die moderne Landhandel-Fahrzeugflotte besteht aus Sattelzügen, Gliederzügen und natürlich aus kleineren Fahrzeugen. Beladen werden die Fahrzeuge mit modernen Kränen und Radladern. Das Unternehmen wendet sich sowohl an andere Firmen, aber auch an den heimischen Häuslebauer. Auf den Baustellen unterstützen die Mitarbeiter die Bauwilligen, indem sie für sie baggern, Sand oder Kies anliefern sowie Aushub an- und abtransportieren.

Kleingärtner wie Landwirte gut beraten

Überwiegend handelt die Agroservice Landhandel GmbH mit Dünge- und Pflanzenschutzmitteln, Saatgut und Getreide. Dazu transportiert die Fahrzeugflotte alles, was in der Landwirtschaft gehandelt wird. Dazu zählen Getreide und Rüben ebenso wie feste und flüssige Düngemittel, Baustoffe, feste Brennstoffe und auf Anfrage noch mehr. Moderne GPS-Technik in den Fahrzeugen ermöglicht eine ökologisch und ökonomisch sinnvolle nährstoffbezogene Düngung der landwirtschaftlichen Flächen. Die Kunden der Agroservice Landhandel GmbH, Landwirte, Baubetriebe, Einzelhändler und jeder Kleinkunde, werden von den Fachleuten jederzeit fachlich kompetent und persönlich gut beraten. Dabei macht das Team des Unternehmens keinen Unterschied, ob der Kunde Unternehmer, Landwirt oder Kleingärtner ist.

Verwaltungsgebäude mit Waage

Sattelzugmaschine mit Sattelauflieger für Getreidetransporte

Unser Werkstattwagen

Düngerstreuer, ausgestattet mit GPS zur teilflächenbezogenen Düngung

Winterdienstfahrzeug (Drei-Achser mit Allrad, Seitenräumer und Salzstreuer)

Sattelzugmaschine mit Tankauflieger für Transport von Flüssigdünger an unserer Betriebstankstelle

Agroservice Landhandel GmbH Heudeber
38855 Heudeber · Tel. (03 94 58) 2 06
info@agroservice-landhandel.de
agroheudeber@t-online.de
www.agroservice-landhandel.de

Vor den Toren der Stadt

Abfall wird zu Strom

Abfallwirtschaft Nordharz bietet Entsorgungsdienstleistungen für den Harzkreis

Die Abfallwirtschaft Nordharz GmbH ist ein mittelständisches Unternehmen, das viele Dienstleistungen rund um das Sammeln, Sortieren, Behandeln und Verwerten von Abfällen bietet. Durch die Abfalltrennung können heutzutage fast alle Stoffe wieder- oder weiterverwertet werden - und die Bedeutung des Recyclings wird in Zukunft weiter zunehmen, um natürliche Ressourcen zu schonen. Für private und gewerbliche Kunden ist die Abfallwirtschaft Nordharz ein verlässlicher Partner bei der fachgerechten und umweltbewussten Entsorgung im Sinne einer Kreislaufwirtschaft.

Die Tochtergesellschaft Nordharz Entsorgung holt Wertstoffe wie zum Beispiel, Pappe, Papier und Kartonagen sowie den Restmüll direkt bei den Bürgern vor Ort ab. Zu den Recyclinghöfen in Halberstadt, Quedlinburg und Reddeber kann jeder selbst Pappe und Kartonagen, Grünschnitt, Holz, Baustellenabfälle und Bauschutt sowie Verpackungen in Gelben Säcken und andere Abfälle hinbringen. Wenn mal mehr Abfälle anfallen, bietet die Abfallwirtschaft Nordharz für Privatperso-

75 Fahrzeuge mit dem rot-weißen Logo sind täglich im Harzkreis unterwegs, um Wert- und Reststoffe abzuholen.

140 Mitarbeiter und sechs Auszubildende sorgen dafür, dass Abfälle effektiv und umweltgerecht entsorgt werden.

nen und Unternehmen einen Containerdienst mit unterschiedlichen Sammelsystemen an.

In Reddeber betreibt die Abfallwirtschaft Nordharz eine Sortieranlage für Wertstoffe mit dem Grünen Punkt, wo die Materialien maschinell und manuell getrennt werden. Sortenrein können aus diesen Wertstoffen wie Papier, Metall und Kunst-

Am Standort Reddeber werden Wertstoffe gesammelt und aufbereitet.

stoffen neue Produkte hergestellt werden. Ebenso werden auf dem Betriebshof Glas, Bauschutt und Altholz für eine Weiterverarbeitung gesammelt und teilweise schon aufbereitet. Alle anderen Abfälle, die sogenannten Reststoffe, werden zu einer Abfallverbrennungsanlage transportiert, die daraus Strom erzeugt.

Nach der Wende hatte der Landkreis Wernigerode 1990 die Stadtwirtschaft Wernigerode von der Treuhand übernommen und 1991 zusammen mit der RETHMANN-Gruppe als fachkundigem Partner ein Gemeinschaftsunternehmen gegründet. An diesem Public-Private-Partnership hält der Landkreis Harz heute 33 Prozent der Anteile und die REMONDIS Entsorgungswirtschaft ist mit 67 Prozent beteiligt. Nach der Fusion mit der Abfallwirtschaft Quedlinburg erhielt das Unternehmen 1996 den Namen Abfallwirtschaft Nordharz.

ABFALLWIRTSCHAFT Nordharz

Abfallwirtschaft Nordharz GmbH
Brockenblick 1 · 38855 Reddeber
Tel. (0 39 43) 5 60 70
Fax (0 39 43) 2 10 90
www.abfallwirtschaft-nordharz.de

Vor den Toren der Stadt

Zwischen Saurem Brunnen, Grünem Band und Kellersberg

Bürger eng mit den Sitten und Gebräuchen verbunden

Im landschaftlich reizvollen nördlichen Harzvorland zwischen Harz, Huy und Fallstein gelegen, bietet die Verwaltungsgemeinschaft Nordharz, bestehend aus den Gemeinden Abbenrode, Heudeber, Langeln, Reddeber, Schmatzfeld, Stapelburg, Veckenstedt und Wasserleben sowie der Stadt Derenburg vielseitige Möglichkeiten zum Leben, Wohnen, Arbeiten und Erholen.

Die eindrucksvollen Landschaftspotenziale der Region sowie wirtschaftliche und kulturelle Traditionen werden hier genutzt, um die traditionelle Landwirtschaft zunehmend mit naturverbundenem kulturbezogenen Tourismus zu verbinden. Erste Schritte wurden mit der Umsetzung eines Radwegekonzepts entlang des Grünen Bandes gemacht. Sechs Themenrouten führen an Fließgewässern, Höhenzügen, Aussichtspunkten und den Nordharz-Orten mit ihren gut erhaltenen

Schützenumzug in Abbenrode (Foto: Weihe)

Blick von der Burgruine Stapelburg ins Eckertal

Ilsestrandbad Wasserleben

Blick von der historischen Linde auf dem Burgberg Stapelburg zum Brocken

historischen Ortsbildern auf ausgebauten Wirtschaftswegen entlang. Nicht nur für Radfahrer ist neben diesem ehemaligen Grenzstreifen der direkt angrenzende Nationalpark Harz ein unvergessliches Naturerlebnis.

Historische Einblicke und unvergleichliche Aussichten

Die sagenumwobene Burgruine Stapelburg, der 256 Meter hohe Saßberg mit unverbautem 360-Grad Panoramablick, der Saure Brunnen, welchen die Gemeinde Heudeber im Wappen führt, oder der Kellersberg in Langeln garantieren historische Einblicke und unvergleichliche Aussichten auf das Vorharzgebiet und den Brocken.

Traditionell sind die Bewohner gerade im Harzvorland sehr eng mit ihrer Heimat, den Sitten und Gebräuchen verbunden. Jeder, der hier einmal ein Schützenfest besucht hat, wird von der Jahrhunderte alten Schützentradition beeindruckt sein.

Eine Vielzahl gut besuchter Veranstaltungen das ganze Jahr hindurch, wie das Erntedankfest auf der Domäne Wasserleben mit Schaudreschen und -schroten, die Landweihnacht, der Mühlentag zu Pfingsten in Abbenrode, das Burgfest im August in Stapelburg oder das Teichfest in Veckenstedt am 1. Septembersonntag zeigen, dass die Nordharzer zünftig zu feiern verstehen.

Wer mehr erfahren will, kann sich in den Heimatstuben Abbenrode, Langeln, Stapelburg, Veckenstedt und Derenburg über die verschiedensten Zeugnisse der wechselvollen Geschichte des Nordharzes informieren. Aus der Fülle empfeh-

Gänseaufzucht in Veckenstedt (Foto: Hein)

lenswerter Freizeitaktivitäten seien hier nur der Besuch des Glaswerks Derenburg mit seinem bemerkenswerten Spielplatz, ein Abstecher in die Freibäder Derenburg und Wasserleben, Hubschrauberrundflüge von Abbenrode aus sowie Angeln an der Teichwirtschaft Veckenstedt genannt. Letztere bietet leckeren, frisch geräucherten Fisch und vieles mehr direkt vom Teichwirt an.

Gleichermaßen sehenswert sind der Mühlenwanderweg in Abbenrode oder die ständige Ausstellung historischer Landtechnik in Wasserleben.

Zum vielfältigen musikalischen Angebot zählen der Spielmannszug Reddeber, die Peitschenknaller aus Heudeber, die Blaskapellen Heudeber und Langeln, Konrad der Spielmann oder der Frauenchor Veckenstedt, die weit über die Grenzen des Harzvorlandes hinaus bekannt sind. Zahlreiche Konzerte in der Region finden unter anderem auch in der von Schinkel entworfenen Kirche in Heudeber statt.

Verwaltungsgemeinschaft Nordharz
Straße der Technik 4 · 38871 Veckenstedt
Tel. (03 94 51) 60 00 · Fax (03 94 51) 6 00 50
info@vg-nordharz.de · www.vg-nordharz.de

Frisches aus Feld, Garten und Stall

Harzer Bauernmarkt – der größte in der Nordharzregion

Der Harz ist nicht nur ein beeindruckendes Gebirge, er hat auch eine ganz spezielle Landwirtschaft mit besonderen Produkten aus Feld, Flur, Garten und Stall. Diese Produkte werden jeden Samstag auf dem Harzer Bauernmarkt in Derenburg von den Direktvermarktern angeboten. Ob für den wöchentlichen Familieneinkauf oder als kulinarisches Souvenir aus dem Harz, für jeden Kunden findet sich etwas auf unserem Harzer Bauernmarkt. Der Harzer Bauernmarkt besteht seit April 2003 und hat seither eine erfolgreiche Entwicklung zu verzeichnen. Getragen durch einen eingetragenen Verein, versammeln sich von März bis Dezember jeden Samstag 15 bis 20 Regionalvermarkter aus der Region, aber auch aus der Börde, aus Anhalt und dem Mansfelder Land, um ihre frischen Produkte bei einem informierenden Gespräch und einer Verkostung an die zahlreichen Kunden zu verkaufen.

Die Frische der Produkte, ihr regionaler Geschmack und das gute Preis-Leistungs-Verhältnis tragen dazu bei, dass ein ständig zunehmender Kundenstamm dafür sorgt, dass der erwirtschaftete Mehrwert in der Region bleibt und den kleinen Betrieben ein zusätzliches wirtschaftliches Standbein gibt.

Regional hat Zukunft im Harz

Dabei hat er seine Ursprünglichkeit erhalten und ist kein auf ländlich gestylter Supermarkt geworden. Super sind aber die Produkte in ihrer Frische, ihrem Geschmack und ihrer regionalen Eigenheit.

Die stets freundlichen und redseligen Direktvermarkter bieten Ihnen frisches Obst und Gemüse der Saison, Fleisch- und Wurstwaren nach Hausschlachteart und ein besonderes Angebot an Geflügel und Wild, Wurstspezialitäten vom Roten Harzer Höhenvieh, Käsespezialitäten von Kuh, Schaf und Ziege, deftiges Landbrot und Obstkuchen, Säfte und Wein, Honig und Honigerzeugnisse und auch einige kunstgewerbliche Erzeugnisse. Auch Pflanzen, Blumen und Stauden sind entsprechend der Jahreszeit zu haben. Im Frühjahr und Herbst ist zusätzlich biologisch angebautes Obst und Gemüse im Angebot.

Der Harzer Bauernmarkt liegt verkehrsgünstig in Derenburg an der Hauptstraße wettergeschützt in zwei Hallen. Von März bis Dezember freuen sich alle Direktvermarkter auf Ihren Besuch mit Informationen, Verkostung und hoffentlich rundum zufriedenen Kunden.

Fachkundige Beratung beim Kauf von Bio-Produkten

Marktadresse: Harzer Bauernmarkt
Wernigeröder Straße 54 · 38895 Derenburg
Tel. (0 39 43) 69 59 17

Kontaktadresse: Harzer Bauernmarkt e. V.
Sandbrink 18 · 38855 Wernigerode
Tel/Fax (0 39 43) 69 59 17 · Mobil (01 60) 8 33 69 41
gaertnerei-bergfeld@t-online.de

Vor den Toren der Stadt

Kochs Paletten sind in Deutschland unterwegs

Immer ein Ohr für Kundenwünsche

Einst war Heinz Koch im Forst tätig und reparierte bei Regenwetter Paletten. Im Wendejahr entstand der Gedanke, eine eigene Firma aus der Taufe zu heben, die sich ganz dem Palettenbau widmet. Am 1. Mai 1990 gründete er mit seiner Frau Babett die Firma Palettenbau Koch. Er reparierte zu Hause Europaletten und fuhr mit Trabbi und Hänger immer zehn Stück aus. Heute stehen Sattelzüge auf dem Firmengelände an der Straße nach Wernigerode und acht Beschäftigte finden bei Palettenbau Koch Lohn und Brot.

300 Kilometer im Umkreis werden Koch's Paletten ausgeliefert. Umschlagzahlen von 300 000 Stück im Jahr können sich schon sehen lassen.

Das Unternehmen gehört der Gütegemeinschaft Paletten e. V. an, die ein eingetragener rechtsfähiger Verein ist, der mit der Qualitätssicherung von Europaletten und Eurogitterboxen beauftragt wurde und als Ansprechpartner der Wirtschaft für Güte gesicherte Europaletten und Eurogitterboxen agiert.

Das in Europa funktionierende freie Palettentauschsystem soll in den nächsten Jahren weltweit sowohl mit der Europalette als auch mit neuen Palettentypen ausgedehnt werden. Palettenbau-Koch hat ständig Europaletten auf Lager und bietet den preisgünstigen Umtausch defekter Paletten an. Zudem kauft das Unternehmen Lager-Europaletten an. »Weiteren individuellen Kundenwünschen stehen wir offen gegenüber«, meinen die Unternehmensgründer.

Firmengebäude

Alte Paletten aufgemöbelt

Um den Ansprüchen der Kunden aus der Logistikbranche gerecht zu werden, richtete Palettenbau-Koch eine Reparatur-Taktstraße für Europaletten ein. Stolz sind Koch's darauf, dass die Reparaturqualität durch Automatisierung auf höchstem Niveau gehalten wird. »Wir verfügen über Reparaturplätze mit Brennstation, Eckstation und automatische Palettenstapelung. So können wir in Stoßzeiten eine Reparaturleistung von 2400 Europaletten pro Tag erreichen.«

Verladung von Europaletten

Palettenbau-Koch
Inhaber: Heinz Koch
Schlossstraße 28 · 38895 Derenburg

Werk
Wernigeröder Straße 62
Tel. (03 94 53) 5 05 93 · Fax (0 394 53) 6 36 32
Mobil (01 77) 4 24 14 27
palettenbau.koch@t-online.de

Vor den Toren der Stadt

Sachsen-Anhalts kleinster Saftladen
Ein Familienunternehmen überlebte ohne Verstaatlichung

Ein dunkles Kapitel

Fast wie früher

Schlange 2002

Es war so gegen 1937, als Elfriede Nehrkorn, die Großmutter des heutigen Chefs, die Idee hatte, selber Obst zu verarbeiten.

Die Großeltern waren frisch verheiratet, hatten Hals über Kopf ein Haus gekauft und mussten irgendwie an Geld kommen, um ihre Schulden zu bezahlen. Auf der Landwirtschaftsschule hatte sie unter anderem das Einkochen gelernt und dort auch von eingekochtem Apfelsaft probiert.

Irgendwann später gab das dann den Ausschlag. Mit viel Mühe, unendlich viel Enthusiasmus und harter Arbeit legten Großmutter und Großvater den Grundstein für den heutigen Betrieb. Im Laufe der Zeit entwickelte sich die »Nachbarschaftshilfe« zu einer Existenzgrundlage. Es gab in den Nachbarorten einige Obstannahmestellen und ein Dreirad wurde angeschafft, sodass der Großvater seine Elle, er war eigentlich Schneidermeister, an den Nagel hing und sich ganz der Mosterei widmete. Die Technik wurde verbessert und erleichterte die schwere körperliche Arbeit.

Später übernahm Hans-Herrmann Nehrkorn, erster gelernter Süßmoster und Meister seines Fachs, gemeinsam mit seiner Frau den kleinen Betrieb und sie machten ihn zu dem, was er heute ist. Sein Erfindungsreichtum gepaart mit technischem Können trugen dazu bei, dass die Arbeit leichter und effektiver wurde. Der Sozialismus kam und ging wieder, die Mosterei hat ihn ohne Verstaatlichung überstanden. Jetzt hat die dritte Generation den Betrieb übernommen, um ihn im Sinne seiner Gründerin weiterzuführen.

Natur kommt in die Flasche

Sachsen-Anhalts wohl kleinster »Saftladen« fühlt sich der Tradition verpflichtet und versucht mit modernerer Technik als damals eine hohe Qualität zu liefern. Nach wie vor bringen Obstbaumbesitzer das Obst und können dafür aus einer breiten Palette an Säften und Weinen wählen. Selbstverständlich kann auch jedes Produkt im Hofladen verkostet werden.

Natürlich – das ist kein Schlagwort, sondern gelebte Philosophie. Deshalb verzichtet die Mosterei gänzlich auf Konservierungsstoffe und Produkte aus Genmanipulation. Deshalb auch unterstützen die Besitzer Erzeuger von ökologischem Obst und sind ökologisch zertifizierter Verarbeiter.

Einen besonderen Service bietet die Mosterei zusätzlich: Bei Mengen ab zwei Tonnen kann der Erzeuger den Saft von seinem eigenen Obst bekommen.

Am 4. Juli 2004 entstand durch Brandstiftung ein Großbrand, der etwa die Hälfte des kleinen Betriebes vernichtete. Mit viel Hilfe von Kollegen, Freunden, Bekannten und auch Institutionen gelang ohne Unterstützung durch die Versicherung ein Neuanfang.

Mosterei Nehrkorn GBR
Mulmkerweg 9 · 38855 Heudeber
Tel. (03 94 58) 2 13
Fax (03 94 58) 36 79
bnehr@mosterei.info · www.mosterei.com

Die ersten Fässer  *Flaschen waschen*  *Viel Handarbeit*  *Schlange 1962*

Vor den Toren der Stadt

Mit ganzheitlichem Ansatz

Patienten genießen angenehme Atmosphäre

Den Weg zum Zahnarzt betrachten viele Patienten als eine besonders schwere Strecke. Stephan Bruns möchte ihnen die Ängste weitgehend nehmen. Sein Praxiskonzept baut auf eine umfassende Betreuung seiner Patienten. Dabei lässt er durchaus auch ganzheitliche Therapiekonzepte einfließen. Dazu zählt er solche Methoden wie Akupunktur. Wichtig ist ihm, dass die Patienten in einer ruhigen und entspannten Atmosphäre behandelt werden. Als Zahnarzt kann er seinen Patienten viele unterschiedliche Methoden der Behandlung anbieten. So ist die Beratung zur Mundhygiene und zu gezielten Maßnahmen zur Zahnpflege ein wesentlicher Bereich seiner Arbeit. Schließlich kann durch eine gezielte Prophylaxe der Weg auf den Zahnarztstuhl für den Patienten nicht nur deutlich angenehmer, sondern die Sitzung auch schmerzärmer ausfallen.

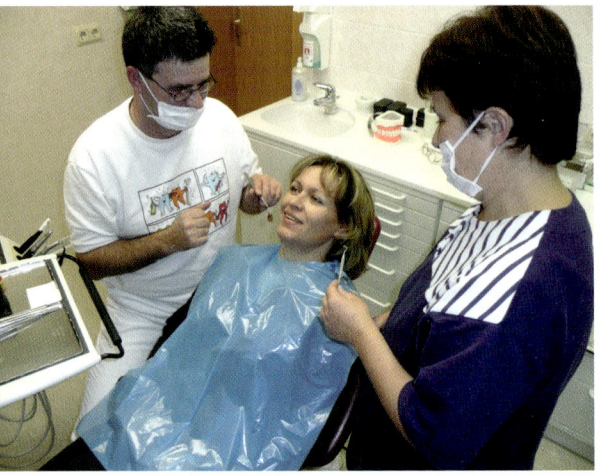

Der Diplomstomatologe gründete im April 1990 in den Räumen der früheren Staatlichen Arztpraxis in der Gemeinde Wasserleben seine Zahnarztpraxis. Seither stellen die dort ansässige Ärztin für Allgemeinmedizin und er die medizinische Versorgung im ländlichen Bereich der Verwaltungsgemeinschaft Nordharz sicher.

Unser Praxisteam

Die Praxis in ländlicher Idylle

Bei der Behandlung

Dipl.-Stom. Stephan Bruns
Am Park 3 · 38871 Wasserleben
Tel. (03 94 51) 2 54

Die Erde heizt das Hotel

Urlaub, wo einst Tonziegel trockneten

Das Landhaus Tonmühle lädt zu einem gemütlichen Urlaub im kleinen Hotel direkt am Harz ein. Gern verwöhnen Jens Meinhold und sein Team Individualgäste und Gruppen, richten Familienfeiern, Betriebsausflüge oder andere Feste aus.
Das Hotel wurde auf dem Grund der einstigen Tonmühle errichtet. Es zeichnet sich durch ein besonderes ökologisches Konzept aus. Dazu gehört, dass aus 40 Meter Tiefe gewonnene Erdwärme zum Beheizen sämtlicher Räume genutzt wird.

Das Landhaus Tonmühle liegt inmitten der reizvollen Natur des Vorharzes zwischen der mittelalterlichen Stadt Wernigerode und der ebenso bedeutenden Stadt Ilsenburg, unmittelbar am Wald und gegenüber vom »Pfad der Überraschungen« und einem ruhigen, idyllischen Teich. Direkt am Haus führen Harz-Wanderwege sowie der internationale Europaradwanderweg vorbei, sodass vom Hotel aus anspruchsvolle Wanderungen und Radtouren durchgeführt werden können. Das Landhaus Tonmühle befindet sich direkt auf der »Straße der Romanik«. In unmittelbarer Nähe erreicht man das Kloster Drübeck sowie das Kloster Ilsenburg.

Rohrteich mit Spiegelung, Hotel Tonmühle

Landhaus Tonmühle · Kutschweg 1a · 38871 Drübeck
Tel. (03 94 52) 8 00 30 · Fax (03 94 52) 8 00 56
kontakt@landhaus-tonmuehle.de · www.landhaus-tonmuehle.de

Vor den Toren der Stadt

Ländliche Idylle und Berge zum Greifen nah...

»Gastronomie und Hotel muss man leben«

Tafelvariante

Mit herrlichem Blick auf das Schloss Wernigerode und den Brocken findet man – direkt an der »Straße der Romanik« gelegen – unser ***Hotel »Blocksberg«.
Als sich Frau Heike Grüning und Frau Cornelia Hinze 1999 zur Übernahme des Hotels entschlossen haben, war ihnen bewusst, dass man Gastronomie und Hotel leben muss.
Das »Blocksberg« bot mit seinen 28 Hotelzimmern, was die Restaurant- und Hotelmeisterin zur Selbstständigkeit bewegte.
»Geht man mit dem Gast gut um, kommt er wieder!« Unterstützt wird ihr Slogan durch besondere Standortvorteile: Die schöne Hotelfassade an der Bundesstraße lässt anhalten. Für Dauergäste idealer und zentraler Ausgangspunkt für Ausflüge in die vielfältige Harzregion. »Anhalten, ausruhen, abfahren!«, heißt es für Bustouristen, die nicht nur wegen der großzügig angelegten kostenfreien Parkplätze das Hotel aufsuchen. Ländliche Idylle oder die nahen Berge kann der Gast vom Balkon eines jeden Zimmers aus genießen.

Hotel Blocksberg in Silstedt

Spezialitäten

Terrasse, Wintergarten, Tagungs- und Banketträume, zwei Doppel-Bundeskegelbahnen und Sauna bieten Unterhaltung und Entspannung.
Mit dem reichen Schatz an Erfahrungen ist die engagierte Frauenpower Ihnen gern behilflich, persönliche Wünsche wahr werden zu lassen: von der kleinen Feierlichkeit bis hin zum großen Empfang.
Die Küche wartet mit nationalen und internationalen Spezialitäten sowie Typischem aus dem Harz auf.
Geschäftsreisende und Tagungsgäste wissen die Einkehr in der verkehrsgünstigen Lage an der B 6n zu schätzen.
Gäste des Hotels »Blocksberg« erfahren eine Gastfreundschaft, die sie zu Freunden unseres Hauses und der Harzregion werden lässt.

***Hotel »Blocksberg«
H. Grüning & C. Hinze GbR
Harzstraße 53 · 38855 Wernigerode-Silstedt
Tel. (0 39 43) 5 47 10 · Fax (0 39 43) 54 71 46
info@hotel-blocksberg.de · www.hotel-blocksberg.de

Auf dem Berg der Berge

Auf dem Berg der Berge

1989: Ansturm auf den »Hausberg der Halberstädter«

Der deutscheste aller deutschen Berge

»Vater Brocken«, so wird der Brocken von vielen, die sich dem höchsten Berg des Harzes verschrieben haben, vertraulich und ehrfurchtsvoll genannt. Aber die wenigsten wissen, dass diese liebevolle Bezeichnung zum ersten Mal vom Halberstädter Gymnasialprofessor Nathanel Fischer stammt. Bei seiner Erstbesteigung am 5. Juli 1779 verewigte er sich mit einer Ode im Gästebuch der Torfstecherhütte, auch kleines Brockenhaus genannt, auf der Heinrichshöhe. Seine Eintragung beendete er mit folgenden Worten: »Ich komme wieder! Mehr noch als einmal besteig ich dein Haupt, Brocken, Vater der deutschen Berge!«

Aber noch weitere Namen für den weit ins Land blickenden Brocken wurden bekannt: Brockesberg, Blocksberg, Hexenberg, Kultberg der Deutschen oder Götzenberg, wie Goethe ihn in seinem »Faust« nannte. Für die Mitbürger im westlichen Teil Deutschlands war er der »höchste Berg der Welt«, weil für sie über einen langen Zeitraum unbezwingbar. Bei einer Brockenausstellung im Gleimhaus 2005 nannte Dr. Manfred Keil den Brocken scherzhaft »Hausberg der Halberstädter«. Denn, wenn man sich auf den Bundesstraßen der Stadt nähert, sieht man schon von Weitem den Brocken.

Es gibt wohl kaum einen anderen deutschen Berg, der die Menschen zu allen Zeiten so magisch anzog. Dichter, Denker, Künstler und Wissenschaftler wurden geradezu von seiner mystischen Ausstrahlung animiert, ihre Gefühle und Eindrücke in irgendeiner Weise niederzuschreiben oder bildhaft darzustellen.

Zu allen Zeiten faszinierte der Blocksberg die Menschen. Viele Sagen, Legenden und Erzählungen ranken sich um das Granitmassiv. Der sagenumwobene Berg wurde zur Zeit der Befreiungskriege zu einem Symbol deutscher Art und deutschen Vaterlandsgefühls. So beschrieb der

Brockenlandschaft mit dem Speisesaal des Brockenhotels

Auf dem Berg der Berge

Rudolf Schade jun. probierte sich mit 13 Jahren mit dem Motorrad auf dem Brocken aus.

Wernigeröder W. Grosse in seiner »Brocken-Abhandlung« den Lieblingsberg der Deutschen. Seine nicht erklärbare Ausstrahlung bewirkte bei den Menschen Ehrfurcht und Respekt, weckte aber auch immer wieder aufs Neue die Neugierde, irgendwie auf das Brockenplateau zu gelangen. Dies nicht erst nach der politischen Wende im Dezember 1989.

Erfolgserlebnis nach Strapazen des Aufstiegs

Mit der friedlich erzwungenen Freigabe des Brockens setzte eine Völkerwanderung ein, die der »Vater Brocken« in seiner langen Geschichte niemals zuvor erlebt hatte. Aus allen Himmelsrichtungen strömten die Menschen auf den Brockengipfel. Das Erfolgserlebnis, es zu Fuß geschafft zu haben, verdrängte alle Strapazen des Aufstiegs. Hier oben erfüllte sich der lang ersehnte Wunsch der Deutschen, ob diesseits oder jenseits der Grenze, sich friedlich zu treffen und wieder zu vereinen. Der Strom der Touristen zur Brockenkuppe riss nicht ab. Die bequemere Variante wurde erst durch die 1991 wieder in Betrieb gesetzte Brockenbahn beschert. Eine andere Verkehrsmöglichkeit, ausgenommen die Mountainbikes und die Pferdekutschen, lässt die Nationalparkordnung zum Schutze der einzigartigen Naturlandschaft nicht zu.

Aus der Entdeckungsperiode sind keine Bilddokumente überliefert. Aber die ersten Brockenbezwinger hinterließen ihre Reiseaufzeichnungen. Überwiegend unternahmen sie ihre Bergtour zu Fuß, häufig in Begleitung eines erfahrenen Führers oder eines Trägers. Aber auch auf dem Rücken eines Pferdes oder mit Zugpferd und Wagen, der stabil und mit großen Rädern sein musste, erfolgte die strapaziöse Bergtour. Auf diese Weise bewältigte der Halberstädter Bischof und Herzog von Braunschweig, Heinrich Julius, mit seiner jungen Gemahlin, Elisabeth von Dänemark, 1591 den Brockenaufstieg. Mit diesem Ereignis beginnt erst die eigentliche Halberstädter Brockengeschichte. Nach dieser beeindruckenden Pioniertat folgte ihnen ihr Schlossgärtner, Johann Royer (1574–1675), aus dem nahe gelegenen Hessen. Seine Brockenexkursionen und geobotanischen Untersuchungen der Brockenflora fasste er in einem Buch zusammen, welches 1648 in Halberstadt gedruckt wurde und zu den bedeutendsten Werken seiner Zeit gehört. Ihm verdanken wir auch den ersten Kupferstich »Der Große und der Kleine Blocksberg«, so wie er den Brocken bei seinen Aufstiegen wahrnahm. Da die nach ihm wirkenden Künstler nicht frei von einer mystischen Vorstellungswelt waren, kamen zum Naturstandort auch die tanzenden Hexen in der Walpurgisnacht auf die geduldige Kupferplatte. So hat der Leipziger Praetorius in seiner »Blocks Berg Verrichtung« die Walpurgisnacht, obwohl er nie auf dem Brocken weilte, die »Hexenfahrt«, »Zauber - Sabatte« und »Unholde« als stark ausgeprägtes Fantasieprodukt überliefert. Wen wundert es, wenn es auf dem Brocken nur so von »Hexen« und »Teufeln« wimmelte. Man denke nur an den Hexenaltar, Hexentanzplatz, Hexenwaschbecken, Hexenbrunnen, Hexenteich und Teufelskanzel. An diese Zeit erinnert noch heute das bekannte »Wolkenhäuschen« (erbaut 1736), welches erst Brocken- oder Brunnenhäuschen hieß und später durch Ch. F. Schröder den heute bekannten Namen verliehen bekam.

Weitere Brockenbesucher aus jener Zeit, die über Halberstadt den Weg zum Brocken einschlugen, waren 1659 der berühmte Magdeburger Bürgermeister und Physiker Otto von Guericke, der durch eine Barometermessung die Höhe des Brockens bestimmen wollte. Zar Peter der Große reiste im Juli 1697 inkognito, übernachtete im Gröninger Schloss und hat sich laut »Leukfelds Chrononik« »vermutlich über Halberstadt und Wernigerode

1904 gestaltete der Leipziger Künstler Erwin Spindler diese Ansichtskarte vom Brockenbahnhof.

Auf dem Berg der Berge

Anlässlich der Wiederaufnahme der Walpurgisfeier 1908 erschien diese Karte. Die Fürstliche Kammer hatte 1904 diese Feiern verboten.

Erinnerung an den ersten Brockenaufstieg von Johann Wolfgang von Goethe vor 150 Jahren (1777–1927)

zum Brocken gewendet«. In der Chronologie der Brockenbesteigungen folgte J. W. von Goethe im Dezember 1777. Seine bahnbrechende Wintersteigung, die er von der Försterei Torfhaus aus bei winterlichem Wetter unternahm und die auf dem tief verschneiten Blocksberg oder »Götzenberg«, wie er ihn immer nannte, endete, führte bei ihm zu nachhaltigen Überlegungen. Im »Faust« verewigte er seine diesbezüglichen Eindrücke. Bei einer weiteren seiner Brockenvisiten machte er im Langensteiner Schloss bei Frau von Branconi Zwischenstation und benutzte einen Abstecher nach Halberstadt zu einem Besuch beim Vater Gleim.

Gasthäuser animierten zum Brockenbesuch

Nach der Errichtung des ersten Gasthauses auf der Brockenkuppe 1800 häuften sich die Brockenbesteigungen. Es folgten ständige bauliche Veränderungen an dem Brockengebäude, um den Besuchermassen Unterkünfte zur Übernachtung zu schaffen und in den Galerien den Wanderern ausreichend Sitzplätze anbieten zu können. Die gravierendste Baumaßnahme, die Aufstockung des Hotels durch ein drittes Geschoss, erfolgte 1881 durch den Brockenwirt Gustav Schwanecke, der von 1875 bis 1896 das Hotel als Pächter leitete. Ihm folgte von 1896 bis 1907 vertraglich Luis Brüning und nach seinem plötzlichen und frühen Tod erfüllte seine Witwe, Charlotte Brüning, den vereinbarten Pachtvertrag. Danach bewarb sich der Halberstädter Rudolph Schade um die Pachtbefugnis für das Brockenhotel. Aus einer Vielzahl von Bewerbern erhielt er von der Verwaltung der fürstlichen Kammer zu Wernigerode den Zuschlag. Man hatte sich in seinem Heimatort nach ihm erkundigt. Mit folgenden Referenzen konnte er aufwarten: »Ball- und Conzert-Etablissement Stadtpark« in Halberstadt.

Unter diesem Namen ist das größte Vergnügungsetablissement der Stadt Halberstadt weithin bekannt. Inhaber ist Rudolph Schade, welcher durch die vorzügliche Bewirtschaftung in seinem Fache besonderes Renommee genießt. Ein ausgedehnter parkartiger Garten bietet Raum für mehrere Tausend Menschen und ist ebenso wie die verschiedenen großen und klei-

213

Auf dem Berg der Berge

Kunstpostkarte des Brockenmalers A. Rettelbusch zum Jahreswechsel 1908/1909 – rückseitig prangt der Stempel »Brocken-Silvester-Gesellschaft«.

nen Säle mit eigener elektrischer Beleuchtung ausgestattet.

Das Etablissement genügt für jede Art von Festlichkeit: große Konzerte, Theater, Bälle und ist auch ganz besonders für die Abhaltung von Hochzeitsfeiern zu empfehlen, als die Küche den höchsten Anforderungen – quantitativ und qualitativ zu entsprechen vermag.

Die Halberstädter Presse berichtete im September 1907 Folgendes über ihn: »Das Brockenhotel wird vom nächsten Jahr an von Herrn Rudolph Schade, dem langjährigen Pächter des Stadtparks, bewirtschaftet werden. Aus einer großen Anzahl von Bewerbern, die zum Teil höhere Gebote abgegeben hatten, ist von der Verwaltung der fürstlichen Kammer Herr Schade ausgewählt worden, da ihm der wohlverdiente Ruf eines tüchtigen und umsichtigen Wirtes vorausging. Während seiner langjährigen Tätigkeit in Frankreich, England und Amerika hatte er große Gewandtheit im Verkehr mit dem Publikum und umfassende Sprachkenntnisse erworben, die ihn als Leiter des großen Hotelbetriebes auf dem Brocken besonders befähigen...«

Auf was hatte er sich mit der Übernahme des Brockenhotels eingelassen? Wird er die erhöhte Jahrespacht erwirtschaften können? Um diese Fragen am Anfang des neuen Jahrhunderts beantworten zu können, muss man sich mit dem Trend jener Zeit beschäftigen. Mit dem Start ins 20. Jahrhundert reichte alles Dagewesene nicht mehr aus, um sich den ständig steigenden Besucherströmen zu stellen. Als die Brockenbahn 1898 eingeweiht und in Betrieb genommen wurde, befürchtete man einen zerstörerischen Eingriff in die unberührte Naturlandschaft. Diese warnenden Stimmen verstummten bald, und der Kommerz bestimmte das weitere Geschehen. Vorbei war es mit der alten Brockenidylle und der nur vom Brocken ausgehenden erhebenden Stimmung. Die sich mühsam durch einmalige Landschaftsgebiete quälende und schnaufende Brockenbahn hatte den Sieg davongetragen. Halberstadt als Verkehrsknotenpunkt und in seiner zentralen Lage wurde seinem Ruf »Tor zum Harz« zu sein, jetzt erst richtig gerecht.

Verkehrsinfakt auf der Bergkuppe

Die meisten Brockentouristen benutzten die Brockenbahn, in der Saison täglich bis zu fünftausend

Sturm zum Vater Brocken

Im 18. Jahrhundert begann der kollektive Brocken-Run. In der heutigen Zeit bewegen sich Hunderttausende auf verschiedenen Pfaden oder per Brockenbahn auf den »deutschesten aller Berge«. Wie auf keinem zweiten deutschen Gipfel schießen auf Norddeutschlands höchster Erhebung mythische und mysteriöse Erscheinungen durcheinander. Die Impressionen von Aus- und Abstiegen berühmter Schriftsteller schlugen sich in ihren Werken nieder. So trifft der Besitzer einer guten Harzliteratur-Sammlung auf Heinrich Heine und Johann Wolfgang von Goethe, der dreifach den Blocksberg enterte und 1777 schrieb: »Ich war oben heut' und habe auf dem Teufelsaltar meinem Gott den liebsten Dank geopfert«.

Graf als Begründer des Massentourismus'

Die Humboldts, Hans Christian Andersen, aber auch August Wilhelm Schlegel, Novalis, Hermann Löns und Reichskanzler Bismarck stürmten zum Gipfel. 1760 begab sich auch Johann Wilhelm Ludwig Gleim auf den Brocken, um 1769 als Begleiter von Graf Heinrich Ernst zu Stolberg-Wernigerode erneut aufzusteigen. Als Ahn des Massentourismus kann der Graf Ernst zu Stolberg-Wernigerode geoutet werden, auf dessen Veranlassung 1736 das »Wolkenhäuschen« gezimmert wurde. Der aus Halberstadt stammende Hotelier Rudolph Schade perfektionierte die Vermarktung mit seinem Brockenhotel und der Wiederaufnahme der »Walpurgisfeste« ab 1926. Er verbesserte die »touristische Infrastruktur« mit der Wasserversorgung des Hotels und ließ Gaslicht- sowie Heizungsanlagen installieren. Mit Erfolg: Zählten die Fremdenbücher 51 209 Personen im Jahr 1900, waren es in den 30er Jahren bereits 250 000 im Jahresschnitt. Und jeder Tourist war ein individueller Multiplikator der Brocken-Saga. Seine Verbesserungen der ließen vor dem II. Weltkrieg jährlich eine Viertel Millionen Menschen auf den Brocken pilgern.

Berühmte Grafiker wie Daniel Chodowiecki, dessen »Blocksberger Reiterey« die Brocken-Begeisterung um 1800 zeigt, und Ludwig Richter, lokale Größen wie Ludwig Bestehorn und unbekannte Stecher von Massenpostkarten sorgen dafür, dass der Brocken in verschiedensten Darstellungen im Blick bleibt. Bestehorns großformatiger Kupferstich von 1732 bildet den »Blocken oder Blockenberg«ab, um dessen Kappe sechs niedliche, etwa stubenfliegengroße Hexen kreisen.

Federzeichnung von Adolf Rettelbusch – dargestellt hat er 1926 Rudolph Schade.

Auf dem Berg der Berge

1898 Gruß vom Brocken mit Sonnenaufgang, Winterlandschaft und Skiläufer

1898 kehrten diese Skiläufer bei Brockenwirt Luis Brüning ein.

Reisende. An zweiter Stelle befanden sich jene Brockenbesucher, die auf der Brockenstraße von Schierke aus mit irgendeinem Gefährt auf den Brocken kamen. Zunächst dominierten die Gespanne, die aber bald von den motorisierten Beförderungsmitteln verdrängt wurden. Der Verkehr nahm in den 30er-Jahren solche Ausmaße an, dass an beiden Pfingstfeiertagen 1931 auf dem Hochgipfel 7000 Autos und 5000 Motorräder gezählt wurden.

Rudolph Schade mit seinem Lieblingshund Berry bei der Übernahme des Brockenhotels am 1. April 1908

Zugewehter Hoteleingang um 1910

Betrachtet man alte Brockenansichtskarten nicht nur von der Bild-, sondern auch von der Rückseite, dann kann man ihre Schöpfer lesen: Warenhaus Willi Cohn, R. Lederbogen, Luis Koch, Postkartenverlag »Cosmos« und Rudolph Schade, alle waren sie aus Halberstadt, die mit ihren Druckerzeugnis-

215

Auf dem Berg der Berge

sen auf der Brockenhöhe präsent waren. Hier oben florierte das Geschäft mit den Ansichtskarten. Das Postamt auf dem Brocken konnte sich der Flut der Grüße-Schreiber kaum erwehren. Rudolph Schade, der einen eigenen Postkartenverlag mit dem Brockenlogo – eine Besen schwingende Hexe im Kreis – betrieb, deckte allein aus dem Kartenverkauf seine Jahrespacht. Es wurde berichtet, dass in der Saison täglich 8000 bis 11 000 Stück verschickt wurden. Damit hat sich die eine wichtige Frage schon beantwortet.

Bei diesen Besuchermassen im 20. Jahrhundert, die nur in vielen Tausenden zu zählen waren und überwiegend in der schöneren Jahreszeit strömten, spielten Betreuung, Versorgung und Beköstigung eine entscheidende Rolle. Dafür war der Brockenwirt zuständig. Er trat nur als Pächter auf, weil der Brocken mit seinem Hotelkomplex dem Grafen von Stolberg-Wernigerode gehörte.

Als Johann Paul Rudolph Schade das Brockenhotel am 1. April 1908 übernahm, präsentierte er sich mit einer Anlasspostkarte mit seinem Lieblingshund Berry im tief verschneiten Brockenwald. Er verschickte sie an gute Freunde in Halberstadt mit der Aufschrift: »Zur Erinnerung an die Übernahme des Brockenhotels am 1. April 1908«. Mit Sicherheit fiel ihm der Wechsel zum Brocken nicht leicht. Sonst hätte er auch seinen Wohnsitz aufgegeben, den er weiterhin bis zu seinem frühen Tod in der Halberstädter Friedrichstraße 21 (heute Schwanebecker Straße) behielt. Rudolph Schade ging mit seinem Wechsel zum Brocken kein besonderes Risiko ein, da sein zweites Standbein weiterhin im Halberstädter »Stadtpark« verblieb. Aber seine besondere Hinwendung und Liebe galt jetzt dem Brockenhotel. Er betrachtete es immer wie sein eigenes, und die erwirtschafteten Gewinne flossen in Form von erhaltenden Maßnahmen und über modern praktische Veränderungen in die Hotel- und Gaststättenstruktur zurück. Gleich 1908 gestaltete er das veraltete Hotel gründlich um. Nach umfangreichen Renovierungs- und Modernisierungsarbeiten konnte das Brockenhotel mit technischen Neuheiten aufwarten. Dazu zählten eine hochmoderne Heizung und eine zentrale Gaslichtanlage. Eine leistungsstarke Wasserpumpe versorgte nach dem heißen Sommer 1911 das Hotel mit Frischwasser aus dem Brockenmoor. Ein neues Telefonkabel ermöglichte eine ganzjährige Verbindung zur Außenwelt. Das vorherige musste im Winter immer abgenommen werden, weil es sonst durch die Last der Raureifbildung zerriss. Die neue Wasserleitung bewirkte auch eine ausreichende Trinkwasserversorgung. Bis dahin entnahm man den Wasserbedarf aus dem Hexenbrunnen. In den Aufzeichnungen der Erstbesteigungen äußerten sich die Teilnehmer immer sehr kritisch über die nicht vorhandenen Wasserstellen. Natürlich gab es davon im Brockengebiet genug, aber sie waren im Urwalddickicht kaum aufzufinden.

Komfort wie nur in besten Häusern

In den 80 Hotelzimmern mit ihren 200 Betten wurde den Schlafgästen ein Komfort geboten, der in dieser Zeit noch nicht zum Standard eines Hotels dieser Größenordnung gehörte. Dazu zählten kaltes und warmes Wasser, zentral beheizte Zimmer, elektrisches Licht und Wasserspülung. Dieses alles für 3,50 Mark die Nacht, inklusive des morgendlichen Weckens zur Beobachtung des Sonnenaufgangs. Gespeist wurde nach Karte; das 0,4 l Bier-Glas kostete 25 bis 30 Pfennige.

Heinrich Julius, Herzog zu Braunschweig und Lüneburg, Bischof zu Halberstadt, Kupferstich von 1710 aus Leuckfelds Gröninger Chronik

Auf dem Berg der Berge

Im Brockenhotel gelangte das altberühmte Einbecker-Bier zum Ausschank. Der Wirtschaftsbetrieb verbesserte sich wesentlich durch die Einrichtung einer eigenen Bäckerei und Konditorei. Nach dem Einbau einer zweiten Wasserleitung konnte man auch eine Dampfwäscherei in Betrieb nehmen. Der Brockenwirt beseitigte ebenfalls die Schwierigkeiten der Lebensmittelbeschaffung in frostigen Zeiten. Es gelang ihm, die Brockenchaussee für Pferdeschlitten den ganzen Winter hindurch fahrbar zu halten. Seit dem Einbau der Zentraldampfheizung verschwand die lästige Feuchtigkeit, die alte Plage des Brockenhauses, aus dem Mauerwerk. Die Küchenkapazität reichte aus, um 1000 Portionen und mehr innerhalb eines kurzen Zeitraumes bereitzustellen. Die Mahlzeiten konnte man im großen Speisesaal oder in einem der kleineren stilvolleren Zimmer einnehmen. Täglich wurde den Brockenbesuchern frische Kuhmilch angeboten, die Schades braune Herde lieferte. Man konnte den Brockenwirt mit seinem Lieblingshund »Berry« häufig bei den grasenden Kühen antreffen. Bei seinen Spaziergängen, die Rudolph Schade zu allen Jahreszeiten unternahm, begleitete ihn auch sein zweiter Hund »Faust«. Der Magdeburger Kunstmaler Adolf Rettelbusch hat diese Situation als Bildmotiv auf einer Künstlerpostkarte festgehalten.

Der mit dem Brocken sehr verbundene Künstler und enge Freund des Brockenwirtes hat neben vielen Gemälden auch die Vorlagen für eine Vielzahl von Postkarten geliefert. Dem Brockenwirt fiel immer etwas Neues ein, mit dem er seine Mitarbeiter und Gäste überraschte. 1912 wurden norwegische Rentiere angeschafft, die der besseren Winterversorgung dienten. Mangels Futterbeschaffung überstanden die Tiere den Ersten Weltkrieg nicht.

Rudolph Schade oder »Vater Schade«, wie ihn seine Freunde vertraulich nannten, hatte aus dem bescheidenen Brockenhaus ein modernes Hotel von hohem Rang gemacht, welches mit seinen behaglichen Räumlichkeiten und seiner gastronomischen Betreuung allen Anforderungen einer niveauvollen Gaststättenkultur entsprach. Der engagierte Brockenwirt war ein bodenständiger und traditionsbewusster Mensch, der Vereinen und Gruppierungen, die sich der Brauchtums- und Traditionspflege verschrieben hatten, eine Heimstätte bot. Aus der »Brockengesellschaft«, die sich seit 1888 regelmäßig zum Jahreswechsel auf dem Brocken zusammenfand, kam es 1909 zur Bildung der berühmten »Brocken-Silvester-Gemeinde«. Dieser Verein gab sich mit dem Zusammenschluss eine Gemeindeordnung mit einem Gemeindeschulzen an der Spitze. Der Verein Gleichgesinnter war eine eingeschworene und sehr kreative Gesellschaft. Die Mitglieder gaben eine eigene Zeitung »Brocken-Silvesterpost«, die drei Brockenliederbücher und die Postkarten der »Brockenpost« heraus. Nur die am letzten Tag des Jahres geschriebenen und vom Brockenpostamt verschickten Ansichtskarten tragen den Sonderstempel der »Brockengesellschaft« und der »Brocken-Silvester-Gemeinde«. Danach wurde der Stempel wieder bis zum nächsten Jahr streng behütet und verschlossen aufbewahrt. Der Halberstädter Brockenwirt gehörte der Vereinigung als ständiges Mitglied an. Darüber hinaus verband die Familie Schade, zu ihr gehörten seine Ehefrau, Charlotte geborene Träge und sein Sohn Rudolf, mit dem Brockenmaler, Adolf Rettelbusch, eine lange produktive Freundschaft, die erst mit dem Tod beider Männer endete.

Wenn man die Eingangshalle mit dem großen Harzrelief und den romantisch wirkenden Wandgemälden betrat, fühlte man sich in eine andere Welt versetzt. Diese Atmosphäre begegnete den Besuchern auch in der »Hexenklause«, die mit Rettelbuschs Brockenbildern ausgeschmückt war. Gleiches könnte vom »Goethezimmer« und natürlich von seinem »Halberstädter«, welches ihn immer an seine Heimatstadt erinnerte, gesagt werden. Vor Schades Zeit gab es neben der Hexenklause und dem Goethezimmer auch noch ein Fürsten- und ein Hindenburgzimmer. Dank dem Mäzenatentum des Brockenwirtes schmückten die prächtigen Wandgemälde des »Brockenmalers« Adolf Rettelbusch alle diese Räume. Leider sind die meisten seiner Brockenbilder verbrannt.

Das Torfstecherhaus auf der Heinrichshöhe wurde nur im Sommer bewirtschaftet.

Schades braune Herde zur Frischmilchversorgung mit ihm und seinem Lieblingshund Berry – die Karte stammt aus der englischen Brockenserie Oilette des Kunstmalers Thomas.

Auf dem Berg der Berge

1926 landete Fritz Jaschinski als erster Pilot mit seinem Flugzeug auf dem Brocken.

Sie stellten nur einen geringen Bruchteil des Gesamtschaffens dieses unerhört produktiven Künstlers dar.

Per Flugzeug zum Gipfel

Der Maler war auch dabei, als der Brockenwirt mit vielen Gipfelstürmern und Freunden am 30. August 1926 die erste Landung eines Flugzeuges auf dem Brocken erlebte. Der Kunst- und Reklameflieger für den Zirkus »Krone« Fritz Jaschinski bezwang mit diesem Verkehrsmittel unbeschadet den Gipfel.

Unter den vielen Tausenden von Besuchern des Brockengasthauses befanden sich auch jene, die den Wetterunbilden trotzten und sich beim Aufstieg am Anblick der einmaligen Natur erfreuten. Solche Brockengänger waren dem »Vater Schade« immer die liebsten, die seiner Gastfreundschaft würdigsten. Bei ihnen wanderte er von Tisch zu Tisch und nahm mit seiner ruhigen Art an ihren Unterhaltungen teil. Lange hielt er sich nicht auf, denn der laufende Betrieb benötigte ihn dringend an anderer Stelle. Oft war er mit seinen Gästen der Letzte und morgens meist ohne sie der Erste am Platze.

Mit Rudolph Schade erlebten die sich jährlich wiederholenden Walpurgisfeiern ihren Höhepunkt. Dieses nächtliche Spektakel vom 30. April zum 1. Mai sollte als Kosten deckende Maßnahme der Brockenbahngesellschaft zusätzlich Einnahmen bescheren. 1901 zum ersten Mal veranstaltet, wucherte dieses Fest in den Folgejahren zu einem Massenbesäufnis aus, sodass der Fürst im Wernigeröder Schloss diese Veranstaltung verbot. 1908 erreichte der neue Brockenwirt mit Unterstützung der Behörden, auch aus Halberstadt, die Wiederauflage des attraktiven Gaudis. Der nimmermüde Brockenpächter führte auch weitere gepflegte Sonderfeiern, die sich jährlich wiederholten und zur Tradition wurden, in seinem Gipfelhotel ein. Diese begannen am 1. April mit der Bismarckfeier, die von den national denkenden Verbänden aus den benachbarten Städten veranstaltet wurden. Im Juni schloss sich die Sonnenwendfeier an, die der Harzer Skiverband und der Harzklub organisierten. Den Abschluss bildete am 31. Dezember die Silvesterfeier in allen Räumen des Brockenhotels.

Nach seinem plötzlichen Tod, am 10. Dezember 1927, er starb im 59. Lebensjahr an den Folgen einer Grippe und wurde in Halberstadt auf dem Friedhof zur letzten Ruhe gebettet, konnte seine Witwe alle von ihm eingeführten Feiern aufrechterhalten. Im Nachruf würdigte der Wernigeröder Amtsgerichtsrat W. Grosse Schade so: »Der weit über die Grenzen der Harzer Heimat bekannte Brockenwirt ist plötzlich in Halberstadt, wo er zwei Hotels sein Eigen nannte, gestorben. Rudolph Schade, ein aufrechter deutscher Mann, eine speziell im engeren Heimatbezirk hoch geachtete Persönlichkeit, ein freundlicher Gastgeber, fröhlicher Mensch und bei seinen Angestellten hochgeschätzter Chef, hinterlässt eine trauernde Witwe und einen sechsjährigen Knaben.

Aber doch haben wir ihm und seiner verständnisvollen Förderung unser neues Brockenbuch zu verdanken, das die Eigenart des Berges und die Fülle seiner Traditionen allen Besuchern und Freunden des alten Vater Brocken lebendig zu erhalten sucht. Denselben Zwecken dienten auch die Abende froher Gemeinschaft, die von der Silvester- Walpurgis-, und Bismarckgemeinde auf dem Brocken regelmäßig veranstaltet wurden und denen der eifrige Brockenwirt das äußere Behagen glänzend zu bereiten verstand. Wie selbst wird er all diesen Brockenwirten künftig fehlen! Der letzte große Tag auf dem Brocken, den Rudolph Schade noch miterlebt und genossen hat, war die köstliche, von herrlichem Wetter und edelster Stimmung getragene Goethefestgesellschaft des Harzgeschichtsvereins am 10. Oktober. Nun ist Rudolph Schades Leben und Wirken auf dem Brocken selbst zu einem Stück Harzgeschichte geworden... Und die Erinnerung an den aufrechten, tatkräftigen und wohlwollenden Brockenwirt soll unvergesslich bleiben bei allen, die sich seiner Zuneigung und Gastlichkeit zu erfreuen hatten.«

Erster Kupferstich vom Brocken des Schlossgärtners Johann Royer (1574–1655) aus dem Ort Hessen – 1648 in Halberstadt gedruckt

Auf dem Berg der Berge

Ein Berg der Extreme

Rundblick so weit wie die Schweiz

Der Brocken – mit 1142 m ü. NN der höchste Berg im Harz – ist eine einzigartige Erhebung im deutschen Mittelgebirgsraum. Das raue Klima ist vergleichbar mit den Hochlagen der Alpen oder Island. Der erste Schnee fällt im September und die letzten Reste bedecken den Gipfel bis weit in das Frühjahr. Der Brocken bietet bei klarem Wetter einen Rundblick über ein Gebiet von der Größe der Schweiz, zu sehen sind z. B. der »Inselsberg« in Thüringen und der »Kahle Asten« im Sauerland.

Die Baumgrenze liegt bei 1100 m ü. NN, subalpine Zwergstrauchheiden, Gräser und Flechten bestimmen die Flora der Bergkuppe. Die charakteristische Brockenanemone blüht von Mai bis Juni und ist im Brockengarten zu besichtigen.

Der Brocken hat Symbolkraft, nach seiner Befreiung im Jahr 1989 wurde er als »Berg der Deutschen« gefeiert und lockt seitdem jährlich Millionen von Menschen an. Das gesamte Plateau wurde renaturiert und die militärischen Anlagen wurden abgerissen. Am höchsten Punkt wurde eine Gipfelklippe – ein beliebtes Fotomotiv für Touristen – eingerichtet, um den Gipfel herum führt ein sehr schöner Rundwanderweg.

Das Hotel Brockenscheideck in Schierke – Ausgangspunkt für viele Brockentouren

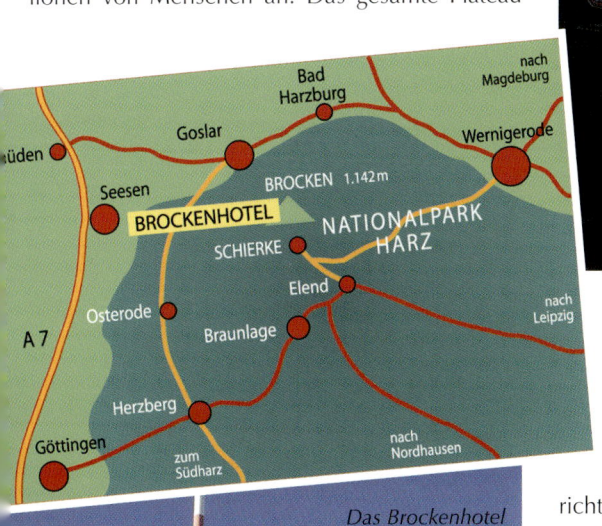

Das Brockenhotel auf dem höchsten Harzgipfel

Die Hexenklause in der 7. Etage des Brockenhotels

Der höchste Berg Norddeutschlands bietet Ihnen jetzt eine einmalige Tagungsatmosphäre im Brockenhotel. Auf 1142 m bieten sich beste Voraussetzungen für eine erfolgreiche Veranstaltung mit modernen Tagungsräumen, erstklassiger Technik und individueller Betreuung. Ob für 10 oder 200 Personen, das Team des Brockenhotels bietet maßgeschneiderte Ideen für Seminare und Familienfeiern.

Auf unserer rundum verglasten Aussichtsplattform wird eine Feier mit einem Blick über den gesamten Harz zu einem Erlebnis.

Im Brockenhotel und den Hotels in Schierke erwartet die Gäste ein vielfältiges gastronomisches Angebot, genießen Sie zum Beispiel zwei Tage in einem Hotel in Schierke und verbringen zur Krönung Ihres Aufenthalts eine Nacht im Brockenhotel. Dabei setzt der Wirt auf Individualität bei der Nutzung aller Angebote und Einrichtungen, ob für Familien- oder Firmenfeiern, Tagungen oder andere interessante Events wie der Rockoper »Faust« in Kooperation mit der Harzer Schmalspurbahn.

Das Gästebuch spricht Bände, hier fand schon die Innenministerkonferenz statt, es tagten die Landräte, T-Mobile, der MDR und die Hasseröder Brauerei.

Brockenplateau · 38879 Schierke
Tel. (03 94 55) 1 20 · Fax (03 94 55) 1 21 00
brockenherberge@t-online.de
www.brockenherberge.de

Auf dem Berg der Berge

Im Winter futtert Höhenvieh nur Kräuter- und Gärheu

Tiere haben Zeit zum Wachsen

Die Familie von Uwe Thielecke führt bundesweit den größten Zuchtbetrieb vom Harzer Roten Höhenvieh. Es gibt ungefähr noch 400 Mutterkühe vom Roten Höhenvieh. Das heutige Rote Höhenvieh, entstanden aus der vor zehn Jahren noch vorhandenen Restpopulation des Mitteldeutschen Rotviehs, bietet durch seine Genügsamkeit und Widerstandsfähigkeit eine ideale Möglichkeit der Grünlandpflege im Oberharz. Sie zählen heute zu einer vom Aussterben bedrohten Haustierrasse, da sie dem ständigen Leistungsdruck der intensiven Landwirtschaft nicht standhalten konnten. Diese Rasse zeichnen ein kräftiges Fundament, harte Klauen, ausgesprochene Langlebigkeit und sehr hohe Widerstandskraft aus. Dazu sind es sehr mütterliche Tiere mit sehr guter Milch für ihre Kälber. Die Rinder sind einfarbig rotbraun, das Flotzmaul, die Kuhnase, ist dabei hell. Die Hörner sind hell mit schwarzer Spitze. Die sogenannte Wamme reicht tief zum Boden und die Schwanzquaste ist hell bis weiß.

Der landwirtschaftliche Familienbetrieb besteht seit 1996. Er bewirtschaftet im Harz rund 500 Hektar Grünland. Seit dem 1. Mai 2002 ist es

Hofladen in Tanne

Auf dem Berg der Berge

Typvolle Harzkuh auf den Oberharzer Kräuterwiesen

ein ökologischer Zuchtbetrieb. Die vom Aussterben bedrohten, wertvollen Tiere beweiden die Bergwiesen im Harz. Im Winter stellt das Kräuter- und Gärheu der Oberharzer Bergwiesen ausschließlich die Futtergrundlage. Die Tiere bekommen kein Kraftfutter zugefüttert, denn sie haben Zeit zum Wachsen. Der Viehbestand umfasst 90 Rotviehkühe mit Nachzucht. Im Zuchtbetrieb kommen vier Elite-gekörte Zuchtbullen des Roten Höhenviehs zum Einsatz. Alle Tiere haben einen Namen. Eine artgerechte Haltung ist Uwe Thielecke sehr wichtig. Deshalb können sich die Tiere im Winter in den drei Ställen in Königshütte frei bewegen. Sie können selbst entscheiden, ob sie lieber ins Freie gehen oder im warmen Stall bleiben wollen.

Auf dem Bauernhof Landluft schnuppern

Uwe Thielecke bietet Gruppen ab 10 Personen Führungen auf dem Schaubauernhof in Tanne an. Der Schaubauernhof bietet tierische Erlebnisse für Groß und Klein. Der Brockenbauer gewährt in originaler Tracht einen Einblick in die ursprüngliche Haltung und die heutige Zuchtarbeit der vom Aussterben bedrohten Harzkühe. Zusätzlich lässt eine leckere Wurstverkostung »den Gaumen schmausen«. Diese Führungen und Vorträge vom Brockenbauern erfreuen sich sehr großer Beliebtheit. Zu den Besuchern gehörten schon Landvolkverbände, Touristen, Arbeitsbrigadegruppen, Schulklassen, Kindergärten, Ärzte und Krankenschwestern.

Selbst der Bundesumweltminister, Sigmar Gabriel, war schon auf dem Hof, wo er die Patenschaft für ein Harzkuhkälbchen übernahm. Wer sich für Führungen interessiert, kann diese unter der Telefonnummer (03 94 57) 33 12 anmelden.

Kommen Sie uns besuchen. Wir bieten Ihnen und Ihrer Familie ein ganz besonderes Erlebnis. Wir verwöhnen Ihren Gaumen mit einer leckeren Wurstverkostung vom Harzer Roten Höhenvieh, lädt Uwe Thielecke ein. Auf unserem Schaubauernhof haben wir Harzkühe mit Kälbchen vom Roten Höhenvieh, Pferde, Harzziegen mit Lämmchen, Meerschweinchen und Kaninchen, den Harzer Fuchs und Wildschweine zu bieten. Wer bei Harzer Fuchs an Meister Reinecke denkt, ist auf der falschen Fährte. Es ist auch eine bedrohte Art, ein Altdeutscher Schäferhund, der früher zum Hüten der Harzkühe genutzt wurde. Auch die Harzziege ist eine vom Aussterben bedrohte Ziegenrasse, die dem Leistungsdruck nicht mehr standhalten konnte.

Wurst- und Fleischspezialitäten direkt vom Hof

Alle Produkte werden ausschließlich aus dem Fleisch der Hof-Tiere hergestellt. Die Wurst ist durch einen ausgezeichneten Geschmack und hervorragende Qualität gekennzeichnet. Auch ein Versandservice ist möglich. Zu den Wurstspezialitäten gehören unter anderem Hirtenpeitschen, Rinderbratwurst und Bauernsalami. Frisches Rindfleisch gibt es auf Vorbestellung. Dazu zählen Rouladen, Roastbeef, Braten und Goulasch, Suppe, Beinscheiben und Knochen.

Zuchtbetrieb Rotes Höhenvieh · Uwe Thielecke
Schierker Weg 13 · 38875 Tanne
Tel. (03 94 57) 33 12 · Fax (03 94 57) 9 81 84
thielecke-tanne@t-online.de · www.brockenbauer.de

Die Harzer Schmalspurbahnen

Das besondere Erlebnis damals wie heute

Die Harzer Schmalspurbahnen schauen auf eine lange Geschichte zurück. Sie wurden Ende des 19. Jahrhunderts angelegt, um den Anschluss des Harzes mit seinen Bodenschätzen, den Holzvorkommen und der Kleinindustrie an das wirtschaftlich aufstrebende Deutschland herzustellen und den beginnenden Fremdenverkehr zu fördern.

Ursprünglich waren es drei Gesellschaften, die den Harz auf schmaler Spur erschlossen: 1886 wurde die Gernrode-Harzgeroder-Eisenbahn AG (GHE) gegründet, 1896 folgte die Nordhausen-Wernigeroder-Eisenbahn AG (NWE) und als letzte 1897 die Südharzeisenbahn AG von Walkenried nach Braunlage

Dabei wurde insgesamt dem Schmalspurverkehr mit einer Spurweite von 1000 mm der Vorzug gegeben, insbesondere da er aufgrund der schwierigen Geländeverhältnisse die kostengünstigere und praktisch »leichter« realisierbare Variante darstellte. Die Bahnen wurden bis 1913 miteinander verbunden. Die Erwartungen, die man mit dem Bahnbau verknüpfte, sollten sich bald erfüllen: Von Beginn an wirkten sich die Schmalspurbahnen positiv auf den Tourismus im Harz sowie auf Handel und Wirtschaft aus.

Brockenbahn fuhr seit 1961 nicht mehr

Die Südharzeisenbahn ging in den bewegten Zeiten unter, sie überlebte die durch die deutsche Teilung bedingte Trennung vom Schmalspurnetz des Ostharzes nicht. Die GHE wurde nach Ende des 2. Weltkriegs von der Sowjetunion als Reparationsleistung teilweise abgebaut. Im Oktober 1946 begannen die Vorarbeiten zum Wiederauf-

Auf dem Berg der Berge

bau der Bahn, im Mai 1946 wurde der Verkehr zwischen Gernrode und Lindenberg (Straßberg) wieder aufgenommen. Der abgebaute Streckenabschnitt Straßberg – Stiege wurde allerdings erst in den 1980er-Jahren wiederhergestellt.

Zum 1. April 1949 wurden die Schmalspurbahnen im Ostharz zur – wie es damals hieß – treuhänderischen Verwaltung und Nutznießung an die Deutsche Reichsbahn (DR) übergeben. Aufgrund der politischen Entwicklung wurde der Personenverkehr auf der Brockenbahn zwischen Schierke und dem Brocken 1961 unterbrochen. Von nun an verkehren zwischen Schierke und Brocken nur noch bei Bedarf wöchentlich drei Güterzugpaare. Der Fall der innerdeutschen Grenze am 9. November 1989 ist nicht nur für die Geschichte der Harzquer- und Brockenbahn ein entscheidendes Datum. Der Brocken ist wieder frei zugänglich. Nach umfangreichen Sanierungsmaßnahmen wird der Zugverkehr zwischen Schierke und Brocken am 15. September 1991 feierlich wiederaufgenommen.

Das seit 1993 von der Harzer Schmalspurbahnen GmbH (HSB) betriebene und im Eigentum der Gesellschaft stehende Streckennetz umfasst die Flächen des am 1. Juli 2007 neu gegründeten Landkreises Harz sowie des Landkreises Nordhausen auf der Harzquer-, Brocken- und Selketalbahn. Romantische Streckenführungen durch tiefe Harzwälder und Schluchten, über steile Berge und vorbei an ausgedehnten Wiesen bis hin zu wunderschönen Ortschaften kennzeichnen das Schienennetz, auf dem fernab von der Geschäftigkeit des modernen Reiseverkehrs eine Reise in die Vergangenheit mit dem seltenen Flair eines authentischen Dampflokbetriebes erlebt werden kann. Insgesamt 258 Mitarbeiter, darunter 12 Auszubildende, haben ihren Anteil daran, dass die jährlich ca. 1,1 Millionen Reisenden im klassischen aber auch im touristischen Schienenverkehr bei der HSB ein ansprechendes Ambiente vorfinden können. Für den Reisezugverkehr stehen der HSB vorrangig 25 Dampflokomotiven zur Verfügung, wobei in der Regel 17 Dampfloks aus den 1950er-Jahren den fahrplanmäßigen Zugbetrieb zwischen allen 44 Bahnhöfen und Haltepunkten durchführen. Von besonderer Kostbarkeit sind die historischen Dampflokomotiven. So stehen noch heute zwei Mallet-Lokomotiven aus dem Jahre 1897 vor Plan- und Sonderzügen im Einsatz.

99 5903 passiert Sternhaus Haferfeld.

Eine Bahn der Superlative

Die Harzer Schmalspurbahnen zeichnen sich im Vergleich zu anderen »kleinen« Bahnen durch einige Superlative aus: So haben die seit 1972 unter Denkmalschutz stehenden Schmalspurbahnen im Harz mit 140 km das längste zusammenhängende, schmalspurige Streckennetz Deutschlands vorzuweisen. Der Brockenbahnhof liegt in einer Höhe von 1125 Metern auf dem höchsten Gipfel Norddeutschlands und ist damit die höchste Station schmalspuriger Eisenbahnen in Deutschland überhaupt. Im Verlauf der drei Strecken werden nahezu 400 Brücken, Wasserdurchlässe und Überführungen sowie ein Tunnel passiert.

Neben dem regulären Reisezugverkehr bietet die HSB als eine der wichtigsten Attraktionen des Harzes auch eine breite Palette an touristischen Produkten. Zahlreiche thematische Sonderfahrten, Events wie die Rockoper »Faust auf dem Brocken«, Souvenirverkäufe, Pauschalurlaubs-Angebote oder Erlebnisse rund um die Dampflok, wie z. B. Ausbildungen zum »Ehrenlokführer«, runden das breitgefächerte touristische Angebot der HSB ab. In verschiedenen Bahnhöfen verfügt die HSB für ihre Kunden über moderne Informations- und Verkaufsbüros und hat in den Städten Wernigerode sowie Quedlinburg jeweils »Dampfläden« in der Nähe der Marktplätze.

Das Viadukt bei Ilfeld

Harzer Schmalspurbahnen GmbH
Friedrichstraße 151 · 38855 Wernigerode
Tel. (0 39 43) 55 80 · Fax (0 39 43) 55 81 48
info@hsb-wr.de · www.hsb-wr.de

Auf dem Berg der Berge

Die Volksbank Arena Harz

Felsen, Fernsicht, Formationen – jede Speiche wert

Bekannt ist der Harz für sein raues Klima und den Sagenumwobenen Brocken – der Zauberberg der Deutschen ist eins der beliebtesten Reiseziele im Norden. Aber den wahren Zauber erfahren Sie erst mit kräftigem Tritt, der Hand an der Bremse und konzentriertem Blick nach vorn.

Lichte Laubwälder und dichte Fichtenforste, schroffe Felsen und duftende Bergwiesen fliegen an Ihnen vorbei. Munter wechseln Sie zwischen Forstwegen und schmalen, steinigen Trails, kommen auf Abenteuerstrecken über Sprünge und Kehren – und dann wieder auf wunderbar weichen Waldboden.

Erleben Sie im Harz ursprüngliche Wildnis, tiefe Täler und unerwartete Aussichten, aber auch imposante Kulturdenkmäler und idyllische Städte.

So vielseitig wie die Landschaft ist auch das riesige Wegenetz für Mountainbiker, die Volksbank Arena Harz.

Ausgeschildertes Routennetz für Mountainbiker

Sie finden Routen von leicht bis extrem, von hoch hinauf bis downhill, von kurz und bequem bis

Mountainbiken im Harz (Foto: Gerhard Eisenschink/Volksbank Arena Harz)

Auf dem Berg der Berge

Start in
Altenau – Bad Grund – Bad Harzburg – Bad Lauterberg – Bad Sachsa – Braunlage – Clausthal-Zellerfeld – Goslar – Hahnenklee – Herzberg – Hohegeiß – Ilsenburg – Langelsheim – Lautenthal – Osterode – Sankt Andreasberg – Schierke – Schulenberg – Seesen – Walkenried – Wildemann – Wolfshagen im Harz

Der Harzer Mountainbike Cup
Neue Serie mit 6 MTB-Rennen

2008 wird der Harz um eine weitere sportliche Attraktion reicher – darauf haben sich Vertreter von 6 Harzer MTB-Rennveranstaltungen aus Niedersachsen, Sachsen-Anhalt und Thüringen verständigt. Alle 6 Rennen der Serie sind Marathons, aber sehr unterschiedlich in Länge und Fahrtechnik-Anforderungen.

25.05.08 Altenau/Oberharz
15.06.08 Biesenrode/Mansfeld
22.06.08 Clausthal-Zellerfeld
13.07.08 Braunlage/Hochharz
30.08.08 Schierke am Brocken
13.09.08 Neustadt im Südharz

Mehr Infos: www.harzer-mtb-cup.de

VOLKSBANK ARENA HARZ
c/o HARZ-Agentur
Bergstraße 31 · 38678 Clausthal-Zellerfeld
Tel. (0 53 23) 98 24 61
info@volksbank-arena-harz.de
www.volksbank-arena-harz.de

*Teamtraining an der Wolfswarte
(Foto: Rolf Eichholz/Volksbank Arena Harz)*

lang und anstrengend – irgendwo erleben Biker garantiert den besonderen Kick.

Die Volksbank Arena Harz hat 62 ausgeschilderte Mountainbike-Routen – darunter so verheißungsvolle wie »Höhenfieber« oder »Wild Man's Trail«. Aber auch Familien und Einsteiger kommen auf ihre Kosten – zum Beispiel auf der »Leichten Wassertour« oder der »Kleinen Mönchsrunde«.

Dass dieses Routennetz für Mountainbiker geschaffen werden konnte, liegt an der einmaligen Kooperation vieler Harz-Gemeinden, unterstützt von Betrieben, Vereinen und vor allem sechs regionalen Volksbanken. Sie haben dem Routennetz seinen Namen gegeben und unterstützen es tatkräftig bei Veranstaltungen, Mountainbike-Rennen und der Vermarktung des Routennetzes.

Volksbank Arena Harz
62 ausgeschilderte Mountainbike-Routen
1800 Kilometer Gesamtlänge
50 000 Höhenmeter, 3 Schwierigkeitsgrade

Biker an der Mausefalle (Foto: Gerhard Eisenschink/Volksbank Arena Harz)

Auf dem Berg der Berge

Mit den Schmalspurbahnen philatelistisch durch den Harz

»Größte unter den Kleinen«

Von Dietrich Ecklebe, Vorsitzender des Landesverbandes der Philatelisten in Sachsen-Anhalt e. V.

Ihre Fans kommen aus der ganzen Welt. An vielen Stellen kann man zu jeder Jahreszeit Leute sehen, die mit Fotoapparaten auf der Lauer liegen und Kameras in Stellung gebracht haben, um sie zu fotografieren oder zu filmen. Sie, die »Größte unter den Kleinen«, wie sie sich selber stolz nennen. Gemeint sind die Harzer Schmalspurbahnen. Der Slogan trifft in doppelter Beziehung zu, denn mit einer Spurbreite von 100 Zentimeter ist der Schienenabstand größer als bei anderen Schmalspurbahnen und vom Streckennetz her sind sie sowieso unerreicht, beträgt es doch 140 Kilometer und wird noch im Linienverkehr mit Dampfbetrieb befahren.

Philatelisten haben sich schon seit vielen Jahrzehnten der Bahn angenommen, waren es zunächst die Bahnpoststempel, die von Interesse waren, kamen bald Sonderstempel und Schmuckumschläge zu den zahlreichen Jubiläen oder Streckenerweiterungen hinzu.

1896 fiel die Entscheidung einer 60 Kilometer langen Schmalspurstrecke von Wernigerode nach Nordhausen. Fünf Millionen Mark waren für die Baukosten veranschlagt worden. Nach Abschluss der Bauarbeiten war man bei 8,128 Millionen Mark gelandet, dafür war aber auch eine Stichbahn zum höchsten Punkt Norddeutschlands, dem Brocken, fertiggestellt. Trotz vieler Schwierigkeiten konnte am 27. März 1899 der erste Zug durchgehend die Strecke befahren, allerdings nur bis zum Bahnhof Westerntor, die Verlängerung zum Hauptbahnhof kam erst 1939 hinzu.

Nach dem 2. Weltkrieg, der nur wenige Schäden angerichtet hatte, übernahm die Reichsbahn der DDR die Regie. Sie schaffte die neuen Lokomotiven der Serie 99 an, die auch heute noch fahren. Allerdings musste die Brockenbahn ihren Betrieb 1961 einstellen, der Brocken war zur Festung geworden und für Besucher tabu. Nach der Vereinigung Deutschlands 1990 wurden Harzquer- und Selketalbahn privatisiert.

Die Selketalbahn hatte bereits zwischen Gernrode und Mägdesprung 1887 den Verkehr aufgenommen. Der folgende Streckenausbau ging nicht mehr so zügig voran, da die Streckenführung Probleme bereitete. 1892 konnten die Züge bis Stiege und Hasselfelde fahren. Die Beförderung von Fahrgästen und Frachtgut nahm schnell zu, das Tempo lag aber zwischen 10 und 20 Kilometer pro Stunde. 1905 kam die Verbindung von Stiege nach Eisfelder Talmühle hinzu. Damit war die Verbindung zur Harzquerbahn geschaffen.

Den Krieg überstand die Bahn ohne Schäden. Allerdings wanderten große Teile der Bahnanlagen als Reparationszahlungen in die Sowjetunion. Nur die Lok »Gernrode«, der Dieseltriebwagen und einige Wagen entgingen dem Abtransport. Man begann sofort nach dem Abbau mit dem Wiederaufbau. 1949 wurde die erste Teilstrecke wieder befahren. 1983 war dann auch die Strecke bis Stiege fertig, wo 1984 die kleinste Wendeschleife Europas gebaut wurde.

Nach der Wende wurden die Schmalspurstrecken privatisiert und zusammengefasst. Ein Höhepunkt war die Wiedereröffnung der Brockenbahn am 15. September 1991. Damit konnte man wieder bis auf die Kuppe des Brockens fahren.

Im Jahre 2001 feierte man den 10. Jahrestag der Privatisierung. In Gernrode, Wernigerode und Nordhausen gab es Sonderstempel zu den einzelnen Strecken, die jeweils ein Schienenfahrzeug und eine Sehenswürdigkeit der Stadt zeigten. Auf dem Umschlag dazu ist das vollständige Streckennetz abgebildet. Für Wernigerode wähle man das Rathaus und die über 100 Jahre alte Mallet-Lokomotive aus.

Das vorläufig letzte Kapitel wurde am 4. März 2006 geschrieben, denn an diesem Tag wurde die Streckenverlängerung von Gernrode nach Quedlinburg mit einem großen Volksfest eröffnet. Wieder erschienen ein Sonderumschlag und in beiden Orten motivgleiche Sonderstempel. Eine Sonderpostbeförderung mit der Schmalspurbahn fand auch statt.

Von der Harzquerbahn und der Selketalbahn erschienen in der DDR im Rahmen der Serien Schmalspurbahnen je zwei Briefmarken im Zusammendruck mit Leerfeld. Es wird jeweils eine Lokomotive und ein Wagen gezeigt. In den letzten Jahren haben mehrere private Postanstalten Briefmarken dazu herausgegeben und in Österreich erschienen sogenannte privatisierte Briefmarken. Die österreichische Post räumt allen Kunden die Möglichkeit ein, sich Briefmarken in kleiner Auflage mit einem persönlichen Motiv drucken zu lassen.

Brockenbahn
10 Jahre Wiederaufnahme der Brockenfahrten

Harzquerbahn

Auf dem Berg der Berge

Kontrolle eines kohlenden Erdmeilers

Köhlerhütte (Köte) im Köhlereimuseum

Ernte eines Erdmeilers

Handwerk zwischen Köte, Holz und Meilern

Einzigartiges Köhlermuseum und Industriegeschichte für jeden

Wer auf der Bundesstraße 81 zwischen Blankenburg und Hasselfelde unterwegs ist, dem fallen seltsame Rauchzeichen auf. An der Harzköhlerei Stemberghaus liegt der würzige Rauch der Holzkohlemeiler in der Luft. Die Köhlerei gehört zu den wenigen noch arbeitenden Handwerksbetrieben dieser Art in Deutschland. Von Anfang April bis Ende Oktober werden am Stemberghaus die traditionellen Erdmeiler aufgebaut, abgekohlt und geerntet, sodass das alte Handwerk ständig live zu erleben ist. Jährlich werden durch die dortigen Köhler 150 Tonnen Holzkohle bester Qualität in Retorten hergestellt. Dazu werden ausschließlich Resthölzer wie Buche oder Eiche aus der Forstwirtschaft verwendet. Damit entsorgen die Köhler den Wald von wertlosem Brennholz und veredeln es zu wertvoller Holzkohle.

Als eine der letzten Köhlereien bietet die Harzköhlerei Gelegenheit, die traditionsreiche Verkohlung des Holzes vor Ort kennenzulernen. Hunderte von Jahren war der Harz eines der bedeutendsten vorindustriellen Zentren in Europa. Erzlagerstätten und ausgedehnte Wälder bildeten die Voraussetzungen für ergiebigen Bergbau und Verhüttung der Bodenschätze. Erze und Holzkohle – das waren Schätze des Harzes, die Lebensgrundlage seiner Bewohner. Das für Deutschland einzigartige Köhlereimuseum gibt Einblick in die Entwicklungsgeschichte der Köhlerei und vermittelt einen Eindruck davon, unter welchen schwierigen Bedingungen die Köhler lebten und arbeiteten. Das alte, bis ins Mittelalter zurückreichende Handwerk des Verkohlens sowie das schwere, aber stolze Wirken der Köhler erfährt mit dem Köhlerweg zwischen der Harzköhlerei und Hasselfelde eine Ehrung. Gemeinsam mit dem einzigartigen Museum am Stemberghaus bildet der Köhlerweg ein Ensemble anschaulicher Traditionspflege.

Neben der Möglichkeit, in unserem Köhlerhof mehr über dieses traditionsbehaftete Handwerk zu erfahren und den Köhlern bei ihrer heutigen Arbeit zuzusehen, gibt es in freier Natur regionstypisches Essen und Trinken an der Köhlerrast, erlebt der Besucher ein gemütliches Beisammensein am Grill und die kleinen Gäste können sich auf einem waidmännischen Abenteuerplatz tummeln. Zudem lädt ein Tiergehege zum Besuch ein.

Harzköhlerei Stemberghaus
Stemberghaus 1 · 38899 Hasselfelde
Tel. (03 94 59) 7 22 54 · Fax (03 94 59) 7 38 99
stemberghaus@harzkoehlerei.de
www.harzkoehlerei.de

Harz erleben

Harz erleben

Keine Staumauer in Deutschland ist höher

Ein Bollwerk gegen Überschwemmungen

Der Wasserreichtum des Harzes, hervorgerufen durch die Schneeschmelze und die reichen Niederschläge im Gebirge, führten oft zu großen Überschwemmungen und waren somit immer wieder Gefahren für die Bewohner des Bodetales und des Harzvorlandes. Dem Einhalt zu gebieten und gleichzeitig das kostbare Wasser wirtschaftlich zu nutzen, machten den Bau des Talsperrensystems Bodewerk notwendig.

Inmitten des Harzer Gebirges befindet sich die größte Talsperre im Harz, die vom Höhlenort Rübeland nur fünf Kilometer entfernt ist. Bevor man die Staumauer überquert, führt die Straße noch durch einen Tunnel, vor welchem sich ein Parkplatz befindet. Von diesem Parkplatz aus können Gäste zu Fuß durch den Straßentunnel laufen oder zu einem Aussichtspunkt gehen.

Die Rappbodetalsperre bildet das Kernstück eines ganzen Talsperrensystems im Ostharz. Zu diesem System gehören außerdem die beiden Vorsperren Hassel und Rappbode, das Hochwasserschutzbecken Kalte Bode, die Überleitungssperre Königshütte und die Talsperre Wendefurth.

Über zwei Jahrzehnte Fertigstellungszeit

Die Rappbodetalsperre ist 415 Meter lang und mit einer Höhe von 106 Meter die größte Talsperre in Deutschland. 860 000 Kubikmeter Beton mussten gegossen werden, um dieses einzigartige Bauwerk zu schaffen. Sie ist bei Vollstau in der Lage, eine Wasserfläche von 390 Hektar und mehr als 109 Millionen Kubikmeter Wasser anzustauen. Mehr als zwei Jahrzehnte wurden benötigt, um zwischen 1936 bis 1959 alle zu diesem Talsperrensystem gehörenden Bauwerke fertigzustellen. Auf der anderen Seite der Staumauer befindet sich ein Pumpspeicherwerk. In diesem wird nachts Wasser in ein auf dem Berg befindliches riesiges Wasserbecken gepumpt. Tagsüber fließt dieses Wasser zwecks Energiegewinnung wieder bergabwärts. Neben der Energieerzeugung dient die Rappbodetalsperre dem Hochwasserschutz, der Niedrigwasseraufhöhung und der Trinkwasserversorgung für die Regionen um Halle und Magdeburg.

Von April bis Oktober haben Besucher die Möglichkeit, auf dem Vortragsplatz täglich ab 9.30 Uhr fachliche Erläuterungen anzuhören. Besichtigung des Inneren der Talsperre sind zudem jeden Mittwoch ab 14 Uhr und am Wochenende ab 10.30 Uhr möglich. In den Harzer Talsperren können insgesamt etwa 400 Millionen Kubikmeter Wasser gespeichert werden. Viele der im Harzvorland gelegenen Städte und Regionen versorgen sich aus diesem Reservoir mit qualitativ hochwertigem Trinkwasser.

Blick ins Staubecken Wendefurt

Rabbodetalsperre Staumauer

Naturschutzgroßprojekt hilft Naturerbe zu bewahren

Grenzerfahrungen – zwischen Libellen und ehemaligem Todesstreifen

Wie eine Perlenkette wertvoller Biotope fädelt sich entlang der ehemaligen deutsch-deutschen Grenze von der Ostsee über Elbe, Harz, Rhön und Thüringer Wald bis ins sächsisch-bayerische Vogtland und zum Fichtelgebirge ein 1393 Kilometer langes Grünes Band. »Aktionäre« haben durch ihre Spenden symbolische Anteilscheine am Grünen Band erworben und setzen sich damit für dessen langfristige Erhaltung ein. Einst bestimmten Stacheldraht und Plattenweg das Bild an der Grenze, die Ost und West teilte. Mit der politischen Wende konnte auf diesem Weg der Grundstein für ein einzigartiges Projekt gelegt werden. Das Grüne Band gilt als ein unverzichtbares »lebendiges Denkmal« der jüngeren deutschen Zeitgeschichte. Es verbindet große, für den Naturschutz wertvolle Gebiete, hat Anteil an 17 Naturräumen und beheimatet über 600 Tiere und Pflanzen, die auf der Roten Liste stehen. Ziel ist es, die einzigartigen Lebensräume, die sich im Schatten des Streckmetallzaunes entwickelt haben, als Teil des nationalen Naturerbes und historisches Symbol für künftige Generationen dauerhaft zu erhalten, sie für Einheimische und Touristen erlebbar zu machen und ihren Wert zu verdeutlichen.

Eine der Mütter des Grünen Bandes ist die heutige Bundestagsabgeordnete Undine Kurth aus Quedlinburg, die naturschutz- und tourismuspolitische Sprecherin der Grünen. Sie hatte am 17. Dezember 2004 den Antrag zur Sicherung des Grünen Bandes als längster Wald- und Offenland-Biotopverbund Deutschlands und Erinnerungsstätte mit eingebracht. »Als Tourismuspolitikerin, leidenschaftliche Naturschützerin und Kind der DDR sehe ich dabei einen über den Schutz der Natur hinausgehenden Aspekt. Das ist ein Stück unserer Biografie. Wir müssen, wenn die Zeitzeugen gestorben sind, auch Orte des Erinnerns haben. Die ehemalige innerdeutsche Grenze ist so ein lebendiges ökologisches und kulturelles Denkmal, das an die deutsche Teilung erinnert und der nachwachsenden Generation Zugang zur Geschichte vermittelt.« Vom todbringenden Grenzstreifen werde sich das Grüne Band zu einer Lebenslinie entwickeln.

Alles atmet Geschichte. Das stehen gelassene scharfe Streckmetallgitter wird zum stillen Denkmal. Das Naturschutzgroßprojekt Grünes Band wird darüber hinaus einen bedeutenden Baustein für die Entwicklung der Harz-Region darstellen. So kann schon mittelfristig von einem steigenden Erlebnis- und Erholungswert

Wandern am Grünen Band (Foto: Nationalparkverwaltung)

Harz erleben

ausgegangen werden, der sich in höheren Erlösen aus dem ländlichen Tourismus und den damit verflochtenen Wirtschaftsbereichen niederschlägt. Wichtige Ansatzpunkte im Rahmen einer flankierenden Regionalentwicklung sind vor allem die Förderung des Landtourismus, die Vermarktung ökologisch produzierter Lebensmittel und damit die Schaffung dauerhaft gesicherter Arbeitsplätze in Naturschutz, Gastronomie, Lebensmittelverarbeitung und -handel. Ländlicher Tourismus als Wirtschaftszweig ist von der Existenz intakter Natur- und Kulturlandschaften abhängig.

So darf es keine Löcher im Band geben. Schließlich ist es auch Keimzelle der europäischen Initiative für ein Netzwerk von Lebensräumen entlang des ehemaligen »Eisernen Vorhangs«. Vom Eismeer bis ans Schwarze Meer haben sich ebenfalls Gebiete mit eindrucksvoller Natur und naturnahe Kulturlandschaften auf einer Länge von 8500 Kilometern entwickelt.

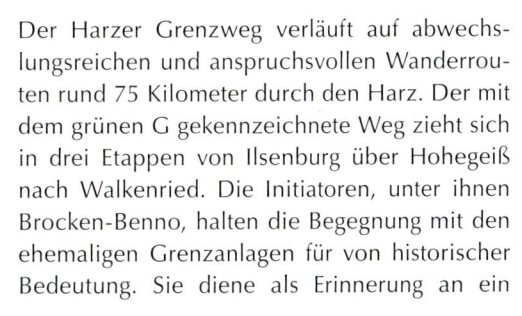

Alte Grenzwege gehen

Der Harzer Grenzweg verläuft auf abwechslungsreichen und anspruchsvollen Wanderrouten rund 75 Kilometer durch den Harz. Der mit dem grünen G gekennzeichnete Weg zieht sich in drei Etappen von Ilsenburg über Hohegeiß nach Walkenried. Die Initiatoren, unter ihnen Brocken-Benno, halten die Begegnung mit den ehemaligen Grenzanlagen für von historischer Bedeutung. Sie diene als Erinnerung an ein vergangenes Kapitel deutscher Geschichte sowie an den kalten Krieg. So sei der Brocken, von 1961 bis 1989 militärisches Sperrgebiet und heutiges Symbol der Einheit und Freiheit Deutschlands, ein wichtiger Bestandteil des Harzer Grenzweges. Der Grenzweg kann in nördlicher oder südlicher Richtung um jeweils eine Etappe nach Wernigerode und Bad Sachsa und Wieda verlängert werden.

Diese Säule markierte den Verlauf der DDR-Staatsgrenze.

Auf dem Kolonnenweg fuhren einst die Grenztruppen der DDR.

Foto: Nationalparkverwaltung

Harz erleben

Brocken auf Briefmarken verewigt

Naturwunder, Kirchen, Burgen, Schlösser und technische Bauten

Von Dietrich Ecklebe, Vorsitzender des Landesverbandes der Philatelisten in Sachsen-Anhalt e. V.

Der Harz ist reich an Naturschönheiten und zieht dadurch viele Touristen an. Hauptziel ist natürlich der Brocken, mit 1142 m der höchste Berg des Harzes. Die Brockenkuppe liegt bereits über der Baumgrenze, während Urwälder und Moore die Hänge bedecken. Viele seltene Tiere wie die Wildkatze, der Auerhahn und nun auch wieder der Luchs finden hier ein Zuhause. Auch die Pflanzenwelt ist einmalig, blühen doch auf der Kuppe verschiedene Enzianarten und die nur hier vorkommende Brockenanemone. Daher wurde der Brocken und einige Jahre später auch der Oberharz zum Nationalpark erklärt und auf Briefmarken verewigt.

Die Zahl der Naturschutzgebiete ist reich, aber zwei stellen noch Besonderheiten dar. Die Teufelsmauer bei Thale ist das älteste Naturschutzgebiet Deutschlands. Die bizarren Sandsteinfelsen bilden eine Kette am Rand des Nordharzes.
Das Bodetal bei Thale gilt als mächtigste Schlucht zwischen Alpen und Meer. Der Fluss Bode hat sich in die Granitfelsen ein 200 m tiefes Tal geschliffen. Die sagenumwobenen Felsen ragen senkrecht auf und beherbergen teilweise germanische Kultstätten. Auch hier sind viele seltene Tiere zu Hause, wie Wanderfalke, Wasseramsel, Feuersalamander und Wildkatze.
Die Briefmarke der biber post ging aus einem Zeichenwettbewerb an einer Schule in Thale hervor.

Durch den Harzkreis führt die Straße der Romanik. In Halberstadt, Osterwieck, Ilsenburg, Drübeck, Blankenburg, Quedlinburg, Gernrode, Ballenstedt und Meisdorf gibt es romanische Bauten zu bewundern. Einige sind philatelistisch belegbar. Bei Blankenburg liegt das Kloster Michaelstein, das heute Musikinstitute und ein Museum beherbergt. Das ehemalige Refraktorium dient als stimmungsvoller Konzertsaal. Das Torgebäude ist besonders malerisch.

Die Stiftskirche in Gernrode ist besonders wertvoll, denn sie stellt eine fast unverändert erhaltene ottonische Kirche dar. Bereits 961 wurde die Kirche, die Markgraf Gero bauen ließ, geweiht. Einmalig ist das heilige Grab.

Im nicht weit entfernt liegenden Ballenstedt hat das Land Anhalt seinen Ursprung. In dem romanischen Teil des Schlosses liegt auch Albrecht der Bär begraben.

Mit der Burg Falkenstein hat sich auch eine mittelalterliche Burg vollständig erhalten. Heute beherbergt sie ein Museum und ist ein Touristenanziehungspunkt. Im Rahmen der Serie Burgen gab die DDR eine Briefmarke mit der Abbildung der Burg Falkenstein heraus.

Naturwunder Brocken

Schloss Ballenstedt mit romanischem Teil, Briefmarke Burg Falkenstein

Viele weitere Orte haben historische Sehenswürdigkeiten aufzuweisen, die philatelistisch belegbar sind. Oft haben die Städte und Gemeinden damit

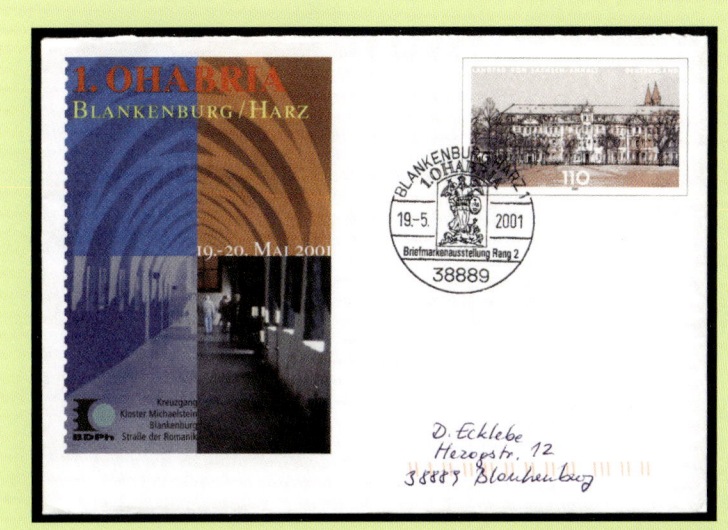

Harz erleben

Kreuzgang Kloster Michalstein

Naturwunder Brocken

Felsen im Bodetal

Bodetal

Naturwunder Brocken

Rappbodetalsperre

Typische Beispiele dafür sind die Sonderstempel zum Ortsjubiläum in Blankenburg: 1937 das 700. und 1983 das 750. Dazwischen liegen keine 50 Jahre, aber 1933 hatte die Stadt nicht das Geld für eine Feier und so hat man sie auf 1937 verschoben. Mit Stempeln kann man also konkret die Geschichte der Orte belegen und bei Briefmarkenausstellungen stellen Philatelisten gern Sehenswürdigkeiten ihrer Heimatgemeinden dar. Bildpostkarten sind eine Möglichkeit gewesen, direkt auf den Ort aufmerksam zu machen. Leider gibt es diese Variante heute nicht mehr.

Den Abschluss der kurzen philatelistischen Ausflüge in den Harzkreis soll ein modernes Bauwerk bilden. 1957 wurde die Rappbodetalsperre eingeweiht. Sie ist mit einer Mauerhöhe von 104 Meter Deutschlands größte Talsperre. Sie dient nicht nur dem Hochwasserschutz, sondern der Trinkwasserversorgung und Stromerzeugung. Natürlich kam bei der Einweihung auch ein Sonderstempel zum Einsatz. Später erschienen noch zwei Briefmarken.

Torgebäude Kloster Michaelstein, Erzengel Michael, Relief vom Torhaus im Stempelbild

selber geworben, indem sie einen Werbestempel bei der Post in Auftrag gegeben haben und so auf allen Briefen auf ihre Sehenswürdigkeiten aufmerksam machten. Dafür ist der Stempel mit der Burgruine Regenstein bei Blankenburg ein gutes Beispiel, der viele Jahre im Einsatz war. Zu bestimmten Jubiläen kommen Sonderstempel zum Einsatz und natürlich wirbt man damit für die Stadt.

Harz erleben

Perlen wickeln mit Hilfe einer Glasbläserin

Freigeblasene Tropfenleuchten

Im Zeichen der kleinen Brockenhexe

Die Glaserlebniswelt im Harz

Das Signet der kleinen Brockenhexe kennzeichnet die Produkte der Glasmanufaktur Harzkristall, womit man auf den regionalen Ursprung verweist. Doch es waren Glasmacher und Veredler, die infolge des Krieges ihre sudetendeutsche Heimat verlassen mussten, die hier nach 1945 den Grundstein für die Glasproduktion legten. Der Mangel an geeignetem Rohglas führte zu dem mutigen Schritt, in der Nähe von Derenburg eine eigene Hütte zu bauen.

Einst durften nur die Sieger aus dem Kelch des Königs trinken. Heute überreicht man von echten Meistern ihres Handwerks gefertigte Kristall- und Glasobjekte. Erfahrene Glasveredler nutzen moderne Schleif-, Bohr- und Diamantsägetechnik oder bearbeiten das Glas im Sandstrahlverfahren individuell. 500 verschiedene Leuchtengläser werden pro Jahr in der Glasmanufaktur Harzkristall gefertigt. Hier reicht die Palette von moderner Leuchtglasentwicklung bis zu historischen Formen aus 150 Jahren Glasbaugeschichte. Die Fähigkeiten der Glaskünstler ermöglichen auch individuelle Sonderanfertigungen.

Auf Tour durch die Glaserlebniswelt

Staunen, erleben und einkaufen – einen gläsernen Erlebnistag für Alt und Jung bietet die Glasmanufaktur in Derenburg, nur 5 km von Wernigerode entfernt!

Die Glasmanufaktur Harzkristall gehört zu den wenigen noch produzierenden Mundglashütten in Deutschland. Sie entwickelt sich mehr und mehr zu einem kulturellen und handwerklichen Tourismuszentrum im Harz. Die Glaserlebniswelt mit dem Rundgang »manufaktOur«, bei dem die Gäste die Gluthitze des Ofens hautnah spüren und den Glasmachern bei der anstrengenden Arbeit zuschauen können, bereichert wesentlich das touristische Angebot. Die Besucher können dabei zusammen mit dem Glasmacher von der Perle bis zur Glaskugel selbst Hand anlegen und so erfahren, wie viel Geschick es erfordert, um aus einer glühenden, zähen Masse eine grazile Vase oder eine einmalige Schale zu fertigen.

Angeboten wird das Blasen einer Glaskugel zusammen mit einem erfahrenen Glasmacher direkt am heißen Schmelzofen, das Wickeln einer Schmuckperle oder das Gestalten einer kleinen Dekorkugel mit Hilfe eines Glasbläsers vor der offenen Flamme.

Harz erleben

Abenteuerspielplatz Glaszauberland

Das gesamte Außengelände wurde zu einer weitläufigen Parkanlage umgestaltet, die zum Entspannen und Verweilen einlädt und auf dem Abenteuerspielplatz »Glaszauberland« können sich Kinder aller Altersgruppen austoben. Eltern können unterdessen durch die Einkaufswelten mit Weihnachtsland bummeln oder in aller Ruhe auf der Sonnenterrasse einen Kaffee genießen. Nebenan plätschert ein Wasserfall über einen kleinen Bachlauf in den Teich, der mitten im Park liegt.

Hier in Derenburg soll nicht nur die Faszination Glas gepflegt werden. Es laden Kunst- und Kulturtage in verschiedenen Ausführungen, Ausstellungen, mitreißende Konzerte und Ferien-Kreativtage das ganze Jahr über große und kleine Gäste ein. Platz finden alle Touristen in der großen Veranstaltungsarena »Theatron« – unter freiem Himmel, vor der herrlichen Kulisse des nördlichen Harzes.

Glasmanufaktur Harzkristall GmbH & Co. KG
Im Freien Felde 5 · 38895 Derenburg
Tel. (03 94 53) 68 00
Fax (03 94 53) 6 80 25
info@harzkristall.de · www.harzkristall.de

Glasmacher bei der Herstellung von Leuchtenglas

Pullman City
Home of Cowboys & Country Music

Pullman City Harz liegt am Ortsrand des Luftkurortes Hasselfelde, in der wunderbaren Gegend des Naherholungsgebietes des Ostharzes. Auf einem Areal von 100 000 qm wurde hier im geschichtsträchtigen Landkreis Wernigerode eine Westernstadt nachgebaut, die in der Mitte des 19. Jahrhunderts anzusiedeln ist.

Nur unweit vom Brocken entfernt fühlen Sie sich in die Vergangenheit der amerikanischen Kultur und Geschichte zurückversetzt.

Pullman City ist dabei völlig gewaltfrei, d.h. es wird nicht geschossen und auf jegliche Art von Gewaltverherrlichung verzichtet. Die im Juli 2000 eröffnete Westernmetropole bietet ein umfangreiches Unterhaltungsprogramm mit stündlich wechselnden Showprogrammpunkten für die ganze Familie.

In diesem Themenpark wird das Motto »Mit den Tieren zurück zur Natur« in den Vordergrund gestellt. Auch die Pferdefreunde kommen hier voll auf ihre Kosten. Dafür stehen Ponys, Trailpferde und Kutschen bereit, mit denen man sich in Begleitung im gesamten Park so richtig vergnügen kann.
Für Wanderreiter stehen Stallungen und Paddocks zur Verfügung.
Neben Tiergehegen und Abenteuerspielflächen gibt es zahlreiche stilvolle und authentische Über-

Harz erleben

nachtungsmöglichkeiten in Blockhäusern und Tipis mit Lagerfeuerstellen für ein unvergessliches Erlebnis. In der stadteigenen St. Peter´s Church können selbstverständlich Trauungen vollzogen werden, die in der stadteigenen Zeitung, der Pullman City Tribune, verkündet werden können. Der interessierte Besucher kann in der lebenden Westernstadt auch zwei Museen mit seinen Dauerausstellungen besichtigen. Einblick in die amerikanische Besiedlungsgeschichte erhält der Besucher im Old West Museum. Im Mandan Erdhaus erhält man anhand von zahlreich ausgestellten Exponaten einen kleinen Einblick in die indianische Kultur und Geschichte.

Wer sich aktiv in Pullman City betätigen möchte, kann unter anderem mit fachmännischer Anleitung im Klondike Goldwash Camp nach Gold schürfen, vor der Yukon River Bay Trading Post sein Geschick beim Hufeisenwerfen oder in der Shooting Range seine Treffsicherheit unter Beweis stellen.

Natürlich kommen auch Tanz- und Musikfreunde voll auf ihre Kosten, da im Big Moose Saloon und in der Big Moose Dance Hall viele Live Bands aus der nationalen und internationalen Country Szene für Unterhaltung sorgen.

Bodega Mexicana, Buffalo Bill´s Steak & Coffeehouse und McBryan´s Fast Food sorgen bestens für das leibliche Wohl und in den zahlreichen Geschäften wird all das angeboten, was der »echte Cowboy« zum Leben braucht. Im O'Harah's können Tagungen und Seminare durchgeführt werden, und das Grand Silver Star Hotel bietet komfortable und stilgerechte Übernachtungsmöglichkeiten.

Lassen auch Sie sich von der abwechslungsreichen Angebotsvielfalt der lebenden Westernstadt Pullman City überzeugen.

Pullman City/Harz
Am Rosentale 1 · 38899 Hasselfelde
Tel. (03 94 59) 73 10 · Fax (03 94 59) 731 10
info@westernstadt-im-harz
www.westernstadt-im-harz.de

237

Harz erleben

Erkundungen unter der Erde

Faszinierende Tropfsteinwelt macht Rübeland zu einem Mekka für Höhlenfreunde

Der Höhlenort Rübeland als Ortsteil der Einheits- und Nationalparkgemeinde Elbingerode liegt eingebettet im Tal der Bode. Die zu beiden Seiten schroff aufsteigenden Felswände geben dem Ort einen besonderen Charakter. Seit Jahrzehnten sind die Rübeländer Tropfsteinhöhlen fester Bestandteil eines Harzurlaubes. Hier heißt es, wirkliche Naturreichtümer zu erleben und sich von der Vielzahl und Schönheit der Tropfsteinformationen und Sintergebilden verzaubern zu lassen. Die Rübeländer Tropfsteinhöhlen, unweit von Wernigerode gelegen, zählen zu den ältesten Schauhöhlen Deutschlands. Als Naturdenkmäler sind sie unter Schutz gestellt und ziehen mit ihren in Stein gewachsenen Reichtümern von Jahr zu Jahr mehr Besucher an. Die Rübeländer Tropfsteinhöhlen sind aufgrund ihrer geologischen Besonderheiten im UNESCO-Geopark Harz-Braunschweiger Land-Ostfalen, aber auch innerhalb des deutschen Höhlenkatasters einzigartig. Denn wo gibt es sonst die Chance,

Bizarre Stalagmiten und Stalaktiten faszinieren die Betrachter.

innerhalb einer Entfernung von 500 Meter zwei grundverschiedene Höhlentypen zu sehen. Die Baumannshöhle verzaubert mit ihrem Tropfsteinschmuck, die Hermannshöhle ist ein Paradebeispiel für die Entstehung einer Flusshöhle. In Jahrmillionen haben sich in diesen Höhlen durch Kalkablagerungen zahlreiche und sehr große Tropfsteine gebildet. Es gibt in Rübeland aber noch weitere Tropfsteinhöhlen, welche aber nicht für Touristen zugänglich sind. Die bedeutendsten davon sind die Bielshöhle und die Schmiedeknechthöhle. Vor etwa 200 Jahren war die Bielshöhle ein großer Anziehungspunkt für Besucher. Leider haben die damaligen Besitzer der Höhle die vorhandenen Tropfsteine nach und nach abgesägt, um sie als Souvenir zu verkaufen. So ist diese Höhle heute ihrer Schönheiten beraubt und für Besucher nicht mehr zugänglich. Die Schmiedeknechthöhle wurde erst vor etwa 50 Jahren entdeckt. Hier befindet sich der größte derzeit bekannte Tropfstein des Harzes mit einem Umfang von etwa 3 Meter und einer Höhe von 3,25 Meter. Eine touristische Erschließung dieser Höhle ist zur Zeit nicht geplant.

Die Baumannshöhle glänzt mit ihrem reichhaltigen Tropfsteinschmuck und macht sich vor allem mit dem »Goethesaal«, Deutschlands einziger unterirdischer Naturbühne und künstlich angelegtem Wolfgangsee einen Namen über Europas Grenzen hinaus. Einer Sage nach wurde die Baumannshöhle zufällig durch den Bergmann Friedrich Baumann entdeckt, als dieser auf der Suche nach Eisenerz war. Schon seit etwa 1500 gibt es in der Baumannshöhle Besuche, seit etwa 1646 den regelmäßigen Führungsbetrieb.

Für Kinder gibt es besondere Höhlen-Touren.

Die Höhlen sind der Besuchermagnet von Rübeland.

Grottenolme in der Höhle

Die Hermannshöhle, nur etwa 400 Meter von der Baumannshöhle entfernt, bietet ein reizvolles Pendant zur Baumannshöhle. Sie ist in ihren Ausmaßen wesentlich größer als die Baumannshöhle und stellt ein typisches Beispiel für die Entstehung einer Flusshöhle dar. Die Hermannshöhle wurde 1866 bei Straßenbauarbeiten entdeckt und nach ihrem Erforscher Hermann Grotrian benannt. Bereits am 1. Mai 1890 wurde sie als erste Höhle Deutschlands mit elektrischer Beleuchtung versehen. Die Hermannshöhle fasziniert mit herrlichen Tropfsteinen, imposanten Sintergebilden und vor allem einer Kristallkammer mit funkelnden Calzitkristallen, die ihresgleichen sucht. Der Olmensee ist Heimstatt von 13 Exemplaren des seltenen Grottenolms.

Die Rübeländer Tropfsteinhöhlen bieten als Bestandteil des Tourismusbetriebes der Stadt Elbingerode eine Vielzahl an Angeboten für Einheimische und Touristen.

Während der Saison, die von Mai bis Oktober andauert, haben beide Höhlen parallel täglich geöffnet. In den anderen Monaten werden nur in jeweils einer Höhle Führungen angeboten. Auch an die kleinen Gäste wird gedacht. Denn neben speziellen Kinderangeboten wie Kindergeburtstage oder Erlebnisführungen für Gruppen gibt es spezielle Gruppenangebote mit musikalischer und kulinarischer »Umrahmung«. Firmenevents, Sektempfänge, Trauungen oder Konzerte hat es schon gegeben. Wer unvergessliche Erlebnisse in einer unvergleichlichen Atmosphäre erleben möchte, ist herzlichst dazu eingeladen.

Längst sind auch die »Höhlenfestspiele« für Theateraufführungen in der Sommer- und Wintersaison vom anfänglichen Geheimtipp zu Aufführungen mit Kultstatus avanciert, für die man sich rechtzeitig um Eintrittskarten bemühen sollte.

Harz erleben

Eine bunte und vielfältige Harzer Pflanzenwelt

Die Pracht der Frühlingsblumen

Adonisröschen – kleine gelbe Sonnen im welken Gras

Wer sich für Pflanzen interessiert und ein Auge für die kleinen Schönheiten am Wegesrand hat, der ist im Harzvorland genau am richtigen Ort. Man muss kein Botaniker sein, um die Vielfalt der Pflanzenwelt zu erkennen und zu genießen, der man zu allen Jahreszeiten unterwegs begegnet. Sehr früh schon haben Botaniker sich mit der Pflanzenwelt des Nordharzvorlandes beschäftigt, und sie tun es auch heute noch.

In kalten Nächten in feine Pelze gehüllt

Wenn die Brockenkuppe noch Schnee trägt und die Wälder im Oberharz, in denen gerade das erste Grün sprießt, noch winterlich aussehen, ist im Vorland bereits der Frühling eingezogen. Zu den ersten Pflanzen, die sich aus dem welken Gras des Vorjahres ins Freie wagen, gehört die Wiesen-Kuhschelle. Die kleinen violetten Blüten sind gegen die kalten Nachttemperaturen noch in feine Pelze gehüllt. Bald darauf öffnen sich die gelben Sonnen der Adonisröschen an den Südhängen, große strahlende Sterne neben den bescheidenen Blüten des Frühlings Fingerkrauts und des Steinkrautes. Die ehemaligen Ziegenberge, die intensiv beweidet wurden, sind Magerrasen-Standorte, wo diese Frühlingsboten neben typischen Steppenpflanzen wie etwa den Federgräsern günstige Lebensbedingungen finden.

In der Vorharzregion hat es auch in einer früheren Wärmeperiode bereits Weinberge gegeben, auf denen unsere Vorfahren Trauben ernteten. Ortsbezeichnungen wie »Weinberg«, die sich in der Region ziemlich häufig finden, deuten darauf hin. Für alte Weinberge trifft das Gleiche zu wie für die Ziegenberge, es sind Refugien seltener und geschützter Pflanzenarten. Anfang der 60er-Jahre des 20. Jahrhundert wurden bereits die ersten dieser Gebiete deswegen unter Landschaftsschutz oder Naturschutz gestellt.

Schafe übernahmen die Rolle der Ziegen

So entstand neben anderen südlich von Halberstadt das Naturschutzgebiet »Harslebener Berge – Steinholz«. Auch in der Feldflur östlich des Huy, eines mit Buchenwald bestandenen Höhenrückens nördlich von Halberstadt, und an weiteren Orten kann man seltene Frühlingsblumen antreffen. Es sollte jedoch längst bekannt sein, dass diese bei uns unter Naturschutz stehen und Pflücken oder Ausgraben nicht erlaubt sind. Besser, man nimmt schöne Fotos mit nach Hause, denn gerade die Pracht der Frühlingsblumen vergeht rasch in der Vase.

Abwechslungsreiche Wander- und Radwege führen durch diese Gebiete, so dass man bequem vom Wege aus die Pflanzenwelt der jeweiligen Jahreszeit bewundern kann. Hier trifft man auch zuweilen auf einen Schäfer mit seiner Herde, denn die Schafe haben heute die Rolle der Ziegen übernommen und halten die weiten Hügelflächen offen. Würden die Hänge nicht regelmäßig beweidet, hätte sich der Wald sein ursprüngliches Areal bald wieder erobert.

Der Wald hat natürlich auch seine Favoriten, die das Sonnenlicht ausnutzen, ehe sich in den Laubwäldern ein dichtes Blätterdach gebildet hat. Hier bietet sich dem Auge in den Monaten Februar und April ein ganz anderes Bild: Schon ganz zeitig, wenn die ersten Schneeglöckchen und Winterlinge in den Gärten blühen, schieben sich auf kalkreichen, nährstoffreichen Böden die grünen Spitzen der Frühlings-Knotenblumen aus dem vorjährigen Laub und öffnen bald ihre großen, weißen Glöckchen mit den gelbgrünen Flecken am Blütenzipfel. Man kann sie in den Wäldern von Huy und Fallstein noch finden, während sie an anderen Orten bereits verschollen sind. Wenn warmes, sonniges Wetter herrscht, folgen rasch weitere Frühblüher wie Leberblümchen, Lungenkraut und Buschwindröschen. Die Leberblümchen zeigen ihr leuchtendes Blau bereits, bevor sich die neuen Blätter entwickeln. Das Lungenkraut hat zunächst hellrote Blüten, die sich später zu Violett umfärben. Beide deutsche Namen deuten darauf hin, dass die bei uns nicht gerade häufigen Pflanzen früher auch in der Medizin Anwendung fanden.

Zahlreich und unübersehbar sind dagegen die weißen, oft an der Außenseite rosa angehauchten Blüten des Buschwindröschens. Wie ein Teppich bedecken sie stellenweise den Boden unter den alten Buchen, eine Frühlingswiese, weiß leuchtend im Sonnenschein, aber mit geschlossenen Blüten bei kalter und nasser Witterung. Der volkstümliche Name »Osterblume« lässt Erinnerungen an Osterspaziergänge und Ostereiersuchen wach werden.

Eine Seltenheit des Frühlingswaldes, für die es scharfe Augen braucht, ist der Seidelbast, ein kleiner Strauch mit rosa Blüten, die einen starken, angenehmen Duft verströmen. Er ist stark giftig und steht bei uns unter Naturschutz.

»Eine Kleinausgabe der europäischen Florengebiete«, so begeistert wie treffend bezeichneten Botaniker den Pflanzenreichtum des Vorharzgebietes. Die geographische Lage der reich strukturierten Landschaft an der Übergangszone vom Subatlantischen zum Subkontinentalen Klima mit ihrer Vielfalt von Höhenstufen und unterschiedlichen Böden ist dafür verantwortlich, dass auf dieser relativ kleinen Fläche mehr als 60 Prozent aller in der BRD vorkommenden Pflanzenarten gedeihen.

In feine Pelze gehüllt, die Blüten der Wiesen-Kuhschelle

Leberblümchen gehören zu den ersten Frühlingsblumen im Wald.

Harz erleben

Die Region ist eine steinreiche Gegend

Markante Steingebilde in bizarrer Schönheit

Von Helga Kunze

Steinreich ist das ganze Harz- und Vorharzgebiet im wahrsten Sinne des Wortes, von den großen Granitfelsen des Oberharzes bis zu den Steinwällen des Vorlandes, die einst ein überlisteter Teufel wütend zur Teufelsmauer aufgetürmt hat.
Rund 20 Kilometer lang ist der Höhenzug mit der Teufelsmauer, die sich in unterschiedlicher Höhe und Ausformung von Warnstedt und Weddersleben über Blankenburg bis nach Heimburg erstreckt. Bereits Alexander von Humboldt prägte Anfang des 19. Jahrhunderts den Begriff »Naturdenkmal«, und bald darauf erkannte eine weitsichtige Obrigkeit den Wert und die Einmaligkeit dieses Naturgebildes. Am 8. Juli 1852 wurde die Teufelsmauer durch den Landrat von Quedlinburg durch eine Polizeiverordnung unter Schutz gestellt. Einige Jahre darauf hätten die umliegenden Gemeinden gern das Steinmaterial zum Bauen benutzt und stellten auch einen entsprechenden Antrag. Der wurde jedoch abgelehnt. So sind bis heute die zwar verwitterten, aber sonst unge-

Blick von der Teufelsmauer auf Weddersleben

störten, markanten Steingebilde in ihrer bizarren Schönheit zu bewundern.

Nördlichste Saale-Unstrut-Weine und Sonnenscheiben

Unter den mit Steinen bedeckten Hügelrücken im Harzvorland spielt der Kamelfelsen bei Westerhausen eine besondere Rolle. Er erinnert von der Seite betrachtet in der Tat verblüffend einem dieser Wüstenbewohner. An seiner Südseite hat ein mutiger Weinbauer vor einigen Jahren Rebsorten angepflanzt, die recht gut gedeihen. Sein Weinberg liefert Rot- und Weißweine, die zum Anbaugebiet Saale-Unstrut zählen.

Der Höhenzug mit dem steinernen Kamel weist jedoch noch weitere Besonderheiten auf. Er muss wohl auch unseren Vorfahren schon aufgefallen sein. Vielleicht hat hier einst ein Germanenfürst oder Priester feierlich die Feste des Jahres, Frühlingsbeginn, Sommersonnenwende, Herbsttagundnachtgleiche sowie die Wintersonnenwende begangen. Der auch gebräuchliche Name für den 190 Meter hohen Felsen, Königsstein, könnte sich auf diese alte Überlieferung beziehen. Das Geheimnisvollste aber sind zwei kreisrunde, aus dem harten Gestein an der Nordseite reliefartig herausgemeißelte Sonnenscheiben. Diese Scheiben sind sehr selten in ganz Mitteleuropa und geben den Wissenschaftlern noch immer Rätsel auf.

Weitere Steine, deren Alter ebenfalls bis in vorgeschichtliche Zeiten reicht, finden sich u. a. in der Feldflur zwischen Heimburg und Benzingerode. Auch hier sind sich die Experten nicht einig, welchem Zweck sie einst gedient haben. Die Rede ist von mehreren Menhiren, aufrecht stehenden großen Steinblöcken, wie man sie z. B. auch in der Bretagne findet. Ar-men-hir, das bretonische Wort, bedeutet »langer Stein«. Einer dieser Steine, den man von der B 6n sehen kann, ist bei einer Breite von etwa 1,30 Meter stolze 4,40 Meter hoch, ein steinernes Zeichen aus der Zeit vor rund 4000 Jahren.

Man braucht jedoch nicht einmal die Stadt zu verlassen, um alte Steine zu bewundern. Jeder Halberstädter kennt ihn, den »Teufelsstein« auf dem Domplatz, auch Lügen- oder Leggenstein genannt. Dieser große Findling mag schon hier gelegen haben, ehe Karl der Große im Jahre 804 das Bistum Halberstadt gründete. Gut möglich, dass er als Gerichtsstein diente, an dem man sich versammelte, Rat hielt oder Recht sprach. Solch heidnische Dinge passten den Christen natürlich nicht, und so entstand wohl die Sage vom Teufelsstein.

Einsiedler hausten in der Klause

Im Landschaftspark Spiegelsberge, direkt vor den Toren der Stadt, finden sich mehrere Felshöhlen und in den Klusbergen eine ehemalige Einsiedelei mit Wohnhöhlen und einer kleinen Kapelle in einem mächtigen Sandsteinblock. Wie der Name

Unterhalb des Königsstein ranken die Weinreben.

bereits verrät, hauste hier ein Einsiedler in seiner Klause. Auch danach soll der Klusfelsen noch bewohnt gewesen sein und sein Bewohner sich hauptsächlich von der Hasenjagd ernährt haben. Ein weiteres markantes Felsgebilde westlich von Halberstadt ist der Gläserne Mönch am westlichen Ausläufer der Thekenbergen. Er ähnelt mit seiner über dem Kiefernwald sichtbaren Felsklippe mit viel Fantasie einer Mönchsgestalt mit Kapuze. Auch dieser Felsen hat seine Geheimnisse und seine Sage. In der Umgebung und am Fuße des Felsens wurden wie auch beim Klusfelsen vorgeschichtliche Siedlungsspuren gefunden, Urnen, Waffen und Gerätschaften aus Stein, Knochen und Bronze.

Neuere archäologische Forschungen im Zusammenhang mit dem Neubau der Bundesstraße 6 haben bestätigt, dass das nördliche Harzvorland seit über 7000 Jahren als bevorzugtes Siedlungsgebiet galt und dementsprechend dicht besiedelt war. Das belegen zahlreiche Funde aus der Stein- und Bronzezeit.

Nur wenige Kilometer südlich von Huy-Neinstedt liegen die »Gletschertöpfe«, zwei glattwandige, zylindrische Vertiefungen im Kalkstein. Als die Gletscher der Saaleeiszeit abtauten, schliffen die im Wasser mitgeführten Gesteine die runden Kessel in Jahrhunderte langer Arbeit in das harte Gestein.

Eine weitere Besonderheit sind die südöstlich von Wilhelmshall an einem Waldweg im Huy gelegenen »Stromatholithen«, nach ihrer Form auch Napf-, Becher- oder Glockensteine genannt. Es sind Ausfällungsprodukte von Kalkalgen, die einst in flachen Lagunen lebten und die Steine Schicht um Schicht entstehen ließen, wo man sie in unseren Tagen in den Bänken des Buntsandsteins entdeckte.

Harz erleben

Vogelwelt reicht von Buchfink bis Rotmilan

Auerhahn nur auf dem Bierfass

Rotmilan (Milvus milvus) (Foto: NABU/Delpho)

Fragt man die Harzer, welcher Vogel typisch für ihre Heimat ist, so könnte eine Antwort lauten: der Auerhahn. Der ist ja nun in der Tat weltbekannt, wenn auch nicht als balzender Wildvogel in den Brockenmooren, sondern in bunter Pracht als Werbeträger für Hasseröder Bier. Es hat nicht an Versuchen gefehlt, den Auerhahn wieder im Harz einzubürgern. Aber das ist ein ziemlich schwieriges Unterfangen, das bisher noch keinen durchgreifenden Erfolg gebracht hat.

Fragt man dagegen einen Harzer aus dem Ort Benneckenstein, so wird vermutlich die Antwort lauten: Für uns ist der Buchfink der typische Vogel. In Benneckenstein wird alljährlich zu Pfingsten ein alter Volksbrauch zelebriert, das Finkenschlagen, bei dem die Buchfinkenmännchen um die Wette singen.

Für den Unterharz und das Harzvorland gibt es aber auch einen Charaktervogel, der allen Bewohnern gut bekannt ist. Dieser stolze Vogel gilt anderswo in deutschen Landen als große Seltenheit. Es ist der Rotmilan, eine von neun Greifvogelarten, die im nordöstlichen Harzvorland vorkommen. Der Rotmilan ist dabei die einzige Art, von der die Hälfte der Weltpopulation in Deutschland lebt. Er hat im Raum Halberstadt, zwischen den Waldgebieten des Huy und Hakel, seine größte Brutdichte. Hier sieht man den Vogel mit dem rostroten Gefieder und dem tief gegabelten Schwanz häufig über den Feldern, Dörfern und Städten kreisen. Bedingt durch die milden Winter bleiben zuweilen bis zu 100 Vögel das ganze Jahr über hier und lassen bereits im Februar ihre trillernden Rufe hören. Sie kommen auf Nahrungssuche bis in die Gärten und holen sich Futter auch von Dächern und Balkonen in den Siedlungen, wenn es sich anbietet. Mit einer Flügelspannweite bis zu 165 Zentimeter gehört der Rotmilan zu den größten Greifvögeln der Region. Erwähnt werden soll noch, dass auch die Konzentration der Greifvögel allgemein im Stadtgebiet von Halberstadt eine Dichte erreicht, wie wohl sonst nirgendwo in Europa. Auch wenn man im Winterhalbjahr mitten in Halberstadt auf schlafende Waldohreulen trifft oder ein Uhu im steinernen Gemäuer der Stadtkirche sein Nest baut, so ist das wohl etwas Besonderes.

Buchfinkenmännchen – ein häufiger Frühlingsvogel

Während in den Hochlagen des Harzes rund 90 Vogelarten heimisch sind, sind es im Vorharz etwa 115 Arten. Auf Wanderungen und Spaziergängen in der Stadt Halberstadt und ihren Parks sowie im weiteren Umfeld hat man daher stets Gelegenheit, diverse Vogelarten zu hören und zu beobachten: Der Eisvogel jagt an den kleinen Flüssen, Graureiher lauern an Fischteichen auf Beute, im zeitigen Frühjahr ertönen die Rufe von Goldammer, Star und Zilpzalp und bald ist der Wald erfüllt von Vogelliedern. Nachtigall, Lerche, Kuckuck und Pirol fehlen nicht im Chor der Sänger, und im Herbst ziehen oft große Züge von Kranichen am nördlichen Harzrand entlang.

Harz erleben

Reges Vereinsleben und dampfende Lok

Von Quellwasser gespeiste Idylle

Die Kleinstadt Hasselfelde mit dem besonderen Flair liegt auf einem Hochplateau auf einer Höhe von etwa 500 Meter in einer reizvollen Umgebung, geprägt durch die Täler der kleinen Flüsse und das Talsperrengebiet von Bode und Rappbode. Die hiesige Hasselvorsperre mit ihrer 21 Meter hohen Betonmauer wurde im Jahr 1959 in Betrieb genommen. Mit dem Stauinhalt von 1,47 Millionen Kubikmeter gehört sie zum Talsperrensystem von Bode und Rappbode.

Auf den 190 Kilometer ausgeschilderten Wanderwegen, einschließlich Terrainkurwegenetz, Naturlehrpfad, Köhlerpfad erleben die Wanderer die urwüchsige Natur des Harzes. Die Hasselfelder Harzerkundung, eine Wanderpauschale und die Lage am Harzer Hexenstieg, dem Harzwanderweg von Osterode nach Thale, bieten Wandererlebnisse der besonderen Art. Erholen und Ausruhen vom Stress des Alltags können sich die Gäste im idyllischen Waldseebad, dessen 10 000 Quadratmeter großes Becken durch reines Quellwasser gespeist wird und das über eine große Liegewiese verfügt, oder bei einer Fahrt mit der Schmalspurbahn. Auch ab Hasselfelde sind Reisen zum Brocken oder nach Quedlinburg in die UNESCO-Welterbestadt möglich. Auf dem Bahn-

Ein Anziehungspunkt ist das romantische Waldseebad.

Stadtzentrum von Hasselfelde

hof lädt eine Museumsdampflok besonders die Kinder zum Erkunden ein.

Von Hasselfelde nach Brasilien

Die Heimatstube bringt die Geschichte der Stadt näher, die schon 1222 Stadtrecht verliehen bekam, aber auch durch fünf große Stadtbrände schwer getroffen wurde. Dort wird die Wohnsituation um die Jahrhundertwende dargestellt, wobei besonders liebenswerte Details, wie Wäschestücke, Handarbeiten, Bilder und Küchenutensilien zu bewundern sind. Dem Hasselfelder Vereinsleben, dem alten Harzer Handwerk, der Forstwirtschaft und der Feuerwehr wird besondere Aufmerksamkeit gewidmet. Mit dem Blumenau-Museum wird der 1819 in Hasselfelde geborene Dr. Hermann Blumenau geehrt, der als bedeutendster deutscher Kolonist Südbrasiliens gilt und nach dem die heutige Großstadt Blumenau benannt ist.

Altes Handwerk und Geschichte erlebbar ist auch an der noch produzierenden Köhlerei am Stemberg. Schaumeiler und das einzigartige Köhlereimuseum stellen die Holzkohleerzeugung dar. Den Wilden Westen mitten im Harz findet man ganz in der Nähe – in der Westernstadt Pullman City II mit großem Erlebnispark.

Harz erleben

Im »Grand Canyon Deutschlands«

Das älteste noch existierende Gast- und Pensionshaus im oberen Bodetal

Das Fischrestaurant »Forelle« in Treseburg, wo der Forellenwirt 34 Gerichte aus heimischen Forellen direkt aus der Bode anbietet, räumt bei Gastronomiewettbewerben immer wieder Preise ab. Das liebevoll rekonstruierte Fachwerkhaus, das aus dem 18. Jahrhundert stammt und heute ein eingetragenes Baudenkmal ist, besitzt 32 freundliche und individuell eingerichtete Zimmer direkt an der Bode und am Harzer Hexenstieg. Als ältestes noch existierendes Gast- und Pensionshaus im oberen Bodetal verkörpert es eine umfassende Geschichte und Tradition, welche die Familie Nürnberg-Pfeiffer heute würdig fortsetzt. In Fischerstube, Bodezimmer, Kamin- und Barraum sowie den Terrassen werden die Hausspezialitäten im Fisch- aber auch Wildbereich mit regionalen Produkten angeboten. Im Hotel befinden sich eine Sauna, Magnetfeldanwendung und Massagen sind möglich. Ein eigenes Reisebüro »Forellen-Reisen« hilft nicht nur bei der Vermittlung dieser Leistungen, sondern sichert auch den Haus-zu-Haus-Service, Harzrundfahrten für die Urlaubsgäste und den Pendelverkehr ins Kurzentrum Bad Suderode. Doch es lohnt sich gerade für Wanderer, die nähere Umgebung zu erkunden.

Der »Grand Canyon Deutschlands«, das obere Bodetal, umfasst die Orte Treseburg, Altenbrak und wird umschlossen vom umgrenzenden Luppbodetal mit den Orten Allrode und Friedrichsbrunn. Einst erhob sich hoch über dem tiefen Tal beim heutigen Ort Treseburg eine stolze Burg, von der die Historiker annehmen, dass es die Treseburg ist, von der in den Berichten über die Kämpfe Heinrichs des IV. mit den Sachsen erzählt wird. Im Bauernkrieg wurde dieser stolze Werkbau zerstört und nur noch Ruinenstücke zeugen von der einstigen Größe der Anlage. Der Talgrund mit Treseburg als traditionellem Luftkurort liegt 300 Meter unter N. N. und dennoch sind weitere 200 Meter Unterschied zu bewältigen, um die Uferhöhen zu erreichen.

Blick auf die Bodeschleife inklusive

Der Erzbergbau, zu dem später Hüttenbetrieb und Pulverherstellung kamen, ernährte die erste Treseburger Generation bis zum Ende des 19. Jahrhunderts. Immer wieder stößt daher der aufmerksame Wanderer auf alte Stollen und Anlagen, empfehlenswert ist der Spaziergang über die alte Rosstrappenstraße bis zu einem alten Stollendurchbruch. Nur wenige Minuten braucht man von Treseburg, um hierher zu kommen. Durch den Stollen erreicht man einen der schönsten Aussichtspunkte, den Wilhelmsblick, in der Nähe der alten Burgstätte und gewinnt einen wundervollen Blick auf die Talsohlen der Treseburger Bodeschleife.

Blick auf das Hotel »Forelle«

In den Gasträumen des Forellenwirtes wird gern gefeiert.

Wanderweg Bodetal

Forelle seit 1837
Ferienhotel und Reisedienst

Ferienhotel »Forelle«
Ortsstraße 28 · 38889 Treseburg
Tel. (03 94 56) 56 40 · Fax (03 94 56) 5 64 44
info@hotel-forelle.de · www.hotel-forelle.de

Die Sage von der Trogfurter Brücke

Wo Heinrich der Löwe sich ein Bein brach

Die Trogfurt wurde erstmals im Jahre 919 erwähnt. Sie bildete den Bodeübergang an einer viel befahrenen Handels- und Heerstraße (Trockweg), welche von Italien über den Harz nach Skandinavien führte. Im Mittelalter war die Überquerung dieses wilden Gebirgsflusses noch mit einem großen Risiko verbunden. So brach sich Heinrich der Löwe im Jahre 1196 an der Trogfurt ein Bein. Später wurde die Furt mit einer Holzbrücke überbaut. Seit dem Jahre 1740 stand an gleicher Stelle eine Brücke aus Stein. Das Material für dieses Bauwerk entnahm man damals vermutlich der Ruine der nahegelegenen Susenburg.

Über die Brücke geht eine Sage. Auf dem Scheunenhof zu Rothehütte lebte vor vielen Jahren ein reicher Mann, der war Oberkommissarius. Eines Tages, als er durch seine Felder ritt, fand er auf einem derselben ein Mädchen, das sich Erbsen pflückte. Im Jähzorn ritt er es nieder, dass es tot liegen blieb. Niemand war Zeuge der Bluttat gewesen. So nahm man einen Unglücksfall an und begrub die Leiche.

Am Abend aber kam der Geist des Mädchens unter das Fenster des Pfarrers zu Elbingerode und erzählte ihm, wie es zu Tode gekommen war. Man sollte den Leichnam nur ausgraben. Da würde man auf der Brust deutlich die Quetschungen durch die Pferdehufe sehen. Würde der Mörder aber leugnen, so sollten ihm drei Blutstropfen aus der Nase fließen. Daraufhin wurde die Leiche untersucht und der Kommissarius vor Gericht gestellt. Er stritt die Tat ab. Da rannen ihm plötzlich drei dicke Tropfen roten Blutes aus der Nase. Der Richter verurteilte ihn zum Tode durch den Strang. Weil er aber reich war, konnte er sich mit einer großen Geldsumme freikaufen. Allerdings musste er zeitlebens einen Strick um den Hals tragen. Für das Blutgeld wurde dann unterhalb von Königshof eine feste Brücke über die Bode gebaut. Vergeblich suchte man nach einem passenden Namen. Schließlich entschied man sich, das erste Wort, das von diesem Augenblick gesprochen wird, soll ihr den Namen geben. Da rief ein Arbeiter: »Min Drog ist furt« (Mein Trog ist fort). Seitdem heißt die Brücke Trogfurter Brücke.

Der Königshütter Wasserfall befindet sich nahe der Bundesstraße 27 im Ortsteil Rothehütte unweit der Eisenbahnbrücke der Rübelandbahn. Er stürzt über einen Felsen etwa 20 Meter in die Tiefe und ist bereits von der Straße aus zu sehen. Der Königshütter Wasserfall wird von einem kleinen Bach gespeist, welcher kurz hinter dem Wasserfall in die Kalte Bode einmündet.

Im Zuge der Kriegswirren sprengte die SS die Brücke am 17. April 1945. An gleicher Stelle wurde nach 1945 eine Brücke aus Beton, Stahl und Holz errichtet. Sie diente der Holzabfuhr. Nach der Fertigstellung der Talsperre Königshütte am 24. August 1956 ist ein Teil Geschichte im Wasser des Stausees versunken.

Harz erleben

Wasserfreunde gern gesehen

Verwöhnatmosphäre im Tal der Bode

Die aus Mooren des Brockens entspringende Bode durchfließt auf ihrem Weg durch die Berge des Harzes auch den malerischen Luftkurort Altenbrak. Zusammen mit den Ortsteilen Almsfeld und Wendefurth zählt Altenbrak etwa 500 Einwohner, also genau richtig für erholsame Ferientage.

Das »Haus-Diana« liegt hier in bevorzugter, ruhiger Südhang-Lage im Ortskern. Unser Ferienhaus mit zwei Ferienwohnungen in Holzbauweise bietet bis zu sechs Personen Raum für Erholung und Entspannung. Der lichtdurchflutete Wohnraum mit gehobenem Ambiente lässt den Alltag vergessen und Urlaub fühlen. Hier kommt bestes Wohlfühl-Flair auf, verspricht Inhaberin Birgit Grulke. Dazu trägt die Vital- und Fitness-Scheune bei, in der Sauna, Erlebnisdusche, eine Infrarotwärmekabine mit Lichttherapie, Gesundheits- und Ruheliegen mit Massagematten De Luxe, Wellnessmusikanlage und ein Fitnessraum Verwöhnatmosphäre versprechen. Ein kostenloser, hauseigener Parkplatz steht Ihnen direkt am Haus zur Verfügung. Der großzügige Pavillon im Garten mit Sitz- und Liegemöglichkeiten sowie Terrasse mit Grill lädt zum Verweilen ein. Erleben Sie Aktivurlaub und Entspannung von Anfang an...in unserem Haus.

Altenbrak wird als Perle des Bodetals bezeichnet und liegt 310 bis 340 Meter über dem Meeresspiegel. Bevor die Bode sich ihren Weg zwischen schroffen Felswänden und tiefen Schluchten in vielen Windungen durch das romantische Bodetal bahnt, will sich das Tal noch einmal in seiner ganzen Schönheit dem Betrachter zeigen.
Von Westen nach dem Osten verlaufend liegt hier, von endlosen Wäldern und saftigen Wiesen umgeben, der Luftkurort Altenbrak. Die Entwicklung unseres Ortes ist in der Heimatstube anschaulich dokumentiert.

Mit dem Boot über die Talsperre

Das Anglerparadies »Bode« für passionierte Angler sowie ein großartiges Panorama mit stillen Flusstälern und Naturschönheiten sind zu jeder Jahreszeit eine Reise wert. In der Forellenzuchtanlage Altenbrak ist die Forelle hautnah zu erleben. Wer das Wasser auf andere Weise liebt, kann den Bootsverleih an der Talsperre im Ortsteil Wendefurth in Anspruch nehmen.
Für die aktive Erholung stehen unser modernes Bergschwimmbad mit Liegewiese, eine Minigolfanlage und ein Abenteuerspielplatz zur Verfügung. Der Kurübungsweg und der Fahrradverleih werden all jene erfreuen, die etwas für ihre Gesundheit tun wollen.

Wohnbereich

Ferienwohnung »Haus-Diana«
Birgit Grulke
Hütteplatz 5 · 38889 Altenbrak
Tel. (03 94 56) 3 41
altenbrak@harzerwald.de
www.harzerwald.de

Harz erleben

Rudern auf dem Stausee und Angeln in der Bode

Touristen mit Ostalgie locken

Wer nach Almsfeld im Harz kommt, findet ein Fleckchen Natur, wo die Luft noch klar und der Wald märchenhaft ist.

Das AZUR Ferienhotel Almsfeld liegt mitten in jener Hochharzer Landschaft, die mit ihrer wildromantischen Schönheit bereits Goethe zum Schwelgen und Dichten verführte. Was dabei den Nationaldichter so bewegte, das spüren Besucher hautnah, wenn sie durch das angrenzende Bodetal wandern. Aber Achtung: In den riesigen uralten Fichten- und Eichenwäldern sollten Wanderkarte und Kompass immer zur Hand sein, denn hier kann man sich noch richtig verlaufen.

»Kultur in freier Natur« erleben Gäste live auf der Bodetaler Waldbühne in Altenbrak: Der Harzer Jodler-Wettstreit, Theater- und Musikfestspiele sowie regelmäßige Folkloreveranstaltungen begeistern immer wieder die Freunde heimatlicher Klänge. Weitere Sehenswürdigkeiten, die nicht nur Kinderaugen staunen lassen, sind die Tropfsteinhöhlen und Schaubergwerke in Rübeland, Thale mit seinem Hexentanzplatz und die Harzer Schmalspurbahn.

Aber auch Badespaß ist im Altenbrak »gleich um die Ecke« möglich: Hier können Familien den lieben langen Tag mit ihren Kindern im Wasser toben. Petrijünger finden entlang der kristallklaren Bode ihr Pläsier. In der kalten Jahreszeit lockt der Harz vor allem den Skiwanderer an.

Vier separate Tagungsräume bieten im AZUR Ferienhotel Almsfeld den perfekten Rahmen für Festlichkeiten und Seminare, aber auch für private Feiern bis zu 350 Personen.

Unser ganzjährig geöffnetes Haus bietet Ihnen 36 hell und geräumig eingerichtete Zimmer und 3 Ferienwohnungen. Das Hotel setzt auf Ostalgie. Direkt im Haus 1 befindet sich unser liebevoll eingerichtetes Hotelrestaurant. Lassen Sie sich von unseren leckeren und frisch zubereiteten Speisen verwöhnen. Direkt am Haus ist unser großer, hauseigener Parkplatz. Unseren Gästen stehen eine Fahrrad- und eine Motorradgarage zu Verfügung. Unsere Spielwiese mit Tischtennisplatte und Fußballplatz kann individuell genutzt werden.

Ausflugsrestaurant

Ferienhotel mit Parkanlage

Harzstube

AZUR Ferienhotel Almsfeld
38889 Altenbrak
Tel. (03 94 56) 9 31 · Fax (03 94 56) 9 34
almsfeld@azur-hotel.de · www.almsfeld.de

Harz erleben

Kristallationspunkte seit Jahrmillionen da

Außergewöhnliche »Fenster in die Erdgeschichte«

Bizarr ragen die Felsen der Teufelsmauer in den Himmel.

Der Geopark »Harz – Braunschweiger Land – Ostfalen« trägt das Qualitätssiegel »planet erde – Welt der Geowissenschaften«. Die Idee dafür entstand im Westen, im Geo-Park/Freizeit- und Erlebnismuseum Ostfalen (FEMO) Königslutter. Schnell wurde aber auch klar, dass das von unten gewachsene bürgerschaftliche Engagement des FEMO-Kreises so ein Projekt in einem begrenzten Wahrnehmungskreis nicht stemmen konnte. So suchte der Verein Partner in der Region und fand diese 2002 im Regionalverband Harz. Das Geopark-Informationszentrum Königslutter wurde zu einem Kristallationspunkt, an dem das Herz des Parks schlägt und wo viele Einwohner Wissen und Unterhaltung finden. Doch dieser Geopark erstreckt sich unterdessen zwischen dem Flechtinger Höhenzug im Norden und dem Gipskarstgebiet am südlichen Harzrand von Ost nach West über die gesamte Breite des Mittelgebirges auf dem Gebiet von drei Bundesländern.

Region voller geologischer Vielseitigkeit

Dort befinden sich bereits Naturparke und verschiedene andere naturschutzrechtliche Schutzgebiete, die den Harz, den Elm oder den Drömling als Zielgebiet für den naturnahen Tourismus ausweisen. Neue Kristallationspunkte brauchte man nicht zu erfinden, die sind seit Jahrmillionen da. Die geologische Vielseitigkeit umfasst die überkippten Kalksteine des Muschelkalks, die Schiefer des Silurs sowie die spektakulären Plutonite wie das Brocken-Massiv und die verschiedensten Lagerstättentypen. Weiterhin findet man im Harz und im Harzvorland Sedimentationsräume, Riffbildung, porphyrische Ergussgesteine, Glazialsedimente, Tiefengesteine, Erzlagerstätten und Salzstöcke. Durch die starke Faltung des Harzes lagern unterschiedlich

Harz erleben

alte Gesteine nebeneinander. Sie sind außergewöhnliche »Fenster in die Erdgeschichte«.
Ein Geopark ist eine Region, in der es Phänomene spezieller geologischer Bedeutsamkeit, Seltenheit oder Schönheit zu sehen gibt: Gesteinsaufschlüsse, Felsklippen, aber auch Schaubergwerke, Gesteinslehrpfade, Museen mit geologischen Sammlungen. Diese geologischen Phänomene sind öffentlich zugänglich und miteinander vernetzt. Es gibt kein Mittelgebirge mit einer derartigen geologischen Vielfalt wie den Harz. Rund 400 Geopunkte existieren allein in Sachsen-Anhalt. Fremdenverkehrsverbände und Hotels unterstützen das Projekt Geopark und hoffen, dass die Verweildauer von Besuchern dadurch erhöht wird. Mit den Geoparks erfand man kein neues Schutzinstrument, das die Wirtschaft behindert. Auch der Hartsteinabbau wird im Geopark gezeigt. Im Unterschied zu den 851 Welterbestätten (darunter 660 Stätten des Weltkulturerbes wie z. B. in Eisleben, Quedlinburg und Goslar), die die UNESCO aktuell listet, wird von den derzeit 52 UNESCO-Geoparken eine regelmäßige Zusammenarbeit erwartet. Die UNESCO-Geoparke sind Mitglieder eines globalen Netzwerkes und eben nicht lediglich gelistet. Zu den Zielen der Zusammenarbeit gehört ein permanenter Erfahrungsaustausch über Möglichkeiten, Aktivitäten und Erfolge bezüglich des Schutzes des geologischen Erbes, bezüglich der nachhaltigen Regionalentwicklung durch Förderung des Tourismus und bezüglich der Umweltbildung.

Auersberger Einsprenglinge und Steinkohle

Das EGN (European Geoparks Network) wurde im Jahr 2000 gegründet und koordiniert die Arbeit der Geoparke in Europa. Im Jahr 2004 wurde mit der UNESCO eine Vereinbarung zur Zusammenarbeit getroffen. Jeder der aktuell 32 europäischen Geoparke hat zwei offizielle Vertreter in die Kommission (Coordination Committee) zu entsenden. Die Kommission entscheidet über Aufnahme von Geoparks in bzw. Verbleib im EGN und damit auch im GGN (Global Geoparks Network der UNESCO-Geoparke). Dabei hat jeder im EGN vertretene Geopark maximal zwei Stimmen. Die deutschen Geoparke haben je eine Stimme, denn je Mitgliedsstaat der UNO ist die Höchstzahl der Stimmen auf sechs begrenzt. Der Rat (Advisory Group) bereitet die Entscheidungen der Kommission vor. Im Rat ständig vertreten sind die UNESCO, die Internationale Union der Geologischen Gesellschaften (IUGS), die Internationale Naturschutzunion (IUCN) und die vier Gründungsmitglieder des EGN. Für jeweils zwei Jahre entsendet zudem die Kommission wechselnd fünf ihrer Mitglieder in den Rat.
Wenn in einem Geopark Erdgeschichte anschaulich und begreifbar erlebt werden kann, Erholung mit Umweltbildung gepaart wird, ist das kein Selbstzweck oder ein Angebot an elitäre Minderheiten. Das Thema Steine, Mineralien und Natur bleibt trendy. Doch konkurriert man im Besucherinteresse mit deutschlandweit 92 Naturparken. Darum besinnt sich der Träger des Naturparkes Harz auf das, was den Geopark so einmalig macht.

Der Blaue See bei Rübeland

Da geht es um die Auersberger Einsprenglinge, die die Anmutung von Edelsteinen haben, ebenso wie um die Geschichte des Anhaltinischen Bergbaus zwischen der Braunkohle aus dem Tertiär bei Frose und Unterperm bei Opperode, wo einst Steinkohle war und dem Fundort des einzigen Goldes in Anhalt.

Harz erleben

Wald, Forstwirtschaft und Jagd im Landkreis Harz

Harzwälder als Arbeitsplatz und Naturidyll

Mit einer Waldfläche von weit über 70 000 Hektar ist der Landkreis Harz der waldreichste in Sachsen-Anhalt. Die Waldstandorte sind sehr vielfältig. Sie reichen von den Hochlagen des Harzes mit 900 m über NN mit reichlichen Niederschlägen bis zu den eiszeitlich geprägten Standorten im Regenschatten des Harzes. In den mittleren und höheren Lagen ist und bleibt die Fichte die wichtigste Wirtschaftsbaumart. Die guten Wuchsbedingungen in den unteren Lagen erlauben eine anspruchsvolle Laubholzwirtschaft mit Buche, Eiche und Edellaubhölzern.

Die Eigentumsstruktur ist vielgestaltig und wird mit 61 Prozent durch den Landeswald dominiert. Neben dem Nationalpark Harz wirtschaften auf den Landeswaldflächen die beiden Forstbetriebe Oberharz mit Sitz in Trautenstein und Ostharz mit Sitz in Harzgerode.

Das Betreuungsforstamt Harz mit Sitz in Wippra betreut kleinere Privat- und Kommunalwälder sowie Kirchenwaldflächen, weitere Arbeitsschwerpunkte sind Forstserviceaufgaben, Waldpädagogik und Öffentlichkeitsarbeit.

Die Harzwälder sind mit ihren Ressourcen seit jeher Arbeitsplatz und Lebensgrundlage für viele Menschen. Neben der eigentlichen Waldarbeit entstanden und entstehen viele Arbeitsplätze in der Verarbeitenden Industrie, so in Sägewerken, Zellstoff- und Plattenwerken und zunehmend in der Energiewirtschaft.

Lebensraum für Rot- und Muffelwild

Die Waldbewirtschaftung verfolgt in allen Eigentumsformen das Ziel der Nachhaltigkeit. Dabei geht es nicht nur um nachhaltige Holzerträge, sondern auch um die Erhaltung und Verbesserung der Schutz- und Erholungsfunktionen des Waldes. Wildbewirtschaftung und Jagd sind integrativer Bestandteil der Tätigkeit der Forstbetriebe. Wildart des Harzes ist das Rotwild. Außerdem kommen Reh- und Schwarzwild vor. Eine Besonderheit stellt das Muffelwildvorkommen im Selketal dar.

Die Geschichte der Harzwälder ist geprägt vom Bergbau, aber auch von immer wiederkehrenden Schadereignissen mit Sturm und Borkenkäfern. Im 17. Jahrhundert vernichtete die »Große Wurmtrocknis« über 30 000 Hektar Harzwald. Der einsetzende Klimawandel stellt die Waldbesitzer vor neue Herausforderungen bei der zukunftsorientierten Gestaltung und Entwicklung von stabilen, multifunktionalen Wäldern im Landkreis Harz.

Forstbetrieb Oberharz
Hasselfelder Straße 14a
38899 Trautenstein
forstbetrieb.oberharz@lfb.mlu.sachsen-anhalt.de

Forstbetrieb Ostharz
Forstpark 1
06493 Harzgerode
forstbetrieb.ostharz@lfb.mlu.sachsen-anhalt.de

Betreuungsforstamt Harz
Poststraße 16
06543 Wippra
forstamt.wippra@lpf.mlu.sachsen-anhalt.de

Harz erleben

Panorama-Blick über das Bodetal

Jodler in der Sauna

Der 22-fache Harzer Jodlermeister Andreas Knopf begrüßt seine Gäste persönlich. Nicht umsonst tragen schließlich Pension und Restaurant den Namen »Zum Harzer Jodlermeister«. Es war kein Aprilscherz, als er am 1. April 1999 zahlreiche Gäste im Luftkurort Altenbrak zur Eröffnungsparty einlud. Mittlerweile haben »Pension & Restaurant Zum Harzer Jodlermeister« nicht nur im Harz einen guten Ruf. Die Pension »Zum Harzer Jodlermeister« blickt auf eine über 70-jährige Geschichte zurück. Wurde sie doch 1937 erbaut und diente bis 1998 als Schwesternerholungsheim. Dann begann eine umfangreiche Sanierung. Damals traf der Harzer Jodlermeister Andreas Knopf, der gelernte Restaurantfachmann und spätere Mitarbeiter der »Goldenen Krone« in Goslar, eine Entscheidung fürs Leben: Er eröffnete am 1. April 1999 in seinem Heimatstädtchen ein eigenes Hotel mit 26 Zimmern. »Zum Harzer Jodlermeister«. Bereits nach einem Jahr konnte Knopf Erfolg verbuchen, war in den schwarzen Zahlen. Das aus dem alten Café 2003 entstandene Haus »Bergeshöh«, romantisch eingebettet im Eichenwald des Bodetals, und die im gleichen Jahr eröffnete »Harzer Bergsauna« bürgen für Abwechslung und Fitness, regionale Gaumenfreuden, Erholung und Entspannung pur. 13 Zimmer mit 35 Betten und ein Restaurant mit 50 Plätzen garantieren bereits beim guten Frühstück einen Blick auf das wildromantische Bodetal.

Musikalische Reise durch den Harz

Weit über den Ort Altenbrak hinaus bekannt und beliebt sind die »Saunanächte« in der mit alten Kelo-Fichtenstämmen ausgekleideten Bergsauna und der »Jodelaufguss« mit einem echten Jodler vom 22-fachen Jodlermeister Andreas Knopf, der so manch einen in Erstaunen versetzt. Einmal im Monat gibt es jeweils sonntags sogar ein »Saunafrühstück«. Im zweigeschossigen Finnischen Blockhaus wurde ein wahres Kleinod in der Region geschaffen. Durch das Panoramafenster schaut der Sauna-Gänger in den Harz. Doch der Harzer Jodlermeister wäre nicht er selbst, wenn er seinen Gästen nicht eine Kostprobe seiner eigenen Jodlerkunst und einen Blick ins Harzer Brauchtum anbieten würde. Andreas Knopf und Singpartnerin Martina Weber erfreuen ihre Gäste mit Liedern aus dem Harz, Harzer Mundart, Volksliedern und Jodlern. Mit den Harzer Heimatabenden bieten sie gemeinsam mit der Trachtengruppe Altenbrak eine musikalische und bildhafte Reise durch das Mittelgebirge an.

Martina Weber, Jodlermeister Andreas Knopf und die Vorsitzende der Volkssolidarität Drübeck Wilma Raabe

Saunarestaurant

Finnische Sauna mit Panoramablick ins Bodetal

Zum Harzer Jodlermeister · Pension und Restaurant
Andreas Knopf
Sankt Ritter 26a · 38889 Altenbrak
Tel. (03 94 56) 56 80 · Fax (03 94 56) 5 68 50
zumharzerjodlermeister@t-online.de
www.zum-harzer-jodlermeister.de

Harz erleben

»Harz«liches Willkommen zu Spiel, Spaß und Erholung

Kinder- und Erholungszentrum Güntersberge e. V.

Das wunderschön im Harz gelegene Kinder- und Erholungszentrum Güntersberge, kurz KiEZ genannt, ist eine großzügig angelegte, multifunktionale Ferienanlage.

Sie liegt am Rand der kleinen Harzstadt Güntersberge, umgeben von Wald- und Wiesenflächen. Bei einer Höhenlage von etwa 500 Meter genießt man zu jeder Jahreszeit einen herrlichen Blick in das malerische Selketal.

Mit einer Kapazität von ganzjährig 450, von Mai bis September zusätzlichen 100 Übernachtungsplätzen und einer Fläche von elf Hektar ist diese Freizeiteinrichtung in ihrer Art die größte im Harz in Sachsen-Anhalt.

Es stehen ganzjährig vier Gästehäuser, vorwiegend Zwei-Bettzimmer mit Dusche und WC, zwei Ferienhäuser mit vier Wohnungen und drei Gästebungalows für Familien, ein Bungalowcamp mit 24 Harzhütten sowie in den Sommermonaten zusätzlich Bungalows mit zentraler Sanitäranlage zur Verfügung. Des Weiteren stehen ein Freizeitzentrum, ein Tagungshaus und weitere Gebäude und Anlagen zur Nutzung bereit. Verpflegungsmöglichkeiten aller Art von der Vollpension über das Grillen und Lunchpakete bis zum Festbüfett der Familienfeier sind von den Gästen buchbar.

Vorwiegend wird die Ferienanlage für Klassenfahrten oder Schullandheimaufenthalte genutzt. Aber auch Kindergärten, Vereine und Verbände sind jederzeit gern gesehene Gäste. Zunehmend werden die gebotenen Möglichkeiten auch von Familien, Firmen und Bildungsträgern genutzt. Um der gestiegenen Nachfrage von Familien mit Kindern gerecht zu werden, wurde zu Beginn des Jahres 2007 ein komplett umgebautes Familien-Gästehaus eröffnet. Zahlreiche Pauschalangebote für alle Alters- und Interessengruppen können gebucht werden. Neu ist auch die KiEZ-Bonuskarte für Gruppenermäßigungen.

Eine breite Angebotspalette im Freizeit- und Tagungsbereich

Selbstverständlich kann jeder Gast seinen ganz individuellen Aufenthalt gestalten. Das Team des KiEZ ist gern behilflich, die Auswahl und Koordination der Angebote zu unterstützen, die da Folgende sind: Sportanlage mit Kleinfeldfußball, Street- und Volleyball, Tischtennisplatten (innen und außen), Inlineskating, Trimm-Dich-Parcours mit 20 Stationen, großer Burgenspielplatz, ein Abenteuerwald oder die Erlebnishöhle, die überdachte Freiluftkegelbahn, Minigolfanlage mit 18 Bahnen, Freilichtbühne, der Erlebnisparcours mit Mountainbikestrecke, Riesenwippe, Niedrigseilgarten, Beachvolleyballplatz, Boulderwand und Kletterturm, geführte Touren mit den hauseigenen Kanus und/oder Mountainbikes, Försterwanderung, Sportgeräte- und Spielausleihe und im Winter Ski- und Rodelverleih, Grill- und Lagerfeuerplätze, der Naturspielplatz mit Lehmhütten, Matschanlage u. v. m.

Die Rezeption hilft bei der Planung und Organisation von Ausflugtouren zu der einen oder anderen Harzer Sehenswürdigkeit. Im Freizeitzentrum können die Gäste im Kreativ-, Hobby- und Zeichenraum sowie im Videospielzimmer aktiv werden.

Das Team des Tagungshauses unterstützt die Vorbereitung und Durchführung von erlebnispädagogischen Programmen oder Seminaren für Schulklassen, Vereine oder Firmenteams.

Zum Proben, Üben, Trainieren oder Lernen stehen im Tagungshaus Seminarräume und ein Computerschulungsraum inklusive Tagungsversorgung und -betreuung, im Erlebnistreff ein Tanzstudio mit Schwingboden und Spiegelwand, des Weiteren ein Saal und zahlreiche kleinere Clubräume sowie auf Anfrage auch die anliegende Sporthalle zu Verfügung. Auf Körper und Geist warten weiterhin ein Fitnessstudio, ein Kraftraum, ein Entspannungsraum und die Gesundheitsoase mit naturnahen Wellness- und Kosmetikangeboten. Weitere Angebote sind die vom KiEZ veranstalteten Kinovorführungen und Discos.

Abenteuer im Feriencamp

Harzhütten für Kindergruppen

Familien, Tagungsteilnehmer oder Referenten können auf Anfrage gern auch stundenweise die Betreuung ihrer Kleinen im KiEZ-eigenen Kindergarten nutzen.

Camps fördern multikulturelles Zusammenleben

Zum Programmangebot gehören zahlreiche pädagogisch aufbereitete Programmbausteine und -wochen für Schulklassen, aber auch für spezielle Jugendgruppen. So nehmen einheimische, ausländische und Kinder mit Migrationshintergrund an multikulturellen Camps unter dem Motto »Fremde werden Freunde« teil. Für diese Camps hat das Ministerium für Gesundheit und Soziales die Schirmherrschaft übernommen. Die multikulturellen Camps für in Sachsen-Anhalt lebende Kinder und Jugendliche haben eine gute Tradition. Darüber hinaus gibt es in den Sommer- und Winterferien die ganz »normalen« Ferienlagercamps, zu denen Eltern ihre Sprösslinge für eine Woche anmelden. Jedes Camp ist mit einem reichhaltigen Programm untersetzt und wird durch ausgebildete Teamer begleitet. Anfänger-Camps, »Mit Hexe Agathe in die Ferien«, Schnupper- oder Outdoor-Camps stehen ganz oben auf der Rangliste. Camps unter dem Motto »Gut Drauf«, einer Aktion der Bundeszentrale für gesundheitliche Aufklärung, kombinieren die drei Elemente Bewegung, Entspannung und gesunde Ernährung.

Die Kinder, Jugendlichen und Erwachsenen, die nach Güntersberge kommen, sehen Chefin Christiane Brandenburg und ihre Mitarbeiter längst als Kunden. »Wir veranstalten hier nicht nur etwas für die Gäste, sondern vor allem auch mit ihnen. Ihre Meinungen und ihre Wünsche sind uns Anleitung zum Handeln. So bekamen die Häuser nicht einfach nur Nummern, sondern wurden innen und außen in ihrer eigenen Farbe gestaltet. Bevor wir neue Bungalows bauten, haben wir Kinder gefragt, wie sie sich ihre Unterkunft vorstellen. So entstanden Schlafböden unter dem Dach und begehbare Schränke. Insbesondere lebt aber die ständige Aktualisierung des Angebotes von diesen Ideen.«

Guten Namen auch im Ausland

Das Eurocamp für Kids »Abenteuer Europa mit den Kindern der Welt« trug den Ruf der Einrichtung in den vergangenen Jahren über den Globus. »Für viele Kinder hatten diese Treffen Einfluss auf ihr weiteres Leben. Wir vom Eurocamp wurden im Dezember 2004 sogar Pate für das erste Afrika-Camp und reisten nicht nur als Vertreter Deutschlands sondern auch Europas dorthin. Südafrikaner hatten seit 1999 unser Camp miterlebt und übertrugen die Idee nun ans Kap«, so Christiane Brandenburg.

Alles zusammen genommen: Wen wundert es da noch, dass das Kinder- und Erholungszentrum Güntersberge und ihr freier gemeinnütziger Träger durch das Bundesforum für Kinder- und Jugendreisen e. V., dem »Dach der Dächer für das Kinder- und Jugendreisen«, im Januar 2008 erstmalig mit 4 Sternen klassifiziert worden ist.

Luftbildaufnahme der Ferienanlage

Kanutraining auf dem Bergsee

Zimmer im neuen Familiengästehaus

Erlebnispädagogik Klettertum

KiEZ Güntersberge
Kinder- und Jugenderholungszentrum im Harz

Kinder- und Erholungszentrum e. V.
Stolberger Weg 36 · 06507 Güntersberge

Rezeption:
Tel. (03 94 88) 76 23 04
Fax (03 94 88) 76 24 66
Verwaltung:
Tel. (03 94 88) 76 22 · Fax (03 94 88) 2 74
rezeption@kiez-harz.de · www.kiez-harz.de

Harz erleben

Sachsenspiegel wirkt bis heute

Rechtsgeschichte und Falkenflug

Die Burg Falkenstein gehört zu den wehrhaftesten und attraktivsten Harzburgen. Sie wurde um 1118 gegründet. Hoch über der Selke erhebt sich auf einem Bergsporn die Burg Falkenstein. 1120 taucht Burchard von der Konradsburg erstmals als Herr zu Falkenstein auf, seit 1155 führen die Falkensteiner in den Quellen den Grafentitel.

Um 1200 erlangten sie die Vogtei über das Reichsstift Quedlinburg. Graf Hoyer förderte zu Beginn des 13. Jahrhundert den Rechtskundigen Eike von Repgow. Daran knüpft offenbar die Legende, Eike habe seinen »Sachsenspiegel« auf dem Falkenstein verfasst. Mit dem Sachsenspiegel und seiner europäischen Wirkung befasst sich eine Dauerausstellung in der Burg. Dieses Rechtsbuch entstand um 1220/1235 wahrscheinlich im nordöstlichen Harzraum. Es beeinflusste im Zusammenhang mit dem Magdeburger Stadtrecht vor allem die rechtliche Entwicklung des osteuropäischen Raumes. Bis zum heutigen Tage finden sich seine Spuren im gültigen Gesetzeswerk.

Nach Erlöschen der Falkensteiner 1334 übernahmen die Herren von der Asseburg 1437 die Anlage mit allen Besitzungen. Ihre intensive Bautätigkeit im 15. bis 17. Jahrhundert wahrte jedoch den mittelalterlichen Grundcharakter der Burg. Im 19. Jahrhundert erhielten die nunmehrigen Grafen von der As-

Hoch über dem Selketal thront die bekannte Burg Falkenstein mit Falknerei, Kapelle und musealen Räumen.

seburg-Falkenstein die Würde eines preußischen Hofjägermeisters. In ihrem Auftrag gestaltete der Hofbaumeister der Hohenzollern Friedrich August Stüler einige Innenräume im Stil der »Babelsberger« Neogotik. Nicht mehr dem Zeitgeschmack entsprechend, entfernte man im 20. Jahrhundert diese Fassung wieder.

Hochzeit im Königszimmer

Heute beherbergt die Burg ein Museum. In den letzten Jahren wurden viele Räume aufwändig restauriert und in ihren originalen Zustand zurückversetzt. Dazu zählen der Rittersaal mit der reich gedeckten Tafel, die voll funktionstüchtige »alte Küche«, die Herrenstube mit dem Pleyel-Hammerflügel, die Burgkapelle mit ihren einmaligen hochmittelalterlichen Glasfenstern und der kleinen Schrankorgel.

Die heute wieder in altem Glanze erstrahlenden Königszimmer im Erdgeschoss, nach Plänen von Friedrich August Stüler, dienen auch als Standesamt.

Seit geraumer Zeit wird auf der Burg Falkenstein auch wieder die über viertausend Jahre alte Kunst der Falknerei betrieben. Ein erfahrener Falkner zeigt seine Kunst täglich von März bis Oktober dem staunenden Publikum.

Von der Burg Falkenstein hat man über das Selketal einen weiten Blick bis ins Salzland.

Harz erleben

Sorge – idyllisch von Wäldern und Wiesen eingebetteter Erholungsort

Hüttenwerke nur noch Geschichte

Rolf Tronnier muss schmunzeln, wenn Gäste beim Nachdenken über den ungewöhnlichen Ortsnamen an die Not von Menschen denken. »Not herrschte in vergangenen Jahrhunderten zwar oft, der Name allerdings leitet sich von Zarge ab, was so viel wie Grenze bedeutet«, erläutert der frühere langjährige Bürgermeister und heute gefragte Gesprächspartner am Freiland-Grenzmuseum. »Bei Sorge verlief im 15. Jahrhundert die Grenze der Besitzungen des Klosters Walkenried, später die Grenze zwischen Preußen und Braunschweig. Schicksalhaft war es dann, dass von 1949 bis 1990 die Grenze zwischen der BRD und der DDR 500 Meter westlich des Ortes verlief.«

Die 1224 erstmals als »Niedervogelsfelde« erwähnte Eisenerzhütte war Ursprung der Siedlung Sorge. Die Bevölkerung lebte damals von der Köhlerei, der Eisenverhüttung und der Viehwirtschaft. »Auf den ersten Blick sieht man dem schmucken Dörfchen und heutigem Erholungsort Sorge seine wechselhafte Geschichte nicht an«, erzählt Rolf Tronnier. Der von Wäldern und Wiesen idyllisch eingebettete Ort ist 1505 erstmals erwähnt. In alten Urkunden wird berichtet, dass »Zur Sorge« Hütten- und metallverarbeitende Werke gestanden haben.

1847 schreibt das Oberbergamt Halle an den Landrat von Byla zu Nordhausen, dass in Folge schlechter Bewirtschaftung der Betrieb des Werkes ins Stocken und die Arbeiter dadurch in große Nahrungslosigkeit und Not getrieben wurden. Bürgermeister August Weichelt ersucht 1860 das Oberbergamt um Unterstützung: »Seit drei Jahren ist das hiesige Hüttenwerk ohne Herrn, ohne einen Administrator oder Rechnungsführer. Es steht verlassen da, die Wohnhäuser, Stallungen und Hütten werden immer schlechter, ja sogar mietlos«. Heute sind die Hüttenwerke, deren Besitzer häufig wechselte, nur noch Geschichte.

»Über Sommerfrischen« erschien bereits 1908

Jetzt locken zahlreiche Wiesen und Wälder, die um den kleinen Ort gelegen sind, Gäste zu erholsamen Spaziergängen und Wanderungen an. Noch heute ist in der Nähe von Sorge ein Köhlerplatz bekannt, der sich unweit des Holzweges nach Benneckenstein befindet. Bis zum vorigen Jahrhundert wurde an dieser Stelle durch Verkohlung von Fichten und Buchenhölzern Holzkohle hergestellt, die zum Schmelzen von Eisenerz erforderlich ist. Die interessante Geschichte und die idyllische Lage des Ortes locken seit Langem Gäste nach Sorge. Der erste Prospekt mit dem Titel »Über Sommerfrischen« erschien bereits 1908 und fünf Jahre später folgte ein größerer Prospekt mit dem Titel »Sorge im Harz - Höhenluftkurort«. Darin ist zu lesen: »Das hier offene Tal an der Warmen Bode lässt wenig Nebel aufkommen,

Sorge ist ein idealer Ausgangspunkt, um Orte entlang der ehemaligen innerdeutschen Grenze kennenzulernen. Nicht weit ist es beispielsweise nach Braunlage und Hohegeiß.

daher ein sehr gesundes Klima. Das Wasser ist vorzüglich. Es gibt gute fette Milch, Butter und Harzkäse. Die Logierhäuser befinden sich an den Berghängen und im Tal.«

Ein Köhlermeiler bestand aus einer Anhäufung von etwa 50 bis 100 Raummetern Holz. Es wurde auf einer Plattform von fünf bis acht Metern Durchmessern geschichtet. Sorge war auch Notstandsgebiet. Vielleicht erklärt sich daraus, dass heute noch der Name mit großer Not in Verbindung gebracht wird.

Wanderer aus Salzgitter passieren die heutige Landesgrenze zwischen Niedersachsen und Sachsen-Anhalt, einst eine zeitweise sogar verminte Grenze zwischen der Bundesrepublik und der DDR. 2007 konnte der 100 000 geführte Besucher durch Rolf Tronnier begrüßt werden. Die Besucher kommen aus allen Teilen der Welt, so z. B. aus den USA, Japan, Russland, England, Frankreich und natürlich aus Deutschland.

Harz erleben

Von Alvelingeroth bis Elbingerode

Pingen weisen auf vergangene bergmännische Aktivitäten hin

1206 wird Elbingerode erstmals als Alvelingeroth in einer Urkunde erwähnt. In ihr bestätigt Papst Innocent III. dem Stift Gandersheim nicht mehr die Besitzung Bodfeld, sondern Alvelingeroth mit Kirchen und einer Münze und allem Zubehör. Um das Jahr 1209 verzeichnet ein Lehnregister des Grafen Siegfried II. von Blankenburg unter anderen Gütern die Advokatie, Münze und Forst in Elvelingerode. Wahrscheinlich ist das eigentliche Gründungsdatum unseres Ortes aber vor dieser Zeit anzunehmen, wenn also 1206 und 1209 bereits eine Vogtei/Gerichtsbarkeit, Kirchen sowie eine Münzstätte im Zusammenhang mit diesem Ort genannt wurden. Fest steht jedenfalls, dass im Jahr 935 das Bodfeld zum ersten und im Jahre 1194 zum letzten Male urkundlich erwähnt wird. Der Jagdhof Bodfeld, auf dem für die deutschen Herrscher zwischen 944 und 1068 überwiegend in den Herbstmonaten 17 Aufenthalte nachweisbar sind, wurde ebenfalls nach dem Bodfeld benannt. Ab 1206 erscheint ausschließlich die Siedlung Alvelingeroth als Bezeichnung für den Bereich des ursprünglichen kaiserlichen Bannforstes Bodfeld.

Christian Heinrich Delius (1813) und Gustav Lindemann (1909) stellen in ihren Chroniken einen Zusammenhang mit der Ansiedlung von Slawen am Nordharzrand her. Danach berichtete Helmhold von Bosau in einer Chronik über die Verwüstung Holsteins durch einen Slawenführer Cruto nach 1074. Nach dieser Überlieferung sollen mehr als 600 Holsteiner Familien verlassen und sich im Harz angesiedelt haben.

Dieses fällt in die Zeit, als der deutsche Kaiser Heinrich IV. den Nordharz mit einer Reihe Burgen verstärkt, die dem Schutz seines Eigentums und damit der Stärkung seiner Macht gegen die sächsischen Adligen dient. Chronist Dittmar Marquordt vermutet nun, dass Heinrich IV. den Zuzug von Arbeitskräften und Siedlern, die eine wirtschaftliche Basis für Bau und Unterhalt der Befestigungen sowie der Erzgewinnung und -verarbeitung in dieser Region bildeten, förderte und nutzte.

Die Chronisten Delius und Lindemann bringen den Namen von Elbingerode ebenfalls mit der Herkunft dieser Siedler, die also aus dem Gebiet nördlich der Elbe (Nordalbinger) kamen, in Verbindung.

Eine vermutlich ebenfalls auf diese Zeit zurückgehende und mit dieser Besiedlung in Verbindung stehende weitere Ansiedlung, Erdfelde, wird erstmals 1343 als »Erduelde« erwähnt. Anfang des 15. Jahrhunderts war sie jedoch bereits aufgegeben. Die Siedlung befand sich im oberen Teil des Kalten Tals. Die Andreaskirche, etwa zwei Kilometer südlich Elbingerodes am Papenberg gelegen, ist im Zusammenhang mit einer weiteren frühen Siedlung zu sehen. Die Gründung dieser Kirche fällt wahrscheinlich in das 10. Jahrhundert. Im Spätherbst 1870 wurden die Reste der Andreaskirche ausgegraben. Die heute erkennbaren Rest der Kirche und sie umschließender, etwa 800 Meter langer Wall wurden freigelegt. Nach Aussagen von Prof. Paul Höfer in seiner Veröffentlichung »Der Königshof Bodfeld« von 1896, ließen die Grabungsergebnisse den Schluss zu, dass die Kirche selbst wahrscheinlich für sich lag. Da sie von einem Gottesacker umgeben war, muss sich wohl ein Dorf in der Nähe befunden haben.

1125 wird für Elbingerode ein Lehnbesitz durch die Honsteiner Grafen verbrieft. Weiteres ist nicht bekannt. Ein Zusammenhang, wonach die Gründung der heutigen Kleinstadt auf einen Grafen Ei-

Harz erleben

Aktivitäten hin. Ein Indiz für den frühen Bergbau um Elbingerode lieferte ein Jahresstein mit der eingemeißelten Jahreszahl 1227 im Stollen »Vollmer« am Rothenberg. Bergbauliche Aktivitäten des Klosters Michaelstein belegt eine Urkunde des Grafen von Blankenburg und Regenstein aus dem Jahre 1293. Auch die Verleihung des Markt- und Münzrechtes an die Stadt Elbingerode unterstreicht die herausragende Stellung des Bergbaus zu jener Zeit. Eine größere Blütezeit erlebte der Eisenerzbergbau im Mittelharz etwa von 1400 bis zum Dreißigjährigen Krieg. Diesen Schluss zieht Herbert Zange aus der großen Zahl der entstehenden Hütten Ende des 15. Jahrhunderts bis in das 17. Jahrhundert hinein. Heute erinnern noch Besucherbergwerke an diese lange Tradition, während der Abbau von Kalkstein bis in die Gegenwart weitergeführt wird.

liger von Honstein zurückgehen soll, wird vom Chronisten Christian Heinrich Delius zurückgewiesen.

Über 1000 Jahre Bergbau um Elbingerode

Elbingerode ist eng mit dem Bergbau verbunden. Grundlage des 1000-jährigen Bestehens des Bergbaus um Elbingerode bildeten die bis nach über Tage anstehenden devonischen Eisenerze und deren Verwitterungsprodukte des Elbingeröder Komplexes.

Wie es auch heute noch sichtbar ist, prägte der Auf- und Niedergang des Eisenerzbergbaus und des Hüttenwesens stark die Entwicklung von Elbingerode. Vorhandene Pingen weisen noch heute auf vergangene bergmännische

Harz erleben

1600 Stunden Eigenleistungen für die Heimatstube

Ortsgeschichte im liebevoll sanierten Kohlenschuppen

Nichts mehr erinnert in der Elbingeröder Heimatstube daran, dass dort einst Kohlen für die benachbarte Schule gelagert wurden. Mit der Umstellung der einstigen Mädchen- und späteren Grundschule auf Erdgas war der sogenannte Kohlen- und Wirtschaftsstall nicht mehr als Lagerraum benötigt worden. Stadtverwaltung und Schulleiter Friedrich Schulz stimmte deshalb ohne Zögern zu, als Heimatfreunde die Idee hatten, den einstigen dunklen Keller zur Heimatstube umzubauen. Dank des Fleißes vieler Helfer und Sponsoren konnte am 9. September 1999 die Eröffnung gefeiert werden. Einige Elbingeröder, darunter auch mehrere Handwerksbetriebe, hatten völlig unentgeltlich gearbeitet. Besonders stolz sind die Harzfreunde aber auf die 1600 Stunden Eigenleistungen, die sie selbst erbracht haben, um in der Heimatstube die Ortsgeschichte unvergesslich zu machen.

Ein Raum in der Heimatstube erinnert, wie die Menschen früher wohnten.

Die Heimatstube ist für Günther Breutel der liebste Arbeitsplatz.

Seit der Eröffnung kümmert sich ein kleines Team um das Ortsmuseum. Neben Günther Breutel, offizieller Ortschronist von Elbingerode, gehören Ursula Flohr, Hans-Dieter Pattermann, Dietmar Markwordt, Friedrich Schulz und Jens Kruse dazu. Außerdem ist Toralf Adenstedt zu nennen. Auf dessen goldene Hände möchte niemand verzichten. Seine handwerklichen Leistungen haben schon viel Anerkennung gefunden. Elbingeröder Harzklub-Mitglieder gewährleisten die regelmäßigen Öffnungszeiten.

Neben Dauer- auch Sonderausstellungen

Im ersten Raum wird besonders die Heimatgeschichte lebendig, im zweiten wird dargestellt, wie die Menschen einst wohnten und lebten. Der dritte Raum ist für die Wirtschaft reserviert. Beispielsweise wird der längst aufgegebene Bergbau dort wieder lebendig. Das Handwerk zeigt seine Entwicklung und die Landwirtschaft verweist beispielsweise auf das »Rote Höhenvieh«. Das sind die braunen Harzrinder, aus denen jene begehrten saftigen Rouladen hergestellt werden, die so schmackhaft sind. Im vierten Raum werden die Kinderaugen bei der Ausstellung alter Spielsachen größer. Ferner finden hier Sonderausstellungen, wie in der Vergangenheit die Bilderausstellung des Malers Gerhard Ludwig und die 275-jährige Geschichte der Ratsapotheke, statt. Zugleich haben örtliche Vereine die Möglichkeit, wechselnde kleine eigene Ausstellungen zu präsentieren.

Die Betreuer der Heimatstube sind stolz auf die Besucherzahlen. Seit der Eröffnung im September 1999 bis Ende 2007 haben sie rund 8000 interessierte Gäste gezählt. Manche Goldkonfirmanden und andere Jubilare finden sich dort zum Erinnern ein. Vor allen Dingen Urlauber und auch Patienten der nahe gelegenen Reha-Klinik besuchten die Heimatstube. »Schön, dass wir so viele Spenden bekommen«, freut sich Günther Breutel. Das helfe, die Räume dauerhaft zu erhalten.

Diakonissen-Mutterhaus – Zuhause der evangelischen Schwesternschaft

Von Schwester Andrea Kammer

Neuvandsburg ist bis heute ein geistliches Zentrum mit verschiedenen Angeboten für die Öffentlichkeit. Die Schwesternschaft ist eine Gemeinschaft von Frauen, die an Jesus Christus glauben, bewusst ehelos leben, sich persönlich von Gott in diese Lebensform berufen wissen und eine Schwesterntracht tragen.

Begonnen haben die Diakonissen ihr Werk im Jahr 1899 in Vandsburg/Westpreußen. Nach dem Ersten Weltkrieg kam Vandsburg unter polnische Regierung. Etwa 300 Diakonissen verließen ihre Heimat, um nach einem »neuen Vandsburg« in Deutschland zu suchen. Sie erwarben das Anwesen in Elbingerode. Die vorhandenen Gebäude reichten für die Schwesternschaft und ihre Aufgaben nicht aus. Trotz begrenzter Mittel, aber in großem Vertrauen auf Gott wurde 1932 bis 1934 der Mutterhaus-Neubau gewagt. Während des Zweiten Weltkrieges war das Mutterhaus Lazarett. Daraus entstand die heutige Diakonie-Krankenhaus Harz GmbH, zu dem auch das Evangelische Fachkrankenhaus für Atemwegserkrankungen in Neustadt/Südharz gehört. Das Diakonie-Krankenhaus hat seinen Schwerpunkt in der Behandlung von Abhängigkeitserkrankungen. Zum Therapieverbund Sucht gehören neben dem Krankenhausstandort in Elbingerode noch weitere Einrichtungen in Wernigerode, Blankenburg und Rübeland. Sie bilden eine lückenlos vernetzte ambulante, stationäre und teilstationäre Therapiekette in der Versorgung Abhängigkeitskranker, wie sie kaum ein anderes Haus in Deutschland aufweisen kann, von der Suchtberatung über die Behandlung und Rehabilitation bis hin zur Nachsorge in Betreuten Wohneinrichtungen.

Das Gebäude ist im Bauhausstil errichtet und in seiner Architektur faszinierend. Eindrucksvoll und sehenswert sind u. a. die künstlerisch anspruchsvollen Glasfenster im Kirchsaal. Ebenso gilt das Hallenbad direkt unter dem Kirchsaal als eine Besonderheit. Das Mutterhaus ist Anziehungspunkt für viele Besucher. Gern bieten die Diakonissen eine Führung durch ihr Haus an und geben gleichzeitig Einblicke in ihr gemeinschaftliches Leben. Mit ihrem Leben und Dienst möchten sie Menschen zu einem Leben mit Jesus Christus einladen. Zum Diakonissen-Mutterhaus gehören drei Freizeit- und Erholungshäuser sowie die Berufsfachschule Altenpflege und Sozialassistenz in Elbingerode.

Es ist Ziel und Auftrag, durch verschiedenste Angebote Menschen in einer schnelllebigen Zeit »Atem-Pausen« zu schaffen und auch Ausbildungssuchenden Perspektiven anzubieten. Zu den besonderen Angeboten zählen Gottesdienste, verschiedene Veranstaltungen im Kirchsaal und auf der Open-Air-Bühne, die Galerie »Diakonissen und Kunst«, das Projekt Offene Kirche Zeit der Stille und Besinnung, aber auch Mutterhaus-Führungen, eine Buchhandlung sowie Besuche im Freizeit- und Erholungshaus Tanne.

Schwestern vor dem Mutterhauseingang

Diakonissen-Mutterhaus

Blütenstadt am Harz

Blick auf das »Große Schloss«

Blütenstadt am Harz

Touristen und reisende Handwerker sind hier gerne zu Gast

Blankenburg (Harz) – Stadt mit markanter Topographie

Blankenburg (Harz) – die malerisch am Nordharz liegende und klimatisch sehr begünstigte Kurstadt galt früher schon als sehr beliebt. Das besonders gut verträgliche Klima am nördlichen Harzrand im Regen- und Windschatten des Brockens bedeutet im Falle Blankenburgs weniger Regen als anderswo in der Region. Schon um die Jahrhundertwende war Blankenburg (Harz) bekannt für seine guten Erholungs- und Freizeitmöglichkeiten. Blankenburg (Harz) liegt in 180 bis 310 Meter Höhe und bietet sich sehr gut als Ausgangspunkt für einen Familienurlaub im Harz an.

Die Stadt wurde bereits um 12. Jahrhundert planmäßig im Schutze der Burg Blankenstein (Großes Schloss) angelegt. Das Stadtbild drückt, noch heute einzigartig, die damals vorherrschende Ständehierarchie aus. Oben auf dem Berg das Schloss – ursprünglicher Renaissancebau, später barockisiert, darunter die Hauptkirche St. Bartholomäi und wiederum darunter das Rathaus mit Marktplatz für das Bürgertum, ganz unten die Altstadt mit ihren Handwerker- und Ackerbürgervierteln. Die markante Topographie der Stadt führt dies den Besuchern und Bewohnern immer noch lebendig vor Augen, denn auch die Stadtmauer ist noch in weiten Teilen erhalten. Weiterhin ist die

Panoramablick auf die Stadt Blankenburg (Harz)

Kräutergarten am Kloster Michaelstein

263

Blütenstadt am Harz

Blick von der Bartholomäuskirche in die Innenstadt

planmäßige Anlage der Altstadt deutlich an dem Verlauf der Straßenzüge erkennbar. Neben der Anlage von Straßen parallel zum Berg gliedern steile Stichstraßen die einzelnen Quartiere.

Zum Ende des 19. Jahrhunderts und zu Beginn des 20. Jahrhunderts begründeten die hier vorherrschenden günstigen klimatischen Verhältnisse bereits die Ausprägung zum Kurort und zur Pensionärsstadt. Die damals entstandenen Kureinrichtungen sowie die Entwicklung von Villenvierteln östlich und westlich der Altstadt sind auf dem Stadtplan heute noch deutlich als großzügige Stadterweiterung erkennbar. Diese liebevoll restaurierten, sehenswerten Villen machen ebenfalls den Charme der heutigen Stadt aus.

Mit Beginn der industriellen Entwicklung erfuhr die Stadt Blankenburg (Harz) weitere großflächige Stadtausdehnungen.

Noch heute ist die Stadtentwicklung in der Stadt Blankenburg (Harz) im Wandel der Zeiten klar ablesbar und somit gut nachvollziehbar. Das historische Rathaus zählt zu den bedeutensten Sehenswürdigkeiten der Stadt. Markt und Rathaus waren einst Mittelpunkt des städtischen Handels. Erwähnt wurde das Rathaus erstmals bereits 1442.

Einziges Herbergsmuseum Deutschlands

Ausstellungen zur Geschichte der Stadt, der Grafschaft und des Fürstentums Blankenburg können im Kleinen Schloss, welches sich an den barocken Gärten befindet, besichtigt werden. Über den Gärten erhabt sich das Große Schloss.

Reisende Handwerksgesellen sprechen auch heute noch in der historische Gesellenherberge zu Blankenburg (Harz) vor, um sich über die historische Walz zu informieren. Sie ist heute das einzige Herbergsmuseum Deutschlands. Ein Besuch im Museum vermittelt Ihnen hervorragende Einblicke in die Zeit der Herbergsstätte vor 100 Jahren; eine Bibliothek und weiterführende Materialsammlungen ergänzen diese Ausstellung.

Direkt in der Altstadt liegt die St. Bartholomäuskirche. Sie wurde um 1200 als Stadtkirche erbaut. Im Turm und Chorraum sind noch romanische Reste vorhanden. Um 1300 erfolgte ein Umbau zur gotischen Klosterkirche. Weitere Baumaßnahmen fanden im 15./16. Jahrhundert statt. Die gut ausgestattete Kirche, deren schlanker 25 m hoher schiefergedeckte Turm noch heute die Bli-

Blütenstadt am Harz

cke auf sich zieht, ist für Besichtigungen täglich geöffnet. Der »Prinzessinnenturm«, ein mittelalterlicher Wehrturm in der den Berggarten abgrenzenden Stadtmauer, wurde liebevoll restauriert und ist bewohnbar.

Von höhergelegenen Aussichtspunkten eröffnet sich Ihnen der Blick auf eine grüne Stadt. Die ausgedehnten Park- und Gartenanlagen laden zum Spazierengehen ein. Insgesamt rund 107 Hektar umfasst der unter Denkmalschutz stehende Schlosspark mit Tiergarten. Zu diesem Ensemble gehören die Gartenbereiche Fasanengarten, Terrassengarten mit Orangenplatz und der Berggarten. Die Anlage der Blankenburger Schlossgärten ist eine der größten und mit der Entstehung um 1668 eine der ältesten in Sachsen-Anhalt.

Die Sondergärten wurden bis 2003 aufwändig teilrekonstruiert. Die Gebäude, wie das Teehaus, der Prinzessinnenturm und die Obermühle, wurden ebenso wie die Stadtmauer umfassend saniert.

Die unter Denkmalschutz stehende Gesamtanlage wurde aufgrund ihrer Bedeutung im Jahr 2000 in die touristische Landesinitiative »Gartenträume – Historische Parks in Sachsen-Anhalt« aufgenommen werden.

Blick auf das »Kleine Schloss«

Blick in den Terassengarten

Blütenstadt am Harz

Einst ein Stapelplatz für Harzerzeugnisse

»Stadt unter der Burg«

Die erste Erwähnung der Blankenburg erfolgte im Zusammenhang mit der Eroberung der Heimburg durch den Sachsenherzog Lothar von Süpplingenburg 1123. Die Burg auf dem blanken Stein, ein Kalksteinmassiv, wurde zum Namensgeber für die sich am Fuße des Berges entwickelnde Stadt. Zwischen 1195 und 1212 ließ Graf Siegfried von Blankenburg die Stadt unter der Burg als Stapelplatz für Harzerzeugnisse anlegen.

Die Ortschaft unter der Blankenburg bezeichnete der Schreiber des 1212/1213 entstandenen Lehnsverzeichnisses des Grafen Siegfried von Blankenburg bereits als »oppidum sub castro«, also als »Stadt unter der Burg«.

Im Jahre 1305 wird von der 1550 Meter langen Stadtmauer berichtet. Seit 1566 besaß der Rat nachweislich die bürgerliche Gerichtsbarkeit. Das Obergericht lag bei der gräflichen Regierung. Im Stadtgebiet befand sich eine Münzstätte. Bereits 1305 ist der Mauerring der Stadt von 1,5 Kilometer Länge vorhanden, der an der Burg begann und dort wieder endete.

Das hier residierende Grafengeschlecht starb 1599 aus. Stadt und Grafschaft fielen an das Welfenhaus als erledigtes Lehen zurück. Der für Blankenburg (Harz) bedeutendste Vertreter dieses Herrschergeschlechts war der Herzog Ludwig Rudolph von Braunschweig-Lüneburg-Wolfenbüttel. Von seiner Residenz in Blankenburg (Harz) aus regierte er von 1714 bis 1731 das gleichnamige Fürstentum. Seit dieser Zeit blieb die Stadt bis 1949 Verwaltungsmittelpunkt für große Teile des Harzgebietes. In der Zeit des Königreiches Westfalen gehörte Blankenburg (Harz) verwaltungsmäßig zum Saale-Department und dem Arrondissement Halberstadt. Blankenburg (Harz) selbst war Sitz der Verwaltung des Harz-Distrikts. Die geschickte Heiratspolitik Herzog Ludwig Rudolphs sollte sich in der Erhebung der Grafschaft zum reichunmittelbaren Fürstentum politisch auszahlen. 1708 wurde die älteste Tochter Elisabeth Christine mit dem österreichischen Erzherzog Karl, dem späteren Kaiser Karl VI., verheiratet. 1711 heiratet Charlotte Christine Sophie den russischen Zarewitsch Alexej. Eine Verbindung zum preußischen Hof entstand durch die Ehe der dritten Tochter Antoinette Amalie mit Ferdinand Albrecht II. von Braunschweig-Bevern.

**Beliebten Ruhesitz
vieler Adliger und Militärs**

In der zweiten Hälfte des 19. Jahrhunderts nahm die Wirtschaft hier nicht zuletzt durch den wach-

Das Rathaus

Blütenstadt am Harz

Bartholomäuskirche

Innenansicht Rathaussaal

senden Fremdenverkehr einen erneuten Aufschwung. Die Einwohnerzahl wuchs. Der Bau der Eisenbahnlinie Halberstadt – Blankenburg (1872) und der Bau der Gebirgsbahn Blankenburg-Tanne (1885) brachten neben Vorteilen für die Industrie und den Handel einen Aufschwung für den Tourismus. Zahlreiche Hotels, Pensionen und Ausflugslokale boten ihre Dienste an. Blankenburg (Harz) entwickelte sich gleichzeitig zu einem beliebten Ruhesitz vieler Adliger und Militärs. In der Zeit des Ersten Weltkrieges gehörten die Schlösser von Blankenburg zu den bevorzugten Aufenthaltsorten der »Braunschweiger Herzogfamilie«.

Eine stärkere erfolgreiche Entwicklung der Industrie in Blankenburg (Harz) und dessen unmittelbarer Umgebung setzte im 20. Jahrhundert ein. Neben dem mittelständischen Baugewerbe konnten sich nun weitere Wirtschaftszweige ansiedeln.

Bis 1997 wurden die meisten schweren Zerstörungen, die der II. Weltkrieg den Einwohnern der Stadt hinterließ und die als Freiflächen im Zentrum der Stadt bis zu dieser Zeit sichtbar waren, weitgehend beseitigt.

Das im Jahr 2002 übergebene neue Gymnasiumsgebäude und die 2005 erfolgte Anbindung der Stadt an die B 6n sind Beispiele für die bisher erreichten Verbesserungen in ihrer Infrastruktur, die auch als Grundlage für die weitere Entwicklung des Wirtschaftsstandortes Blankenburg (Harz) dienen.

Georgenhof mit Lutherkirche/Innenhof

Blütenstadt am Harz

Gartenensemble der Superlative

Fasanenfedern aus Stahl

Berggarten mit Teehäuschen

In direkter Nachbarschaft zur historischen Altstadt Blankenburgs befinden sich die barocken Schlossgärten – eines der größten, ältesten und schönsten Gartenensembles in Sachsen-Anhalt. Dieses Areal verbindet zwei Schlösser der Barockzeit.
Hier laden die unterschiedlichsten Gärten zum Verweilen, Flanieren und Träumen ein. Der Terrassengarten mit Orangerieplatz ist ein barockes Kleinod. Vom Berggarten mit Aussichtsturm, Prinzessinnenturm und Teehaus hat man einen einmaligen Blick über Stadt und Umgebung. Der Fasanengarten wurde mit bis zu sieben Meter hohen Fasanenfedern aus Stahl auf historischem Grund neu errichtet. Der landschaftliche Schlosspark lädt ein zu ausgedehnten Spaziergängen und der waldartige Tiergarten ist das Zuhause von Rehen und Hirschen.

Zwischen Berg- und Terrassengarten

Als Ausdruck höfischer Repräsentanz entstand unter Herzog Ludwig Rudolph von Braunschweig-Lüneburg-Wolfenbüttel ab 1718 der Terrassengarten, eine ungewöhnlich kleine, wohldurchdachte und gut proportionierte Lustgartenanlage mit einem fürstlichen Gartenhaus, dem heutigen Kleinen Schloss. Die Terrassen des Gartens wurden mit Brunnen, Vasen und Skulpturen ausgestattet. Die um 1746 am Südrand des Terrassengartens entstandene und um 1976 restaurierte Neptungrotte akzentuiert den Übergang des regelmäßigen Gartens zum naturhaften Tiergarten, dem ehemaligen Jagdpark.
Nur durch die mittelalterliche Stadtmauer getrennt liegt weiter oben am Hang der Berggarten. Die Geschichte des Gartens reicht bis in das Mittelalter zurück, als ein Teil der Hänge des Burgberges zur Erleichterung der wirtschaftlichen Nutzung terrassiert wurde. Zu Beginn des 18. Jahrhunderts ließ hier der Leibarzt des Herzogs einen Garten einrichten. Im späten 19. Jahrhundert erwarb Prinzregent Albrecht von Preußen das Grundstück mit dem angrenzenden »Rosenwinkel«, um den Berggarten ausdehnen zu können. Das gestalterische Rückrat des Gartens ist eine etwa 35 Meter lange Freitreppe, an deren Enden sich jeweils Brunnenplätze befinden.

Die Restaurierung des Terrassengartens 1975 bis 1981 war ein erster Schritt zur Belebung der Gartenanlage. Die weitere umfassende Rekonstruktion der Gärten und die Sanierung von Stadtmauer, Prinzessinnenturm, Teehaus und Obermühle wurde durch die Bundesagentur für Arbeit gefördert. Der Berggarten mit seinen Gebäuden wurde 2001 der Öffentlichkeit übergeben, der Orangerieplatz und die Obermühle 2003.

Im Fasanengarten, der mit Unterstützung der Allianz Umweltstiftung, im Jahre 2003 errichtet wurde, dominiert moderne Gartenkunst. Bis zu sieben Meter hohe Fasanenfedern und ein Fasanenhaus verleihen dem Garten ein unverwechselbares Aussehen. Um der Bedeutung dieser historischen Gärten gerecht zu werden, gründete die Stadt 1999 die Stiftung »Barocke Schlossgärten und Parks«.

Fasanengarten mit Federskulptur

Ein einzigartiges Naturdenkmal

Burg und Festung Regenstein – ein »Gibraltar des Harzes«

Die Reste der im Jahre 1167 erstmals erwähnten Burg, eine der ältesten erhaltenen Sandsteinburg Deutschlands, befinden sich auf einem markanten Felssporn etwa drei Kilometer nördlich der Stadt Blankenburg (Harz). Als Besonderheit gilt die aus dem Sandstein herausgearbeitete Architektur mit ihren heute noch erhaltenen 32 Felsräumen und Gräben, die größtenteils noch besichtigt werden können. Der Regenstein war ab dem 12. Jahrhundert Herrschaftsmittelpunkt der gleichnamigen Grafschaft, deren Machtfülle den größten Teil des Nordharzes und seines Vorlandes umfasst. Mitte des 15. Jahrhunderts ist der Regenstein zugunsten der befestigten Herrensitze in Blankenburg (Harz) und Derenburg aufgegeben.

Festung sollte Städte sichern

Nach zweihundertjähriger Ruinierung besetzte im Jahre 1670 Kurbrandenburg in Folge eines Territorialstreites die alte Residenz und errichtete in relativ kurzer Bauzeit eine Bergfestung mit fünf Hauptbastionen, mehreren Gebäuden (Magazin- und Zeughäusern, Kasernen, Wirtschaftshäusern) und einem 197 m tiefen Brunnen sowie aufwendigen Toranlagen. Diese Festung richtete sich zunächst gegen Braunschweig (Blankenburg (Harz)) und sollte Magdeburg und Halberstadt im Vorfeld sichern. Unter Preußenkönig Friedrich Wilhelm I. wurde die Festung weiter ausgebaut und auf den gesamten zwei Kilometer langen Höhenrücken ausgedehnt. Nach der Befreiung von einer französischen Besatzung während des Siebenjährigen Krieges sind die Festungsgebäude 1758 zerstört worden. Die gemauerten Bastionen und Erdwerke sowie die Toranlage jener Zeit sind zum Teil auch heute noch sichtbar. Mit dem sich entwickelnden Tourismus wurde der Regenstein mehr und mehr ein beliebtes Ziel für die Harzreisenden.

Bereits 1810 gab es hier erneut ein Wirtshaus. Bis 1945 blieb dieses eine preußische Enklave inmitten braunschweigischen Territoriums. Die Insellage der auf dem Regenstein befindlichen kleinsten Gemeinde Preußens im braunschweigischen Gebiet führte zusammen mit der schroffen Form des dortigen Felsmassives dazu, dass für diesen markanten Punkt der Landschaft auch die Bezeichnung »Gibraltar des Harzes« üblich war.

Die gesamte Anlage ist als Freilichtmuseum gestaltet. In einigen Felskasematten sind Funde aus der Burgen- und Festungszeit des Regensteins ausgestellt. Von den höher gelegenen Felsplattformen ist bei guter Sicht ein Rundblick von bis zu 50 Kilometer möglich.

Während einer Flugschau am benachbarten »Ritterlichen Adler- und Falkenhof« sind Greifvögel in ihrem natürlichen Lebensraum zu erleben. Die Falknerei galt als ständiger Begleiter der Könige und Fürsten. Sie findet auf der Burg & Festung Regenstein einen authentischen Hintergrund.

Ritterlicher Adler- und Falkenhof – gegründet 2004 auf der reizvoll gelegenen Burg Regenstein vor den Toren der Stadt Blankenburg am Harz. Hier können Zuschauer zweimal täglich für eine Stunde etwas ganz Besonderes erleben. Adler, Geier, Bussarde, Falken und Eulen kann man fliegen sehen, aber auch hautnah erleben. Zum Greifen nah erfahren die Besucher, wie die Ritter der Lüfte sich ihre Lebensräume erschlossen haben. Mutige Gäste füttern die Geier aus ihrer Hand oder streicheln die Eulen. Ein Erlebnis, das viele Besucher so fasziniert, dass sie gerne wiederkommen.

Blütenstadt am Harz

Natur pur so rein wie der Harz

Aus der Tiefe des Harzgebirges

Die Harzer Mineralquelle Blankenburg GmbH ist für ihre Mineralwässer Blankenburger Wiesenquell und Regensteiner Mineralbrunnen sowie für ihre zahlreichen Erfrischungsgetränke weit über die Grenzen des neuen Harzkreises bekannt und beliebt. Besonders hervorzuheben sind die »alten« Ostmarken Asco Cola und Orancia. Aber auch die stetige Entwicklung von neuen Getränken, wie z. B. die neuen Kindergetränke Aqua Fee und Aqua Hero, zeichnet die Harzer Mineralquelle Blankenburg GmbH aus. Gegründet 1947 beschäftigt das Inhaber geführte Unternehmen mit Sitz in Blankenburg/Harz rund 50 Mitarbeiter. Blankenburger Wiesenquell, Regensteiner Mineralbrunnen, Asco Cola, Orancia, Aqua Fee haben ihr Absatzgebiet in Sachsen-Anhalt, Niedersachsen, Brandenburg, Thüringen und Sachsen.

Die Mineralwässer Blankenburger Wiesenquell und Regensteiner Mineralbrunnen entstammen einem

Beliebt bei Groß und Klein – Aqua Fee und Aqua Hero

unterirdischen, vor Verunreinigungen geschützten Wasservorkommen aus dem Landschaftsschutzgebiet Harz. Am Fuße der Burgruine Regenstein befindet sich die Harzer Mineralquelle Blankenburg GmbH in landschaftlich reizvoller und ursprünglicher Umgebung.

Mit dem regelmäßigem Genuss von Blankenburger Wiesenquell als reines Naturprodukt löscht man nicht nur den Durst – dem Körper werden auch wichtige Mineralien und Spurenelemente zugeführt.

»Natürliches Mineralwasser, wie es in allen Blankenburger Produkten zu finden ist, gehört zu den wertvollsten Geschenken der Natur an den Menschen«, wirbt das Unternehmen.

Blankenburger Wiesenquell und Regensteiner Mineralbrunnen sind streng natriumarm, reich an Calcium und geeignet für die Zubereitung von Säuglingsnahrung.

Garten Schorle

APFEL-BIRNE MIT APRIKOSE-MIRABELLE

Das Getränk 2008

Die altbekannten und beliebten »Ost«-Marken

Die Premium-Mineralwässer haben den einzigartigen erfrischenden Geschmack. Durch die natürliche Reinheit und ausgewogene Mineralisation eignen sie sich besonders für die Zubereitung von Säuglingsnahrung und eine natriumarme Ernährung.

Respektvoll mit der Umwelt umgehen

Mit einer zweistelligen Millioneninvestition der Harzer Mineralquelle Blankenburg GmbH entstand 1997 in landschaftlich reizvoller Lage ein neuer Brunnenbetrieb, dessen moderne Abfüllanlagen garantieren, dass unser Mineralwasser Blankenburger Wiesenquell höchsten Ansprüchen genügt. Dabei setzt die Harzer Mineralquelle Blankenburg bei allen technischen Innovationen auf einen respektvollen Umgang mit Natur und Umwelt.

Ein gesunder Anspruch, den man schmeckt. Denn die einzigartige und ausgewogene Mineralisation verleiht dem Blankenburger Wiesenquell seinen unverwechselbaren Geschmack. Kein Wunder, dass sich unsere hochwertigen Getränke ständig wachsender Beliebtheit erfreuen.

BLANKENBURGER

Harzer Mineralquelle Blankenburg GmbH
Am Hasenwinkel 3
38889 Blankenburg
Tel. 03944 9549-18
Fax 03944 9549-15
r.weitemeyer@blankenburger-wiesenquell.de
www.harzer-mineralquelle.de

Unsere Produktinnovation

Schwimmbad

Moor aus dem eigenen Tagebau

Gesund werden in der Blütenstadt Blankenburg

Die Teufelsbad Fachklinik liegt auf einem parkähnlichen Grundstück mitten in malerischen Wäldern in der Blütenstadt Blankenburg mit ihrer über 150-jährigen Kurtradition. Hier umgibt mildes Mittelgebirgsklima die Patienten, das zu Spaziergängen und Wanderungen einlädt, ideal zur Stärkung der körperlichen Leistungsfähigkeit und Abwehrkräfte.

Die Teufelsbad Fachklinik in Blankenburg zählt zu den modernsten Rehabilitationseinrichtungen in Deutschland mit der Fachrichtungen Orthopädie, Rheumatologie und Onkologie. Die Klinik ist anerkannter Partner von Patienten, Ärzten und Kostenträgern bei der Durchführung von Anschlussheilbehandlungen, stationären Heilverfahren und der Berufsgenossenschaftlichen Weiterbehandlung. Vielfältige und umfangreiche Therapieeinrichtungen bieten einen angenehmen Aufenthalt ? sowie die Servicebereiche die Gewähr, dass sich die Patienten in dem Haus rundum wohlfühlen. Die Einrichtung verfügt über 280 Betten. Jeder Patient ist in einem Einzelzimmer untergebracht. Auf Wunsch kann jedoch auch eine Begleitperson im

Blütenstadt am Harz

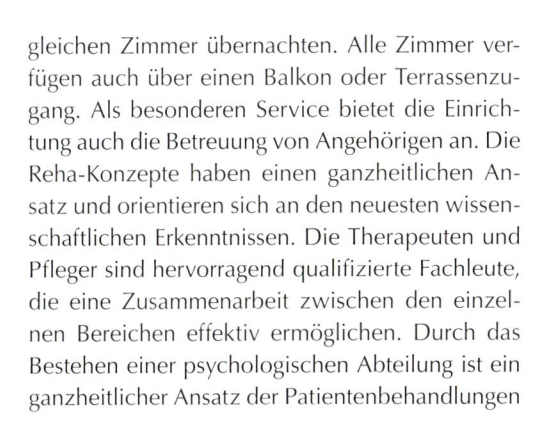

Cafeteria

Patientenzimmer

gleichen Zimmer übernachten. Alle Zimmer verfügen auch über einen Balkon oder Terrassenzugang. Als besonderen Service bietet die Einrichtung auch die Betreuung von Angehörigen an. Die Reha-Konzepte haben einen ganzheitlichen Ansatz und orientieren sich an den neuesten wissenschaftlichen Erkenntnissen. Die Therapeuten und Pfleger sind hervorragend qualifizierte Fachleute, die eine Zusammenarbeit zwischen den einzelnen Bereichen effektiv ermöglichen. Durch das Bestehen einer psychologischen Abteilung ist ein ganzheitlicher Ansatz der Patientenbehandlungen möglich. Dieser Ansatz wird ergänzt durch die Möglichkeiten der Einflußnahme im Ernährungsbereich und im ergotherapeutischen Bereich.

Zur Behandlung und Betreuung steht den Patienten ein Team, bestehend aus Ärzten, Psychologen, Therapeuten und Pflegekräften zur Verfügung. Das Therapiekonzept beruht auf einer aktivierenden Bewegungstherapie mit Krankengymnastik als Einzel- und Gruppenbehandlungen einschließlich der Verfahren auf neurophysiologischer Grundlage. Das Angebot umfasst alle Möglichkeiten von Schlingentisch bis Bewegungsbad. Ergänzt wird dies durch eine Medizinische Trainingstherapie mit Leistungsdiagnostik, Sequenztherapie mit modernsten Geräten und Isokinetik. Zur Ausstattung gehört auch die Ganzkörperkältekammer von -110°C. Die Ergotherapie umfasst Hilfsmittel- und Arbeitsplatzberatungen, handwerkliche und kunstgewerbliche Techniken.

Die Klinik ist aus einem klassischen Moorbad hervorgegangen und verfügt selbstverständlich auch über alle Möglichkeiten der heute noch anerkannten unterstützenden Verfahren: Das wirkungsvolle Naturheilmittel Moor, der Abbau erfolgt im hauseigenen Tagebau im Helsunger Bruch, gewährleistet in der Balneotherapie die Behandlung von Wirbelsäulen- und Gelenkerkrankungen.

Tourist- und Kurinformation Blankenburg (Harz)
Markt 3 · 38889 Blankenburg (Harz)
Tel. (0 39 44) 28 98 · Fax (0 39 44) 6 31 02
touristinfo@blankenburg.de
www.blankenburg.de

Wechsel, Sassen und die Vorräte der Eichhörnchen

Jugendwaldheim praktiziert Umweltbildung im besten Sinne

Die »Schule im Wald« zählt zu den Angeboten des Jugendwaldheimes »Lindenberg« in Blankenburg, das eine von fünf waldpädagogischen Einrichtungen des Landesbetriebes für Privatwaldbetreuung und Forstservice ist. Neben den einwöchigen Jugendwaldeinsätzen für über 14-jährige Schüler und Projekttage mit dem Schwerpunkt Wald bietet die Einrichtung Waldschultage an. Dabei geht es um Umweltbildung im besten Sinne. Bei den Kindern muss wieder zunehmend das Naturverständnis entwickelt werden. Dabei setzt das Waldheim-Team auf eine ganzheitliche Wahrnehmung. Wenn die Kinder fühlen, riechen, hören, dann ist das ein bleibendes Erlebnis für sie. In einem Waldrandstück testen die Kinder ihre Sinne. Hatten sie zuvor einen Dachsbau gesehen und vom Bau des Fuchses gehört, spielen sie nun das Anschleichen eines Fuchses auf ein als Häschen in der Sasse sitzendes Kind nach.

Keine Konkurrenz zum Heimatkundeunterricht

Nachhaltig gestaltet sich so ein Waldschultag dadurch, dass die Kinder alles selbst praktizieren können. Als Konkurrenz zum Sach- und Heimat-

Blütenstadt am Harz

Die Arbeit der Randblankenburger reicht jedoch über das Organisieren von Jugendwaldheimaufenthalte hinaus. Diese bieten zwar die intensivste Form der Auseinandersetzung mit dem Wald, aber die Forstleute gehen auch in die Schulen.

Im Forst eigene Erfahrungen machen

Schülergruppen ab der 8. Klasse lernen bei Blankenburg den Wald hautnah kennen und gestalten ihn aktiv mit. Morgens um 6 Uhr aufstehen und am Vormittag mit erfahrenen Waldarbeitern in dem Forst tätig zu werden, dass ist kein lockerflockiger Klassenausflug. Im Jugendwaldheim »Lindenberg« in der Oesig von Blankenburg wohnen sie eine Woche und machen sich im Wald nützlich. Saatgut ernten die jungen Leute, lichten Jungwüchse aus, bauen Wege und legen Biotope an. Unweit des Waldheimes entsteht ein Arboretum, 2006 richteten Schüler ein Insektenhotel ein und brachten Hölzer zum Klingen. Die Mitarbeiter spüren, wie auch Jugendliche für die Natur und den Wald sensibilisiert werden können. Dann verstehen sie auch, warum so ein kleiner Borkenkäfer große Fichtenbäume zum Sterben verurteilt. Und warum die Forstleute die Wälder so aufzuforsten versuchen, dass der Käfer weniger Lebensraum findet.

Rund 6700 Schüler kommen jährlich mit den Mitarbeitern des Jugendwaldheims »Lindenberg« in Kontakt, bei Projekttagen, in der Waldschule und den Einsätzen im Wald. Jugendliche aus Sachsen-Anhalt, Niedersachsen und traditionell auch aus Prag erfüllen Haus und die Reviere mit Leben. Jedoch können sich Klassen aus welcher Schulform auch immer für Projekttage im Jugendwaldheim anmelden. Gerade wegen der kurzen Wege gibt es viele Interessenten aus dem Landkreis Harz oder der Region Aschersleben. Halberstädter fahren oft bis Börnecke und wandern rund um die Sandsteinhöhlen durch den Wald. In Blankenburg gibt es gleich hinter dem Jugendwaldheim »Lindenberg« in der Oesig einen Teich und bemerkenswerte Waldabschnitte zum Erkunden.

Die Baumscheibe berichtet über 250 Jahre Wetter- und Wuchsgeschichte.

kundeunterricht versteht das Jugendwaldheim seine Angebote nicht, sondern als sinnvolle Ergänzung und Vertiefung. Gegenwärtig finanziert das Landwirtschaftsministerium diesen Einsatz für die Umweltbildung.

Niedergetretenes Gras unter einem Zaundraht deuten auf einen Wechsel. Das sind die Straßen für die Tiere, wird den Kindern erklärt. Die Kinder wissen, dass sich die Tiere vor der kalten Jahreszeit mit Nahrung eindecken mussten. Sie erfahren aber auch, was es für ein Eichhörnchen bedeuten könnte, seine Vorräte nicht wiederzufinden. Wenn Nahrung fehlt, kommen sie vielleicht nicht über ihre Winterruhe.

Schüler werden auch dazu angeregt, Naturmaterialien zu sammeln und damit zu basteln. Am Kahlenberg bei Neinstedt zeigen die »Waldlehrer« ein wahres Paradies. Adonisröschen, Golddisteln und Orchideen haben auf dem Kalkhügel ihre Heimat. Erklärt wird den Waldschülern zudem, warum Jäger die Wildbestände hegen und dass Wildschweine oder Damwild durch gezielte Bejagung in den Revieren auf einem ökologisch vertretbaren Niveau gehalten werden.

Kindern wird eine Jagdkanzel erklärt.

Blütenstadt am Harz

Evangelische Kirchengemeinde Sankt Trinitatis zu Derenburg setzt auf Partnerschaft

Ein Trio sakraler Bauten

Im Jahr 1014 wird erstmalig ein Kirchengebäude in Derenburg erwähnt. So steht es auf einer kleinen Tafel an der Stadtkirche Sankt Trinitatis in Derenburg. Wahrscheinlich stand diese erste Kirche aber an der Stelle der späteren Kalandskapelle, wenige Schritte vom alten Rathaus entfernt. Diese Kapelle wurde 1306–1311 neu errichtet und von der Kalandsbruderschaft genutzt, die im Mittelalter im Bereich Wernigerode-Blankenburg weit verbreitet war. Heute sind leider nur noch wenige Überreste dieser Kapelle erhalten. Bereits um 1200 war die Stadt Derenburg so weit gewachsen, dass eine neue, größere Stadtkirche errichtet werden sollte. Am Standort der heutigen Sankt Trinitatis-Kirche wurde eine romanische Kirche mit breitem Westquerturm erbaut. Im 13. Jahrhundert wurden zwei große Türme an dieses Westwerk angebaut, sodass die heutige Turmfront entstand.

Wertvolle Ladegast-Orgel klingt weiter

In den letzten Jahren mussten große Anstrengungen unternommen werden, um diese Türme zu sichern, da sie auf dem weichen Untergrund wegzukippen drohten. 1726 wurde das romanische Kirchenschiff abgerissen und durch das heutige barocke Kirchenschiff ersetzt. Besonders hervorzuheben ist die Orgel, die 1888 von Friedrich Ladegast aus Weißenfels geschaffen wurde und seitdem nahezu unverändert in der Kirche steht. Als drittes sakrales Gebäude wäre die Sankt Katharinen-Kapelle zu nennen, zum Senioren- und Pflegeheim Sankt Katharinen-Hospital gehörig. Dieses hat wohl von Anfang an seine eigene Kapelle gehabt. Der heutige Barockbau, 1766 errichtet, steht auf den Grundmauern mehrerer Vorgängerbauten. Heute ist diese Kapelle Heimstatt der katholischen Kirchengemeinde und wird daneben für Trauerfeiern genutzt. Diese drei Kirchengebäude zeugen davon, wie Christen mehr als 1000 Jahre lang das Leben der Stadt Derenburg mit gestaltet und geprägt haben. Auch heute ist die christliche Gemeinschaft in Derenburg lebendig.

Evangelische und katholische Christen leben in der Stadt. Neben der »üblichen« Gemeindearbeit in der evangelischen Gemeinde mit Kindern, Jugendlichen und Erwachsenen wie Mutter-Kind-Gruppe, Christenlehre, Konfirmandenunterricht, Junge Gemeinde, Bibelgesprächskreis, Kirchenchor, Gottesdienste, Freizeiten, Ausflüge, Konzerte und Feiern wird manches auch gemeinsam unternommen. So verbinden ökumenische Veranstaltungen wie die Bibelwoche, der Weltgebetstag, der alljährliche »Gottesdienst im Grünen« und andere gemeinsame Gottesdienste katholische und evangelische Christen miteinander. Dazu zählt auch die Hubertusmesse, die 2007 zum 15. Mal stattfand. Und am heiligen Abend zum traditionellen Krippenspiel muss man selbst in der großen Stadtkirche schon Ausschau halten, um noch einen guten Platz zu bekommen.

Sankt Trinitatis Derenburg Kirche – romanisches Westwerk

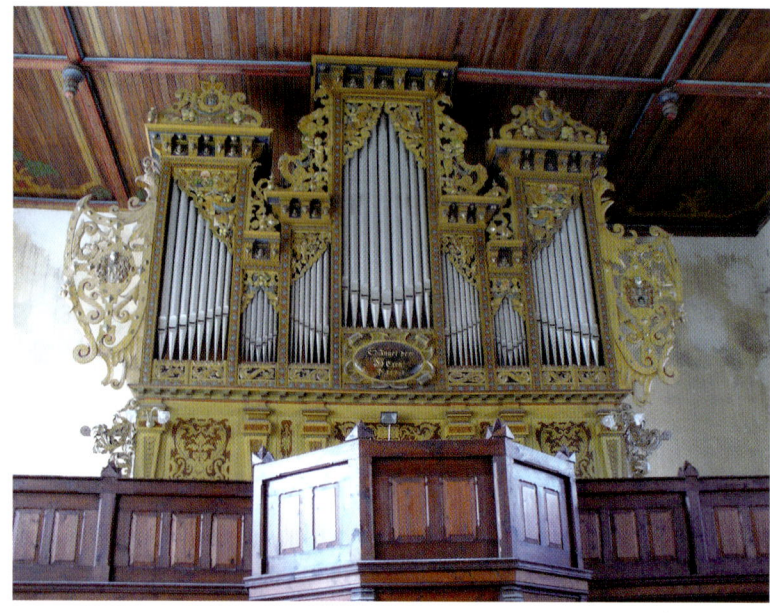

Sankt Trinitatis zu Derenburg innen

Ladegast-Orgel

Evangelisches Pfarramt · Kirchstraße 2 · 38895 Derenburg
Tel. (03 94 53) 3 88 · Fax (03 94 53) 6 35 12
pfarramt-derenburg@t-online.de

An jeder Station ein Stück Natur

Naturerlebnisse entlang der Harzer Schmalspurbahnen

Mit dem Slogan »Natur erleben an den Harzer Schmalspurbahnen« wirbt der Regionalverband Harz um Besucher. Handzettel bieten Touristen wie Einheimischen je nach Jahreszeit Tipps für Ausflüge in die Natur. Die Schmalspurbahn nimmt man ja nicht, weil man es eilig hat, von A nach B zu kommen, sondern um ins Grüne zu gelangen, zum Wandern, Entspannen und Heimaterkunden. An jeder Station der Schmalspurbahnen lässt sich ein Stück Natur erleben.

Das Spektrum reicht vom Brockengarten und den Schieferplatten des Rambergs bis zu den Kolonien der baumbrütenden Mauersegler und den Teichen des Silberbergbaus. Am Bahnhof Stiege, wo es die kleinste Eisenbahnwendeschleife Europas gibt, steigt der Besucher von der Schiene aufs Boot, in Drei Annen Hohne besucht er die verhexte Königskapelle. Und wer kennt schon den Talwächter und die Ruine der Elendsburg?

Harz im Dreierpack: Landkreis, National- und Naturpark

Naturparks entstehen nur dort, wo sie von den Menschen in der Region ausdrücklich gewünscht werden. Sie bringen keine neuen Einschränkungen. Vielmehr wird dadurch Identifikation und Heimatverbundenheit geschaffen. Der Geschäftsführer des Regionalverbandes Harz, Dr. Klaus George, hebt die besondere Bedeutung des Naturparks Harz hervor. »Wir als Regionalverband sind seit November 2003 Träger des Naturparks Harz in Sachsen-Anhalt, seit September 2005 in Niedersachsen.« Der Regionalverband vereint fünf Landkreise in den drei Bundesländern Sachsen-Anhalt, Thüringen und Niedersachsen sowie 127 fördernde Kommunen, Vereine, Privatpersonen und Firmen.

Im aus den Alt-Landkreisen Halberstadt, Quedlinburg und Wernigerode bestehenden Landkreis Harz existiert der Nationalpark Harz, der wiederum in einem Naturpark Harz liegt. Der Nationalpark ist dabei noch ein Stück wilde, unberührte Natur, die nicht vom Menschen in irgendwelche Rahmen gezwängt wird. Natur bleibt Natur und der Mensch ist außen vor. In den Naturparks wird Kulturlandschaft bewahrt. Hier im Harz zählen dazu die Bergbaufolgelandschaft bis hin zur Fichten-Monokultur und die Resultate der typisch Harzer Landwirtschaft. Die Erholung von Mensch und die Natur werden dabei im Einklang entwickelt.

Digitale Kartenwerke machen es möglich, in 3D zu fliegen

Den Harz komplett in die Tasche stecken

Der Landesbetrieb Landesvermessung + Geobasisinformation Niedersachsen (LGN) ist ein Dienstleister rund um Geodaten und Karten. Diese werden mit modernsten Technologien erzeugt und dann für die tägliche Arbeit von öffentlicher Verwaltung, Wirtschaft und Tourismus bereitgestellt.

Längst haben auch in der Freizeit multimediale und innovative Dienste Einzug gehalten. Sich per GPS auf dem Fahrrad über Feld- und Waldwege führen lassen, ist heute schon für viele eine Selbstverständlichkeit. Doch gibt es auch weiterhin die traditionelle, auf Papier gedruckte Landkarte.

Vom Harz bis an die Nordsee scrollen

Auf den Topographischen Karten im Maßstab 1:50 000 ist es mit der DVD Top50 Niedersachsen/Bremen möglich, sich vom Harz bis an die Nordsee zu scrollen oder über den Ortsnamen die Karte zielgenau zu positionieren. Eigene thematische Karten zu zeichnen ist ebenso spielerisch einfach, wie ein Höhenprofil zu erzeugen oder zum interaktiven 3D-Flug über die niedersächsische Landschaft zu starten.

Eine integrierte, umfangreiche GPS-Software erlaubt zudem die Kommunikation mit handelsüblichen GPS-Geräten von Garmin oder Magellan. Mit einem zusätzlichen GPS-Viewer können die Karten sogar auf dem PDA mitgeführt werden.

Karten der LGN für Wanderer interessant

Durch die amtliche topographische Kartengrundlage bieten die Freizeitkarten eine Fülle an Details.

Kunst, Kirchen und Kultur oder Sport, Spiel und Spannung? Ausführliche Anregungen zur Freizeitplanung stehen im Begleitheft der Karte, immer mit Adressen, Ansprechpartnern und Telefonnummern.

Freizeitportal GeoLife.de

Das Freizeitportal GeoLife.de bietet kostenlos Hunderte fertig ausgearbeitete Rad- und Wandertouren, verknüpft mit dem NiedersachsenNAVI-GATOR auf Luftbildern und amtlichen Karten in unterschiedlichen Maßstäben. Die historischen Karten ab 1877 erlauben sogar eine virtuelle Zeitreise mit der jeweils aufgerufenen Tour.

Alle Touren können zusätzlich auf die Top50 geladen oder auf Outdoor-GPS-Geräte (Garmin, Magellan) übertragen werden.

Landesvermessung + Geobasisinformation (LGN)
Podbielskistraße 331 · 30659 Hannover
Tel. (05 11) 64 60 95 55
shop@lgn.niedersachsen.de
www.lgn.de · www.geolife.de

Orts- und Personenregister

A
Abbenrode ... 204
Albrecht des Bären ... 84
Albrecht von Preußen ... 264
Allihn, Heinrich Max (Fritz Anders) ... 56
Almsfeld ... 249
Altenbrak ... 21, 246, 253, 248
Anderbeck ... 48
Anna Amalie ... 71
Anna Dorothea ... 71
AP ... 17
Aschersleben ... 112 f.
Aspenstedt ... 50
Athenstedt ... 48, 50, 56

B
Bad Suderode ... 90, 92 ff.
Badersleben ... 49,51
Ballenstedt ... 84 ff.
Bartels, Timo ... 37
Becker, Carl ... 41
Benneckenstein ... 244
Berßel ... 66
Blankenburg ... 227, 232, 241, 258, 261 ff.
Blumenau, Dr. Hermann ... 245
Böhmer, Prof. Dr. Wolfgang ... 4, 14
Brüning, Charlotte ... 213
Bühne ... 65 f.
Buko ... 51

C
Cacek, Josef ... 54
Cage, John ... 12, 36 f.
Christian IV ... 26
Cowell,Henry ... 36

D
Dänemark,Elisabeth von ... 212
Danstedt ... 50
Dardesheim ... 48, 67 f.
Darlingerode ... 177, 190, 192, 194
Dedeleben ... 49
Deersheim ... 67
Derenburg ... 132, 183, 194, 204 ff., 234, 274
Dick, Jutta ... 14 ff.
Dingelstedt ... 48
Ditfurt ... 72, 100 ff.
Drei Annen Hohne ... 275
Dreirode ... 65
Drübeck ... 51, 175

E
Eisfelder Talmühle ... 226
Elbingerode ... 238, 247, 258 ff.
Elisabeth II. ... 133
Erxleben, Dorothea von ... 76, 111

F
Falkenstein ... 90, 232, 256
Feininger, Lyonel ... 74
Ferdinand Albrecht II. ... 264
Fischer, Nathanel ... 211
Friedrich Wilhelm I. ... 267
Friedrich Wilhelm III. ... 71

G
Gabriel, Dr. Martin ... 15
George, Dr. Klaus ... 275
Gerner, Prof. Manfred ... 61
Gernrode ... 87, 90f., 222, 232
Gleim, Johann Wilhelm Ludwig ... 11 f., 16, 24 f., 27 ,33, 40 f.
Göddeckenrode ... 65
Goethe, Johann-Wolfgang von ... 24, 27, 40, 106, 211, 213 f.
Güntersberge ... 90, 98 f., 254
GutsMuths, Johann Christoph Friedrich ... 111

H
Halberstadt ... 10 ff., 211 ff., 232, 241, 243, 244
Harzgerode ... 222
Hasenpflug,Carl Georg Adolf ... 12
Hasselfelde ... 226 f., 236 f., 245
Hedersleben ... 51, 104
Hedwig ... 70, 79
Heimburg ... 242
Heine, Ferdinand ... 12, 33
Heine, Friedrich ... 12, 42 ff.
Heine, Heinrich ... 214
Heinrich I. ... 70, 75, 78, 110
Heinrich Julius ... 21, 24, 26 f., 212, 216
Hessen ... 67
Heudeber ... 201, 204, 207,
Hilleborch, Thomas ... 167
Hinz, Johann-Peter ... 15 f., 37
Hirsch, Aron ... 12, 17
Hoppenstedt ... 65 f.
Humboldt, Alexander von ... 242
Huy-Neinstedt ... 48, 243
Huysburg ... 48, 50 ff.

I
Ilsenburg ... 51, 177 ff., 196 ff., 205, 208, 231

J
Jaschinski, Fritz ... 218

K
Karl der Große ... 12, 19, 32, 62
Kehr, Prof. Dr. Hans ... 12
Klopstock, Friedrich Gottlieb ... 50, 71, 111
Königshütte ... 229, 247
Körte, Wilhelm ... 40
Krosigk, Konrad von ... 20
Krusche, Dr. Werner ... 16
Kügelgen, Wilhelm von ... 84

L
Langeln ... 204
Langenstein ... 47, 49, 243
Lasker, Dr. Emanuel ... 12, 55
Lehmann, Berend ... 12, 14 ff.
Lenné, Joseph ... 84
Liszt, Franz ... 84
Lortzing, Albert ... 84
Ludwig Rudolf ... 264
Lüttgenrode ... 64 f.

M
Mägdesprung ... 89, 97, 226
Mahndorf ... 50
Meisdorf ... 88 f.
Mosse ... 17
Müller, Ferdinand ... 68, 103

O
Opperode ... 251
Osterode ... 67
Osterwieck ... 60 ff., 232
Otto I. ... 80
Otto II. ... 100, 102
Otto III. ... 110
Otto IV. ... 264

P
Partch,Harry ... 36
Peter I ... 60, 62, 212
Pettersson, Kerstin ... 37
Petzold, Eduard ... 71
Pott, Dr. Ute ... 41
Priese, Daniel ... 12, 17

Q
Quedlinburg ... 21, 47, 68 ff., 223

R
Reddeber ... 204
Repgow, Eike von ... 256
Rettelbusch, Adolf ... 214 f.
Reuters ... 17
Rieger, Johannes ... 36
Rimbeck ... 65
Ritter, Carl ... 71, 111
Rochow, Friedrich Eberhard von ... 27
Röderhof ... 48
Rodersdorf ... 57 ff.
Rohrsheim ... 49, 66
Royer, Johann ... 212, 218
Rübeland ... 229, 238, 251, 261

S
Sachsen, Hedwig von ... 68
Sachsen-Weimar, Anna Amalia von ... 24
Sargstedt ... 50
Schade, Rudolph ... 212 ff.
Schauen ... 66
Scherl ... 17
Schlanstedt ... 47, 49
Schmatzfeld ... 204
Schoch, Johann Gottlieb ... 71
Schoeps, Prof. Dr. Julius H. ... 14 ff.
Scholke, Dr. Horst ... 41
Schönberg, Arnold ... 36
Schwab, Hermann ... 16 f.
Schwanecke, Gustav ... 213
Sehring, Bernhard ... 84
Silstedt ... 118, 171, 209
Sorge ... 257
Spiegel, Ernst Ludwig Christoph ... 11, 24 f., 27, 33
Stapelburg ... 195, 200, 204
Stern, Prof. Dr. Guy ... 17
Stiege ... 90, 226, 275
Stolberg ... 109
Stolberg, Juliana von ... 109
Stolberg-Wernigerode, Anna zu ... 125
Stötterlingen ... 64
Straßberg ... 90
Ströbeck, Schachdorf ... 50, 54 ff.
Stüler, Friedrich August ... 256
Suderode ... 65, 67
Süpplingenburg, Lothar von ... 264

T
Tanne ... 220
Thale ... 87, 90, 100, 106 ff., 132, 232

U
Ullstein ... 17
Veckenstedt ... 198 f., 204
Veltheim ... 67

W
Warnstedt ... 242
Wasserleben ... 204
Weddersleben ... 47, 242
Werckmeister, Andreas ... 12
Werner, Michael ... 26
Wernigerode ... 116 ff., 223,231,236, 238, 261, 274 f.
Westerburg ... 21
Westerhausen ... 243
Wilhelm I. ... 125, 166
Wilhelm II. ... 125
Wülperode ... 65

Z
Zilly ... 66 f.

Wir sagen Danke

Unser Dank gilt den vielen Menschen, die uns bei der Realisierung dieses Projektes durch ihre tatkräftige Unterstützung bereitwillig geholfen haben und damit zum Gelingen des Bildbandes »Faszination Harz« beigetragen haben. Ohne die Einsatzfreude und Kompetenz zahlreicher Beteiligter wäre es nicht möglich gewesen, die Region auf so einzigartige Weise vorzustellen. So ist dieses Buch als eine Gemeinschaftsleistung vieler engagierter Personen entstanden. Unser besonderer Dank gilt den Städten und Gemeinden, den Institutionen und den Betrieben, die uns mit Text- und Bildmaterial zur Seite gestanden haben. Zahlreiche Autorinnen und Autoren berichten über ihr Betätigungsfeld und über Wissenswertes aus ihrem Umfeld. Auf diese Weise gelangt der Leser an Informationen, die für die meisten Bewohner und Besucher vollkommen neu und absolut spannend sind. Ein herzlicher Dank außerdem natürlich an jene, deren Fotos dieses Buch zu einem wahren »Hingucker« machen. So griffen Jürgen Meusel, Ulrich Schrader, Rosi Radecke, Mike Reichard, Uwe Kraus, Jürgen Pätzold, Jürgen Korsch, Andreas Fischer, Jens Müller, Helga Kunze, Harald Üblacker, Jürgen Steimecke, Lothar Peters, Steffen Waak, Andreas Weihe, Lutz Böge, Sandi Raabe, Uwe Gröschler sowie Erich Thiele, Astrid Hallmann, Karina Hallmann und Matthias Reinäcker zur Kamera und in ihr Archiv, um mit interessanten Aufnahmen dieses Buch zu bereichern. Vor allem aber bedanken wir uns bei einer hohen Zahl von Protagonisten, die durch die Vorstellung ihrer interessanten Projekte und Angebote diese Region sowie das dazugehörige Buch so abwechslungsreich machen. Für wohlwollende Unterstützung, tatkräftige Hilfe und engagierte Zusammenarbeit allen Beteiligten ein großes Dankeschön.

Auf Wiedersehen zwischen Bode und Brocken.

**Der Harz ist schön.
Unsere Bücher auch.
Machen wir was daraus.**

Wenn Sie eine Buchidee für und über den Harz haben, wenden Sie sich an uns. Wir freuen uns darauf.

Edition Limosa
Redaktion
Lüchower Straße 13a
29459 Clenze
redaktion@limosa.de

Edition Limosa | Agrimedia GmbH | Lüchower Straße 13a | 29459 Clenze
Telefon (0 58 44) 97 11 63-0 | Telefax (0 58 44) 97 11 63-9 | mail@limosa.de | www.limosa.de